陕西省"十四五"首批职业教育

职业教育新形态一体化教材——

# 机车运用与规章

主　编 ◎ 李冰毅　朱亚男　柏承宇
主　审 ◎ 周家春　王小卫

校企合作　　微课　　视频　　新形态一体化教材

西南交通大学出版社
·成　都·

## 内容简介

本书分为机车管理与运用常识、铁路行车规章、机车（电力机车和内燃机车）乘务作业及铁路安全生产 3 大模块，内容包括机车的管理与运用、机车运用指标、铁路行车信号、编组列车、行车闭塞法、列车运行、机车乘务员一次乘务作业过程、机车检查与保养、铁路安全生产等 9 个项目，在对上述内容做了系统介绍的基础上，结合机车乘务员的岗位需求，对 LKJ2000 列车运行监控记录装置、列车尾部安全监控装置、机车综合无线通信设备 CIR、机车车载安全防护（6A）系统等行车安全装备的使用方法、基本操作和注意事项以及机车远程监测与诊断（CMD）系统进行了重点介绍，并以 $SS_{4G}$、$HXD_7$ 型电力机车和 $DF_{8B}$ 型、$HXN_5$ 型内燃机车为主型机车对机车的检查、保养和运行中机车的故障应急处理等进行了详细阐述。根据学习模块内容不同，撰写了对应的课程思政经典案例，使岗位职业精神、劳动精神和工匠精神更好地融入专业课程教学之中。本书配有随堂微课，学生可通过扫描二维码进行微课视频学习，使教学过程轻松高效。

---

图书在版编目（CIP）数据

机车运用与规章 / 李冰毅，朱亚男，柏承宇主编
. 一成都：西南交通大学出版社，2021.11（2024.7 重印）
ISBN 978-7-5643-8292-6

Ⅰ. ①机… Ⅱ. ①李… ②朱… ③柏… Ⅲ. ①机车 – 车辆运行 – 高等职业教育 – 教材 Ⅳ. ①U26

中国版本图书馆 CIP 数据核字（2021）第 205431 号

---

Jiche Yunyong yu Guizhang

### 机车运用与规章

主编　李冰毅　朱亚男　柏承宇

| | |
|---|---|
| 责任编辑 | 王　旻 |
| 封面设计 | 曹天擎 |
| 出版发行 | 西南交通大学出版社 |
| | （四川省成都市金牛区二环路北一段 111 号 |
| | 西南交通大学创新大厦 21 楼） |
| 邮政编码 | 610031 |
| 发行部电话 | 028-87600564　028-87600533 |
| 网址 | http://www.xnjdcbs.com |
| 印刷 | 四川煤田地质制图印务有限责任公司 |
| 成品尺寸 | 185 mm × 260 mm |
| 印张 | 20.25 |
| 字数 | 504 千 |
| 版次 | 2021 年 11 月第 1 版 |
| 印次 | 2024 年 7 月第 3 次 |
| 定价 | 56.00 元 |
| 书号 | ISBN 978-7-5643-8292-6 |

课件咨询电话：028-81435775
图书如有印装质量问题　本社负责退换
版权所有　盗版必究　举报电话：028-87600562

# 前言

本书是高职铁道机车专业"机车运用与规章"课程的教材,共分为机车管理与运用常识、铁路行车规章、机车乘务作业及铁路安全生产3大模块,共9个项目,每项目除了主要内容外,后面附有项目小结、复习思考题,与教材内容和实际工作紧密结合。本书在提升铁道机车专业学生专业能力,提高机车运用管理干部的工作水平和技术人员、检修人员、机车乘务员的素质和业务水平,加强机车运用管理、安全基础管理,充分利用机车管理和调度指挥技术装备,提高机车运用效率,适应铁路运输组织发展,提高机车乘务人员的安全行车意识,强化岗位技能的培训等方面,有着积极的作用。

## 一、本教材内容编写情况

本书内容包括机车的管理与运用、机车运用指标、铁路行车信号、编组列车、行车闭塞法、列车运行、机车乘务员一次乘务作业过程、机车检查与保养、铁路安全生产等9个项目。

(1)机车的管理与运用常识模块,主要以中国国家铁路集团有限公司修订实施的《铁路机车运用管理规则》、2016年修订实施的《铁路机车统计规则》为依据进行编写,具体内容包括:机车的管理与运用和机车运用指标2个项目。铁路机车的管理与运用、运用指标的统计分析等知识,是必须掌握的基本知识,熟练掌握这些知识,可为以后的职业岗位提升和继续教育打下坚实的基础。

(2)铁路行车规章模块,包含了机务部门行车工作应掌握的基本知识。主要以中国国家铁路集团有限公司2017年11月起实施的《铁路技术管理规程》(普速铁路部分)为依据,共分为铁路行车信号、编组列车、行车闭塞法和列车运行4个项目。内容包括铁路行车信号的显示方式辨认及行车条件的确认、列车编组的技术要求和注意事项以及列车正常和非正常情况下的运行、列车的防护等知识,是培养学生安全行车意识所必需的核心知识,也是学生必须遵守的行车规定。

（3）机车乘务作业及铁路安全生产模块，由机车乘务员一次乘务作业过程、机车检查与保养、铁路安全生产3个项目组成，主要以《铁路机车操作规则》《铁路行车事故处理规则》《铁路行车事故救援规则》等为依据进行编写。作为机车乘务员，应该按照标准化作业程序对机车进行检查、乘务作业、保养，并能够熟练掌握LKJ2000列车运行监控记录装置、机车综合无线通信设备CIR、6A系统等行车安全装备及机车远程监测与诊断（CMD）系统的使用方法，同时还应该掌握铁路行车安全、岗位作业安全以及人身安全的相关要求，熟悉铁路行车事故的分类、通报以及救援工作流程，从思想上树立安全意识，不违反安全规则，防止行车事故的发生。这些都是作为铁道机车专业的学生必须掌握的核心知识和重要技能。

## 二、使用教材的建议

教师应结合现场实际情况和自身教学经验，充分利用多媒体设备和实验实训设备条件，发挥自身创造性，可以根据课程改革方案不同，将铁路行车规章、运用管理知识、机车乘务作业等内容按照模块项目分开学习，也可以按照使用时机和特点按照基于工作过程的课程设计将行车规章、运用管理知识纳入到机车乘务作业的每一个工作任务中去学习理解。

1. 熟练掌握规章

本教材设计的各类规章比较多，在教学活动中，要着重培养学生的安全行车意识，强调养成"写标准语、说标准话、干标准活"的良好习惯。重点引导学生理解和掌握与行车有关的各类规章的内容，拓宽学生对行车工作的认识。

2. 用好案例和微课

在教学中，应该多方搜集和利用实际工作案例，在分析案例的过程中帮助学生理解掌握有关规章的内容。本书配有部分随堂微课，学生可通过扫描二维码进行微课视频学习，使教学过程轻松高效。利用好多媒体设备，图文影像并茂，生动有趣，可提高学生学习的兴趣和效果。

**3. 理实结合，提高技能**

本课程虽然理论性强，但是对实践技能的要求也很高，在教和学的过程中，教师要多示范、多演示，充分利用实验实训设备，让学生多练、多做、多动手，以达到提高学生实践技能的教学目标。

**4. 加强课程横向联系，综合运用专业知识**

机车乘务作业及铁路安全生产部分的内容，实践性非常强，知识综合性强，并涉及本专业其他课程的知识和技能。所以，在教学过程中，要加强与其他课程的联系，培养学生横向思维和发散思维能力，提高学生综合应用专业知识和技能的能力。

**5. 课程思政引领，培养职业精神**

根据学习项目内容不同，提出了不同培养目标，并撰写了对应的课程思政经典案例，实现岗位职业精神、劳动精神和工匠精神的培养与专业课程教学有机融合。

本书由西安铁路职业技术学院李冰毅、朱亚男、柏承宇任主编，由中国铁路武汉局集团有限公司周家春和中国铁路西安局集团有限公司西安机务段王小卫任主审。西安铁路职业技术学院王博编写项目一，西安铁路职业技术学院任瑞琪编写项目二和项目八的任务一至任务三，西安铁路职业技术学院朱亚男编写项目三和项目五，西安铁路职业技术学院柏承宇编写项目四、项目六和项目九，西安铁路职业技术学院李冰毅编写项目七、项目八任务四至任务七以及附录。

本书虽然经过编写人员多次讨论修改，并参考了很多相关规章、书籍和资料，但由于编者水平所限，书中难免有疏漏和不足之处，恳请读者批评指正。

编者
2021 年 6 月

# 《机车运用与规章》数字资源列表

| 序号 | 资源名称 | 资源类型 | 页 码 |
|---|---|---|---|
| 1 | 机车的运用管理 | 微课 | 003 |
| 2 | 机车乘务制度 | 微课 | 016 |
| 3 | 乘务方式 | 微课 | 018 |
| 4 | 机车周转图 | 微课 | 024 |
| 5 | 行车信号基本要求 | 微课 | 051 |
| 6 | 进站信号机 | 微课 | 055 |
| 7 | 出站信号机 | 微课 | 057 |
| 8 | 通过信号机 | 微课 | 063 |
| 9 | 机车信号 | 微课 | 074 |
| 10 | 列车中关门车的编挂 | 微课 | 124 |
| 11 | 行车闭塞法 | 微课 | 127 |
| 12 | 自动闭塞 | 微课 | 129 |
| 13 | 电话闭塞 | 微课 | 133 |
| 14 | 出勤 | 微课 | 158 |
| 15 | 接车 | 微课 | 159 |
| 16 | 出段与挂车 | 微课 | 164 |
| 17 | 途中作业 | 微课 | 166 |
| 18 | 到达与退勤 | 微课 | 179 |
| 19 | 附录 | 文档 | 310 |

# 目 录

## 模块一 机车管理与运用常识

**项目一　机车的管理与运用** ······················································ 002
任务一　认知机车运用管理的组织机构及职责 ····················· 003
任务二　解析机车运用管理 ························································ 007
任务三　解析机车交路及机车运转制 ······································ 013
任务四　解析机车乘务组与乘务制度 ······································ 015
任务五　解析机车周转图 ··························································· 019
任务六　机务段配属机车台数、检修率的计算 ····················· 026
任务七　机车整备作业 ······························································· 028
项目小结 ····························································································· 031
复习思考题 ························································································· 031

**项目二　机车运用指标** ······························································· 032
任务一　机车运用数量指标分析 ··············································· 033
任务二　机车运用质量指标分析 ··············································· 036
任务三　机车运用分析 ······························································· 043
项目小结 ····························································································· 047
复习思考题 ························································································· 047

## 模块二 铁路行车规章

**项目三　铁路行车信号** ······························································· 050
任务一　认知铁路行车信号的基本要求 ·································· 051
任务二　解析固定信号 ······························································· 054
任务三　解析机车信号 ······························································· 074
任务四　解析移动信号 ······························································· 079
任务五　解析手信号 ··································································· 082
任务六　解析信号表示器及信号标志 ······································ 093

# 模块二 铁路行车规章

任务七　解析听觉信号 …………………………………………………… 111
项目小结 …………………………………………………………………… 113
复习思考题 ………………………………………………………………… 114

## 项目四　编组列车 …………………………………………………… 115

任务一　认知编组列车的基本要求 ……………………………………… 116
任务二　列车中机车的编挂及单机挂车 ………………………………… 118
任务三　列车中车辆的编挂与连挂 ……………………………………… 120
任务四　列尾装置的摘挂及运用 ………………………………………… 123
任务五　列车中关门车的编挂 …………………………………………… 124
项目小结 …………………………………………………………………… 126
复习思考题 ………………………………………………………………… 126

## 项目五　行车闭塞法 ………………………………………………… 127

任务一　认知行车闭塞法 ………………………………………………… 127
任务二　认知自动闭塞 …………………………………………………… 129
任务三　认知自动站间闭塞 ……………………………………………… 131
任务四　认知半自动闭塞 ………………………………………………… 132
任务五　认知电话闭塞 …………………………………………………… 133
项目小结 …………………………………………………………………… 135
复习思考题 ………………………………………………………………… 136

## 项目六　列车运行 …………………………………………………… 137

任务一　列车运行的基本要求 …………………………………………… 138
任务二　列车在区间被迫停车的处理与防护 …………………………… 143
任务三　列车的分部运行与退行 ………………………………………… 145
任务四　路用列车的开行 ………………………………………………… 147
任务五　列车发生非正常情况的应急处理 ……………………………… 149
任务六　列车在区间发生伤亡事故的处理 ……………………………… 153
项目小结 …………………………………………………………………… 154
复习思考题 ………………………………………………………………… 154

# 模块三 机车乘务作业及铁路安全生产

## 项目七　机车乘务员一次乘务作业过程 ……………………… 157
- 任务一　出勤与接车 …………………………………………… 158
- 任务二　出段与挂车 …………………………………………… 164
- 任务三　发车准备与发车 ……………………………………… 165
- 任务四　途中作业 ……………………………………………… 166
- 任务五　调车作业 ……………………………………………… 173
- 任务六　终点站与退勤作业 …………………………………… 179
- 任务七　解析机车乘务员呼唤应答标准 ……………………… 181
- 任务八　解析行车安全装备 …………………………………… 194
- 任务九　了解机车远程监测与诊断系统系统（CMD系统）…… 216
- 项目小结 ………………………………………………………… 222
- 复习思考题 ……………………………………………………… 222

## 项目八　机车检查与保养 ………………………………………… 224
- 任务一　认知机车检查的基本知识 …………………………… 225
- 任务二　机车的静止检查 ……………………………………… 228
- 任务三　$SS_{4G}$型电力机车检查 ………………………………… 231
- 任务四　$HXD_3$型电力机车检查及给油作业 ………………… 244
- 任务五　机车乘务员自检自修 ………………………………… 258
- 任务六　$HXD_3$型电力机车主要部件的保养 ………………… 261
- 任务七　机车故障应急处理 …………………………………… 266
- 项目小结 ………………………………………………………… 288
- 复习思考题 ……………………………………………………… 289

## 项目九　铁路安全生产 …………………………………………… 290
- 任务一　解析机车乘务员安全生产 …………………………… 291
- 任务二　认知中国铁路行车安全体系 ………………………… 297
- 任务三　认知铁路行车事故 …………………………………… 300
- 任务四　铁路行车事故的通报与救援 ………………………… 303
- 项目小结 ………………………………………………………… 308
- 复习思考题 ……………………………………………………… 308

附 录 ·········································································· 310

附录 1　运行揭示（格式及范例）

附录 2　$DF_{8B}$ 型内燃机车检查项目

附录 3　$HXN_5$ 型内燃机车检查项目

附录 4　$SS_4$ 型电力机车高、低压试验程序

附录 5　$HXD_3$ 型电力机车高、低压试验程序

附录 6　$DF_{8B}$ 型内燃机车电气全面检查程序

附录 7　$HXN_5$ 型内燃机车智能显示器检测操作程序

附录 8　JZ-7 制动机"五步闸"检查方法

附录 9　法维莱制动机"五步闸"检查方法

附录 10　重联机车制动机手柄位置处理表

附录 11　添乘指导簿

附录 12　司机报单及其填写

参考文献 ·········································································· 311

# 模块一
PART ONE

# 机车管理与运用常识

　　机车的管理与运用常识模块，主要依据中国国家铁路集团有限公司修订实施的《铁路机车运用管理规则》《铁路机车统计规则》，主要内容包括铁路机车的运用管理、运用指标的统计分析等知识，是必须掌握的基本知识，熟练掌握这些知识，可为以后的职业岗位提升和继续教育打下坚实的基础。本模块具体包括 2 个项目，10 个任务。

# 项目一 机车的管理与运用

## 项目描述：

铁路是国家重要的基础设施,是国民经济的大动脉,也是交通运输体系的骨干,是大运力、低成本、环保型的交通运输方式,在全面建设小康社会的进程中肩负着重要的历史使命。铁路要适应和促进国民经济发展与社会进步,保障国防建设的需要。

机车是铁路运输的牵引动力,机车运用工作是铁路运输的重要组成部分。机车运用工作的目标是加强机车运用管理、更好地为铁路运输服务。

机车运用工作的基本任务是:精心组织,为铁路运输生产提供满足需求的机车和机车乘务员,优质高效地完成运输生产任务;科学合理地使用机车,推广先进经验,遵循经济规律,不断提高机车运用效率,促进资产回报;加强安全风险管理,确保行车和人身安全;加强职工队伍建设,不断提高职工的政治素质、技术素质和业务水平。

各级机车运用人员应具备高度的责任心和求实精神,热爱本职工作;对工作高标准、严要求,对技术精益求精;维护路网完整性,坚持调度指挥统一,顾全大局,联劳协作,服从命令听指挥;深入实际,调查研究,扎实做好各项工作。

机车运用管理要采用先进、成熟、经济、可靠的技术,建立健全准确无误、反应迅速的信息采集、数据处理系统,实行网络管理,实现技术设备标准化、系列化和信息化,确保有序可控。

## 目标引领：

（1）了解机车运用管理的机构及各自的职责。
（2）掌握机车的配属与使用、机车检修计划的编制及机车状态修的相关知识。
（3）掌握机车交路的概念和确定原则,掌握机车运转制度的概念及种类。
（4）掌握机车乘务制度、机车乘务组出乘方式及特点。
（5）能够识别列车运行图和机车周转图。
（6）掌握机车整备作业知识及作业要点。
（7）具备高度的责任心和求实精神,热爱本职工作;对工作高标准、严要求,对技术精益求精;维护路网完整性,坚持调度指挥统一,顾全大局,联劳协作,服从命令听指挥;深入实际,调查研究,扎实做好各项工作。

## 思政案例：

铁路是国民经济的大动脉,也是最经济、环保的运输方式,铁路的发展离不开各级机车运用人员的相互协作,我们通过哈密机务段来看这个发展过程,领略机务人流淌不息的奋斗精神。

哈密机务段发展历程：1959 年至 1981 年为哈密机务段的蒸汽机车时代。当时哈密至鄯善运行时间固定为 11 h，平均速度为 45 km/h，但常常到达目的地要用 15～18 h，遇大风甚至达到 30 个小时。机车月洗检能力只能达到 25 台左右，洗检时间平均为 30 h，工人们经常加班加点工作，最长达到 48 h，却从来没有加班费和夜班费。1981 年至 2013 年为内燃机车时代，开始配备了 $DF_4$ 型内燃机车 12 台，40 人的班组，通过干部、工人和技术人员边干边学，锻炼出了一批骨干力量。2013 年顺利完成线路电气化改造，进入高效环保的电气时代。2014 年 5 月 31 日，哈密机务段动车车间正式成立，计划担当兰新客专线哈密—嘉峪关南间 549 km 的动车组值乘任务。

发展总结：哈密机务段在我国机务发展历史上起步较晚，后期变革迅速，代表了机务人几十年的卓绝奋斗。在较短的时期内，经历了从蒸汽机车到高铁的发展，在条件艰苦的环境中接受了机务变革中的各种挑战，在"依法治段、安全立段、信息化兴段"战略目标的引导下，为"打造一流司机队伍"而坚持奋斗。

## 任务一　认知机车运用管理的组织机构及职责

### 一、机车运用的组织机构

机车运用管理工作要贯彻统一指挥、分级管理的原则，充分发挥各级职能部门的作用。机车运用管理体制分为国家铁路集团有限公司（国铁集团）、铁路局集团公司（铁路局）、机务段（机车车辆段）3 级。

### 二、各级机车运用组织机构的职责

#### （一）国家铁路集团有限公司职责

（1）负责国家铁路机车运用管理，制定机车运用安全管理、机车乘务员管理等有关规章制度和技术标准。

（2）负责规划、调整国铁集团机车配属，实行集中配置，统一机型，衔接干、支线。追求资产配置效率和效益最大化，淘汰落后产能，加快升级换代，满足国铁集团运输计划需要，适应生产力布局调整。

（3）按照"机车长交路、乘务区段化"原则，规划和审核跨铁路局集团公司（简称跨局）机车和乘务交路及有关技术标准。参加列车运行图编制，负责组织机车周转图编制。

（4）制定机车运用、安全管理等人员培训规划，并组织实施。组织开展职业技能竞赛。

（5）负责跨局机车调度指挥，确保机车供应，提高机车运用效率；综合评价和考核铁路局机车运用工作。

（6）参与或组织有关事故调查分析及措施制定。

（7）规划国家铁路救援列车布局，指导救援列车专业管理工作。

（8）组织安全生产管理督导检查，开展安全生产规范化、标准化创建工作。

## （二）铁路局集团公司职责

（1）全面负责本铁路局集团公司（简称本局）机车运用、安全管理等工作。贯彻执行国铁集团有关机车运用、安全管理等方面的规章制度，制定相关办法、作业标准及实施细则，并组织实施。

（2）负责根据承担的跨局机车长交路和管内运输任务变化，结合机车检备率提出机车购置和调整建议，确定管内机务段的机车配置及调拨。综合分析机车运用情况，考核管内机车运用工作，提高机车运用效率。

（3）负责确定管内机车交路、乘务交路、乘务制度，组织查定牵引定数、运行时分、自外段技术作业时分、折返时分等技术标准；参加编制列车运行图、机车周转图并组织实施；指导编制列车操纵示意图。负责对铁路局机车调度进行专业指导。

（4）负责机车乘务员管理。根据图定担当任务及运输发展需求，在满足机车乘务员培训率和预备率，严格执行国家工作时间和休假有关规定的基础上，制定机车乘务员配备计划；组织机车乘务员培训、考核和鉴定；开展职业技能竞赛。

（5）参与或组织有关事故、设备故障分析及措施制定。

（6）负责全局救援列车管理。

（7）定期组织开展安全生产监督检查及评比活动，开展安全生产规范化、标准化创建工作。

## （三）机务段职责

### 1. 机务段的职责

（1）贯彻执行国家铁路集团有限公司、铁路局集团公司有关机车运用、安全管理等方面的规章制度、管理办法、作业标准及实施细则，制定实施措施并组织落实，提供满足需求的机车和机车乘务员，安全、优质、高效地完成运输生产任务。

（2）按照逐级负责、岗位负责、分工负责、专业负责的要求，实行机务段、运用车间、运用车队、乘务指导组（班组）四级管理模式。

（3）坚持机车运用集中配置、统一管理，推行地乘分离，减少机车乘务员辅助作业时间，实行专业整备管理模式，完善机车整备设备设施，提高机车运用效率、机车乘务员劳动生产率及机车保养质量；定期分析机车运用工作，提出改进建议。

（4）负责机车乘务员管理和日常培训，加大科技投入，完善教育设施，应用机车驾驶模拟装置、实物教学、网络教学等培训手段，努力提高机车乘务员的技术业务水平和操纵技能；组织编制作业指导书及列车操纵示意图、操纵提示卡。

（5）负责事故、设备故障分析及制定防范措施；负责本段救援列车日常管理及现场救援指挥。

（6）改善职工生产、生活条件，开展职工健身活动，提高机车乘务员身体素质；定期组织机车乘务员进行体检。

（7）积极推行管理和技术创新，开展企业文化建设，并在实践中不断总结，巩固和提高机车运用、安全管理基础。

### 2. 机务段各级职能部门专业管理职责

#### 1）运用科

（1）负责制定全段机车运用方案，并组织实施；参与机车长交路、跨局（段）轮乘有关协议的签订。

（2）参加查定牵引定数、运行时分、机车折返和整备作业时分等技术标准；组织编制作业指导书、列车操纵示意图、操纵提示卡。

（3）负责按照列车运行图、机车周转图确定的方案组织生产；依据运输任务变化及时提出机车和乘务员调整、补充方案。

（4）负责接收、核对、传达调度命令，编辑、审核、发布运行揭示和LKJ临时数据文件及相关管理工作。

（5）定期和专题分析机车运用效率指标、运输生产任务和机车乘务员超劳情况，提出整改建议及措施；参加机车检修计划编制，并组织按计划扣车。

（6）负责机车调度室管理和机务派班室的专业管理。

2）安全科

（1）负责制定安全风险管理实施办法，建立安全风险控制数据库，动态分析研判安全风险，定期进行安全风险评估检查，完善安全风险控制措施。

（2）负责安全生产的日常监督检查和劳动安全管理，分析职工执行作业标准、劳动纪律、作业纪律的动态，及时发现倾向性问题，提出改进意见和措施。

（3）负责日常安全信息收集、汇总、分析和上报等管理工作；参与事故调查和分析，并制定整改措施。

（4）负责施工安全专业管理。

（5）负责救援列车专业管理，组织开展应急演练。

（6）负责行车安全装备的运用管理，组织记录文件的分析工作。

3）运用车间

根据担当客运、货运等任务性质和牵引区段情况，因地制宜合理设置运用车间，人数原则上不得超过800人。其主要职责：

（1）贯彻执行运用、安全管理规章、制度、标准、细则，落实安全生产责任制度和安全措施。

（2）负责机车乘务员管理，加强机车乘务员队伍的技术业务、思想动态分析，组织机车乘务员业务学习和典型事故案例教育，开展岗位练兵和劳动竞赛，监督检查考核机车乘务员作业标准化日常执行情况，配合完成机车乘务员作业标准化年度鉴定。按照调度日班计划，提供素质达标、满足需求的机车乘务员。

（3）加强运用车队和指导司机管理，组织开展标准化班组建设，落实岗位责任制、工作标准和工作质量考核制度；配合完成指导司机技术业务年度鉴定。

（4）严格落实安全风险管理要求，根据运输生产任务变化，加强安全风险研判，完善安全风险控制表和岗位安全风险提示卡，组织现场作业的检查抽查，加强行车安全装备记录数据分析，不断提高安全防控能力。反馈机车故障信息，提出质量改进建议，参与相关的机破、临修分析。

（5）负责运用车队、机务派班室和驻外公寓指导室的管理。

运用车间按运用、安全、教育（质量）及人员管理等设置专业管理副主任；按运用、安全、乘务、操纵、教育、劳动计工等工作设置技术人员。

运用车间设置运用车队，原则上不超过200人。乘务指导组设1名指导司机任班组长，实行轮乘制的，原则上由 10～15 个机班组成，人员控制在 25 人以内；实行包乘制的，原则上由 3～4 台机车组成。铁路局集团公司、机务段每年组织对指导司机队伍进行综合分析评价。

根据任务需要在外点公寓设指导室，设置值班人员，主要负责：机车乘务员待乘管理，重要事项传达，组织业务学习，机车乘务员交路临时调整，办理机车乘务员出寓请、销假手续，酒精测试等；积极参与寓乘共管共建活动。

驻公寓指导室应配备计算机、具备录音功能的电话、传真机、打印机、测酒仪等相关设备；所在铁路局集团公司负责为其开通铁路办公网络。

乘务交路需在车站继乘、换班时，由所在铁路局按规定设置继乘室，安装铁路长途自动电话、与车站信号楼的直通电话、列车进路表示系统、冷暖空调，配备办公桌椅、工具备品柜、水电、卫生间等设备；可在车站或公寓设置机务派班室。

机务段机车调度员应从担当乘务工作不少于 1 年的机车司机中选拔产生；指导司机应从担当机车调度工作不少于 1 年的调度员中或担当乘务工作不少于 2 年的机车司机中竞聘产生；运用安全管理人员原则上应从具有一年及以上指导司机任职经历的现职指导司机中选拔产生。

## 三、各级机车调度的职责

### 1. 国家铁路集团有限公司机车调度

（1）指导铁路局集团公司机车调度工作，积极采用网络信息技术，提高机车调度工作质量和水平，加快机车周转。

（2）掌握国家铁路集团有限公司的机车动态，重点掌握跨局机车交路的机车使用情况，协调、处理铁路局分界口机车运用及回送等相关事宜，督促分界口机车供应和运输畅通。

（3）掌握铁路交通事故、设备故障概况并及时报告；发布跨局使用救援列车的调度命令；掌握各铁路局集团公司实际运用机车超、欠供应台数，提出考核建议。

（4）认真分析国家铁路集团有限公司机车运用指标和运输生产任务完成情况，按月进行通报；负责长期备用、封存机车的加入和解除。

### 2. 铁路局集团公司机车调度

（1）正确编制、组织实施日（班）计划机车周转图，与行车有关调度密切配合，安排好机车与列车的衔接，组织均衡开车，分阶段绘制实际机车周转图，提高机车周转图兑现率。

（2）随时了解掌握列车运行情况，遇有问题及时协调、处理、汇报。机车发生故障、事故等情况时，应及时按规定报告并通知相关铁路局。

（3）掌握和交换机车乘务员工作时间和驻外公寓休息时间，防止机车乘务员超劳。每月统计、分析、上报机车乘务员超劳情况并提出改进建议。

（4）根据机车检修计划，组织检修机车按时入厂、段检修，掌握机车检修进度，及时投入运用；掌握铁路局管内机车、救援列车动态，处理机车工作种别的变更、短期备用机车的加入和解除；及时安排机车回送，掌握回送机车进度并及时上报。

（5）认真分析全局机车运用指标完成情况，提供机车运用分析材料；建立机车配属、供应、使用考核等相关报表。参加机务处日常交班会，汇报机车运用情况。完成机车运用效率分析。

### 3. 机务段机车调度

（1）负责全段机车运用集中统一指挥；负责接收铁路局集团公司的日、班、阶段计划，及时下达到相关派班室，合理安排机车供应，并组织兑现，编制实际机车周转图。掌握机车乘务员工作和休息时间，防止机车乘务员超劳。

（2）负责运行揭示调度命令的接收和复核，LKJ临时数据文件编辑、核对、模拟和审核等工作，并按规定下达到各派班室。

（3）保持与铁路局集团公司调度及有关站、段的密切联系，随时了解列车运行和机车使用情况，指导机车乘务员正确处理行车中发生的问题，确保列车安全正点；及时处置运输生产中的突发性问题，遇发生铁路交通事故、设备故障和重点列车运行晚点等情况，要及时查明原因，并迅速上报。

（4）掌握机车运用、整备、检修动态，及时变更机车工作种别，按检修计划及时扣车；掌握行车安全装备软件升级、数据换装动态；掌握出入厂（段）回送机车动态；掌握救援列车动态，按救援命令及时组织救援列车出动。

（5）准确填记各种表报、台账。

### 4. 机务派班室调度

（1）根据日、班、阶段计划，制定机车乘务员出乘计划，负责机车乘务员派班；接收有关文电、通报，办理机车乘务员请、销假手续。

（2）审核机车乘务员出乘条件，传达注意事项，指导出勤机班制定安全措施，提出指导意见。发放、核对运行揭示调度命令，办理交付机车乘务员携带IC卡LKJ临时数据的录入，收、发司机手册、添乘指导簿、司机报单、司机携带列车时刻表、运行揭示、施工行车安全明示图等行车资料。

（3）了解退勤机班途中运行情况，分析退勤机车乘务员LKJ运行记录数据，对查出的问题做好记录并及时报告；指导退勤机车乘务员认真填写有关报告。收集、记录有关行车信息，及时按规定程序汇报。对机车迟拨、列车晚点、超劳及机车故障等情况分类做好记录。

（4）准确填记各种表报、台账。

各级机车调度实行逐级负责制，下级调度必须服从上级调度的指挥，机车乘务员及机务行车工作人员必须服从机车调度的指挥。各级机车调度员须定期培训，且每年进行一次综合考评。

各级机车调度室、机务派班室应建立完善的机车调度、运用及安全综合管理、监控信息分析数据处理系统及网络化办公系统。机车调度系统须接通列车调度系统，铁路局间机车调度系统按机车担当交路区段开放机车周转图信息，满足国家铁路集团有限公司、铁路局集团公司、机务段间机车调度互联互通的功能需求，按权限实现信息共享。各级机车调度之间的命令传递必须执行签认（复诵）制度。

## 任务二　解析机车运用管理

### 一、机车的配属与使用

在机车的应用管理过程中，为了有效地管理与合理地运用机车，国铁集团及铁路局集团公司每年在制定年度计划时，要确定各铁路局集团公司、段配属机车的台数和类型，并做出路网现有机车的调整方案。这样就产生了一个机车的配属关系问题。

### 1. 机车的配属原则

（1）近期与远期相结合，满足运输需要，符合机车牵引动力发展和检修布局的规划，提高机车使用效率和资产回报及效益。

（2）力求机型统一、点线结合集中配属。

（3）合理使用机车，平衡相邻区段的牵引定数。

（4）适应列车编组计划和运输设备的基本要求。

（5）配置机车根据机车周转图查定，并依据担当任务性质等情况，确定机车检修、备用率。原则上，小运转、调车任务按 12%，客、货任务管内的按 12%，跨局机车交路的按 15%，春暑运期间临客任务占图定任务 10% 以上的机务段按 20%，直供电机车按 25%。

### 2. 机车的分类（按使用情况和状态分）

机务段的现有机车按照配属关系分为：配属机车和非配属机车。

（1）配属机车：根据国铁集团配属命令，拨交铁路局集团公司（包括自购）及机务段保管、使用，涂有段局标志，并在资产台账登记的机车。

（2）非配属机车：指原配属关系不变，根据国铁集团命令，由他局集团公司、段派至本局集团公司、段入助及临时加入支配（含长交路轮乘）的机车。

（3）合资铁路、地方铁路的自有机车为其配属机车。

机务段的现有机车按指挥使用权限可划分为两大类，一类是本段可以支配的，称为支配机车；另一类是本段无权支配的，称为非支配机车。

（1）支配机车：根据上级部门命令拨交铁路公司、段支配使用的机车，包括入助和临时加入支配（含长交路轮乘）本段可以支配的机车。

机务段的支配机车按照机车的工作状态，又可分为运用机车与非运用机车两种。

① 运用机车：为参加各种运用工作的机车。包括担当工作以前必须进行必要的准备工作、等待工作的机车，以及经国铁集团命令批准的其他工作机车。分为客运、行包专运、货运（货物、小运转）、路用、补机、专用调车及其他工作机车。

② 非运用机车：指未参加运行工作的机车。包括备用、检修及经国铁集团命令批准的其他机车。分为长期备用（不包括在机务段支配内）、短期备用、检修[大修或 6 年检、中修或 2 年检、小修或年检（半年检）、辅修或季修（月检）、临修、其他检修]及其他。

（2）非支配机车：根据国铁集团管理命令批准的长期备用、出助的机车，以及按租用合同办理的出租机车，本段无权支配的机车。

机务段因受运输任务的变动或由于机车运用效率的提高，运行机车有多余时，应将多余的机车转入非运行机车内作为备用机车，以提高机车运用指标。

机车使用年限应按《铁路运输企业资产管理办法》的规定执行，机务段配属机车分类情况如图 1.1 所示。

### 3. 机车的使用

为了充分利用机车的牵引力，提高机车的运用指标和运用效率，使用机车时应注意以下几点。

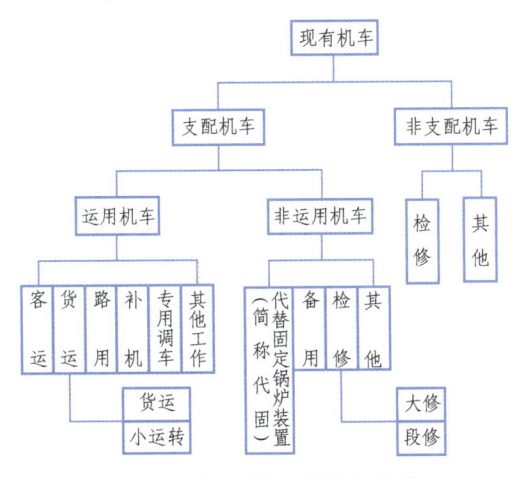

图 1.1　机务段配属机车分类

（1）客运机车应尽量固定使用。

（2）货运列车的机车，除列车运行图规定的外，不应在中间站、岔线及有专用调车机车的站进行调车作业。

（3）所有机车必须按列车运行图和机车固转图的规定使用。

不得安排担当直达、直通货物列车牵引任务的机车在中间站、岔线及有专用调车机车的车站进行调车作业；旅客列车机车在始发、终到站，不得安排调车作业任务，必须担当调车作业时，应在列车运行图中确定。

直供电机车出库前必须按规定对直供电装置进行检查，保证出库牵引质量状态良好，按规定时间出库向客车供电；直供电列车运行区段，具备条件的，应合理安排直供电机车担当非直供电客车或货车的牵引任务，以提高应急处置能力。

机车应按照使用性能、节能环保、技术更新、经济合理及淘汰落后产能的原则确定使用年限，机车使用年限为 20 年。

铁路局集团公司、机务段要确保机车配属、运用等管理信息系统数据准确，并及时更新。

## 二、机车的检修修程与周期

机车作为铁路运输的牵引动力设备，自其制造落成交付使用以后就伴随着保养、检查、修理工作。机车运用与修理是周期性进行的。机车通过定期检修来消除各零件、部件及机组在运用中的损伤，经常保持和不断恢复机车的基本技术性能，保证机车正常运用，从而能安全、正点、优质、高产、低成本地完成运输生产任务。

机车的修理计划由机务技术科负责，会同检修、运用机车两车间共同编制。编制机车修理计划时，应依据修程范围、两次修理间机车行走公里标准或期限，并根据机车的实际技术状态、运输任务、修理业务等情况通过机车走行公里的推算，经过综合平衡，安排确定机车的检修计划和日期。

### （一）电力机车的检修修程与周期

目前，我国普遍实行的电力机车周期修共分为大修、中修、小修、辅修 4 级，其中的中修、小修和辅修为段修修程。

大修：机车全面检查修理，恢复机车的基本质量状态。

中修：机车主要部件检查修理，恢复其可靠使用的质量状态。中修计划应尽量做到均衡进车，以保证检修车间有节奏地生产，并不致造成运用机车台数太大的波动。

小修：机车关键部件和易损易耗零部件检查修理，有针对地恢复机车的运行可靠性。有诊断技术条件者可按其状态进行修理。

辅修：机车例行检查，做故障诊断，按状态修理。各修理安排如图 1.2 所示。

图 1.2　各修程安排

### 1. 各级修程的周期

各级修程的周期，应按非经该修程不足以恢复其基本技术状态的机车零部件，在两次修理之间保证安全运用的最短期限确定。根据当前机车技术状态及生产技术水平，电力机车检修周期规定如下：

客、货运本务机车
（1）大修：160 万～200 万 km
（2）中修：40 万～50 万 km
（3）小修：8 万～10 万 km
（4）辅修：1 万～3 万 km

补机和小运转机车
大修：不少于 15 年
中修：不少于 3 年
小修：不少于 6 个月
辅修：不少于 1 个月

小、辅修周期为参考值，各局可根据机车实际技术状态自行确定。中修周期可根据"内燃、电力机车段修管理规程"规定的范围，结合客、货运输任务及各地运用条件的具体情况确定，并报国铁集团核对。

为了不断提高机车的使用效率，应认真掌握机车状态的变化规律，在保证机车质量的前提下，经报国铁集团批准后，允许铁路局集团公司进一步延长机车或部件的检修周期和进行检修周期新的计算方式（如运行时间）的尝试，实行"弹性周期计划修"或"定期检查状态修"，但危及行车安全的部件必须严格按周期检查和修理，可不与机车修程同步。

### 2. 检修计划及检修范围

机车检修应按照计划进行。检修计划由机务段技术科（室）负责会同检修、运用车间，根据机车走行公里和实际技术状态以及检查、运用车间的生产情况等进行编制，按照程序审批后下达实施。

**1) 小修及辅助计划**

机车小修及辅助月度或旬（周）计划应在月或（旬）开始前 3～5 天提出，经机务段段长批准，报铁路局核备后执行。要求运用车间于机车修程开工 48 h 前填好"机统-28"，并于 24 h 前交检修车间。

**2) 中修计划**

机务段应在每年度开始前 85 天，编制出次年分季的年度机车中修计划并报铁路局集团公司。机务段每季度开始前 45 天编制出分月的季度中修计划并报铁路局集团公司，由铁路局集团公司审查、平衡、批准后，于季度开始前 30 天下达到承修段，并通知委修段。委修段于月度开始前 25 天将中修机车不良状态书寄给承修段。承修段于每月开始前 10 天，编制出中修施工月计划，报铁路局集团公司审核后执行，并通知委修段按计划送车。

**3）检修范围**

机车各级段修修程必须有科学合理的检修范围（含探伤范围、验收范围、配件互换范围），并认真贯彻执行。辅修范围由机务段负责编制并确定；小修范围由机务段负责编制，报铁路局集团公司审批备案；中修范围由铁路局集团公司组织编制，报国铁集团备案；段修范围应由编制单位根据执行中出现的机破、临修、碎修、超范围等情况定期组织修订。

**4）段修范围**

机车段修范围编制的依据是：段修周期；各机组、部件的技术要求；机车状态的变化规律；原范围执行情况。

### 3. 机车小修注意事项

在编制机车小修计划时，应注意下列事项：

（1）根据检修段能力，坚持包修负责制，考虑运用机车保有台数，合理安排客、货、调、小各机型的定期检修。

（2）节假日期间应调整，可适当安排提前进行。

（3）机车质量需要提前整修时。

（4）由于检修能力所限，机车走行公里已接近定检，无法安排时可转入备用。

（5）由于运行秩序不正常，机车走行公里发展不平衡，日常应加强掌握，在日班计划进行调整，防止发生超、欠公里现象。

（6）机车调度及机务段机车调度员应加强 3 日计划的掌握，确保兑现，并调整回库交路，组织按线回库。

## （二）内燃机车的修程与周期

### 1. 修　程

机车检修修程分为大修、中修、小修、辅修 4 级，其中中修、小修，辅修为段修修程，大修为厂修修程。

大修：机车主要部件检查修理，恢复机车基本性能。

中修：机车主要部件检查修理，恢复机车主要性能。

小修：机车关键部件检查修理，有针对性的恢复机车运行可靠性。有诊断技术条件者，可按其状态进行修理。

辅修：机车全面检查，保养清扫，做故障诊断，按状态修理。

### 2. 周期（公里或期限）

机车各级修程的周期，应按非经该修程不足以恢复其基本技术状态的机车零部件，在两次修程之间保证安全运用的最短期限确定。

根据当前机车技术状态及生产技术水平，内燃机车检修周期规定如下：

大修：（80±10）万 km（调小机车 8~10 年）

中修：23 万 ~ 30 万 km（调小机车 2.5 ~ 3 年）
小修：4 万 ~ 6 万 km（调小机车 4 ~ 6 个月）
辅修：不少于 2 万 km（调小机车不少于 2 个月）

### （三）和谐型交流传动机车的修程与周期

#### 1. 修程周期

和谐型交流传动机车，在修程上，设置 C1、C2、C3、C4、C5、C6 修 6 个等级，其中 C1 ~ C4 修为段级修程，C5、C6 修为高等级修程。具体修程周期如表 1.1 所示

表 1.1  和谐型交流传动机车修程周期表

| 修程 | 周期 | 修程要求 |
| --- | --- | --- |
| C6 | 电力机车 200×（1±10%）万 km，不超过 12 年<br>内燃机车 180×（1±10%）万 km，不超过 10 年 | 机车全面分解检修，全面性能参数测试，恢复基本性能，可同时进行机车或主要部件的技术提升 |
| C5 | 电力机车 100×（1±10%）万 km，不超过 6 年<br>内燃机车 90×（1±10%）万 km，不超过 5 年 | 机车主要部件分解检修，性能参数测试，恢复机车可靠质量状态。 |
| C4 | 电力机车 50×（1±10%）万 km，不超过 3 年<br>内燃机车 45×（1±10%）万 km，不超过 3 年 | 机车主要部件检查，性能参数测试，修复不良状态部件，恢复机车可靠质量状态 |
| C3 | 电力机车 25×（1±10%）万 km，不超过 1 年<br>内燃机车 23×（1±10%）万 km，不超过 1 年 | 机车关键部件重点检查维修，有针对性地恢复机车运行可靠性 |
| C2 | 电力机车 13×（1±10%）万 km，不超过 6 个月<br>内燃机车 12×（1±10%）万 km，不超过 6 个月 | |
| C1 | 电力机车 7×（1±10%）万 km，不超过 3 个月<br>内燃机车 6×（1±10%）万 km，不超过 3 个月 | 机车例行检查和保养，利用机车自检系统进行故障诊断，按状态修理。 |

#### 2. 机车状态修简介

状态修就是"计划检查、状态修理"的简称，其作业类型分为：段修 Ⅰ 级检查、Ⅱ 级检查。

状态修是根据可靠性理论和全员生产维修（TPM）方法，结合电力机车特点而做出的机车检修制度的改革。

（1）状态修时，机车进行 Ⅰ、Ⅱ 级检查的走行公里及停时标准。

Ⅰ 级检查：0.5 万 ~ 1.5 万 km，停时：2 h；Ⅱ 级检查：3 万 ~ 7 万 km，停时：10 h。

（2）状态修的检查周期安排。

其中段修间隔走行公里：50 万 ~ 90 万 km，修程停时：5 天（不包括喷漆时间）。

（3）状态修的优点。

修程走行公里标准伸缩性大，机动灵活，对提高综合经济效益和社会效益，改善机车质量、减少机车库停时间、缓和运输能力和设备通过能力紧张的矛盾、同步实现机车质量和职工素质良性循环等方面有着显著的效果。

## 任务三　解析机车交路及机车运转制

### 一、机车交路

铁路机车牵引列车基本上是按区段接续进行的。机车交路是机车固定担当运输任务的周转区段。

图 1.3 为机车交路示意图。从机务段到折返段间的距离 $L_1$、$L_2$、$L_3$ 即为交路长度。$A$、$D$ 为机务段所在站，$B$、$C$ 为折返段所在站。

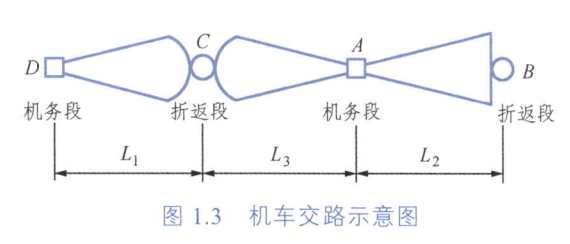

图 1.3　机车交路示意图

一个机务段担当机车交路的数量，根据机务段在路网中的位置及运输任务可分为一个或几个。在图 1.3 中，$B$、$C$ 为机务段 $A$ 的折返段，所以说 $A$ 机务段担当两个机车交路。显而易见，机务段担当的交路数多、交路长，则对减少铁路建设投资和铁路运输费用以及提高机车运用效率是非常有益的。但是确定机车交路是一个比较复杂的工作，必须同时考虑到现有的线路情况，包括牵引动力的种类、机型，编组站的分布及分工，行车组织的特点及货流方向，沿线的自然条件和生活条件等因素。

#### 1. 确定机车交路的基本原则

确定机车交路的基本原则，在《铁路机车运用管理规则》（以下简称《运规》）中规定：

（1）充分利用运输设备条件，根据列车编组站分工，推行"机车长交路、乘务区段化"运用模式，实行机车集中配置，乘务分段担当，向同方向或多方向延伸覆盖，提高运用效率。

（2）依据路网特点和机车续行能力，科学、合理地确定机车交路，兼顾机车整备、检修能力，统筹安排机车乘务员休息和工作时间，满足运输生产需求。

（3）充分利用各类机车性能，逐步统一干线和跨线牵引定数，提高机车运用效率和运输能力。

（4）根据机务生产力发展水平，坚持近期与远期相结合，不断完善和优化。

机车交路按用途分为客运机车交路和货运机车交路；按机车运转方式分为循环运转制、半循环运转制、肩回运转制和环形运转制机车交路等；按区段距离分为一般机车交路和长交路。客运机车交路区段距离 800 km 以上、货运机车交路区段距离 500 km 以上的为长交路。国家铁路集团有限公司负责确定跨局机车长交路并定期公布。

根据铁路技术政策，内燃、电力机车尽量采用长交路。

#### 2. 机车交路

机车交路的图例说明如图 1.4 所示。

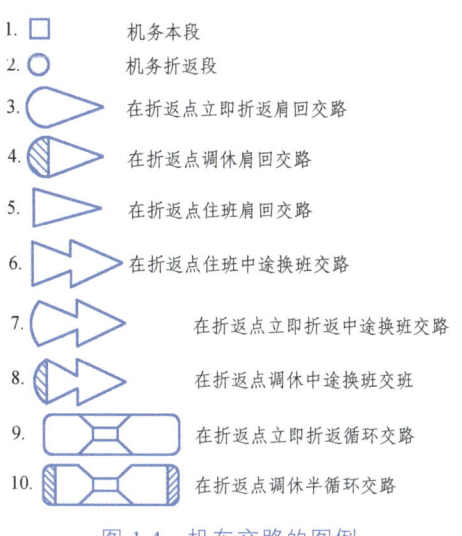

1. □　机务本段
2. ○　机务折返段
3. ▷　在折返点立即折返肩回交路
4. ▨　在折返点调休肩回交路
5. ▷　在折返点住班肩回交路
6. ⇉　在折返点住班中途换班交路
7. ⇒　在折返点立即折返中途换班交路
8. ⇒　在折返点调休中途换班
9. ⬡　在折返点立即折返循环交路
10. ⬡　在折返点调休半循环交路

图 1.4　机车交路的图例

## 二、机车运转制度

机车在交路上从事列车牵引作业的方式称为机车运转制。它是组织机车运用、确定机车整备设备布置、决定机车全周转时间并影响铁路运输工作效率的重要因素。

机车运转制可分为：循环、半循环、肩回、环形、循回运转制度。为了提高机车运用效率，应广泛采用循环或半循环运转制。

### 1. 肩回运转制

机车由本段出发，从本段所在站牵引列车到折返段所在站，进入折返段进行整备及检查作业，然后牵引列车回本段所在站，再进入本段进行整备及检查作业。

机务本段担当两个方向相反的机务交路的称为双肩回运转制，如图 1.5 所示。

在这种情况下机车一般只在一个牵引区段内往返一次，就要进入本段一次。

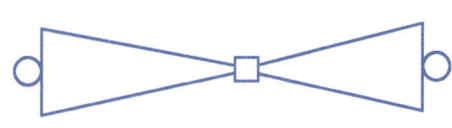

图 1.5 双肩回运转制示意图

### 2. 循环运转制

机车从本段所在站出发，在一个牵引区段（如甲—乙间）上往返牵引列车后回到本段所在站（甲站），机车不入段，仍继续牵引同一列车或换挂另一列已准备好的车列，运行到另一牵引区段（如甲—丙间）的折返段所在站。再从丙站牵引列车返回乙站。这样，机车在两个牵引区段上牵引列车循环运行，平时不进本段，直到机车需要进行检修时才入本段，这种方式叫全循环运转制，如图 1.6 所示。图 1.7 是另一种循环运转制示意图，是机车乘务员在折返段进行调休的循环运转制。

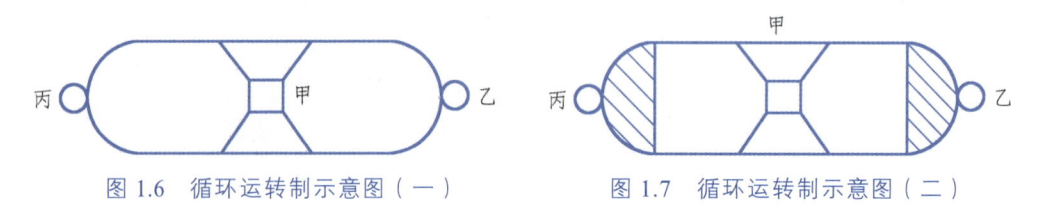

图 1.6 循环运转制示意图（一）

图 1.7 循环运转制示意图（二）

循环运转制的优点是：机车运用效率较高，能够加速机车的周转，并减轻车站咽喉的负担。它的缺点是：占用到发线时间较长，站内要设整备设备，对机车质量要求较高。

### 3. 半循环运转制

如果机车牵引列车在两个牵引区段上周转循环一次就进入本段一次进行整备、检查，就称半循环运转制，如图 1.8 所示。

### 4. 环形运转制

机车出段后，在一个或几个方向担当若干次往返作业后，机车辅修或小、中修，或者机车需要整备作业时，机车才入本段进行整备作业，如图 1.9 所示。这种交路适用于近郊列车、通勤列车、环形列车或小运转列车。

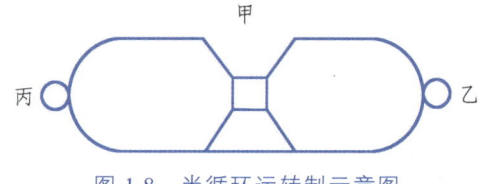

图 1.8 半循环运转制示意图

#### 5. 循回运转制

机车牵引列车运行于一个方向相当于两个交路区段后,返回机务本段入库整备作业一次,这种交路称循回运转制,如图1.10所示。

图1.9 环形运转制示意图　　　　图1.10 循回运转制示意图

机车从本段出发,在甲站牵引列车向乙站运行,列车运行到乙站时,机车不摘钩,乘务员换班继续牵引列车向丙站运行,列车到达丙站后,机车摘钩进入折返段进行整备作业。然后机车再牵引反方向列车经乙站回到本段所在站甲站。机车到达甲站后摘钩进入本段整备。

目前,肩回运转制仍然是我国铁路上采用最多的一种运转制。在采用肩回运转制时,可以尽量延长机车交路(即采用循回运转制),以提高机车运用效率。

## 任务四　解析机车乘务组与乘务制度

### 一、机车乘务组

每台运用机车由乘务员小组担当机车的操纵和保养工作,乘务员小组通称为机车乘务组。机车乘务组的组成因机车类型及乘务制的不同,有的机车乘务组人数较多,有的人数少。我国《运规》规定:铁路配属机车(代固机车除外)必须有车有人,并有一定的预备率、在职培训率和后续培养率。

机车乘务员每班的配备为内燃、电力机车标准班每班设司机、副司机各1人;实行双司机值乘的,每班设司机2人;双节重联时,设司机1人,副司机2人(无重联线的除外)。实行轮乘制的乘务机班要固定,不得任意拆散。实行包乘制的机车,每台机车设司机长1人;实行轮乘制的每3~5班可设轮乘司机长1人。司机长在每台机车乘务组中选拔较优秀的司机担当。

机车乘务员是铁路运输的主要工种,要做到不分昼夜,不误分秒,按乘务作业标准要求安全驾驶机车战斗在运输第一线,任务艰巨而光荣。因此,机车乘务员必须具备下列基本条件:

(1)符合岗位标准要求,司机须取得中华人民共和国铁路机车车辆驾驶证。
(2)敬业爱岗,胜任本职工作。
(3)身体条件符合国家对铁路机车车辆驾驶人员职业健康标准的要求。
(4)具备中专及以上学历,具有良好的汉字读写能力并能够熟练运用普通话交流。

符合(2)~(4)项要求的人员,在机务段乘务学习满半年(或乘务公里满3万km),经铁路局集团公司组织考核合格,颁发铁路岗位培训合格证后,方可担当副司机工作。年龄35岁及以下的在职或入职副司机,应在3年内达到机车乘务员学历标准。

铁路局应依据运输生产实际和发展需要,科学核定机车乘务员定员,合理设置预备率,原则上按12%安排,可根据实际需要适当提高,但不超过16%。铁路局年度新增人员计划,对机车乘务员人数实行计划单列。

开展机车乘务员百趟安全竞赛活动，充分调动机车乘务员严格执行作业标准的积极性。

机车司机要做到遵章守纪、爱护机车、平稳操纵、安全正点；认真执行一次乘务作业标准，做到"彻底瞭望、确认信号、准确呼唤、手比眼看"；努力学习技术业务知识，不断提高操纵技术和应急处置能力，质量良好地完成运输任务。机车副司机的主要职责是在司机的领导下，认真执行一次乘务作业标准。

达到一定年龄的副司机，参加国家司机晋升考试不合格或无故不参加本单位安排的国家司机晋升考试者，原则上调整出机车运用岗位。

实行机车乘务员违章违纪年度"12分"管理制度。铁路局机务处负责制定实施办法，并监督机务段组织实施；机务段建立机车乘务员违章违纪管理档案，当机车乘务员年内扣分累计达到12分时，停止担当乘务工作，经培训考试合格后，方准上岗。

## 二、机车乘务员的劳动和休息时间标准

为保证机车乘务员在工作的时候精力充沛，注意力集中，从而更有效地完成运输生产任务，为此，规定了乘务员的劳动和休息时间标准。

### 1. 机车乘务员劳动时间

一次乘务作业工作时间标准（出勤到退勤全部工作时间，下同）如下。

（1）机车司机、副司机配班值乘：客运列车不超过 8 h，货运列车不超过 10 h。

（2）机车单班单司机值乘时间标准由铁路局制定。

（3）机车双班单司机值乘：客运列车按旅行时间不超过 15 h 加出退勤工作时间，货运列车旅行时间不超过 16 h 加出退勤工作时间。

### 2. 机车乘务员休息时间

（1）外公寓调休时间不得少于 5 h（其时间的计算为到达公寓签到休息至叫班时止，以下同）；在外公寓驻班休息时间不得少于 10 h；轮乘制外公寓换班继乘休息时间不得少于 6 h。具体休息时间标准由铁路局在编制列车运行图时公布，并不得随意变更。

（2）在本段（或本车间）休息时间应根据月工作时间定额均衡安排，每次时间不得少于 16 h。

（3）实行轮乘制的机车乘务员每月应安排 1~2 次不少于 48~72 h 的休息时间。

机车乘务员随货物列车或无卧铺客运列车便乘时间计算为工作时间，但不计算为一次乘务作业工作时间；乘卧铺的便乘时间不计工作时间。

编制列车运行图须依据机车乘务员一次乘务作业工作时间标准；运输有关部门要提高日（班）计划编制质量，各工种调度之间要加强联系，严格落实"一派一核一叫"制度，实现精确叫班，不得以日（班）计划作为叫班计划，叫班前应认真了解机车、列车位置和编组情况；列车调度员要按图组织行车，不得随意更改乘务交路、中途折返，并优先放行机车乘务员接近超劳的列车，防止机车乘务员超劳。

## 三、机车乘务制度

机车乘务制度是机车乘务员使用机车的制度，分为轮乘制、包乘制、轮包结合制。按值乘方式分为标准班、单班单司机、双班单司机。

机车乘务制度

机车乘务制度的选择应符合工作时间标准和运输需要，积极推行标准班，管内具备条件的可实行单班单司机，严格控制双班单司机。干线机车实行轮乘制，调车机车、小运转机车可实行包乘制。担当固定调车作业的调车机车乘务员原则上采取小四班轮班方式。

根据机车交路、乘务制度和工作条件，合理采用机车运转制和乘务员换班方式。

### 1. 包乘制

实行包乘制时，将一台机车分配给固定的几个机车乘务组，这几个机车乘务组称为机车包乘组。实行包乘制的机车，每台机车设司机长1人。机车包乘组在司机长领导下，负责所包机车的运用、安全、保养、节约、整备、验收、保管、交接等工作，以保证质量良好地完成运输任务。机车包乘组负有对所包机车的保养、包用、包管全部责任。包乘制中还有跨段对包形式，机车采用长交路，两个段的乘务组对所包机车进行日常保养和运用。

包乘制的特点如下。

（1）加强了乘务员对机车保养的责任心，有利于机车的保养工作，保证机车经常处于良好的技术状态，能质量良好地投入运用。

（2）乘务员熟悉所包机车的性能特点，有利于钻研和发挥操纵技术。

（3）为机车的运用管理工作提供了方便的条件。

因为机车的利用程度受到包乘组工作时间的限制，机车有时需要在段内长时间停留，以保证机车乘务员足够的休息时间，这样就造成机车的生产时间不能充分利用，因而降低了机车的运用效率。

### 2. 轮乘制

随着牵引动力的改革，在内燃、电力机车整备作业量少、运行距离长的条件下，逐步实行了轮乘制和轮包结合制。

实行轮乘制度，机车不分配给固定的机车乘务组，而是将机务段全体机车乘务员和全体机车统一组织，集中使用，按照歇人不歇车的循环轮乘管理体制，由许多机车乘务组轮流使用全部机车。由于机车和乘务组之间没有固定关系，机车工作时间的利用不受机车乘务组的牵制，所以能更为合理和高效地使用人力和机车。

我国电力机车的机车乘务制度大多采用轮乘制。在轮乘制中，由于实行中途轮班、循环轮乘、歇人不歇车的接力运转方式和机车乘务组采取顺序出乘，便于适当安排其休息时间，因此，机车的运用效率大大提高。调查资料表明，实行轮乘制度较包乘制度可节约机车1/7左右，并使乘务员的劳动生产率提高25%~30%。因此，如果和电力机车适于长交路运行的特点结合起来看，轮乘制便是一种优越的、技术指标高、经济效果明显的、有发展前途的机车乘务制度。

轮乘制同包乘制比较有突出的优越性，具体表现为：

（1）便于合理掌握机车乘务员的作息时间，实行长交路运行，提高乘务员的劳动生产率。

（2）机车运用不受乘务组作息时间的限制，可以缩短非生产停留时间，提高机车运用效率。

（3）减少了机车出入库的次数及等待列车的时间，缩短了途中停留时间，加快了机车周转，减少了运用机车台数。

（4）减少了直通列车摘挂机车次数，缩短了中途站停时间，提高了旅行速度，加快了车辆周转，提高了线路通过能力。

（5）减少了沿线机务设备及区段站的设置，可以少占农田，节省基本建设投资。

（6）有利于实行专业化集中检修，提高机车检修质量，降低检修成本。

### 3. 轮包结合制

实行轮包结合乘务制度是轮乘制的另一种形式，它综合了包乘制和轮乘制的优点，更有利于发挥长交路的优势，弥补了轮乘制保养工作不易落实、机车技术状态较差的缺陷。采用轮包结合乘务制度的方法一般是本段出发为包乘机班，外段折返为轮乘机班。

## 四、乘务方式

机车乘务组如何换班出乘，担当机车作业的方法称为乘务组的出乘方式，又称为机车乘务组的乘务方式。

乘务方式根据交路长度和乘务组连接工作时间标准一般分为以下6种。

### 1. 驻班制

采用驻班制乘务方式时，在折返段预先派驻若干个机车乘务组，当本段机车乘务组执乘牵引列车到达折返段休息时，由折返段驻班机车乘务组接车，牵引列车返回本段。如此轮流执乘，轮流在折返段休息。

驻班制乘务方式适用于行车密度大的长交路上，可以提高机车运用效率。但是乘务员经常在外段驻班，生活和学习条件不够正常。驻班制示意图如图1.11所示。

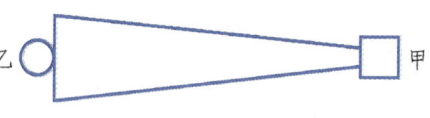

图 1.11　驻班制示意图

### 2. 调休制

一个机车乘务组有机务段出乘，担当机车作业到达折返段后不换班，由于乘务组往返执乘连续工作时间超过规定时间，乘务员需要在折返段公寓调休 4～6 h（不包括退勤时间），机车也随之在折返段停留等待，然后原班原车返回机务段，如图 1.12 所示。

该乘务方式适用于行车密度小的较长路段。其主要缺点是机车运用效率低，乘务员有一部分时间在外段休息。

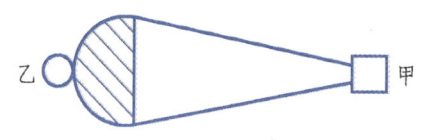

图 1.12　调休制示意图

### 3. 立即折返制

一个机车乘务组由机车段出乘担当机车作业，到达折返段不需要换班，而是接运最早的列车返回机务段，再退勤休息，这种乘务方式称为立即折返制，如图 1.13 所示。

这种乘务方式适用于行车密度大的短交路上，其优点是乘务员在家休息的时间较长，有利于参加段内组织活动和业务学习，便于机务段对乘务员的组织管理工作，机车运用效率也比较高。

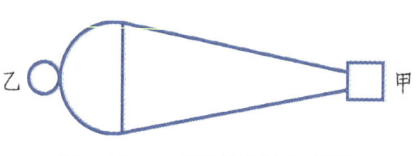

图 1.13　立即折返制示意图

### 4. 中途驻班制

一个机车乘务组由机务段出乘，担当机车作业到达中途整备点后退勤休息，由预先派驻的中途整备点的机车乘务组接乘到达折返段后,原班原车牵引其他列车立即折返中途整备点退勤休息,而后再由中途整备点已经休息的机车乘务组执乘返回机务段,如图 1.14 所示。

中途驻班制的优点是机车交路长,一般相当于一个长交路和一个短交路距离之和,机车运用效率高。但驻班在中途整备点的乘务员长期离开机务段,因此需在中途换班地设置乘务员公寓或家属宿舍。

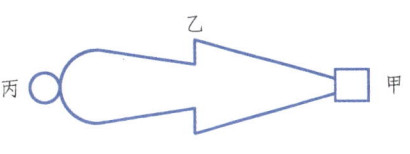

图 1.14　中途驻班制示意图

### 5. 两处驻班制

采用两处驻班制时,机务段预先在中途整备点和折返段均派驻若干个机车乘务组。一个机车乘务组由机务段出乘,担当机车作业到达中途整备点后退勤休息,由驻班机车乘务组接乘担当机车作业继续运行到折返段,也退勤休息。然后折返段驻班机车乘务组担当机车作业,牵引列车返回中途整备点退勤休息,再由中途整备点驻班机车乘务组接乘返回机务段。该乘务方式一般适用于超长交路,相当于两个长交路距离之和,机车运用效率高,如图 1.15 所示。

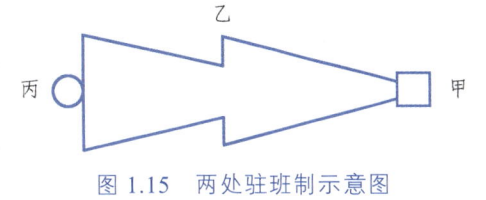

图 1.15　两处驻班制示意图

### 6. 随乘制

采用随乘制时,机车后面挂一辆宿营车,机车乘务组均随车出乘。先由一班机车乘务组担当机车作业,其余机车乘务组在宿营车上休息。经过一段时间,在适当的停车站换班执乘。

随乘制机车运用效率较高,工作比较灵活,机车交路可以延伸很长,但是乘务员休息条件差。该乘务方式一般适用于流动性和临时性运转制。

前述的机车交路类型、机车运转制和机车乘务组乘务方式,三者是互相配合并有固定关系的。概括地说,机车交路类型为机车牵引区段距离,机车运转制为机车从事列车牵引作业的方式,机车乘务组乘务方式即机车乘务组固定的换班处所。

## 任务五　解析机车周转图

### 一、列车运行图

#### 1. 列车运行图的作用

《铁路技术管理规程》(以下简称《技规》)中第 225 条明确提出:列车运行图是铁路行车组织工作的基础。所有与列车运行有关的铁路各部门,必须按列车运行图的要求,组织本部门的工作,以保证列车按运行图运行。列车运行图应根据客货运量、区段通过能力等因素确定列车对数,机车周转图应与列车运行图同时编制。并符合下列要求:

(1)列车运行、车站间隔、技术作业等时间标准。
(2)迅速、便利地运输旅客和货物。
(3)充分利用通过能力,经济合理地运用机车车辆和安排施工、维修天窗。

（4）做好列车运行线与车流的结合。
（5）各站、各区段间的协调和均衡。
（6）合理安排乘务人员作息时间。

列车运行图规定了各种列车占用区间的程序，由列车每一个车站出发、通过、到达和交会的时刻，列车在各区间的运行时分，以及列车在车站的停留时间标准等。这样的列车运行图不仅规定了列车的运行，而且也规定了铁路技术设备（线路、站场、机车、车辆等）的运用。同时，还规定了与列车运行有关的保证部门（如车站、车务段、客运段、机务段、工务段、电务段、供电段、列车检修所、车辆段等）的工作。因此，列车运行图是行车组织工作的基础，是铁路运输工作的综合计划。

列车运行图的主要作用是：将所有与列车运行有关的铁路部门（如机务、车务、列车车辆、工务、电务、水电等单位）的工作人员同铁路的运输生产活动统一组织起来，并按照规定的程序协调一致地工作，保证列车按运行图运行。列车运行图应标明如下内容：

（1）根据客、货运量确定列车对数和列车车次。
（2）规定各次列车占用区间的次序。
（3）列车出发、到达和通过各分界点的时刻。
（4）列车在区间内运行时分和站停时间标准。
（5）列车运行速度、牵引重量和长度标准。

### 2. 列车运行图的分类

在我国，列车运行图是根据国家运输计划编制的，这种根据基本运量进行编制的列车运行图是基本运行图。基本运行图规定的行车量能满足一定时期内的最大客、货运输任务。然而，由于客货运输量在一年之中难以保持稳定，为了适应这种变化，必须在基本运行图的基础上根据各种行车方案再编制几个运输方案的运行图，这种列车运行图称为分号运行图。例如，某列车运行图用 30 对列车编制，而行车密度最高达 34 对列车，最低只有 26 对列车，则可在 26~34 对列车之间，按每相差一对列车再编制 8 个方案，或按照每相差两对列车再编制 4 个方案，在这里称以 30 对列车编制的运行图为基本运行图，其他 8 个（或 4 个）运行图为分号运行图。

分号运行图又可分为独立和综合分号运行图。独立分号运行图是根据实际的车流情况确定行车量并结合编制分号运行图的特殊要求，像编制基本列车运行图那样，重新定点、定车次的列车运行图，它主要用在单线区域。综合分号运行图包括几个方案的运行图，是利用基本运行图抽减运行线，不单独定点、定车次而制定的列车运行图，综合分号运行图原则上在复线区域上使用。

有了基本运行图和分号运行图，运输部门就可随着运量的变化、特殊运输需要及工程施工等情况，选用相应的分号运行图。最后，列车运行图不是固定不变的，必须根据铁路客货运量的不断增长、铁路技术设备的更新、运输组织工作的改善、牵引定数和旅行速度的提高，经过一定时期重新编定。原则上列车运行图每两年定期编制 1 次。

### 3. 列车运行图的识别

列车运行图是运用坐标原理来表示列车在区间运行，在车站到、发、通过时刻和停车时分的一种图解形式，如图 1.16 所示。

在列车运行图中，采用站名线、时分线和运行线三线表示法。在列车运行坐标图上，横坐标表示时间（$t$），纵坐标表示距离（$L$），斜线的斜度表示列车的运行速度，斜度越大，则列车运行速度越高。

列车运行图时间坐标等分成 24 格，代表一昼夜 24 h。铁路系统以每日 18 点整至次日 18 点整为"一昼夜"时间范围。垂直线为时间线，较粗的线表示小时，细线表示若干分钟，虚线表示 0.5 h，纵坐标按照一个区段内各个站间距离的比例划分成若干水平线即为各站分界点的中心线，大站用粗线表示，小站用细线表示。水平线与水平线间隔表示站间距离。斜线与水平线的交点表示列车在每个车站的出发、通过或到达的时刻。

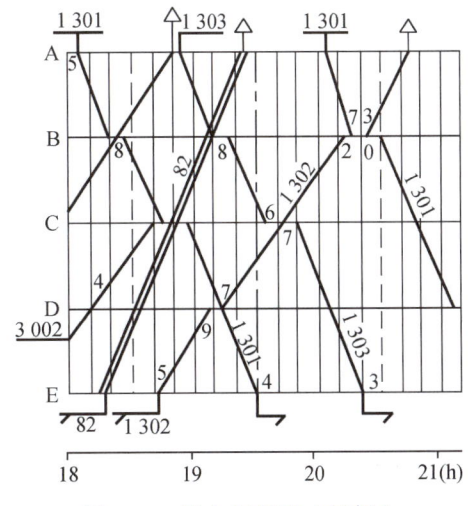

图 1.16 列车运行图（局部）

在列车运行图中，由于辅画了许多不同种类的列车运行线，为了便于区别，对不同的列车种类要采用不同的列车运行线来表示。常见的列车运行线如表 1.2 所示。

表 1.2 常见的列车运行线

| 序号 | 列车种类 | 表示方法 | 示例 | 备注 |
|---|---|---|---|---|
| 1 | 旅客列车（混合列车） | 红色单线 | ——————— | 以车次区分 |
| 2 | 临时旅客列车 | 红单线加红双杠 | —‖—‖— | |
| 3 | 行包专列 | 蓝单线加红圈 | —○—○— | |
| 4 | "五定"班列 | 蓝单线加蓝圈 | —○—○— | |
| 5 | 快运、直达、重载列车 | 蓝色单线 | ——————— | 以车次区分 |
| 6 | 直达、区段、小运转列车 | 黑色单线 | ——————— | 以车次区分 |
| 7 | 冷藏列车 | 黑细线加红"○" | —○—○— | |
| 8 | 超限货物列车 | 黑细线加黑"□" | —□—□— | |
| 9 | 摘挂列车 | 黑细线加" │ "、"+" | —│—+— | |
| 10 | 单机 | 黑细线加黑"▷" | —▷—▷— | |
| 11 | 军用列车 | 红色断细线 | - - - - - - - | |
| 12 | 路用列车 | 黑细线加蓝"○" | —○—○— | |
| 13 | 重型轨道，轻油动车 | 黑单线加黑双杠 | —‖—‖— | |

列车运行线向上代表上行列车，向下代表下行列车。上行列车的车次为双数，下行列车的车次为单数。我国铁路规定向首都运行的方向为上行方向，反之为下行方向。为了便于组织列车运行和进行作业，每一列列车必须编有车次，列车的车次表示了该列车的种类、运输性质及运行方向。

**4. 列车分类和列车车次规定**

　**1）旅客列车**

　（1）高速动车组旅客列车　　　　G1—G9998
　　　其中：跨局　　　　　　　　　G1—G5998
　　　　　　管内　　　　　　　　　G6001—G9998
　　　城际动车　　　　　　　　　　C1—C9998
　　　其中：跨局　　　　　　　　　C1—C1998
　　　　　　管内　　　　　　　　　C2001—C9998
　（2）普通动车组旅客列车　　　　D1—D9998
　　　其中：跨局　　　　　　　　　D1—D4998
　　　　　　管内　　　　　　　　　D5001—D9998
　（3）直达特快旅客列车　　　　　Z1—Z9998
　　　　　　全部为跨局列车　　　　Z1—Z9998
　（4）特快旅客列车　　　　　　　T1—T9998
　　　其中：跨局　　　　　　　　　T1—T4998
　　　　　　管内　　　　　　　　　T5001—T9998
　（5）快速旅客列车　　　　　　　K1—K9998
　　　其中：跨局　　　　　　　　　K1—K6998
　　　　　　管内　　　　　　　　　K7001—K9998
　（6）普通旅客列车　　　　　　　1009—7598
　　　普通旅客快车　　　　　　　　1009—5998
　　　其中：跨三局及其以上　　　　1001—1998
　　　　　　跨两局　　　　　　　　2001—3998
　　　　　　管内　　　　　　　　　4001—5998
　　　普通旅客慢车　　　　　　　　6001—7598
　　　其中：跨局　　　　　　　　　6001—6198
　　　　　　管内　　　　　　　　　6201—7598
　（7）临时旅客列车　　　　　　　L1—L9998
　　　其中：跨局　　　　　　　　　L1—L6998
　　　　　　管内　　　　　　　　　L7001—L9998
　（8）旅游列车　　　　　　　　　Y1—Y998
　　　其中：跨局　　　　　　　　　Y1—Y498
　　　　　　管内　　　　　　　　　Y501—Y998
　（9）通勤列车　　　　　　　　　7601—8998
　　　　　　全部为管内列车　　　　7601—8998
　（10）其他特殊车次。

　　Q1（青1）次（格尔木→拉萨）：为2006年7月1日在格尔木和拉萨同时举行通车庆典时的首发列车，至今再也没有Q字头班次。而京九、沪九直通车有时为了在售票系统中区别也会使用Q97/8、Q99/100的车次，但实际运营时仍然使用"T"字头。

J2（藏2）次（拉萨→格尔木）：为 2006 年 7 月 1 日在格尔木和拉萨同时举行通车庆典时的首发列车。

J1—J41（救1—救41）次：为转移 2008 年汶川大地震中四川灾区大量伤者到全国其他城市治疗，而在 2008 年 5 月 17 日至 6 月 1 日间开行的从成都、绵阳、德阳、广元发往北京、厦门、洛阳、西安、常州、扬州、南通、杭州、长沙、武汉等地的救援列车，完成了中华人民共和国建国以来最大规模的铁路转运伤员工作。

S201—S232：北京市郊铁路 S2 线实行新售检票方式之后的车次，"S"代表市郊列车。

S9××：天津—蓟县，使用新造 25G 车底。

试运转列车：车次范围为 55001—55998。

路用列车：车次范围为 57001—57998，在一些客流量非常小或支线铁路上的通勤列车，一般只用于铁路职工通勤，也可以是客货混编。

回送出入厂客车车底：车次范围 001—00298。

回送图定空车车底：车次前加 0。

因故折返旅客列车：车次前加 F。

**2）货物列车**

（1）行邮特快专列采用 X1—X198 的车次，行包快运专列采用 X201—X298 的车次。

（2）五定班列

    集装箱五定班列　　　　　　80001—80998

    普通货物五定班列　　　　　　81001—81998

（3）快运货物列车　　　　　　81751—81998

（4）煤炭直达列车　　　　　　82001—84998

（5）石油直达列车　　　　　　85001—85998

（6）始发直达列车　　　　　　86001—86998

（7）空车直达列车　　　　　　87001—87998

（8）技术直达列车　　　　　　10001—19998

（9）直通货物列车　　　　　　20001—29998

（10）区段货物列车　　　　　　30001—39998

（11）摘挂列车　　　　　　　　40001—44998

（12）小运转列车　　　　　　　45001—49998

（13）超限货物列车　　　　　　70001—70998

（14）万吨重载货物列车　　　　71001—72998

（15）冷藏保温列车　　　　　　73001—74998

（16）自备车列车　　　　　　　60001—69998

（17）单机　　　　　　　　　　50001—52998

    客车单机　　　　　　　　　50001—50998

    货车单机　　　　　　　　　51001—51998

    小运转单机　　　　　　　　52001—52998

（18）补机　　　　　　　　　　53001—54998

（19）试运转列车　　　　　　55001—55998
（20）轻油动车、轨道车　　　56001—56998
（21）路用列车　　　　　　　57001—57998
　　　　专为运送铁路自用物资、设备、人员的列车。
（22）救援列车　　　　　　　58101—58998
（23）军用列车　　　　　　　90001—91998

## 二、机车周转图

### 1. 机车周转图的概念及识别

列车运行图和机车周转图是组织运输生产的依据。

具体地说，机车周转图是机车工作计划，也是机车乘务员和机车装备（地勤检查）人员的工作计划，它是根据列车运行图、机车交路及所采用的乘务制度进行编制的，具体要求是：

（1）保证列车运行图和运输方案的实施，及时提供全部开行列车所需机车。

（2）经济合理地使用机车，保证完成计划效率指标。

（3）严格贯彻《中华人民共和国劳动法》合理安排机车乘务组的劳动及其休息时间。

（4）安排好本、外段机车的整备作业时间及机车在本段的辅修、中修时间。

机车周转图分为：基本机车周转图、分号式机车周转图、日（班）计划机车周转图和实际机车周转图。

基本机车周转图与列车运行图同时编制。机车周转图编制完成后，应同时查定机车运转方式、乘务制度、乘务方式、机车走行公里、使用台数、全周转时间（包括纯运行、中间站停留及机车在自外段、站停留时间）、日车公里、旅行速度、技术速度、机车使用系数、机车乘务员使用人数等技术指标，经总公司或铁路局批准后执行。

分号式机车周转图（货车），是在基本列车运行图的基础上，根据运量波动抽线选定的列车对数编制而成。制定分号机车周转图均须查定货运机车走行公里、使用台数、日车公里等指标，并有机车检修扣车安排。其中，日车公里应保证年度机车运用计划的要求。

机车周转图一般采用小时格的运行图图表进行铺画。在表示区段的纵坐标上，不像列车运行图那样要画出每个区间站的分界水平线，而只是画出列车始发站、中间换班站、大站及到达站的分界水平线，并在周转图的左侧写上站名，标明区段长度。同时，在机车周转图最上方要写明机车周转区段、周转图实行日期、机车使用效率等参数。另外，在机车周转图的上方和下方，用不重叠的横线（库停线）表示机车在本段和折返段库内的停留时间范围。机车周转图中的列车运行与列车运行图中的表示方法一样，但单线机车周转图中的列车运行线在区段内可以交叉。图1.17为机车周转图略图。

机车周转图对应于列车运行图，也有基本机车周转图和分号机车周转图，并对应相应的列车运行图同时实施。

### 2. 机车周转图的编制资料

在编制机车周转图前，要充分做好各项准备工作，也就是技术人员在编制基本机车周转图前，要认真查定和准备编制机车周转图所需的各种资料和标准。一般来说，编制机车周转图时应准备下列资料和原始数据。

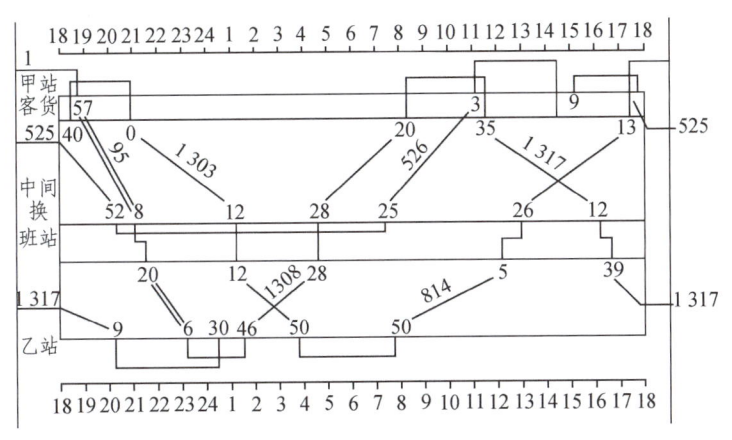

图 1.17 机车周转图略图

（1）列车运行图或列车时刻表。
（2）机车运转制。
（3）机车乘务组的出乘方式。
（4）机车在本段和折返段技术作业时间标准。
（5）机车走行公里、使用台数、全周转时间标准和检查停留时间标准。
（6）机车日车公里、旅行速度、技术速度、机车使用系数等技术指标。
（7）机车乘务员需要人数及补充计划等。

根据收集到的资料及原始数据，参照有关规定编制机车周转图，要完成包括草画机车周转图、计算简明效率表、绘制机车周转图、编制机车及乘务组工作计划表及计算机车运用主要指标等一整套工作。

## 3. 机车周转图的编制原则

机车周转图应与机车运行图同时编制，编图人员要共同研究列车编组计划、列车对数和各项查定资料，制定列车运行图与机车周转图的初步方案，然后进行具体编制。

机务周转图编图人员须与列车运行图编图人员密切配合，及时发现和解决问题，做好以下工作：

（1）认真细致地审定旅客列车方案，经济合理地使用机车。
（2）按照列车编组计划、列车对数和各项查定资料，同时安排好列车工作方案和机车周转方案，尽量压缩非生产时间，提高速度系数。
（3）正确查定核心及各分号列车车次，编制好分号机车周转图。
（4）旬间记名式机车周转图编出后，还应同时编制出旬间机车乘务员工作说明表。

## 4. 列车运行图与机车周转图的协调

铁路局集团公司和机务段应统一配备和使用机车周转图编制软件，计划和实际机车周转图编制以铁路运输生产信息平台为依托，实现跨局机车交路编制及资源共享。

在旅行速度，自外段技术作业和自外段技术所在站作业时间标准确定的前提下，为了提高机车运用效率，只有设法使机车在自外段的待发时间减少至最低限度。然而，机车周转图是按列车运行线编制的。因此，只有在编制列车运行图的工作计划过程中把高效率的机车周

转图因素考虑进去,才能实现经济合理使用机车的目的。为此,机务编图人员要做到如下几点:

(1)编制前向列车运行图编图人员提供各区段机车运用方式和乘务员换班方式;机车在自外段的最短折返时间标准;乘务员补充工作时间及连续作业劳动时间标准;为保证年度计划实现的区段日车公里标准;乘务员在外段调休的时间标准。

(2)铺画货物列车运行线前,要求编图人员实现编制草图,以便考虑机车运用效率是否满足预定指标。

(3)铺画的货物列车运行线初步画成雏形时,机务编图人员应草画机车周转图,如发现问题应及时与列车运行图编图人员研究,合理调整运行线,务必使机车交路合适。

(4)从草图中检查乘务员一次作业时间是否超劳,如有超劳,则应及时与列车运行图编制人员一起进行调整。

## 任务六 机务段配属机车台数、检修率的计算

### 一、机务段配属机车台数计算

机务段配属机车台数是指按编制的机车周转图计算应配属的机车台数。

机务段的配属机车台数包括:运用机车台数、检测机车台数和备用机车台数。

机务段配属机车台数的计算一般采用图解法和分析法两种方法。

#### 1. 图解法

图解法是通过机车周转图的编制,从机车周转图上直接核算出运用机车台数的方法。图解法计算的结果准确,但必须以机车运行图做基础,所以只适用于营业铁路线。由上述可知:

$$配属机车台数(N_{配}) = 运用机车台数(N_{运}) + 备用机车台数(N_{备}) + 检修机车台数(N_{修})$$

其中:

(1)运用机车台数——除了从机车周转图中核定的客货运机车台数外,还应包括调车机车台数等。

(2)备用机车台数——等于 $N_{运} \times$ 预备率($\beta$)。配置机车根据机车周转图查定,并依据担当任务性质等情况,确定机车检修、备用率。原则上,小运转、调车任务按12%,客、货任务管内的按12%、跨局机车交路的按15%,春暑运期间临客任务占图定任务10%以上的机务段按20%,直供电机车按25%。

(3)检修机车台数——包括大修、中修和小修机车台数,其值为 $N_{配} \times$ 检修率($\gamma$)。检修率由铁路掌握控制数据,一般在10%左右。

$$N_{配} = N_{运} + N_{运} \times \beta + N_{配} \times \gamma$$

即

$$N_{配} = \{(1+\beta)/(1-\gamma)\} \times N_{运}(台)$$

在计算中，应将客、货、调等各种机车分别计算，当客、货运机车为同一机型时，可合并计算。计算 $N_运$、$N_备$、$N_修$ 时均取小数点后一位，不混用机车 $N_运$ 单独取整，$N_配$ 则小数进整。

### 2. 分析法

分析法的运用机车台数计算，不是从机车周转图上直接核算出来的，它是根据提出的年计划运量来计算的，所以比图解法计算复杂，一般适用于新营运的铁路线，在此不做详细介绍。

## 二、检修率的计算

机车检修率又称机车不良率，它是指在一定时期内，全路、一个铁路局集团公司或机务段平均每天的检修机车台数占支配机车台数的百分比，它所反映的是全部支配机车中检修机车所占的比重。因此，它是以相对数字反映机车质量状态的指标，其计算方法为检修机车占支配机车的比重。

$$\eta_{总修} = (N_修 / N_支) \times 100\%$$

式中　$\eta_{总修}$——机车总检修率；
　　　$N_支$——支配机车台数；
　　　$N_修$——在修机车台数。

机车检修率还可按照各种不同修程分别计算，用以了解支配机车中各种修理所占用的机车比重。按照机车的大修、段修修程，机车检修率可分为大修率与短修率。用以下公式计算。

$$\eta_{大修} = (N_{大修} / N_支) \times 100\%$$

$$\eta_{段修} = (N_{段修} / N_支) \times 100\%$$

$$\eta_{总修} = \eta_{大修} + \eta_{段修}$$

式中　$N_{段修}$、$N_{大修}$——段修、大修的机车台数。

机车修理作业除正常修理之外，非正常故障修理称为临修。为考核机车临修情况，采用机车临修率（$\eta_{临修}$）这个指标，计算公式为

$$\eta_{临修} = (N_临 / N_支) \times 100\%$$

式中　$N_临$——临修的机车台数。

由上述各计算公式可以看出：机车检修率越高，表示机车不良台数越多，用以运用的良好机车台数越少。因此，加强机车检修、保养，延长机车大、段修走行公里，提高机车运用质量，就可降低机车检修率。而临修率则是直接反映机车技术状态和日常维护、保养质量，表明机车可靠性的技术指标，可以通过加强机车各种修程质量管理，努力提高机车小修质量和机车日常维护保养这两项有效的措施降低机车的临修率。

平均修车时间指各种修程的平均修车时间。计算方法为各该修程的总修车时间除以各该修程的修竣台数。计量单位：大修、中修为天，其他修程为小时，四舍五入，各保留1位小数。

## 任务七　机车整备作业

### 一、整备作业的意义

所谓整备作业，就是机车在投入运用前的一切供应和准备工作。电力机车整备作业包括：机车外皮洗刷、给砂、给润滑剂、机车检查、自动信号测试等。电力机车在折返段的整备作业一般包括机车检查及补砂、补油等。

实行长交路后，可能在中间站到发线上补砂，补砂点的设置应在机车乘务组换乘点为宜，其补砂作业以机车不摘钩为准。一般可就近设置干砂小屋，人工进行补砂。

由于机车运用周转的要求，机车整备作业必须在规定的时间内保质保量地完成，以满足机车供应的需求。为了很好地完成机车整备作业，除要有良好、先进的整备设备外，还必须有一套严密的组织和管理体系。机车整备作业必须按照一定顺序进行，并尽可能地缩短机车整备作业时间。

机车整备作业的目的只有一个，即一切为了机车的正常运转。因此，在机车整备作业过程中，必须保证各项作业互相连接成一个整体，做到作业流程顺畅，避免相互交叉干扰，达到走行短、作业快、效率高，以缩短机车整备时间，提高机车运用效率的目的。

运用网络控制管理技术做好机车整备工作，是全面质量管理的一种新的尝试。网络控制能及时掌握机车的整备作业进度和质量信息，做好对机车的统筹管理，提高整备台位的通过能力，并能够充分发挥现有整备设备效率。

### 二、整备作业的范围及基本程序

机车的整备作业由地勤作业和机车乘务员作业两部分组成。

机务段应实行机车乘务与地勤分离管理模式，实现地勤检查、检测、整备、维修、保养、保洁一体化专业管理。

地勤整备作业范围包括：机车检查、修理、日常给油、上砂、各项机能性能试验及三项设备检测等。

跨局机车交路实施前，由机车配属铁路局集团公司牵头组织相关单位签订协议，明确继乘交接、机车整备、维修等事项，制定相应的管理办法和安全措施，并严格执行国铁集团相关规定。

机车入段整备周期必须严格按有关规定执行。机务段应对所有入段运用机车（包括外段、外局机车）按统一标准整备，完成机车出入段检查、整备、保养、保洁、临碎修等。

机车一次整备续行距离和周期要根据机车类型、担当任务类别、交路区段的线路条件及地域温差、车顶电气绝缘、滤网状态等因素，科学合理安排。机车整备除了补充油、水、砂外，还要按规定进行检查和检测。

内燃机车根据可用燃油量确定；电力机车根据机车交路图定时间测算。一次整备续行周期不超过 48 h，但担当跨局交路的机车在换挂站或终到站应入段整备（交路距离较短或其他特殊情况，可由相关局协商确定是否入段整备）。

## 1. 机车整备给油

机车的日常给油是延长磨耗部件使用寿命的有力措施,是一项不容忽视的工作,电力机车整备给油处的要求见表1.3。

表1.3 整备给油处所和要求

| 序号 | 给油处所 | 方法 | 使用油脂 | 周期 | 备注 |
|---|---|---|---|---|---|
| 1 | 空气压缩机 | 注入 | 压缩机油 | 不定期 | 油位保持在油表上下两刻线间 |
| 2 | 牵引电机抱轴承 | 注入 | 轴油 | 不定期 | 油位保持在油表上下两刻线间 |
| 3 | 齿轮箱 | 注入 | 齿轮油 | 不定期 | 油位保持在油表上下两刻线间 |
| 4 | 钩舌销 | 弧形 | 轴油 | 每次 | 润滑良好 |
| 5 | 轮缘喷油器油箱 | 注入 | 双曲线齿轮油 | 每次 | 油箱加满 |
| 6 | 钩体与托板磨动部 | 线式 | 轴油 | 每次 | 润滑良好 |
| 7 | 钩舌与锁铁磨动部 | 线式 | 轴油 | 每次 | 润滑良好 |
| 8 | 钩尾与托板磨动部 | 反射 | 轴油 | 每次 | 润滑良好 |
| 9 | 从板与弹簧箱、导框磨动部 | 反射 | 轴油 | 每次 | 润滑良好 |
| 10 | 钩提杆座磨动部 | 点式 | 轴油 | 每次 | 润滑良好 |
| 11 | 钩提杆肘销 | 点式 | 轴油 | 每次 | 润滑良好 |
| 12 | 制动器肘销 | 点式 | 轴油 | 每次 | 润滑良好 |
| 13 | 制动器各外漏销套 | 点式 | 轴油 | 每次 | 润滑良好 |
| 14 | 手制动机传动装置 | 点式 | 轴油 | 每次 | 润滑良好 |
| 15 | 两位置转换开关 | 涂抹 | 工业凡士林 | 不定期 | 抹前将已有凡士林擦干净 |
| 16 | 隔离开关静触电 | 涂抹 | 工业凡士林 | 不定期 | 上、下均匀涂抹 |

在实行轮乘制的机务段,机车整备给油工作由轮班制给油副司机(或特设日勤制日常给油副司机)负责,地勤检查司机应起到监督作用,确保运动部件油润良好,处于正常工作状态。

## 2. 机车整备补砂

机车回段后,应向砂箱补足干砂,以备运行中防滑用,这是一项重要的整备作业内容。撒砂装置应达到以下技术要求:

(1)机车撒砂装置作用良好,砂管的撒砂量均应调整到2~3 kg/min。
(2)砂管距轨面高30~55 mm,砂管距离动轮踏面15~30 mm。
(3)砂子要经过干燥处理,粒度要均匀,成分要符合规定要求。

机车用砂要能在砂管内均匀流动,不结成砂块堵塞砂管;砂子应保持松散状态,不致黏附在砂箱壁上;其中要有一定大小的颗粒,过小容易从钢轨上吹掉,过大又容易从钢轨上滚落;砂粒要具有足够的硬度和强度,其中含石英量越多,硬度和强度就越大。机车用砂技术要求见表1.4。

表 1.4  机车用砂成分和粒度

| 砂质<br>砂种 | 成分 | | 砂粒及比例 | | 备注 |
|---|---|---|---|---|---|
| | 石英/% | 黏土/% | 粒度直径/mm | 占有比例/% | |
| 普通砂 | >70 | ≤3 | 0.1~0.2 | ≥90 | 石英粒度直径为<br>0.2~0.5 mm 的<br>应占 60%~65% |
| | | | <0.1 | ≤10 | |
| 优质砂 | >90 | ≤1 | 0.1~0.2 | ≥95 | |
| | | | <0.1 | ≤5 | |

### 3. 机车整备作业的方式

根据机车整备设备的配置，机车整备作业方式有以下 3 种作业方式。

（1）第一种作业顺序。

机车入段→机车清洗→补充燃油（内燃机车）→机车转向或直接进入整备线→打开隔离开关（电力机车）→补给各种润滑油脂，上砂，机车检查给油（处理故障）→闭合隔离开关（电力机车）→动车驶出检查地沟→机车等交路→机车出段。

此种整备作业方式特点是机车在专门的清洗台位上进行清洗，便于缩短机车整备作业时间。

（2）第二种作业顺序。

机车入段→补充燃油（内燃机车）→机车转向或直接进入整备线→打开隔离开关（电力机车）→补给各种润滑油脂，上砂，机车清洗，机车检查给油（处理故障）—闭合隔离开关（电力机车）—动车驶出检查地沟→机车等交路→机车出段。

此种整备方式的特点是没有专门的机车清洗设备，作业方式有一定的局限性，一般在机车整备作业量较少时才可以使用。

（3）第三种作业顺序。

机车入段→机车清洗→补充燃油（内燃机车）→补给机车各种润滑油脂及上砂→机车转向或直接进入整备线→打开隔离开关（电力机车）→机车给油，机车检查（故障处理）→闭合隔离开关（电力机车）→动车驶出检查地沟→机车等交路→机车出段。

此种整备方式的特点是补给各种润滑油脂，上砂等作业在专门的发放台位上进行，将发放作业与机车检查作业由平行作业改为流水作业，相应地延长了整备作业时间。

### 4. 机车整备作业的基本程序

电力机车整备作业内容较蒸汽机车、内燃机车工作量小，故多采用平行作业方式，即机车入段后，转线至整备线进行各种整备作业，然后动车驶出检查地沟等待交路出段。

电力机车整备作业的基本程序如图 1.18 所示。

机车入库 → 机车外皮洗刷 → 断开隔离开关 → 给砂、给油、机车检查、机车"三项设备"检查 → 闭合隔离开关 → 高压试验 → 机车出段 → 待班

图 1.18  电力整备作业的基本程序

在基本程序中，机车检查项目包括：机车内部各室清扫，顶部清扫，低压试验，制动机试验，乘务员自检自修范围作业，走行部的检查清扫，砂管保持畅通等内容。

机车整备作业是机务段日常运用工作内容之一，整个作业过程作业量大，要求严格，也是乘务员直接参与的一项工作。所以，在整备作业中，要按标准上岗，按标准工作，按标准交班，高质量地完成整备作业，保持机车良好的运用状态。

## 项目小结

本项目详细介绍了机车管理与运用的有关知识，其中机车管理部门的组织机构与职责、机车的配属与使用、机车交路、机车运转制度、乘务制度及乘务组的出乘方式等基本知识要认真学习和掌握，这是搞好乘务工作的基本前提。识别列车运行图、机车周转图、按要求完成机车的整备作业等知识，是本项目的重点内容。除了学习基本理论知识，还要通过技能训练来进一步巩固和提高。

只有掌握好基本的机车管理与运用知识，才能准确地指导乘务工作，熟悉乘务工作，达到高效、安全、正点的行车目的。因此，《运规》规定：各级机车运用人员应具备高度的责任心和求实精神，热爱本职工作；对工作高标准、严要求，对技术精益求精；顾全大局，协调合作，服从命令听指挥；深入实际，调查研究，扎扎实实地做好各项工作。

## 复习思考题

1. 机务本段具有哪些特点？
2. 什么叫运用机车和非运用机车？
3. 什么叫机车交路？有哪几种周转方式？
4. 什么叫循回运转制？画出图例，并说明其优点。
5. 什么叫肩回运转制和循环运转制？同时画图说明。
6. 什么叫乘务组的出乘方式？共有哪几种？各出乘方式是如何执行的？
7. 如何识别列车运行图？各类列车的运行线是如何表示的？
8. 什么叫机车周转图？如何识别机车周转图？
9. 机车整备作业的内容及基本程序是什么？
10. 机车给油方式共有哪几种？各种方式如何操作？

# 项目二　机车运用指标

### 📋 情景导入：

机车作为铁路运输的牵引动力，其管理运用水平好坏、运用效率高低对降低铁路运营成本、完成铁路运输任务起着重要的作用。而直接反映铁路运输任务完成情况、机车运用效率高低的因素是机车运用指标。

机车运用指标是考核机车运用组织工作的尺度。通过对机车运用指标的统计和分析，可以准确、及时地获得机车运用情况，发现运用组织工作中的问题，不断提出改进措施，提高机车运用管理水平。

机车运用指标是机务段计划和具体任务的表达形式。一个完整的指标由指标名称、计算单位和指标数值 3 部分组成，每一项指标都从一个方面反映着安全运输、生产技术和经济活动的状况。

机车运用指标根据其性质和作用的不同可分为数量指标、质量指标两大类。数量指标表示计划指标在规定时间内（日、旬、月、季）机车运用的经济活动在效率上应达到的目标，反映总的机车运用工作量，常用绝对数表示，如机车走行公里等。而质量指标则表示机车在运用计划内，在机车运用质量上应达到的目标，是两个有联系的效率指标的对比，常用平均值表示，如机车日车公里、机车日产量指标等。

### 📋 目标引领：

（1）熟悉机车运用数量指标的概念及计算方法.

（2）熟悉机车运用质量指标的概念，掌握机车全周转时间、机车日车公里、机车台日产量等重点指标的概念，计算方法和相互之间的联系。

（3）了解机车运用指标在运用中的分析方法及提高措施。

（4）应具备严谨踏实的工作作风、爱岗敬业的劳动态度、科学细致的工作方法、吃苦耐劳的职业素质和精益求精的工匠精神。

### 📋 思政案例：

要说机车的发展，最具代表性的应该是"毛泽东号"机车。"毛泽东号"机车从诞生之日起，就开始了不平凡的历程。历经蒸汽、内燃、电力 3 个时代、5 次换型、6 台机车，穿越烽火硝烟的解放战争，迈向雄关漫道的创新之路，见证了中国机车从无到有的辉煌历程，也见证了中国机车工业产品从蒸汽机车到内燃机车再到电力机车的巨大跨越，"毛泽东号"机车满载着民族使命不停前行，为中国的经济与社会发展做出重大贡献，成为中国铁路史上的一面旗帜。

光辉历程：1946 年，为了支援解放战争，缓解铁路运输运力不足的困难，哈尔滨机务段的工人们在中国共产党的领导下，开展了"死车复活"活动。同年 10 月，在哈尔滨机务段的肇东站，经过 27 个昼夜的奋战，工人们终于抢修出了莫特瑶 1-304 号蒸汽机车。1946 年 10 月 30 日，这台机车被命名为"毛泽东号"机车。

第二代"毛泽东号"机车于 1977 年 2 月换型，由蒸汽机车改为 $DF_4$ 型内燃机车。

第三代"毛泽东号"机车于 1991 年 8 月换为 $DF_{4B}$ 型内燃机车，选定的车号 1893，此编号是以毛泽东同志诞辰年份命名的。

第四代"毛泽东号"机车于 2000 年 12 月换为 $DF_{4D}$ 型 1893 号内燃机车。

第五代"毛泽东号"机车于 2010 年 12 月换型，由内燃机车改为 $HXD_{3B}$ 1893 大功率交流传动电力机车。这台机车功率 9 600 kW，运输速度能达到 120 km/h，这些应该都是货运机车里面应该是最先进、最优越的。

第六代"毛泽东号"机车于 2014 年 12 月换型 $HXD_{3D}$ 1893 客运机车。该车选用了我国速度最快、功率最大的客运电力机车，最高速度 160 km/h，功率 7 200 kW。

2014 年 7 月 1 日，"毛泽东号"机车开始担当旅客列车牵引任务，从此结束长达 68 年牵引货运列车的历史。在 68 年的货运历史中，"毛泽东号"机车安全走行 954 万 km。

2019 年 8 月 6 日上午，随着"毛泽东号" $HXD_{3D}$ 1893 号电力机车牵引的长沙至北京西 Z2 次旅客列车平稳停靠在北京西站，标志着"毛泽东号"机车胜利实现安全走行 1 100 万 km，相当于绕地球 275 圈，再次创下中国铁路机车安全走行的新纪录。

历史意义：从战争年代到改革开放的时代，"毛泽东号"机车人员始终把永不自满、永不停顿、安全运输作为机车组永恒的主题。"毛泽东号"机车是全国数千台机车中保养得最好、节省燃料最多、安全运行最长、从未出过任何责任事故的优秀机车。他们在全路率先提出和推广了"责任心+责任制+基本功 = 安全"的经验和方法，使一次出乘的上百个作业环节实现了制度化、程序化、标准化，从而保证了行车安全，为铁路运输做出了突出贡献。

# 任务一　机车运用数量指标分析

机车运用数量指标表示计划指标在规定的时间内（日、旬、月、季、年）机车运用的经济活动在效率上应该达到的目标，反映总的机车运用工作量，包括各种机车的走行工作量、工作时间及其完成的各种总重吨公里。

## 一、机车走行公里

机车走行公里为运用机车实际走行或换算走行的公里。

### 1. 本务机走行公里

本务机车为牵引列车担任本务作业的机车。本务机走行公里为牵引列车的本务机车走行的公里。

两台机车牵引列车（包括规定的双机牵引区段）及组合列车，第一台主导机车为本务机车，第二台为重联机车。但两个列车临时合并运营时，两台机车分别按本务机车统计走行公里。

### 2. 沿线走行公里

沿线走行公里为本务机、单机（含有动力附挂）、重联和补机走行公里之和，或者说是指机车在区段内或区间内与牵引或推送列车直接有关的机车走行公里之和。

### 3. 辅助走行公里

本务机车走行公里以外的单机（含有动力附挂）、重联、补机及各种换算走行公里之和。

### 4. 换算走行公里

换算走行公里为按机车台小时换算的走行公里，或者说在区段或区间内与牵引、推送列车无关的运用机车换算走行公里之和。

调车工作每小时作业时间换算 20 km，其他工作每小时换算 5 km，有动力停留每小时换算 4 km（内燃、电力运用机车的段内停留均按有动力停留统计）。

### 5. 机车总走行公里

机车总走行公里为沿线走行公里及换算走行公里之和，或者说为担当各种工作的运用机车的总走行公里之和。其计算方法为

$$机车总走行公里 = 沿线走行公里 + 换算走行公里$$
$$= 本务机走行公里 + 辅助走行公里$$

机车走行公里是机务段运用工作的一项重要指标，它表示机务段的工作量，是机务段配属机车台数的依据。同时，铁路工作为了完成一定的运输任务，机车必须完成一定的走行公里。所以，在完成一定运量的前提下，努力压缩机车全部走行公里数是降低运输成本的一个重要因素。

为了压缩全部运行机车的总走行公里，就必须压缩它所包含的各项走行公里和换算走行公里。

本务机走行公里的多少，主要由运量大小和列车牵引定数决定，一般可视为客观因素。但是，在运输组织工作中尽量减少欠重列车、实现超重运输、组织单车机挂车等，都可压缩本务机走行公里。同时，在条件允许时，努力提高列车牵引定数也是压缩本务机走行公里的一项措施。

除本务机车外，担任其他各项工作的机车，如补机、重联机车、单机、调车机车等的走行公里更应大力压缩。

## 二、机车牵引总重吨公里

机车牵引总重吨公里为机车牵引列车（包括单机牵引车辆）完成的工作量。计算方法是：

$$机车牵引总重吨公里 = 机车牵引总重 \times 相应的机车实际走行公里$$

注：双机合并牵引及挂有补机、重联机车时，牵引总重吨公里的计算按《铁路机车统计规则》附件二"重联、补机机车牵引能力比例表"（如表2.1所示）分劈。3台机车牵引列车时不考虑机型，其总重吨公里本务按40%，其余两台各按30%分劈。

表 2.1 重联、补机机车牵引能力比例表

| 重联机 | 本务机 | | | | | | | | | | |
|---|---|---|---|---|---|---|---|---|---|---|---|
| | 第一组 | 第二组 | 第三组 | 第四组 | 第五组 | 第六组 | 第七组 | 第八组 | 第九组 | 第十组 | 第十一组 |
| 第一组 | 50 | 60 | 65 | 71 | 74 | 83 | 83 | 83 | 83 | 83 | 83 |
| 第二组 | 40 | 50 | 55 | 63 | 67 | 71 | 77 | 83 | 83 | 83 | 83 |
| 第三组 | 35 | 45 | 50 | 59 | 63 | 69 | 74 | 80 | 80 | 80 | 80 |
| 第四组 | 29 | 37 | 41 | 50 | 55 | 63 | 67 | 71 | 74 | 77 | 83 |
| 第五组 | 26 | 33 | 37 | 45 | 50 | 57 | 63 | 67 | 71 | 74 | 80 |
| 第六组 | 17 | 29 | 31 | 37 | 43 | 50 | 56 | 63 | 67 | 71 | 77 |
| 第七组 | 17 | 23 | 26 | 33 | 37 | 44 | 50 | 56 | 59 | 63 | 69 |
| 第八组 | 17 | 17 | 20 | 29 | 33 | 37 | 44 | 50 | 53 | 57 | 63 |
| 第九组 | 17 | 17 | 20 | 26 | 29 | 33 | 41 | 47 | 50 | 56 | 60 |
| 第十组 | 17 | 17 | 20 | 23 | 26 | 29 | 37 | 43 | 44 | 50 | 56 |
| 第十一组 | 17 | 17 | 20 | 17 | 20 | 23 | 31 | 37 | 40 | 44 | 50 |

备注：第一组包括：和谐型 $HXD_1$、$HXD_2$、$HXD_3$ 中 9 600 kW 机车，$SS_{3B}$（双节）；第二组包括：和谐型 $HXD_1$、$HXD_2$、$HXD_3$ 中 7 200 kW 机车；第三组包括：$SS_4$（双节）、$SS_{4G}$（双节）、8K、8G、DJ1；第四组包括：$SS_3$、$SS_{3C}$、$SS_6$、$SS_{6B}$、$SS_7$ 系列、$SS_9$、6K、$HXN_3$、$HXN_5$；第五组包括：$SS_1$、$SS_8$、$DF_{8B}$、$DF_{8CJ}$、$DF_9$、$DF_{10}$ 系列（双节）、$DF_{11}$、$DF_{11G}$、$DF_{11Z}$、$NJ_2$；第六组包括：$ND_5$、$DF_8$；第七组包括：$DF_4$ 系列、$DF_{12}$、$NY_6$；第八组包括：$DF_{7D}$、$DF_{7E}$、$DF_{7G}$；第九组包括：$DF_7$、$DF_{7B}$、$DF_{7C}$、$ND_3$、BJ；第十组包括：$DF_5$、$DF_{5D}$、DF；第十一组包括：$DFH_5$、$GK_{1C}$。

## 三、机车自重吨公里

机车自重吨公里是机车沿线走行所产生的自重吨公里。其计算方法为

机车自重吨公里＝机车重量×沿线走行公里

## 四、通过总重吨公里

通过总重吨公里是指沿线上通过的总重吨公里数。其计算方法为

通过总重吨公里＝机车自重吨公里＋牵引总重吨公里

通过总重吨公里是根据司机报单上所记载的货物实际质量和走行距离为依据进行计算的。每天都应计算，用以考核、分析机车运用情况。同时，在其他指标不变的情况下，通过总重吨公里的大小还影响到车辆走行公里的大小，因而是影响铁路运输运营费用大小的重要因素。

## 五、机车专调时间

机车专调时间是指机车担当专用调车工作产生的调车时间，是根据司机报单记载的每次由实际工作开始至实际工作完了的时间。包括专调机车在编组站、区段站以及运输方案规定的专调站调车时间和月间计划指定利用列车的本务机车在列车始发站及终到站兼作调车工作的实际作业时间。

## 六、车辆公里

车辆公里是车辆运行的公里。其计算方法为

$$车辆公里 = 机车牵引车辆辆数 \times 实际走行公里$$

## 七、载重吨公里

载重吨公里是为机车牵引列车完成的货物运输量（包括单机牵引车辆完成的货物运输量）。计算方法为

$$载重吨公里 = 机车牵引列车的载重 \times 实际走行公里$$

# 任务二　机车运用质量指标分析

机车运用质量指标主要从机车牵引能力的利用程度和机车在时间上的利用情况来反映机车的运用速率（即运用质量）。主要指标有：机车全周转时间，机车日车公里，列车平均牵引总重量、机车日产量、技术速度以及其他有关指标。

## 一、机车时间指标与计算方法

### 1. 机车平均全周转时间

#### 1）机车周转时间（$t_全$）

机车全周转时间为机车每周转一次所消耗的全部时间（非运用时间除外）。或者说，机车在担当牵引作业过程中，自离开机务闸楼起，到完成一个交路的往返作业回段，下一次出段再经过闸楼时止，所用的全部时间称为机车全周转时间。包括：纯运转、中间站停留、本段和折返段停留、本段和折返段所在站停留时间，如图 2.1 所示。

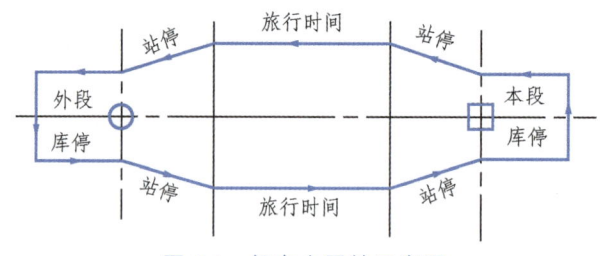

图 2.1　机车全周转示意图

回段机车为上次入段时起至本次入段时止；实行循环运转和轮乘制的机车，为上次机车到达乘务员换班站时起至本次机车到达乘务员换班站时止；在站换班机车为接车时起至交车时止。

纯运转时间——机车在区间内运行所占用闭塞的时间，包括区间内各种原因和停留时间（停车装卸除外）。

中间站停留时间——机车在列车运行区段内中间站（线路所、信号所）的停留和调车时间。

旅行时间——自始发站出发时起至终到站到达时止的时间。

本段和折返段所在站停留时间——机车入段时起至出段时止的时间（非运用时间除外）。

本段和折返段所在站停留时间——机车自入段时起至本段、折返段所在站牵引列车出发时止，和牵引列车到达本段、折返段所在站时起至入段时止的全部时间，其中包括调车时间。

机车周转时间分为机车全周转时间和机车运用周转时间两种。

机车运用周转时间是指机车从出本段经过闸楼时起，担当一个交路的往返作业后，回到本段通过闸楼时止所有的时间。其计算方法为

$$机车运用周转时间 = 机车全周转时间 - 本段停留时间$$

2) 平均全周转时间的计算

$t_全$ 的计算有两种方法，即时间相关法和机车相关发。

（1）时间相关法。时间相关法是以机车周转一次所需时间因素为依据来计算 $t_全$ 的方法，称为时间相关法。其计算方法为

$$t_全 = 一次周转的旅行时间（t_旅）+ 本段及折返段库停时间（a）+ 本段及折返段所在站停留时间（b）$$

（2）机车相关法。机车相关法是以机车使用台数和列车对数为依据计算 $t_全$ 的方法，其计算方法为

$$t_全 = 回段机车全周转时间的总和 ÷ 机车周转次数$$

式中 机车周转次数——机车回段台数或列车对数。

当有双机重联或多机牵引时，回段机车台数和周转次数大于列车对数。此时，

$$机车周转次数 = 回段机车台数 = 列车对数 + 双机和多机牵引对数$$

如某机车出库仅牵引一次列车，而往程或回程担任其他工作时，则其所担当的列车为 0.5 对，机车周转次数和回库机车台数也按 0.5 次或 0.5 台计算。

$$回库机车全周转时间的总和 = 担当牵引任务的机车台数 × 24$$

3) 缩短全周转时间的主要措施

机车全周转时间是考核机车运用效率的重要指标之一，它不仅反映机务部门工作质量的好坏，还反映铁路运输各部门如日常调度指挥、车站工作组织、线路施工等工作质量的好坏。因此，缩短机车全周转时间是各运输部门的共同责任。

缩短机车全周转时间的主要措施有：

（1）加强车站作业和调度指挥，提高旅行速度，其中包括提高机车的技术速度和减少列车在中间站停车次数及停留时间。

（2）加强相邻区段相互间的紧密衔接，缩短机车在外段及所在站的停留时间。

（3）缩短本段及所在站的停留时间。

除此之外，还有许多措施可以直接或间接地缩短机车全周转时间，如减少机破事故、加强机车保养等。

2. 机车台日

根据报告期实际机车台小时计算的各种机车台日数，四舍五入，保留一位小数。其计算方法为

$$机车台日 = 实际机车台小时 ÷ 24$$

$$机车功率日 = 机车机型功率 × 机车台日$$

### 3. 结存机车数

为报告期上期、本期期末实际配属机车台数。机车台日根据报告期实际机车台小时计算的各种机车台日数，四舍五入，保留一位小数。其计算方法为

$$机车台日 = 实际机车台小时 \div 24$$

$$机车功率日 = 机车机型功率 \times 机车台日$$

## 二、机车效率指标与计算方法

### 1. 运输密度

运输密度是每公里线路所负担的货车载重吨公里。其计算方法为

$$运输密度 = 区段载重吨公里 \div 区段公里$$

### 2. 空车走行率

空车走行率是空车走行公里与重车走行公里的比值。其计算方法为

$$空车走行率 = 运用空车车辆公里 \div 运用重车车辆公里 \times 100\%$$

### 3. 重车每辆平均动载重

重车每辆平均动载重是平均每辆运用重车在运行中所载重量。其计算方法为

$$重车每辆平均动载重 = 载重吨公里 \div 运用重车车辆公里$$

### 4. 列车平均总重

列车平均总重是从机车牵引力角度出发考核机车牵引力利用程度的一个重要指标。它是指在一定时期内，全路、一个铁路局、一个机务段或一个区段按距离加权平均每一本务机车牵引的总重量，即每一列车的平均总重。计算方法为

$$列车平均总重 = 总重吨 \times 公里（不分劈重联、补机）\div 本务机走行公里（吨）$$

由上式可知，它是一个机务段已经完成的各次货运列车（包括上、下行方向，但不包括小运转列车）重量的平均值。它的大小直接影响到区段列车次数的多少，从而影响到机车需要台数、机车和乘务组需要数及其他有关支出的多少，甚至影响到为增加线路通过能力所需的投资。对照列车平均牵引总重与牵引重量标准，即可发现运输组织工作中的薄弱环节和机车牵引力的利用程度。

一个区段或一条线路按方向确定的牵引列车重量标准，是按各区段配属的机车类型（主要机车功率的大小）、线路纵断面情况，并考虑各区段牵引定数，由牵引计算方法求得，经牵引试验确定的。它是货运列车编组的主要依据，也是本务机车牵引列车重量的一个定额指标。

提高列车平均牵引总重是提高机车日产量的主要环节。因此，要坚持满重、减少欠重、组织超重，特别要抓好运输方案，合理开行零担摘挂列车，提高小运转列车的牵引重量。

### 5. 机车平均牵引总重

机车平均牵引总重是每台机车平均牵引列车的总重量。计算方法为

$$机车平均牵引总重 = 总重吨公里（不包括单机）\div 本务、重联、补机走行公里之和$$

### 6. 机车台日产量

铁路运输工作的产品是"吨公里"。机车台日产量指在一定时期内全路、一个铁路局、一个机务段平均每台运用机车在一昼夜内所产生的总重吨公里。

机车台日产量分为支配机车台日产量和货运机车台日产量。

机车千千瓦功率日产量＝该运种总重吨公里（不包括补机）÷该运种机车千千瓦功率日

#### 1) 支配机车台日产量

支配机车台日产量指平均每台支配机车在一昼夜内生产的总重吨公里。计算方法为

支配机车台日产量＝各种运输总重吨公里÷支配机车台日

支配机车台日产量主要考核运行机车的利用程度和完成任务的质量情况，在支配机车台数不变的情况下，机车利用率和总重吨公里越高，则支配机车台日产量越高。

#### 2) 货运机车台日产量

货运机车台日产量指平均每台货运机车在一昼夜内生产的总重吨公里。

评价机车运用效率从时间和牵引力的利用两个方面来进行。机车日车公里、机车全周转时间反映机车运用效率的时间方面；列车平均牵引总重反映机车牵引力的利用程度，能综合反映这两个方面的指标就是机车台日产量，它是机车多拉快跑的主要标志。

机车周转的快慢和牵引力利用程度的高低，同时还表现在每台机车每日能完成的总重吨公里上。机车台日产量指标既综合反映机车运用效率，也反映铁路整个运输的综合成绩，是铁路经济技术考核的主要指标之一。

为提高机车台日产量，需要对机车日产量的有关因素进行分析。机车台日产量的高低与日车公里、列车平均牵引总重成正比，与单机率、重联率、机车运行台数成反比。要提高机车台日产量就必须大力提高列车平均牵引总重，压缩机车使用台数，提高日车公里，减少单机走行率、重联率等。

### 7. 机车日车公里

机车日车公里指在一定时期内全路、全铁路局或全机务段平均每台运用机车在一昼夜内走行的公里数，用 $S_日$ 表示，它是反映机车工时有效利用程度和列车速度这两个方面因素的重要指标。计算方法为

机车日车公里＝机车沿线走行公里（不包括补机）÷运用机车台日（不包括补机）

机车日车公里分为客运机车日车公里、货运机车日车公里和支配机车日车公里。

#### 1) 客运机车日车公里

客运机车日车公里一般在客车变动不大时仅在年或季分析，日常不分析。

#### 2) 支配机车日车公里

支配机车日车公里为平均每台支配机车在一昼夜内走行的公里。计算方法为

支配机车日车公里＝机车总走行公里÷支配机车台日

为了提高支配机车日车公里，应该提高运用机车日车公里，节约非运用机车台数，努力降低机车检修率，在保证完成运量的前提下，尽量将多余机车加入备部、封存，以压缩支配机车台数。

### 3）货运机车日车公里

货运机车日车公里因货运工作量大、波动面大、客观因素影响多，潜力也很大，是研究提高机车运用效率的重要方面。

已知机车每次周转时间为 $t_{全}$，则机车在一昼夜内的周转次数为：$24/t_{全}$，而机车在一周转内走行距离为 2 倍的交路长度，故机车每昼夜走行的公里数为

$$S_{日} = 2L \times (24/t_{全}) \ [千米/（台·天）]$$

代入 $t_{全} = 24K$，得

$$S_{日} = 2L \div K \ [千米/（台·天）]$$

机务段所有机车的平均日车公里可用下式计算：

$$S_{日} = \sum 2L \times n \div N_{运}$$

式中　$2L$——机车周转距离（km）；
　　　$N$——某一机车交路的列车对数；
　　　$N_{运}$——全段运用机车台数。

从上述计算日车公里的公式中可以看出：机车日车公里的高低和沿线走行公里、列车对数、周转距离成正比；和机车使用台数、全周转时间、机车需要系数成反比。因此，当周转距离延长，沿线走行公里增大和全周转时间缩短，使用台数减少时，日车公里就能提高。而周转距离和列车对数主要取决于客观因素，所以，压缩机车全周转时间也就是提高日车公里的主要措施。提高机车技术速度和旅行速度，减少中间站停留次数和停留时间，压缩本、外段停留时间，机车周转也就自然加快，从而达到提高日车公里的目的。计算方法为

$$支配机车日车公里 = 机车总走行公里 \div 支配机车台日$$

### 8. 列车平均组成辆数

列车平均组成辆数是每一列车的平均组成辆数。计算方法为

$$列车平均组成辆数 = 车辆公里（不包括单机）\div 本务机走行公里$$

### 9. 旅行速度和技术速度

#### 1）旅行速度（$v_{旅}$）

旅行速度（$v_{旅}$）是计入中间站停留时间的列车机车在区段内的平均运行速度，即列车机车在区段内平均每小时走行的公里。计算方法为

$$v_{旅} = 本务机走行公里 \div 本务机旅行时间 = L \div (t_{运} + t_{停}) \ （km/h）$$

式中　$L$——机车交路长度；
　　　$t_{停}$——区段内中间站总的停留时间。

#### 2）技术速度（$v_{技}$）

技术速度（$v_{技}$）是不计入中间站停留时间的列车机车在区段内的平均速度，即列车机车在区间内平均每小时走行的公里。计算方法为

$$v_{技} = 本务机走行公里 \div 本务机纯运转时间 = L \div t_{运} \ （km/h）$$

旅行速度不仅考核机车牵引能力和操纵水平，而且能体现出中间站作业情况、列车组织、调度指挥水平等。

旅行速度和技术速度的比值称为速度系数。速度系数接近 1，则说明两个速度越接近、列车在中间站的停留时间越短，机车、车辆周转越快。

### 10. 机车全周转距离

机车全周转距离是机车每周转一次所走行的公里。其计算方法为

机车全周转距离＝沿线走行公里（不包括补机）÷机车周转次数

### 11. 单机率

单机率是单机走行公里占机车沿线走行公里的比重。其计算方法为

单机率＝单机走行公里÷机车沿线走行公里（不包补）×100%

### 12. 机车重联率

机车重联率是重联机车走行公里与本务机车公里的比值。其计算方法为

机车重联率＝重联机车走行公里÷本务机车公里×100%

### 13. 机车补机率

机车补机率是补机机车走行公里与本务机车公里的比值。其计算方法为

机车补机率＝补机机车走行公里÷本务机车公里×100%

### 14. 机车平均能源消耗

机车平均能源消耗是机车完成一定工作量所消耗的能源量。其计算方法为

内燃机车每万吨公里消耗油量＝燃油消耗量（千克）÷机车总重万吨公里

电力机车每万吨公里耗电量＝电消耗量（千瓦小时）÷机车总重万吨公里

调车机车及其他工作机车每小时消耗油量＝燃油消耗量（千克）÷调车时间

### 15. 机车信号机外停车

机车信号机外停车是牵引货物、旅客、快运列车的本务机车在车站（包括线路所）进站信号机外的停车，按次数（次）、时分（分钟）计算。

### 16. 机车周转次数

机车周转次数是货物、旅客、快运机车由本段（驻在机车为驻在段）每出入段 1 次各算 0.5 次；循环运转机车经过乘务员换班站每到达、出发各算 0.5 次；临时越过图定机车交路运行时每经过一个乘务区段算 0.5 次，不足一个乘务区段不计算。

### 17. 机车辅助走行率

**1）机车辅助走行率**

机车辅助走行率指机车的辅助走行公里与机车沿线走行公里的比值，这个指标可反映出机车的走行效率。其计算方法为

机车辅助走行率＝（辅助走行公里÷沿线走行公里）×100%

该比值越大，说明机车的无用走行公里越大、浪费也大，所以希望该比值越小越好。

## 2）单机率

单机走行公里占机车各种走行公里的百分比称为单机率。其计算方法为

占机车沿线走行公里的单机率 =（单机走行公里÷机车沿线走行公里）×100%

占本务机车走行公里的单机率 =（单机走行公里÷本务机车走行公里）×100%

同样，单机率越小越好，为了减小该值，就应该周密地组织机车周转，压缩单机开行次数或附挂回送，严禁对开单机，减少重联等。

机车工作量与机车运用指标的相互关系如图 2.2、图 2.3 所示。

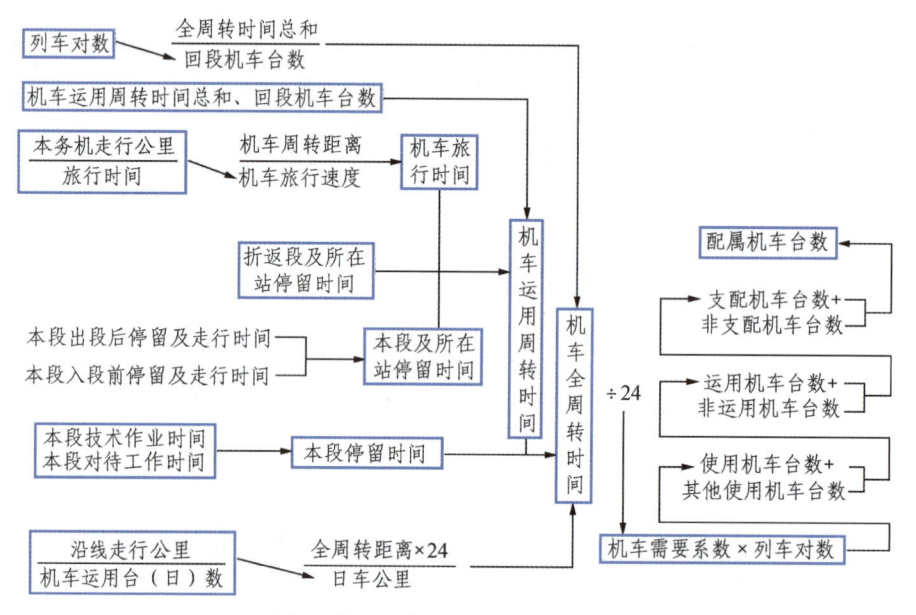

图 2.2　机车工作量与机车运用指标的相互关系之一

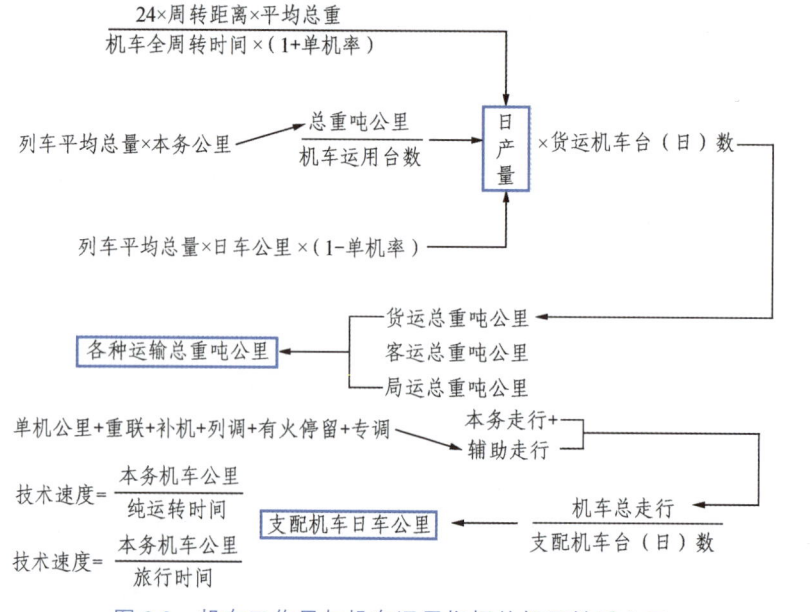

图 2.3　机车工作量与机车运用指标的相互关系之二

## 任务三　机车运用分析

机车运用分析，就是通过对各项机车运用指标实际完成情况的分析，研究现有旧车运用效率，制定措施，从而进一步改善机车运用情况。机车运用分析是加强铁路运输管理、不断改进提高工作水平的重要方法，是不断改进机车运用管理、经济合理地位运用机车、提高机车运用效率、质量良好地完成国家运输任务的重要手段。

### 一、机车运用分析的基本任务

（1）把实际反映情况的指标与计划指标对比以表明计划的完成程度。在分析计划完成情况时，应对促使计划超额完成的因素和影响计划完成的因素做出准确计算，以表明其影响程度。

（2）观察有关统计指标，研究现象之间的相互联系，以便认识事物间的因果、平衡关系；指出先进部分与薄弱环节，挖掘潜力，促使经济合理地运用机车。

（3）连续比较同一事物不同时期的发展情况，从而研究其变化的特点和趋势。在日常运输工作中随时观察机车运用指标的变化，逐班逐日进行分析，指出问题及所在，提出改进措施及意见。

### 二、机车运用分析的主要内容

机车运用计划编制应遵循列车运行图和机车周转图的技术要求，综合考虑机车和机车乘务员的配置、使用以及各项机车运用指标等因素，不断提高机车运用效率和机车乘务员劳动生产率。

铁路局集团公司根据年度运输任务下达年度机车运用计划，按机务段承担的工作量确定机务段年、季、月度机车运用计划。机车运用计划应包括：客货机车日车公里、支配机车日车公里、技术速度、货运机车日产量、列车平均牵引总重、单机率、配属台数（含分工作种别的机车使用台数，厂、段修台数，备用和出租台数）、机车检修率、机车备用率、机车乘务员需要人数及补充计划等。

增加专用调车机车应由铁路局运输、机务、劳资等部门根据实际工作量联合查定，纳入年度机车使用计划。在年度计划以外增加专用调车机车，除按上述程序查定外，需报总公司备案。

机车运用分析包括日常、定期（旬、月、季、年）和专题分析。

#### 1. 日常分析

铁路局集团公司机务处和调度所、机务段应有专人负责机车运用分析工作，制定日常、定期和专题分析制度，建立定期通报制度和评价考核体系，不断提高机车运用效率。

日常运用工作分析，是为了检查每日机车运用状况，及时发现问题、查明原因、采取解决措施、消除工作中的缺点和错误。发现先进事迹和个人，要及时汇报领导进行表扬和鼓励。

日常分析主要是检查机车运用状况、列车运行图和机车周转图的执行情况。主要包含以下内容：

（1）列车运行的安全正点（事故、机务运缓、晚点）等情况，机车乘务员超劳情况。

（2）机车日（班）计划周转图的执行兑现情况。

（3）运用指标（如机车日车公里、技术速度、日产量、平均牵引总重等）的完成情况和机车全周转时间各项因素的延长、缩短及其影响。

（4）机车小、辅修的计划兑现及回库情况，不能按时进车、交车的机车型号及原因，机车临修情况及原因。

（5）货物列车超（欠）重、单机走行、对开单机及列车机外停车情况。

（6）机车供应、整备作业及有关人员劳动纪律情况。

（7）包乘制机车打乱固定包车组情况及原因。

（8）机车周转图及有关原始记录的整理和报表的填写上报情况。

日常分析一般在交班会上进行，其内容应包括：安全正点情况，日（班）计划机车周转图兑现情况，机车供应情况，机车检修情况，分界口列车交接及机车运用情况，机车乘务员使用和超劳情况等。

### 2. 定期分析

定期分析是指对运输生产活动的阶段总结，查找出存在的规律性问题，以改进和提高工作。其内容应包括：安全生产情况，机车质量及机车供应情况，主要区段及分界口列车开行及机车供应情况，运输任务完成情况，日车公里、日产量（机车日产量和功率日产量）、列车平均总重、技术速度等机车指标完成情况，超、欠轴情况，列车等线情况，单机走行率情况，机车乘务员使用、超劳、出勤率情况等。

旬、月、季、年终都要及时做定期分析，从中找出存在的问题，了解工作发展的规律，研究出改进的工作措施和方法，用以指导机车运用工作。内容和日常分析相同，主要是：

（1）现有机车台数，客、货运机车指标，机车供应及机车周转图完成情况。

（2）各种机车总走行公里、总重吨公里、辅助走行公里及支配机车日车公里，客、货运机车技术速度及旅行速度完成情况。

（3）货物机车日车公里、日产量、平均牵引总重、全周转时间、超（欠）重及单机走行情况。

（4）机车月走行公里和段修平均走行公里、平均修车时间。

（5）机车小、辅修和保养情况。

（6）行车安全及运行正点情况。

（7）机车乘务员包车情况、劳动时间、工时利用和超劳情况等。

### 3. 专题分析

专题分析是针对运输生产中出现的特定情况进行的分析，分析内容根据实际需要确定，是深入研究某一专门性质的问题，或彻底查明某一工作环节的有效方法，从中指出实质性的原因和问题的发展规律、剖析存在的问题、提出建设性的改进方法。

分析项目应根据工作中所存在的问题，采取单独进行的步骤，针对不同薄弱环节单项专题剖析或根据领导指示进行。

## 三、机车运用分析的注意事项和方法

机车运用分析必须以丰富的统计资料为基础，在分析目的确定后，就要收集和整理资料。如果没有日常的资料积累，只要求临时搜集、突击整理，这样得来的资料难以全面、系统、正确地反映实际，通过这些资料分析所得的结论难免出现差错。另外，对统计资料的可靠性和可比性也要足够重视，要从指标间的相互关系和数值的合理性上进行审核。

积累资料的内容应满足各种分析的需要，主要有定期报表的资料、专门调查所得的资料以及必要的财务会计资料等。

统计分析方法应根据分析项目和目的来选用。分析方法主要有：分组分析法、平均分析法、对比分析法、动态分析法、因素分析法等。

## 四、主要运用指标的分析方法及提高措施

### 1. 机车全周转时间

压缩机车全周转时间是提高机车运用效率的前提，抓效率首先必须从抓全周转时间着手，努力压缩机车全周转时间（当然不是无限度的）。而要压缩全周转时间就应从组成全周转时间的因素开始，并从机报—1中查出机车全周转时间的变化，找其规律分析原因，注意重点。

**1）机车旅行时间的变化**

机车旅行时间的变化主要出于两种情况：一是机车纯运转时间长，这可能是由于机车运缓、事故、慢行、行人阻道或机外停车等所致；二是中间站停留时间长，这可能是区间卸车、列车会让、小运转列车中途折返和机车中途换班等多种原因造成。

分析旅行时间对周转时间的影响还可以利用计算旅行速度的办法。其计算方法为

$$旅行速度 = 本务机走行公里 \div 本务机旅行时间$$

如果算出的旅行速度低于运行图规定的旅行速度，尽管由于日计划安排的车次不计晚点，而实际上已延长了机车全周转时间。

检查分析旅行速度时还要注意，有时列车正点率很高，摘挂和扩货也影响不大，但旅时仍很长。遇到这种情况，就应分析旅时长与旅时短各区段列车对数变化，如果旅时长的区段列车开行对数增大，将会使旅行时间增大和机车周转时间延长。

例如，甲—乙区段平均旅行时间为4 h，而甲—丙区段平均旅行时间为10 h，各开10对列车，则

$$丙—乙区段平均旅行时间 = \frac{4 \times 10 + 10 \times 10}{10 + 10} = 7.0 \text{（h）}$$

如果甲—丙区段开行15对列车而甲—乙区段仍开行10对，则

$$丙—乙区段平均旅行时间 = \frac{4 \times 10 + 10 \times 15}{10 + 15} = 7.6 \text{（h）}$$

由此可见，机车全周转时间延长了，但列车仍保持正点。

**2）自、外段及所在站停留时间的变化**

机车全周转时间的长短与机车在自、外段及所在站停留时间成正比，即停留时间越长则

机车的全周转时间亦长。因此，压缩在自、外段的停留时间，不仅要合理地配置段内各种技术设备，尽量采取流水和平行作业，更重要的是要压缩非生产停留时间，比如调休、等待工作和等待修活、不合理调整计划等。因此，在分析全周转时间时，还要注意检查机车非生产停留时间。

根据以上分析方法，日常应注意积累以下资料：

（1）掌握因机车晚到影响折返交路的延长时间。

（2）掌握乘务员在外段（折返段）调休或列车晚点中途等待换班延长的机车全周转时间。

（3）掌握机车周转方案的开行情况，临时停运或开行扩大货物限速列车延长的时间。

（4）掌握临修机车修复担任列车交路的时机，在编制日计划时要考虑临修机车非生产停留时间。

（5）掌握各区段车流的变化及因此而造成的机车周转距离和旅行时间对全周转时间的影响。

（6）掌握水害、事故、塌方所造成的列车运行秩序混乱而延长的机车全周转时间。

## 2. 机车日车公里

机车日车公里的高低和机车周转距离成正比，和全周转时间成反比。

机车日车公里完成的高低可由以下三个方面进行分析。

（1）从机车全周转时间分析。首先找出延长全周转时间的原因和浪费时间，注意要把延长的时间换算成机车台日，其计算方法为

$$延长机车全周转换算浪费机车台数 = 浪费全周转时间之和 \div 24$$

分析机车全周转这一项工作除每日检查机报以外，还要查阅列车运行图和机车周转图。

（2）经常注意各区段列车的开行变化，因为日车公里实际上是机车使用台数与周转距离之比。如果机车台数不变而周转距离越长则日车公里越高，反之将随之降低。

（3）要注意小运转列车的开行对数和沿零摘挂列车的增开与直货列车的比例变化。在列车运行图基本图上直货与摘挂的小运转对数的比例是确定了的，但由于小运转列车和限速列车一般根据车流允许在日计划中安排加开，这一固有的运输组织规律直接影响机车日车公里的成绩。一般来说，加开小运转是从周转距离方面影响机车日车公里下降，而加开限速列车则从全周转时间方面影响机车日车公里。因此，各级领导和编制日计划人员应注意：

① 掌握影响机车交路和全周转时间的因素变化，减少和压缩全周转时间。

② 控制和掌握摘挂限速列车开行的对数，减少和杜绝列车中途换班。

③ 编制日机车周转计划时，要认真按各区段供给机车系数编制，要保证完成月计划指标。修整计划时不应影响日计划指标，并应保证乘务员正常工作和休息。

④ 掌握小运转列车的开行对数占沿线走行公里中的比例。

## 3. 机车台日产量

机车台日产量也叫机车生产率，与机车全周转时间、机车日车公里和平均总重相比，它是一项更为重要的指标。根据机车使用效率的高低，必须从时间和牵引力的利用两方面来反映，日车公里和全周转时间只能反映出机车的运用效率和时间方面，平均总重只能反映机车牵引力的利用方面，而机车台日产量才能集中反映出机车的运用成绩，所以说机车台日产量是机车运用效率的一项综合指标。

分析机车台日产量，应注意以下几方面：

（1）从机车日车公里完成情况分析。因为机车日车公里与机车牵引列车走行的距离成正比，与机车使用台数成反比，所以，日车公里降低或走行公里减少、机车使用台数增多均直接影响机车日产量。

（2）从列车平均总重分析。列车平均总重是产生总重吨公里的主要因素，在距离相等条件下，列车平均总重越多所生产的总重吨公里也就越多。

（3）从单机率分析。往往在日车公里和平均牵引总重都完成时，而机车台日产量却低于计划。其原因多在于单机率的影响，因为单机走行公里直接影响机车台日产量。

（4）从重联率分析。重联率的影响是由于双机牵引受到发线长度的限制而浪费了机车的牵引力。

### 4. 机车平均牵引总重

机车平均牵引总重这项指标的分析方法与机车日产量是密切配合的。在分析机车日产量时，有些数据需先分析出机车平均牵引总重后才能进行台日产量的分析计算。分析机车平均牵引总重应注意以下两个方面：

（1）列车超、欠重。超重和欠重在列车运行中是常见的，但超欠的数量是不相等的，所以要两项折减，找出欠重的列车次数和吨数。

（2）分析不同牵引重量的区段列车对数的比例变化，也就是单机、双机、多机牵引的比例。因为机车平均牵引总重是本务机车公里与列车总重吨公里之比，但也要重视区段列车的平均牵引吨位。

运用工作分析必须加强日常调查，研究积累应有资料，深入生产第一线，摸清问题的实质、找出规律、提出改进措施，为提高机车各项运用指标而努力。

## 项目小结

机车的指标包括运用数量指标和运用质量指标以及机车运用分析，这些指标从各个不同的角度反映出机车运用工作的好坏。通过这些指标的比较，可以检验各铁路局集团公司或各机务段的机车运用工作的质量，从而发现差距、找出问题、提出改进措施，使机车运用工作达到应有的水平。机车全周转时间、机车日车公里、机车日产量作为重点指标，应重点掌握其概念、计算方法和相互的联系。

## 复习思考题

1. 什么叫机车全周转时间？其组成因素有哪些？这些因素如何影响机车全周转时间？
2. 如何计算机车全周转时间？缩短机车全周转时间的主要措施有哪些？
3. 什么叫机车需要系数？如何计算？
4. 什么叫机车日车公里？货运机车日车公里如何计算？

5. 什么叫技术速度和旅行速度？计算时要注意什么？

6. 什么叫机车台日产量？货运机车台日产量如何计算？

7. 各机车运用质量指标如何反应机车运行效率？综合反映机车运用效率的指标是哪个？

8. 什么叫单机率？在机车运用中，为什么要严格限制开机单行？

9. 机车工作量和机车运用指标的相互关系是怎样的？

10. 某乘务机班担当 220 km 区段上的本务执乘任务，他们 10 点整从始发站出发，18:48 到达终点站。其中：在中间站纯停留时间为 2 h 2 min，调车作业又用去 54 min，行人挡道在区间停留 8 min，问该本务机车的技术速度、旅行速度、速度系数各是多少？

11. 作为机车乘务员，在工作中应如何做才能保证机车运用各主要指标能更好地完成？

12. 工作实例：编制某机务段的机车周转图，并计算该机务段的主要运用指标。

# 模块二 PART TWO

## 铁路行车规章

铁路行车规章模块,包含了机务部门行车工作要掌握的基本知识,主要以中国铁路总公司 2017 年 11 月修订实施的《铁路技术管理规程》(普速铁路部分)为依据,内容包括铁路行车信号的显示方式辨认及行车条件的确认、列车编组的技术要求和注意事项以及列车正常和非正常情况下的运行、列车的防护等知识,是培养学生安全行车意识必须掌握的核心知识,也是必须遵守的行车规定。本模块具体包括 4 个项目,23 个任务。

# 项目三 铁路行车信号

## 项目描述：

铁路信号是保证行车安全，提高运输效益及准确组织列车运行和调车工作的技术装备。在铁路运输工作中，为了指挥列车运行及调车作业，表示有关设备的位置和状态，铁路必须设置铁路信号。

## 目标引领：

（1）掌握铁路行车信号的种类、颜色及意义，掌握各信号机的设置要求。
（2）掌握各种固定信号机的使用时机和使用方法。
（3）掌握机车信号的显示方式、使用时机和方法。
（4）掌握各移动信号的显示方式、使用时机和方法。
（5）掌握各手信号的使用方法、显示方式和意义。
（6）掌握各信号表示器和信号标志的显示方式和使用时机、方法。
（7）掌握各听觉信号的鸣示方式和使用时机。
（8）培养学生爱岗敬业、遵章守纪、安全正点、严谨认真的职业精神和劳动精神。

## 思政案例：

铁路行车信号作为列车运行的"眼睛"，在行车过程中扮演着极其重要的作用，铁路信号系统检修人员和列车司机都必须有明确的责任意识，把工作做到一丝不苟，保证行车安全。若上述人员责任心不到位，工作中疏忽大意，则可能会酿成重大事故，造成国家和人民的重大损失。

案例经过：2011年7月23日20时30分，甬温线浙江省温州市境内，由北京南站开往福州站的D301次列车与杭州站开往福州南站的D3115次列车发生动车组列车追尾事故。事故造成D3115次列车第15、16位车辆脱轨，D301次列车第1至5位车辆脱轨，动车组车辆报废7辆、大破2辆、中破5辆、轻微小破15辆，事故路段接触网塌网损坏、中断上下行线行车32小时35分，造成40人死亡、172人受伤。

案例分析：2011年7月23日19时30分左右，雷击温州南站沿线铁路牵引供电接触网或附近大地，造成轨道电路与列控中心信号传输的CAN总线阻抗下降，使5829AG轨道电路与列控中心的通信出现故障，造成5829AG轨道电路发码异常，在无码、检测码、绿黄码间无规律变化，在温州南站计算机联锁终端显示永嘉站至温州南站下行线5829AG区段"红光带"。因机车综合无线通信设备没有信号，跟列车调度员一直联系不上，加之轨道电路信号异常跳变，转目视行车模式不成功。雷击导致列控中心设备和轨道电路发生故障，错误地控制信号显示，使行车处于不安全状态。

这次的特别重大事故也暴露出我国铁路设备研发薄弱、技术能力弱的现状。之后，我国铁路坚持"安全第一，预防为主，综合治理"的方针，铁路人发挥出顽强拼搏的精神，吸取事故教训、加强铁路安全管理的重要部署，健全完善高铁规章制度标准，切实加强高铁技术设备研发管理，严格把好高铁技术设备安全准入关，不断加强高铁安全管理和职工教育培训，强化铁路安全生产应急管理，统筹优化高铁规划布局和发展。经过多年不断深入研究和努力发展，中国高铁凭借以优取胜的品质意识和精益求精的工匠精神，不断勇攀高峰、后来居上，打造了一张张"中国制造"和"中国标准"的高铁名片。

## 任务一  认知铁路行车信号的基本要求

行车信号基本要求

信号是指示列车运行及调车作业的命令，有关行车人员必须严格执行。铁路行车信号通过一定的音响、颜色、形状、位置、灯光等来表示。它必须正确显示、有足够的显示距离、不与其他物体混淆，还必须满足故障——安全原则。为了确保行车安全和正常的运输秩序，有关行车人员必须掌握信号显示的规定，并在确认其显示状态下按信号显示要求执行。信号的显示方式及使用方法，应按《铁路技术管理规程》的规定执行。规程以外的信号显示方式，则须经由国铁集团批准才能采用。各种信号机和表示器的灯光排列、颜色和外形尺寸，必须符合国家标准、铁道行业标准及国铁集团规定的标准。地区性联系用的手信号，则须由铁路局批准。

### 一、信号装置的分类

信号装置一般分为信号机和信号表示器两类。

信号机按类型分为色灯信号机、臂板信号机和机车信号机。信号机按用途分为进站、出站、通过、进路、预告、接近、遮断、驼峰、驼峰辅助、复示、调车信号机。

信号表示器分为道岔、脱轨、进路、发车、发车线路、调车及车挡表示器。

### 二、铁路信号的种类

铁路信号分为视觉信号和听觉信号两大类，如用信号机、信号旗、信号灯、信号牌、信号表示器、信号标志及火炬等显示的信号，都属视觉信号。如用号角、口笛、机车和自轮运转设备的鸣笛及响墩等发出的信号，都属听觉信号。

1. 视觉信号

视觉信号按使用时间又可分为昼间、夜间及昼夜通用信号。

遇到以下两种情况时不严格遵守时间限制：

（1）在昼间遇降雾、暴风雨雪及其他情况，致使停车信号显示距离不足 1 000 m，注意或减速信号显示距离不足 400 m，调车信号及调车手信号显示距离不足 200 m 时，应使用夜间信号。

（2）隧道内只能采用夜间或昼夜通用信号。

## 2. 听觉信号

听觉信号包括：号角、口笛、响墩发出的音响和机车、自轮运转特种设备的鸣笛声。

## 三、信号的颜色及其意义

### 1. 基本颜色

根据光学原理和长期实践经验，我国铁路视觉信号采用红、黄、绿三色作为铁路信号的基本颜色，其表示意义是：

（1）红色——停车。
（2）黄色——注意或减低速度。
（3）绿色——按规定速度运行。

### 2. 辅助颜色

辅助颜色是为满足各种信号显示需要及区分不同信号而采用的颜色，其颜色及用途如下：

（1）月白色——用于引导信号及调车信号。
（2）蓝色——用于容许信号及调车信号。
（3）紫色——用于道岔表示器。
（4）白色——用于表示器、手信号及列车标志。

具体铁路信号灯光图例如图 3.1 所示。

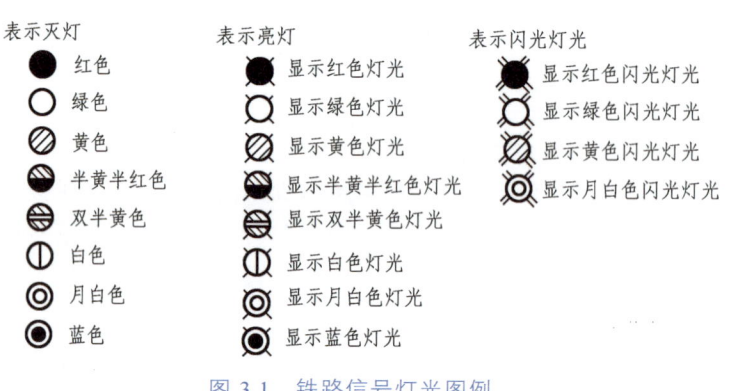

| 表示灭灯 | 表示亮灯 | 表示闪光灯光 |
| --- | --- | --- |
| 红色 | 显示红色灯光 | 显示红色闪光灯光 |
| 绿色 | 显示绿色灯光 | 显示绿色闪光灯光 |
| 黄色 | 显示黄色灯光 | 显示黄色闪光灯光 |
| 半黄半红色 | 显示半黄半红色灯光 | 显示月白色闪光灯光 |
| 双半黄色 | 显示双半黄色灯光 | |
| 白色 | 显示白色灯光 | |
| 月白色 | 显示月白色灯光 | |
| 蓝色 | 显示蓝色灯光 | |

图 3.1 铁路信号灯光图例

## 四、信号机的显示距离

正常情况下的显示距离是指不受地形、地物、气候影响的情况下，司机在机车上能确认地面信号显示状态时，机车与信号机之间的最小实际距离。

各种信号机及表示器，在正常情况下的显示距离为：

（1）进站、通过、接近、遮断信号机，不得小于 1 000 m。
（2）高柱出站、高柱进路信号机，不得小于 800 m。
（3）预告、驼峰、驼峰辅助信号机，不得小于 400 m。
（4）调车、矮型出站、矮型进路、复示信号机，容许、引导信号及各种表示器，不得小于 200 m。

在地形、地物影响视线的地方，进站、通过、接近、预告、遮断信号机的显示距离，在最坏的条件下，不得小于 200 m。

### 五、影响信号显示时的处理

视觉信号分为昼间、夜间及昼夜通用信号。在昼间遇降雾、暴风雨雪及其他情况，致使停车信号显示距离不足 1 000 m、注意或减速信号显示距离不足 400 m、调车信号及调车手信号显示距离不足 200 m 时，应使用夜间信号。

隧道内只采用夜间或昼夜通用信号。

铁路沿线及站内，禁止设置妨碍确认信号的红、黄、绿色的装饰彩布、标语和灯光。如已装有妨碍确认信号灯光的设备时，应拆除或采取遮光措施。

在规定的信号显示距离内，不得种植影响信号显示的树木。对影响信号显示的树木，其处理办法由铁路局规定。

### 六、信号机的定位

（1）进站、出站、进路、调车、驼峰、驼峰辅助信号机均以显示停车信号为定位；线路所的通过信号机以显示停车信号为定位，其他通过信号机以显示进行信号为定位。

（2）接近信号机、进站预告信号机、非自动闭塞区段通过信号机的预告信号机及通过臂板，以显示注意信号为定位。

（3）遮断、遮断预告、复示信号机以无显示为定位。

（4）在自动闭塞区段内的车站（线路所），如将进站、正线出站信号机及其直向进路内的进路信号机转为自动动作时，以显示进行信号为定位。

### 七、信号机的关闭时机

信号机的关闭时机规定如下：

（1）集中联锁车站的进站、进路、出站信号机，通过信号机，当机车或车辆第一轮对越过该信号机后自动关闭。

（2）调车信号机在调车车列全部越过调车信号机后自动关闭；当调车信号机外方不设轨道占用检查装置或虽设轨道占用检查装置而占用时，应在调车车列全部出清调车信号机内方第一轨道区段后自动关闭，根据需要也可在调车车列第一轮对进入调车信号机内方第一轨道区段后自动关闭。

（3）引导信号应在列车头部越过信号机后及时关闭。

（4）非集中联锁车站的进站信号机及线路所通过信号机，在列车进入接车线轨道区段后自动关闭，出站信号机应在列车进入出站方面轨道区段后自动关闭。

（5）非集中联锁车站，由手柄操纵的信号机：进站信号机在确认列车全部进入接车线警冲标内方，出站信号机在列车全部越过最外方道岔并确认列车全部进入出站方面轨道区段后，恢复手柄，关闭信号。

特殊站（场）执行上述规定有困难时，由铁路局规定。

## 八、信号机故障的处理

进站、出站、进路和通过信号机的灯光熄灭、显示不明或显示不正确时，均视为停车信号。

进站预告信号机或接近信号机的灯光熄灭、显示不明或显示不正确时，均视为进站信号机为关闭状态；非自动闭塞区段通过信号机的预告信号机的灯光熄灭、显示不明或显示不正确时，视为通过信号机为关闭状态。

## 九、信号机的无效标记

新设尚未开始使用及应撤除尚未撤掉的信号机，均应装设信号机无效标，并应熄灭灯光；如为臂板信号机，须将臂板置于水平位置。

信号机无效标为白色的十字交叉板。高柱色灯信号机的无效标装在机柱上，矮型色灯信号机的无效标装在信号机构上，臂板信号机的无效标装在臂板上，如图3.2所示。

在新建铁路线上，新设尚未开始使用的信号机（进站信号机暂用作防护车站时除外），可撤下臂板或将色灯机构向线路外侧扭转90°并熄灭灯光，作为无效。

图 3.2　信号机的无效标

## 十、信号设置的要求

由于机车司机操纵机车的位置在运行方向的左侧，为了便于司机瞭望，所有地面固定信号机构应设在列车运行方向的左侧，因条件限制，两线路间不能装设信号机时，信号机可装设在信号桥和信号托架上。

信号机设在列车运行方向的左侧或其所属线路的中心线上空。反方向运行进站信号机可设在列车运行方向的右侧；其他特殊地段因条件限制，需设于右侧时，须经铁路局批准。

在确定设置信号机地点时，除满足信号显示距离的要求外，还应考虑到该信号机不致被误认为邻线的信号机。

## 任务二　解析固定信号

固定信号是指固定地安装在一定位置上，用于指示列车运行及调车工作的信号。它包括：

进站、出站、通过、进路、预告、遮断、驼峰、驼峰辅助、驼峰复示、调车、容许、进站复示、出站复示及引导信号。

## 一、进站信号机

### 1. 进站信号机的作用

所有车站入口处均应设进站信号机，用以指示列车能否进站及进站的运行条件。

（1）防护车站。在进站信号机未开放前，列车不得进入站内。

（2）指示列车进站的运行条件。列车经道岔的直向位置还是侧向位置进站，正线通过或准备停车等。

（3）封闭接车进路有关道岔及敌对信号。当进路有关道岔开通位置不对或敌对进路信号未关闭时，信号机不能开放；信号机开放后进路道岔封闭，敌对信号不能开放。

### 2. 进站信号机的设置

车站必须设进站信号机。应在距最外方道岔尖轨端（顺向为警冲标）不小于 50 m 的地点设置，因调车作业或制动距离需要延长时，一般不超过 400 m，如图 3.3 所示。

图 3.3　进站信号机的位置

双线自动闭塞区间反方向进站信号机前方应设置预告标。

### 3. 进站信号机的显示方式

**1）三显示自动闭塞、半自动闭塞、自动站间闭塞区段进站色灯信号机**

（1）一个绿色灯光——准许列车按规定速度经正线通过车站，表示出站及进路信号机在开放状态，进路上的道岔均开通直向位置，如图 3.4 所示。

（2）一个绿色灯光和一个黄色灯光——准许列车经道岔直向位置，进入站内越过次一架已经开放的信号机准备停车，如图 3.5 所示。

图 3.4　一个绿色灯光　　　　　　图 3.5　一个绿色灯光和一个黄色灯光

（3）一个黄色灯光——准许列车经道岔直向位置，进入站内正线准备停车，如图3.6所示。

（4）一个黄色闪光和一个黄色灯光——准许列车经18号及以上道岔侧向位置，进入站内越过次一架已经开放的信号机且该信号机防护的进路经道岔直向位置或18号及以上道岔侧向位置，如图3.7所示。

图3.6　一个黄色灯光　　　　　图3.7　一个黄色闪光和一个黄色灯光

（5）两个黄色灯光——准许列车经道岔侧向位置［但不满足上述第（4）项条件］进入站内准备停车，如图3.8所示。

（6）一个红色灯光——不准列车越过该信号机，如图3.9所示。

图3.8　两个黄色灯光　　　　　图3.9　一个红色灯光

**2）四显示自动闭塞区段进站色灯信号机**

（1）一个绿色灯光——准许列车按规定速度经道岔直向位置进入或通过车站，表示运行前方至少有3个闭塞分区空闲，如图3.4所示。

（2）一个绿色灯光和一个黄色灯光——准许列车按规定速度经道岔直向位置进入站内，表示次一架信号机经道岔直向位置开放一个黄灯，如图3.5所示。

（3）一个黄色灯光——准许列车按限速要求经道岔直向位置进入站内正线准备停车，如图3.6所示。

（4）一个黄色闪光和一个黄色灯光——准许列车经18号及以上道岔侧向位置，进入站内越过次一架已经开放的信号机且该信号机防护的进路经道岔直向位置或18号及以上道岔侧向位置，如图3.7所示。

（5）两个黄色灯光——准许列车按限速要求越过该信号机，经道岔侧向位置［但不满足上述第（4）项条件］进入站内准备停车，如图 3.8 所示。

（6）一个红色灯光——不准列车越过该信号机，如图 3.9 所示。

### 3）进站及接车进路、接发车进路色灯信号机的引导信号

进站及接车进路、接发车进路色灯信号机的引导信号显示一个红色灯光及一个月白色灯光——准许列车在该信号机前方不停车，以不超过 20 km/h 速度进站或通过接车进路，并须准备随时停车，如图 3.10 所示。

图 3.10　进站及接车进路、接发车进路色灯信号机的引导信号

## 二、出站信号机

### 1. 出站信号机的作用

（1）防护区间或闭塞分区。当信号机开放后，为占用区间或闭塞分区的凭证。

（2）锁闭发车进路上的所有道岔，确保列车出站安全。

（3）指示列车运行条件：列车开往主要线路或次要线路；在自动闭塞区段，还表示列车运行前方闭塞分区空闲状态。

（4）指示到达列车站内停车位置。

### 2. 出站信号机的设置

在车站的正线和到发线上，应设出站信号机。出站信号机应设在每一发车线的警冲标内方（对向道岔为尖轨尖端外方）适当地点，如图 3.11 所示。

在调车场的编发线上，必要时可设线群出站信号机。

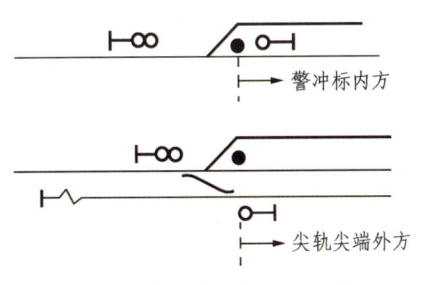

图 3.11　出站信号机的设置位置

### 3. 出站信号机的显示方式

出站色灯信号机显示下列信号：

#### 1）半自动闭塞或自动站间闭塞区段

（1）一个绿色灯光——准许列车由车站出发，如图 3.12 所示。

图 3.12　一个绿色灯光

- 057 -

（2）两个绿色灯光——准许列车由车站出发，开往次要线路，如图 3.13 所示。

图 3.13　两个绿色灯光

（3）一个红色灯光——不准列车越过该信号机，如图 3.14 所示。

图 3.14　一个红色灯光

（4）在兼作调车信号机时，一个月白色灯光——准许越过该信号机调车，如图 3.15 所示。

图 3.15　一个月白色灯光

2）三显示自动闭塞区段

（1）一个绿色灯光——准许列车由车站出发，表示运行前方至少有两个闭塞分区空闲，如图 3.16 所示。

图 3.16　一个绿色灯光

（2）一个黄色灯光——准许列车由车站出发，表示运行前方有一个闭塞分区空闲，如图 3.17 所示。

图 3.17　一个黄色灯光

（3）两个绿色灯光——准许列车由车站出发，开往半自动闭塞或自动站间闭塞区间，如图 3.18 所示。

图 3.18　两个绿色灯光

（4）一个红色灯光——不准列车越过该信号机，如图 3.19 所示。

图 3.19　一个红色灯光

（5）在兼作调车信号机时，一个月白灯光——准许越过该信号机调车，如图 3.20 所示。

图 3.20　一个月白色灯光

3）四显示自动闭塞区段

（1）一个绿色灯光——准许列车由车站出发,表示运行前方至少有 3 个闭塞分区空闲,如图 3.21 所示。

图 3.21　一个绿色灯光

（2）一个绿色灯光和一个黄色灯光——准许列车由车站出发,表示运行前方有两个闭塞分区空闲,如图 3.22 所示。

图 3.22　一个绿色灯光和一个黄色灯光

（3）一个黄色灯光——准许列车由车站出发,表示运行前方有一个闭塞分区空闲,如图 3.23 所示。

（4）两个绿色灯光——准许列车由车站出发,开往半自动闭塞或自动站间闭塞区间,如图 3.24 所示。

图 3.23　一个黄色灯光　　　　　　图 3.24　两个绿色灯光

（5）一个红色灯光——不准列车越过该信号机，如图 3.25 所示。

图 3.25　一个红色灯光

（6）在兼作调车信号机时，一个月白色灯光——准许越过该信号机调车，如图 3.26 所示。

图 3.26　一个月白色灯光

## 三、进路色灯信号机

### 1. 进路色灯信号机的作用及设置

在有几个车场的车站，为指示列车由一个车场开往另一个车场，车场之间应设进路色灯信号机。

进路信号机按用途分为：
（1）接车进路信号机——是对到达列车指示运行条件的。
（2）发车进路信号机——是对出发列车指示运行条件的。

进路信号机不论是接车、发车，其设置位置均应设在其后方第一道岔尖端前方（顺向为警冲标内方）的适当地点。进站信号机与进路、出站信号机的距离，原则上均少于 800 m，如图 3.27 所示。

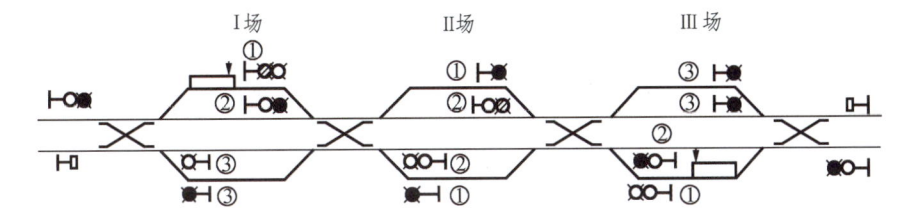

图 3.27　进路信号机的位置

## 2. 进路色灯信号机的显示方式

（1）接车进路及接发车进路色灯信号机的显示与进站色灯信号机相同。

（2）三显示自动闭塞、半自动闭塞、自动站间闭塞区段的发车进路色灯信号机显示下列信号：

① 一个绿色灯光——准许列车由车站经正线出发，表示出站和进路信号机均在开放状态，如图 3.28 所示。

图 3.28　一个绿色灯光

② 一个绿色灯光和一个黄色灯光——准许列车越过该信号机，表示该信号机列车运行前方次一架信号机在开放状态，如图 3.29 所示。

图 3.29　一个绿色灯光和一个黄色灯光

③ 一个黄色灯光——准许列车运行到次一架信号机之前准备停车，如图 3.30 所示。

图 3.30　一个黄色灯光

④ 一个红色灯光——不准列车越过该信号机，如图 3.31 所示。

图 3.31　一个红色灯光

（3）四显示自动闭塞区段发车进路色灯信号机显示下列信号：

① 一个绿色灯光——表示该信号机列车运行前方至少有两架信号机经道岔直向位置在开放状态，如图 3.28 所示。

② 一个绿色灯光和一个黄色灯光——表示该信号机列车运行前方次一架信号机经道岔直向位置在开放状态，如图 3.29 所示。

③ 一个黄色灯光——准许列车运行到次一架信号机之前准备停车，如图 3.30 所示。

④ 一个红色灯光——不准列车越过该信号机，如图 3.31 所示。

（4）接车进路、发车进路及接发车进路色灯信号机兼作调车信号机时，一个月白色灯光——准许越过该信号机调车，如图 3.32 所示。

图 3.32　接车进路、发车进路及接发车进路色灯信号机兼作调车信号机显示

## 四、通过色灯信号机

### 1. 通过色灯信号机的作用

通过色灯信号机是列车进入闭塞分区或所间区间的凭证。

自动闭塞通过色灯信号机是其后方信号机的预告信号机，可不间断地向司机预告下一闭塞分区的空闲情况及进站信号机是否开放。

### 2. 通过色灯信号机的设置

通过信号机应设在闭塞分区或所间区间的分界处。自动闭塞区段的通过信号机，不应设在停车后可能脱钩、牵引供电分相的处所，也不宜设在起动困难的地点。

通过信号机

自动闭塞区段信号机设置位置和显示关系应根据列车牵引计算确定，并应满足列车运行速度规定的制动距离和线路通过能力的要求。

在自动闭塞区段内，当货物列车在设于上坡道上的通过信号机前停车后起动困难时，在该信号机上应装设容许信号。在进站信号机前方第一架通过信号机上，不得装设容许信号。

在三显示自动闭塞区段的进站信号机前方第一架通过信号机柱上，应涂 3 条黑斜线；四显示自动闭塞区段的进站信号机前方第一、第二架通过信号机的机柱上，应分别涂 3 条、1 条黑斜线。

### 3. 通过色灯信号机的显示方式

通过色灯信号机显示下列信号：

**1）半自动闭塞及自动站间闭塞区段**

（1）一个绿色灯光——准许列车按规定速度运行（显示方式参照图 3.33，但机构为二显示）。

（2）一个红色灯光——不准列车越过该信号机（显示方式参照图 3.35，但机构为二显示）。

**2）三显示自动闭塞区段**

（1）一个绿色灯光——准许列车按规定速度运行，表示运行前方至少有两个闭塞分区空闲，如图 3.33 所示。

（2）一个黄色灯光——要求列车注意运行，表示运行前方有一个闭塞分区空闲，如图 3.34 所示。

（3）一个红色灯光——列车应在该信号机前停车，如图 3.35 所示。

图 3.33　一个绿色灯光　　　　图 3.34　一个黄色灯光　　　　图 3.35　一个红色灯光

**3）四显示自动闭塞区段**

（1）一个绿色灯光——准许列车按规定速度运行，表示运行前方至少有 3 个闭塞分区空闲，如图 3.36 所示。

（2）一个绿色灯光和一个黄色灯光——准许列车按规定速度运行，要求注意准备减速，表示运行前方有两个闭塞分区空闲，如图 3.37 所示。

（3）一个黄色灯光——要求列车减速运行，按规定限速要求越过该信号机，表示运行前方有一个闭塞分区空闲，如图 3.38 所示。

（4）一个红色灯光——列车应在该信号机前停车，如图 3.39 所示。

图 3.36　一个绿色灯光 　　图 3.37　一个绿色和　　图 3.38　一个黄色灯光 　　图 3.39　一个红色灯光
　　　　　　　　　　　　　　　　　一个黄色灯光

4）线路所防护分歧道岔的色灯信号机开放经道岔侧向位置的进路时显示下列信号：

（1）一个黄色闪光和一个黄色灯光——表示分歧道岔为 18 号及以上，开往半自动闭塞或自动站间闭塞区间，或开往自动闭塞区间且列车运行前方次一闭塞分区空闲，如图 3.7 所示。

（2）不满足上述第（1）款条件时，显示两个黄色灯光，如图 3.8 所示。

防护分歧道岔的线路所通过信号机，其机构外形和显示方式应与进站信号机相同，引导灯光应予封闭。该信号机显示红色灯光时，不准列车越过。

## 五、容许信号

### 1. 容许信号的设置

在自动闭塞区段内，当货物列车在设于上坡道上的通过信号机前停车后起动困难时，在该信号机上应装设容许信号。在进站信号机前方第一架通过信号机上，不得装设容许信号。

### 2. 容许信号的显示方式

容许信号显示一个蓝色灯光——准许列车在通过色灯信号机显示红色灯光的情况下不停车，以不超过 20 km/h 的速度通过，运行到次一架通过信号机，并随时准备停车，如图 3.40 所示。

图 3.40　容许信号显示

## 六、遮断色灯信号机

### 1. 遮断色灯信号机的作用

在发生危及列车行车安全的情况下，遮断信号机能及时向列车发出停车信号，使列车在危险地点前停车。

### 2. 遮断色灯信号机的设置

有人看守道口设遮断信号机；在有人看守的桥隧建（构）筑物及可能危及行车安全的坍方落石地点，根据需要设遮断信号机。该信号机距防护地点不得小于 50 m。

### 3. 遮断色灯信号机的显示方式

遮断色灯信号机显示一个红色灯光——不准列车越过该信号机；不点灯时，不起信号作用。如图 3.41 所示。

遮断及其预告信号机采用方形背板，并在机柱上涂有黑白相间的斜线，以区别于一般信号机（见图 3.41、图 3.42）。

图 3.41　遮断色灯信号机显示一个红色灯光　　图 3.42　遮断信号机的预告信号机显示一个黄色灯光

## 七、预告信号机

### 1. 预告信号机的作用

可以使列车司机提前了解进站信号机或线路所通过信号机、遮断信号机的开放或关闭状态，从而保证行车安全和提高行车效率，并改善乘务人员的劳动条件。

### 2. 预告信号机的设置

半自动闭塞、自动站间闭塞区段，进站信号机为色灯信号机时，设色灯预告信号机或接近信号机。

遮断信号机和半自动闭塞、自动站间闭塞区段线路所通过信号机，设预告信号机。

列车运行速度不超过 120 km/h 的区段，预告信号机与其主体信号机的安装距离不得小于 800 m，当预告信号机的显示距离不足 400 m 时，其安装距离不得小于 1 000 m。

### 3. 预告信号机的显示方式

遮断信号机的预告信号机显示一个黄色灯光——表示遮断信号机显示红色灯光；不点灯时，不起信号作用，如图 3.42 所示。

其他预告色灯信号机显示下列信号：

（1）一个绿色灯光——表示主体信号机在开放状态，如图 3.43（a）所示。

（2）一个黄色灯光——表示主体信号机在关闭状态，如图 3.43（b）所示。

遮断及其预告信号机采用方形背板，并在机柱上涂有黑白相间的斜线，以区别于一般信号机。

（a）一个绿色灯光 　　　　　　　　（b）一个黄色灯光

图 3.43　其他预告色灯信号机显示

## 八、接近色灯信号机

### 1. 接近色灯信号机的设置

列车运行速度超过 120 km/h 的区段，设置两段接近区段，在第一接近区段和第二接近区段的分界处设接近信号机，在第一接近区段入口内 100 m 处，设置机车信号接通标。

### 2. 接近色灯信号机的显示方式

接近色灯信号机显示下列信号：

（1）一个绿色灯光——表示进站信号机开放一个绿色灯光或一个绿色灯光和一个黄色灯光，如图 3.44 所示。

（2）一个绿色灯光和一个黄色灯光——表示进站信号机开放一个黄色灯光，如图 3.45 所示。

（3）一个黄色灯光——表示进站信号机在关闭状态，或表示进站信号机显示两个黄色灯光或一个黄色闪光和一个黄色灯光，如图 3.46 所示。

图 3.44　一个绿色灯光 　　　图 3.45　一个绿色灯光和一个黄色灯光 　　　图 3.46　一个黄色灯光

## 九、调车信号机

### 1. 调车信号机的作用及设置

调车信号机设在电气集中联锁的车站调车线上适当地点，以显示的信号指示准许或禁止进行调车。

## 2. 调车信号机的显示方式

调车色灯信号机显示下列信号：

（1）一个月白色灯光——准许越过该信号机调车，如图 3.47 所示。

（2）一个月白色闪光灯光——装有平面溜放调车区集中联锁设备时，准许溜放调车，如图 3.48 所示。

（3）一个蓝色灯光——不准越过该信号机调车，如图 3.49 所示。

不办理闭塞的站内岔线，在岔线入口处设置的调车信号机，可用红色灯光代替蓝色灯光，如图 3.50（a）所示。

起阻挡列车运行作用的调车信号机，应采用矮型三显示机构，增加红色灯光或用红色灯光代替蓝色灯光，如图 3.50（b）、（c）所示。当该信号机的红色灯光熄灭、显示不明或显示不正确时，应视为列车的停车信号。

图 3.47　调车色灯信号机显示之一

图 3.48　调车色灯信号机显示之二

图 3.49　调车色灯信号机显示之三

（a）　　　　　（b）　　　　　（c）

图 3.50　调车色灯信号机显示之四

## 十、驼峰色灯信号机、驼峰色灯辅助信号机及其复示信号机

### 1. 驼峰色灯信号机、驼峰色灯辅助信号机及其复示信号机的设置

驼峰应装设驼峰色灯信号机。驼峰色灯信号机可装设驼峰色灯辅助信号机。驼峰色灯信号机或辅助信号机的显示距离不能满足推峰作业要求时，根据需要可再装设驼峰色灯复示信号机。

驼峰色灯辅助信号机，可兼做出站或发车进路信号机，并根据需要装设进路表示器。

### 2. 驼峰色灯信号机及其复示信号机的显示方式

驼峰色灯信号机及其复示信号机显示下列信号：

（1）一个绿色灯光——准许机车车辆按规定速度向驼峰推进。驼峰色灯信号机如图 3.51 所示。

（2）一个绿色闪光灯光——指示机车车辆加速向驼峰推进。驼峰色灯信号机如图 3.52 所示。

（3）一个黄色闪光灯光——指示机车车辆减速向驼峰推进。驼峰色灯信号机如图 3.53 所示。

（4）一个红色灯光——不准机车车辆越过该信号机或指示机车车辆停止作业。驼峰色灯信号机如图 3.54 所示。

（5）一个红色闪光灯光——指示机车车辆自驼峰退回。驼峰色灯信号机如图 3.55 所示。

（6）一个月白色灯光——指示机车到峰下。驼峰色灯信号机如图 3.56 所示。

（7）一个月白色闪光灯光——指示机车车辆去禁溜线或迂回线。驼峰色灯信号机如图 3.57 所示。

驼峰色灯信号机的复示信号机平时无显示，如图 3.58 所示；当办理驼峰推送进路后，其显示方式与驼峰色灯信号机相同。

图 3.51　驼峰色灯信号机显示之一 　　　图 3.52　驼峰色灯信号机显示之二 　　　图 3.53　驼峰色灯信号机显示之三

### 3. 驼峰色灯辅助信号机及其复示信号机的显示方式

一个黄色灯光——指示机车车辆向驼峰预先推送。驼峰色灯辅助信号机如图 3.59 所示。当办理驼峰推送进路后，其灯光显示均与驼峰色灯信号机显示相同。

驼峰色灯辅助信号机平时显示红色灯光，对列车起停车信号作用。

驼峰色灯辅助信号机的复示信号机平时无显示，如图 3.58 所示；当办理驼峰推送进路或驼峰预先推送进路后，其显示方式与驼峰色灯辅助信号机相同。

图 3.54　驼峰色灯信号机显示之四 　　　　　图 3.55　驼峰色灯信号机显示之五

图 3.56　驼峰色灯信号机显示之六 　　　　　图 3.57　驼峰色灯信号机显示之七

图 3.58　驼峰色灯信号机的复示信号机无显示情况 　　　图 3.59　驼峰色灯辅助信号机显示

## 十一、色灯复示信号机

### 1. 色灯复示信号机的设置

进站、出站、进路信号机及线路所通过信号机，因受地形、地物影响，达不到规定的显示距离时，应设复示信号机。

设在车站岔线入口处的调车色灯信号机，达不到规定的显示距离时，根据需要可设调车复示信号机。

2. 色灯复示信号机的显示方式

色灯复示信号机的显示方式分下列几种：

（1）进站、接车进路、接发车进路信号机的色灯复示信号机采用灯列式机构，显示下列信号：

① 两个月白色灯光与水平线构成 60°角显示——表示主体信号机显示经道岔直向位置向正线接车的信号，如图 3.60 所示。

② 两个月白色灯光水平位置显示——表示主体信号机显示经道岔侧向位置接车的信号，如图 3.61 所示。

③ 无显示——表示主体信号机在关闭状态，如图 3.62 所示。

图 3.60　色灯复示信号机显示之一

图 3.61　色灯复示信号机显示之二

图 3.62　色灯复示信号机无显示

（2）出站及发车进路信号机的色灯复示信号机显示下列信号：

① 一个绿色灯光——表示主体信号机在开放状态，如图 3.63 所示。

② 无显示——表示主体信号机在关闭状态。

（3）调车色灯复示信号机显示下列信号：

① 一个月白色灯光——表示调车信号机在开放状态，如图 3.64 所示。

② 无显示——表示调车信号机在关闭状态。

图 3.63　色灯复示信号机显示之三

图 3.64　色灯复示信号机显示之四

进站、出站、进路、驼峰及调车色灯复示信号机均采用方形背板，以区别于一般信号机。

## 十二、臂板信号机

### 1. 进站臂板信号机的显示方式

（1）昼间红色主臂板及黄色通过臂板下斜 45°角，红色辅助臂板与机柱重叠；夜间两个绿色灯光——准许列车按规定速度经正线通过车站，表示出站信号机在开放状态，进路上的道岔均开通直向位置，如图 3.65 所示。

（2）昼间红色主臂板下斜 45°角，黄色通过臂板在水平位置，红色辅助臂板与机柱重叠；夜间一个绿色灯光和一个黄色灯光——准许列车经道岔直向位置，进入站内正线准备停车，如图 3.66 所示。

图 3.65　进站臂板信号机显示之一 　　　图 3.66　进站臂板信号机显示之二

（3）昼间红色主臂板及辅助臂板下斜 45°角，黄色通过臂板在水平位置；夜间一个绿色灯光和两个黄色灯光——准许列车经道岔侧向位置，进入站内准备停车，如图 3.67 所示。

（4）昼间红色主臂板及黄色通过臂板均在水平位置，红色辅助臂板与机柱重叠；夜间一个红色灯光和一个黄色灯光——不准列车越过该信号机，如图 3.68 所示。

图 3.67　进站臂板信号机显示之三 　　　图 3.68　进站臂板信号机显示之四

### 2. 出站臂板信号机的显示方式

（1）昼间红色臂板下斜 45°角，夜间一个绿色灯光——准许列车由车站出发，如图 3.69 所示。

（2）昼间红色臂板在水平位置，夜间一个红色灯光——不准列车越过该信号机，如图 3.70 所示。

图 3.69　出站臂板信号机显示之一　　　　图 3.70　出站臂板信号机显示之二

（3）昼间红色主臂板及辅助臂板下斜 45° 角，夜间一个绿色灯光和一个黄色灯光——准许列车由车站出发，开往次要线路，如图 3.71 所示。

图 3.71　出站臂板信号机显示之三

### 3. 通过臂板信号机的显示方式

（1）昼间红色臂板下斜 45° 角，夜间一个绿色灯光——准许列车按规定速度运行，显示方式如图 3.69 所示。

（2）昼间红色臂板在水平位置，夜间一个红色灯光——不准列车越过该信号机，显示方式如图 3.70 所示。

有分歧线路的线路所通过臂板信号机，应按进站臂板信号机装设。

### 4. 预告臂板信号机的显示方式

（1）昼间黄色臂板下斜 45° 角，夜间一个绿色灯光——表示主体信号机在开放状态，如图 3.72 所示。

（2）昼间黄色臂板在水平位置，夜间一个黄色灯光——表示主体信号机在关闭状态，如图 3.73 所示。

图 3.72　预告臂板信号机显示之一  　　　　图 3.73　预告臂板信号机显示之二

**5. 电动臂板复示信号机的显示方式**

（1）昼间黄色臂板下斜 45° 角，夜间一个绿色灯光——表示主体臂板信号机在开放状态，如图 3.74 所示。

（2）昼间黄色臂板与机柱重叠，夜间无灯光——表示主体臂板信号机在关闭状态，如图 3.75 所示。

图 3.74　主体臂板信号机在开放状态 　　　　图 3.75　主体臂板信号机在关闭状态

## 任务三　解析机车信号

电力机车司机室内的机车信号机及其附属设备统称为机车信号。机车上机车信号机的显示，应与线路上列车接近地面的显示相符，从而为机车乘务人员操纵列车提供可靠的运行条件，确保行车安全，提高运输效率。但是机车停车位置，应以地面信号机为依据。

机车信号机显示下列信号：

### 一、三显示自动闭塞区段的连续式机车信号机

（1）一个绿色灯光——准许列车按规定速度运行，表示列车接近的地面信号机显示绿色灯光，如图 3.76 所示。

（2）一个半绿半黄色灯光——准许列车按规定速度注意运行，表示列车接近的地面信号机显示一个绿色灯光和一个黄色灯光，如图 3.77 所示。

（3）一个带"2"字的黄色闪光——要求列车注意运行，表示列车接近的地面信号机显示一个黄色灯光，并预告次一架地面信号机开放经 18 号及以上道岔侧向位置的进路，且列车运行前方第三架信号机开通直向进路或开放经 18 号及以上道岔侧向位置的进路，如图 3.78 所示。

图 3.76　三显示机车信号机显示之一 　　图 3.77　三显示机车信号机显示之二

（4）一个带"2"字的黄色灯光——要求列车注意运行，表示列车接近的地面信号机显示一个黄色灯光，并预告次一架地面信号机开放经道岔侧向位置的进路［但不满足上述第（3）项条件］，如图 3.79 所示。

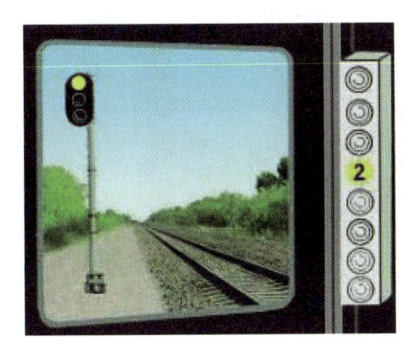

图 3.78　三显示机车信号机显示之三 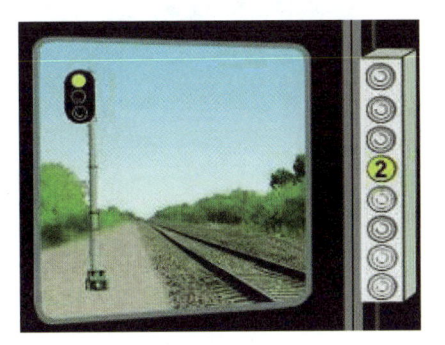　　图 3.79　三显示机车信号机显示之四

（5）一个黄色灯光——要求列车注意运行，表示列车接近的地面信号机显示一个黄色灯光，并预告次一架地面信号机处于关闭状态，如图 3.80 所示。

（6）一个双半黄色闪光——要求列车限速运行，表示列车接近的地面信号机开放经 18 号及以上道岔侧向位置的进路，且次一架信号机开通直向进路或开放经 18 号及以上道岔侧向位置的进路；或表示列车接近设有分歧道岔线路所的地面信号机开放经 18 号及以上道岔侧向位置的进路，显示一个黄色闪光和一个黄色灯光，如图 3.81 所示。

（7）一个双半黄色闪光——要求列车限速运行，表示列车接近的地面信号机开放经道岔侧向位置的进路［但不满足上述第（6）项条件］，显示两个黄色灯光或其他相应显示，如图 3.82 所示。

（8）一个半黄半红色闪光——表示列车接近的进站、接车进路或接发车进路信号机显示引导信号或通过信号机显示容许信号，如图 3.83 所示。

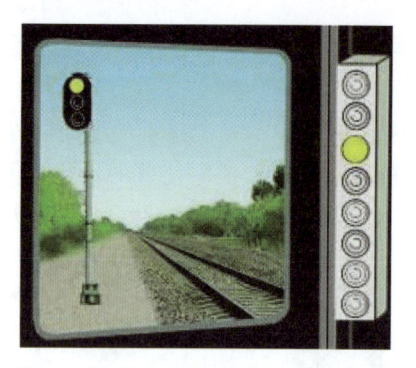

图 3.80　三显示机车信号机显示之五 　　　图 3.81　三显示机车信号机显示之六

图 3.82　三显示机车信号机显示之七

图 3.83　三显示机车信号机显示之八

（9）一个半黄半红色灯光——要求及时采取停车措施，表示列车接近的地面信号机显示红色灯光，如图 3.84 所示。

（10）一个红色灯光——表示列车已越过地面上显示红色灯光的信号机，如图 3.85 所示。

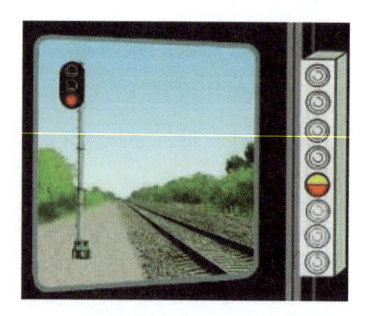

图 3.84　三显示机车信号机显示之九 　　　图 3.85　三显示机车信号机显示之十

（11）一个白色灯光——不复示地面上的信号显示，机车乘务人员应按地面信号机的显

示运行，如图 3.86 所示。

无显示时，表示机车信号机在停止工作状态。

## 二、四显示自动闭塞区段连续式机车信号机

（1）一个绿色灯光——准许列车按规定速度运行，表示列车接近的地面信号机显示绿色灯光，如图 3.87 所示。

（2）一个半绿半黄色灯光——准许列车按规定速度注意运行，表示列车接近的地面信号机显示一个绿色灯光和一个黄色灯光，如图 3.88 所示。

图 3.86　三显示机车信号机显示之十一

图 3.87　四显示机车信号机显示之一 　　图 3.88　四显示机车信号机显示之二

（3）一个带"2"字的黄色闪光——要求列车减速到规定的速度等级越过接近的显示一个黄色灯光的地面信号机，并预告次一架地面信号机开放经 18 号及以上道岔侧向位置的进路，且列车运行前方第三架信号机开通直向进路或开放经 18 号及以上道岔侧向位置的进路，如图 3.89 所示。

（4）一个带"2"字的黄色灯光——要求列车减速到规定的速度等级越过接近的显示一个黄色灯光的地面信号机，并预告次一架地面信号机开放经道岔侧向位置的进路［但不满足上述第（3）项条件］，如图 3.90 所示。

图 3.89　四显示机车信号机显示之三 　　图 3.90　四显示机车信号机显示之四

（5）一个黄色灯光——要求列车减速到规定的速度等级越过接近的显示一个黄色灯光的地面信号机，并预告次一架地面信号机处于关闭状态，如图 3.91 所示。

（6）一个双半黄色闪光——要求列车限速运行，表示列车接近的地面信号机开放经 18 号及以上道岔侧向位置的进路，且次一架信号机开通直向进路或开放经 18 号及以上道岔侧向位置的进路；或表示列车接近设有分歧道岔线路所的地面信号机开放经 18 号及以上道岔侧向位置的进路，显示一个黄色闪光和一个黄色灯光，如图 3.92 所示。

图 3.91　四显示机车信号机显示之五 　　　图 3.92　四显示机车信号机显示之六

（7）一个双半黄色灯光——要求列车限速运行，表示列车接近的地面信号机开放经道岔侧向位置的进路［但不满足上述第（6）项条件］，显示两个黄色灯光或其他相应显示，如图 3.93 所示。

（8）一个半黄半红色闪光——表示列车接近的进站、接车进路或接发车进路信号机显示引导信号或通过信号机显示容许信号，如图 3.94 所示。

（9）一个半黄半红色灯光——要求及时采取停车措施，表示列车接近的地面信号机显示红色灯光，如图 3.95 所示。

图 3.93　四显示机车信号机显示之七

（10）一个红色灯光——表示列车已越过地面上显示红色灯光的信号机，如图 3.96 所示。

（11）一个白色灯光——不复示地面上的信号显示，机车乘务人员应按地面信号机的显示运行，如图 3.97 所示。

无显示时，表示机车信号机在停止工作状态。

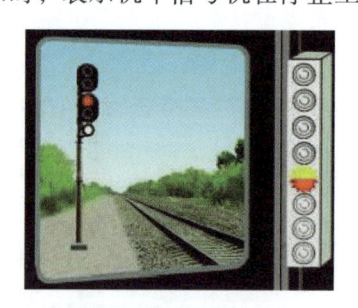

图 3.94　四显示机车信号机显示之八

图 3.95　四显示机车信号机显示之九 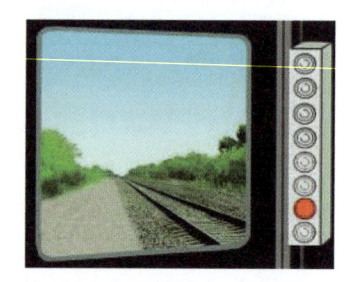　　　图 3.96　四显示机车信号机显示之十

接近连续式机车信号机的显示方式与连续式机车信号机相同。

LKJ 屏幕显示器的机车信号显示应与机车信号机的显示含义相同。

图 3.97　四显示机车信号机显示之十一

## 任务四　解析移动信号

### 一、移动信号

线路故障，站内或区间施工时，临时性禁止列车驶入或要求慢行的地段，应设置移动信号进行防护。移动信号根据需要临时设置或撤除。

#### 1. 停车信号

昼间——表面有反光材料的红色方牌；夜间——柱上红色灯光，如图 3.98 所示。

图 3.98　停车信号

#### 2. 减速信号

（1）表面有反光材料的黄底黑字圆牌，标明列车限制速度，如图 3.99 所示。

（2）施工及其限速区段，在减速信号牌外方增设的特殊减速信号牌为表面有反光材料的黄底黑"T"字圆牌，如图 3.100 所示。

图 3.99　列车限制速度　　　　图 3.100　特殊减速信号牌

### 3. 减速防护地段终端信号

（1）表面有反光材料的绿色圆牌，在单线区段，司机应看线路右侧减速信号牌背面的绿色圆牌，如图 3.101 所示。

（2）在有 1 万 t 或 2 万 t（含 1.5 万 t）货物列车运行的线路增设的 1 万 t、2 万 t（含 1.5 万 t）减速防护地段终端信号牌为表面有反光材料的绿底黑"W"字（1 万 t）或黑"L"字（1.5 万 t 和 2 万 t）圆牌，如图 3.102 所示。

图 3.101　表面有反光材料的绿色圆牌

图 3.102　表面有反光材料的绿底黑字

### 4. 在站内线路上检查、修理、整备车辆时的信号设置

在站内线路上检查、修理、整备车辆或进行装卸作业时，应在两端来车方向的左侧钢轨设置带有脱轨器的固定或移动信号牌（灯）进行防护，前后两端的防护距离均不小于 20 m，如图 3.103 所示；不足 20 m 时，应将道岔锁闭在不能通往该线的位置。

旅客列车在到发线上进行车辆技术作业时，用红色信号旗（灯）进行防护，可不设脱轨器。红色信号旗（灯）的设置：

（1）机车摘挂相关作业时，在机次一位客车非站台侧设置。

（2）技术检查作业时，在机次一位客车前端非站台侧和尾部客车后端站台侧设置。车辆乘务员单班单人值乘列车，在无客列检车站进行站折技术检查作业时，仅在来车端一位客车前端站台侧设置。

（3）处理车辆故障时，在故障车辆站台侧设置。

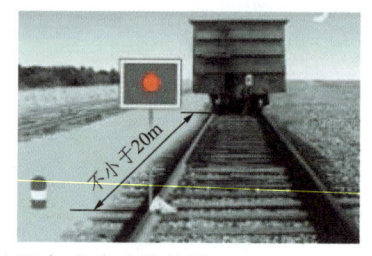

图 3.103　带有脱轨器的固定或移动信号牌

## 二、响墩及火炬信号

响墩及火炬信号，是用于线路（包括桥梁隧道）遇到灾害、发生故障或列车在区间内发

生事故以及其他原因被迫停车时，防止前方或后方开来的列车，发生列车脱轨或冲突而设置的临时紧急停车信号。

1. 显示要求

响墩爆炸声及火炬信号的火光，如图 3.104 和图 3.105 所示，均要求紧急停车。停车后如无防护人员，机车乘务人员应立即检查前方线路，如无异状，列车以在瞭望距离内能随时停车的速度继续运行，但最高不得超过 20 km/h。在自动闭塞区间，运行至前方第一架通过（进站）信号机前，如无异状，即可按该信号机显示的要求执行；在半自动或自动站间闭塞区间，经过 1 km 后，如无异状，可恢复正常速度运行。

2. 使用方法

1) 响　墩

3 个响墩为 1 组，在距防护对象（指停车列车，妨碍行车地点等）的规定距离处，顺来车方向的左侧钢轨上放置 1 个。然后，向远离防护对象方面间隔 20 m 在右侧钢轨上放置 1 个，再隔 20 m 在左侧钢轨上再放置 1 个。安放时应尽量避免放于道岔、钢轨接头处及无砟桥及隧道内，并应避免列车停车后停在桥梁上或隧道内。

凡使用响墩时，均应有手持停车手信号的防护人员看守。防护人员应站在距防护对象最近的一个响墩的内方 20 m 处，如图 3.104 所示。

2) 火　炬

（1）插式——使用时先将铁支架向下推出约 120 mm，然后撕开火炬帽，露出发火药头。再用擦火帽擦燃发火药头，出现红光后，顺风向与地面成 45° 角插在道心。

（2）投式——使用时先将铁帽拧下（不要解开铁翘紧口线），取擦光帽，擦燃出现红光后，轻轻放在道心，待其火焰烧断口线后，火炬则自行升起，如图 3.105 所示。

火炬没有安放距离要求，但要保证足够的瞭望距离。

图 3.104　响墩放置　　　　　　　　　图 3.105　火炬信号

## 三、无线调车灯显信号

调车作业应采用无线调车灯显设备，无线调车灯显制式（见图 3.106）的信号显示方式如下：

（1）一个红灯——停车信号。
（2）一个绿灯——推进信号。
（3）绿灯闪数次后熄灭——起动信号。

（4）绿、红灯交替后绿灯长亮——连结信号。
（5）绿、黄灯交替后绿灯长亮——溜放信号。
（6）黄灯闪后绿灯长亮——减速信号。
（7）黄灯长亮——十、五、三车距离信号。
① 十车距离信号（加辅助语音提示）；
② 五车距离信号（加辅助语音提示）；
③ 三车距离信号（加辅助语音提示）。
（8）两个红灯——紧急停车信号。
（9）先两个红灯后熄灭一个红灯——解锁信号。

图 3.106　无线调车灯显制式

## 任务五　解析手信号

手信号是铁路行车有关人员在作业中，进行指挥、联系等工作广泛采用的一种视觉信号，是指用手拿信号旗、信号灯或直接用手臂显示的信号。根据行车的需要，可以机动地指挥列车运行和调车作业，也可作为联系和传达行车有关事项的旗（灯）语。

手信号按用途可分为：指示列车运行条件的手信号、调车手信号、联系用的手信号、列车制动机试验手信号及指示电力机车司机临时升降弓的手信号 5 类。

在显示手信号时，必须严肃、认真，应做到"横平、竖直、灯正、圈圆"。

手信号显示指示列车运行条件的停车、减速、通过、引导信号，与固定信号机显示的相应信号具有同等的作用，行车有关人员必须认真按其显示执行。

凡昼间持有信号旗的人员，应将信号旗拢起，左手持红旗，右手持绿旗（扳道员右手持黄旗），不持信号旗的人员徒手按规定方式显示信号。

### 一、指示列车运行条件的手信号

列车运行时，有关人员应遵守下列手信号的显示：

1. 停车信号

停车信号：要求列车停车。

昼间——展开的红色信号旗；夜间——红色灯光，如图 3.107 所示。

图 3.107　停车信号之一

昼间无红色信号旗时，两臂高举头上向两侧急剧摇动；夜间无红色灯光时，用白色灯光上下急剧摇动，如图 3.108 所示。

图 3.108　停车信号之二

## 2. 减速信号

减速信号：要求列车降低到要求的速度。

昼间——展开的黄色信号旗；夜间——黄色灯光，如图 3.109 所示。

昼间无黄色信号旗时，用绿色信号旗下压数次；夜间无黄色灯光时，用白色或绿色灯光下压数次，如图 3.110 所示。

图 3.109　减速信号之一　　　　图 3.110　减速信号之二

## 3. 发车信号

发车信号：要求司机发车。

昼间——展开的绿色信号旗上弧线向列车方面作圆形转动；夜间——绿色灯光上弧线向列车方面作圆形转动，如图 3.111 所示。

图 3.111　发车信号

在设有发车表示器的车站，按发车表示器显示发车。

### 4. 通过手信号

通过手信号：准许列车由车站（场）通过。

昼间——展开的绿色信号旗；夜间——绿色灯光，如图 3.112 所示。

图 3.112　发车信号

### 5. 引导手信号

引导手信号：准许列车进入车场或车站。

昼间——展开的黄色信号旗高举头上左右摇动；夜间——黄色灯光高举头上左右摇动，如图 3.113 所示。

图 3.113　引导手信号

### 6. 特定引导手信号

特定引导手信号：昼间为展开绿色信号旗高举头上左右摇动，夜间为绿色灯光高举头上左右摇动，如图 3.114 所示。

图 3.114　特定引导手信号

## 二、调车手信号

调车手信号仅在调车工作中指挥调车机车活动使用。调车指挥人通过调车手信号的不同显示，控制调车机车的运行方向、起车、停车及加速、减速等。为保证调车作业的安全，调车指挥人应正确及时地显示手信号，调车机车司机应正确及时地执行手信号的要求。做到有机配合，协同动作。

调车手信号的显示方式如下：

1. 停车信号

停车信号显示方式与上节列车停车信号中一样（参见图 3.107）。

2. 减速信号

昼间——展开的绿色信号旗下压数次；夜间——绿色灯光下压数次（显示方式参见图 3.110）。

3. 指挥机车向显示人方向来的信号

昼间——展开的绿色信号旗在下部左右摇动；夜间——绿色灯光在下部左右摇动，如图 3.115 所示。

图 3.115　指挥机车向显示人方向来的信号

4. 指挥机车向显示人方向稍行移动的信号

昼间——拢起的红色信号旗直立平举，再用展开的绿色信号旗左右小动；夜间——绿色灯光下压数次后，再左右小动，如图 3.116 所示。

图 3.116　指挥机车向显示人方向稍行移动的信号

### 5. 指挥机车向显示人反方向去的信号

昼间——展开的绿色信号旗上下摇动；夜间——绿色灯光上下摇动。如图 3.117 所示。

图 3.117　指挥机车向显示人反方向去的信号

### 6. 指挥机车向显示人反方向稍行移动的信号

昼间——拢起的红色信号旗直立平举，再用展开的绿色信号旗上下小动；夜间——绿色灯光上下小动。如图 3.118 所示。

图 3.118　指挥机车向显示人反方向稍行移动的信号

对显示以上第 2、3、4、5、6 款中转信号时，昼间可用单臂，夜间可用白色灯光依式中转。

## 三、联系用的手信号

为了解决办理列车运行和调车工作中，行车有关人员不能用口头或通信设备彼此联系的事项，所以规定了联系用手信号。联系用手信号种类多，使用面广，作为一种传递信息的手段，在铁路行车作业中发挥着重要的作用。行车有关人员必须熟练地掌握每个联系用手信号的作用、显示方式和要求，及时准确地运用它，以达到沟通意图、协调行动、保证安全的目的。

联系用手信号的显示方式如下：

### 1. 道岔开通信号

道岔开通信号：表示进路道岔准备妥当。

昼间——拢起的黄色信号旗高举头上左右摇动；夜间——白色灯光高举头上，如图 3.119 所示。

机车出入段进路道岔准备妥当后，显示如下道岔开通信号：

昼间——展开的黄色信号旗高举头上左右摇动；夜间——黄色灯光高举头上左右摇动，如图 3.120 所示。

图 3.119　道岔开通信号之一

图 3.120　道岔开通信号之二

### 2. 股道号码信号

股道号码信号：表示要道或回示股道开通号码。

一道：昼间——两臂左右平伸；夜间——白色灯光左右摇动。如图 3.121 所示。

二道：昼间——右臂向上直伸，左臂下垂；夜间——白色灯光左右摇动后，从左下方向右上方高举。如图 3.122 所示。

三道：昼间——两臂向上直伸；夜间——白色灯光上下摇动。如图 3.123 所示。

四道：昼间——右臂向右上方，左臂向左下方各斜伸 45°角；夜间——白色灯光高举头上左右小动。如图 3.124 所示。

五道：昼间——两臂交叉于头上；夜间——白色灯光作圆形转动。如图 3.125 所示。

六道：昼间——左臂向左下方，右臂向右下方各斜伸 45°角；夜间——白色灯光作圆形转动后，再左右摇动。如图 3.126 所示。

七道：昼间——右臂向上直伸，左臂向左平伸；夜间——白色灯光作圆形转动后，左右摇动，然后再从左下方向右上方高举。如图 3.127 所示。

八道：昼间——右臂向右平伸，左臂下垂；夜间——白色灯光作圆形转动后，再上下摇动。如图 3.128 所示。

九道：昼间——右臂向右平伸，左臂向右下斜 45°角；夜间——白色灯光作圆形转动后，再高举头上左右小动。如图 3.129 所示。

十道：昼间——左臂向左上方，右臂向右上方各斜伸 45°角；夜间——白色灯光左右摇动后，再上下摇动作成十字形。如图 3.130 所示。

十一至十九道，须先显示十道股道号码，再显示所要股道号码的个位数信号。

二十道及其以上的股道号码，各站根据需要自行规定，并纳入《车站行车工作细则》（以下简称《站细》）。

图 3.121　一道手信号　　　　　　　　图 3.122　二道手信号

图 3.123　三道手信号　　　　　　　　图 3.124　四道手信号

图 3.125　五道手信号　　　　　　　　图 3.126　六道手信号

图 3.127　七道手信号　　　　　　　　图 3.128　八道手信号

图 3.129　九道手信号　　　　　　　　图 3.130　十道手信号

### 3. 连结信号

连结信号：表示连挂作业。

昼间——两臂高举头上，使拢起的手信号旗杆成水平末端相接；夜间——红、绿色灯光（无绿色灯光的人员，用白色灯光）交互显示数次。如图 3.131 所示。

图 3.131　连结信号

### 4. 溜放信号

溜放信号：表示溜放作业。

昼间——拢起的手信号旗两臂高举头上交叉后，急向左右摇动数次；夜间——红色灯光作圆形转动。如图 3.132 所示。

图 3.132　溜放信号

5. 停留车位置信号

停留车位置信号：表示车辆停留地点。

夜间——白色灯光左右小摇动，如图 3.133 所示。

6. 十、五、三车距离信号

十、五、三车距离信号：表示推进车辆的前端距被连挂车辆的距离。

图 3.133　停留车位置信号

昼间——展开的绿色信号旗单臂平伸，夜间——绿色灯光，在距离停留车十车（约 110 m）时连续下压 3 次，五车（约 55 m）时连续下压 2 次，三车（约 33 m）时下压 1 次，如图 3.134 所示。

图 3.134　十、五、三车距离信号

7. 取消信号

取消信号：通知将前发信号取消。

昼间——拢起的手信号旗，两臂于前下方交叉后，急向左右摇动数次；夜间——红色灯光作圆形转动后，上下摇动。如图 3.135 所示。

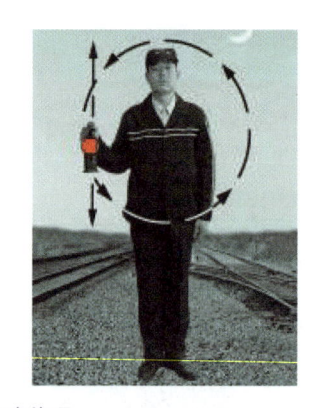

图 3.135　取消信号

8. 要求再度显示信号

要求再度显示信号：前发信号不明，要求重新显示。

昼间——拢起的手信号旗右臂向右方上下摇动；夜间——红色灯光上下摇动。如图 3.136 所示。

图 3.136　要求再度显示信号

9. 告知显示错误的信号

告知显示错误的信号：告知对方信号显示错误。

昼间——拢起的手信号旗两臂左右平伸同时上下摇动数次；夜间——红色灯光左右摇动。如图 3.137 所示。

图 3.137　告知显示错误的信号

在显示手信号时，凡昼间持有手信号旗的人员，应将信号旗拢起，左手持红旗，右手持绿旗（扳道员右手持黄旗），不持信号旗的人员徒手按各条规定方式显示信号。

## 四、试验列车自动制动机的手信号

为了保证列车制动机的作用良好，于列车到达后或始发前，必须按规定的制动机性能试验项目和要求，进行列车制动机试验。因检车人员不配备子信号旗和信号灯，所以规定昼间使用检查锤，夜间使用白色灯光，作为制动机试验时的手信号显示。

车站值班员或运转车长昼间显示上述手信号时，可使用拢起的手信号旗代替。司机应注意瞭望试风信号，并按规定鸣笛回示。

试验列车自动制动机的手信号显示方式如下：

1. 制动信号

昼间——用检查锤高举头上；夜间——白色灯光高举。如图 3.138 所示。

图 3.138　试验列车自动制动机的制动信号

## 2. 缓解信号

昼间——用检查锤在下部左右摇动；夜间——白色灯光在下部左右摇动。如图 3.139 所示。

图 3.139　试验列车自动制动机的缓解信号

## 3. 试验结束信号

昼间——用检查锤作圆形转动；夜间——白色灯光作圆形转动。如图 3.140 所示。

车站人员显示上述信号时，昼间可用拢起的信号旗代替。司机应注意瞭望试验信号，并按规定回答。

如列车制动主管未达到规定压力，试验人员要求司机继续充风时，按照缓解的信号同样显示。

图 3.140　试验结束信号

### 五、指示电力机车司机临时升降弓的手信号

发现接触网故障,需要机车临时降弓通过时,发现的人员应在规定地点显示下列手信号:

(1)降弓手信号。昼间——左臂垂直高举,右臂前伸并左右水平重复摇动;夜间——白色灯光上下左右重复摇动,如图 3.141 所示。

图 3.141　降弓手信号

(2)升弓手信号。昼间——左臂垂直高举,右臂前伸并上下重复摇动;夜间——白色灯光作圆形转动,如图 3.142 所示。

图 3.142　升弓手信号

## 任务六　解析信号表示器及信号标志

### 一、信号表示器

信号表示器与信号机不同,信号机是用来防护进路、防护区间、防护危险地点的,信号表示器则没有防护意义,仅用来表示行车人员的意图、行车设备的位置和状态及信号机显示的附加意义等,通过它的表示对列车运行或调车工作发出指示。

1. 道岔表示器

道岔表示器的显示方式如下：

（1）昼间无显示；夜间为紫色灯光——表示道岔位置开通直向。如图3.143所示。

图3.143　道岔表示器之一

（2）昼间为中央画有一条鱼尾形黑线的黄色鱼尾形牌；夜间为黄色灯光——表示道岔位置开通侧向。如图3.144所示。

图3.144　道岔表示器之二

（3）在调车区为集中联锁时，进行连续溜放作业的分歧道岔应有道岔表示器，平时无显示，当进行溜放作业时，其显示方式如下：

① 紫色灯光——表示道岔开通直向，如图3.145（a）所示；
② 黄色灯光——表示道岔开通侧向，如图3.145（b）所示。

（a）　　　　　　　　　　　（b）

图3.145　道岔表示器之三

2. 脱轨表示器

脱轨表示器的显示方式如下：

（1）带白边的红色长方牌及红色灯光——表示线路在遮断状态，如图 3.146 所示。
（2）带白边的绿色圆牌及月白色灯光——表示线路在开通状态，如图 3.147 所示。

图 3.146　线路在遮断状态　　　　　图 3.147　线路在开通状态

3. 进路表示器

进路表示器在其主体信号机开放时点亮，用于区别进路开通方向或双线区段反方向发车，不能独立构成信号显示。

（1）两个发车方向，当信号机在开放的条件下，分别按左、右两个白色灯光，区别进路开通方向，如图 3.148 所示。

图 3.148　两个发车方向进路表示器

（2）3 个发车方向，其显示方式如下：

① 信号机在开放状态及表示器左方显示一个白色灯光——表示进路开通，准许列车向左侧线路发车，如图 3.149 所示。

② 信号机在开放状态及表示器中间显示一个白色灯光——表示进路开通，准许列车向中间线路发车，如图 3.150 所示。

③ 信号机在开放状态及表示器右方显示一个白色灯光——表示进路开通，准许列车向右侧线路发车，如图 3.151 所示。

（3）4 个及其以上发车方向，进路表示器按灯光排列表示。

4 个发车方向（A、B、C、D 方向）显示方式如下：

① 信号机在开放状态及表示器左方横向显示两个白色灯光——表示进路开通，准许列车向左侧 A 方向线路发车，如图 3.152 所示。

② 信号机在开放状态及表示器左方斜向显示两个白色灯光——表示进路开通，准许列车向左侧 B 方向线路发车，如图 3.153 所示。

③ 信号机在开放状态及表示器右方斜向显示两个白色灯光——表示进路开通，准许列车向右侧 C 方向线路发车，如图 3.154 所示。

图 3.149　向左侧线路发车　　图 3.150　向中间线路发车　　图 3.151　向右侧线路发车

图 3.152　进路表示器之一　　图 3.153　进路表示器之二　　图 3.154　进路表示器之三

④ 信号机在开放状态及表示器右方横向显示两个白色灯光——表示进路开通，准许列车向右侧 D 方向线路发车，如图 3.155 所示。

（4）5 个发车方向（A、B、C、D、E 方向）显示方式如下：

① 同 4 个发车方向的第 ① 项——表示进路开通，准许列车向左侧 A 方向线路发车，如图 3.152 所示。

② 同 4 个发车方向的第 ② 项——表示进路开通，准许列车向左侧 B 方向线路发车，如图 3.153 所示。

③ 信号机在开放状态及表示器中间竖向显示两个白色灯光——表示进路开通，准许列车向中间 C 方向线路发车，如图 3.156 所示。

图 3.155　进路表示器之四　　图 3.156　进路表示器之五

④ 同4个发车方向的第③项——表示进路开通，准许列车向右侧D方向线路发车，如图3.154所示。

⑤ 同4个发车方向的第④项——表示进路开通，准许列车向右侧E方向线路发车，如图3.155所示。

（5）6个发车方向（A、B、C、D、E、F方向）显示方式如下：

① 信号机在开放状态及表示器左方竖向显示两个白色灯光——表示进路开通，准许列车向左侧A方向线路发车，如图3.157所示。

② 信号机在开放状态及表示器左方横向显示两个白色灯光——表示进路开通，准许列车向左侧B方向线路发车，如图3.158所示。

③ 信号机在开放状态及表示器左方斜向显示两个白色灯光——表示进路开通，准许列车向左侧C方向线路发车，如图3.159所示。

图3.157　进路表示器之六　　　图3.158　进路表示器之七　　　图3.159　进路表示器之八

④ 信号机在开放状态及表示器右方斜向显示两个白色灯光——表示进路开通，准许列车向右侧D方向线路发车，如图3.160所示。

⑤ 信号机在开放状态及表示器右方横向显示两个白色灯光——表示进路开通，准许列车向右侧E方向线路发车，如图3.161所示。

图3.160　进路表示器之九　　　图3.161　进路表示器之十

⑥ 信号机在开放状态及表示器右方竖向显示两个白色灯光——表示进路开通，准许列车向右侧F方向线路发车，如图3.162所示。

（6）7个发车方向（A、B、C、D、E、F、G方向）显示方式如下：

① 同6个发车方向的第①项——表示进路开通，准许列车向左侧A方向线路发车，如图3.157所示。

② 同6个发车方向的第②项——表示进路开通，准许列车向左侧B方向线路发车，如图3.158所示。

③ 同6个发车方向的第③项——表示进路开通，准许列车向左侧C方向线路发车，如图3.159所示。

④ 信号机在开放状态及表示器中间竖向显示两个白色灯光——表示进路开通，准许列车向中间D方向线路发车，如图3.163所示。

⑤ 同6个发车方向的第④项——表示进路开通，准许列车向右侧E方向线路发车，如图3.160所示。

⑥ 同6个发车方向的第⑤项——表示进路开通，准许列车向右侧F方向线路发车，如图3.161所示。

⑦ 同6个发车方向的第⑥项——表示进路开通，准许列车向右侧G方向线路发车，如图3.162所示。

图3.162　进路表示器之十一 　　　图3.163　进路表示器之十二

（7）在双线区段仅用于区分反方向发车时，其显示方式如下：

① 信号机在开放状态且表示器不点亮——准许列车正方向发车，如图3.164所示。

② 信号机在开放状态且表示器显示一个白色灯光——准许列车反方向发车，如图3.165所示。

图3.164　准许列车正方向发车 　　　图3.165　准许列车反方向发车

4. 发车线路表示器

发车线路表示器在线群出站信号机开放后显示一个白色灯光——准许该线路上的列车发车，如图 3.166 所示。

不许发车的线路，所属该线路的发车线路表示器不能点亮。

发车线路表示器可用于驼峰调车场，作为调车线路表示器，显示一个白色灯光——准许调车。

5. 发车表示器

发车表示器常态不显示；显示一个白色灯光——表示车站人员准许发车，如图 3.167 所示。

图 3.166　发车线路表示器　　　　图 3.167　发车表示器

6. 调车表示器

调车表示器的显示方式如下：

（1）向调车区方向显示一个白色灯光——准许机车车辆自调车区向牵出线运行，如图 3.168 所示。

（2）向牵出线方向显示一个白色灯光——准许机车车辆自牵出线向调车区运行，如图 3.169 所示。

（3）向牵出线方向显示两个白色灯光——准许机车车辆自牵出线向调车区溜放，如图 3.170 所示。

图 3.168　调车表示器之一　　　图 3.169　调车表示器之二　　　图 3.170　调车表示器之三

### 7. 车挡表示器

车挡表示器设置在线路终端的车挡上，昼间一个红色方牌；夜间显示一个红色灯光。如图 3.171 所示。

安全线及避难线可不设置车挡表示器。

图 3.171　车挡表示器

## 二、线路标志及信号标志

线路标志包括：公里标、半公里标、曲线标、圆曲线和缓和曲线的始终点标、桥梁标、隧道（明洞）标、坡度标，以及铁路局、工务段、线路车间、线路工区和供电段的界标。

信号标志是指表示线路所在地点的情况和状态，指示行车人员依据各标志的要求，及时正确地进行作业的标志。如警冲标、司机鸣笛标、作业标、减速地点标、机车停车位置标、电气化区段的断电标、合电标、接触网终点标以及除雪机用的临时信号标志等。

信号标志包括：警冲标，站界标，预告标，引导员接车地点标，司机鸣笛标，电气化区段的电力机车禁停标，断电标、合电标，接触网终点标，准备降下受电弓标、降下受电弓标、升起受电弓标，作业标，减速地点标，补机终止推进标，机车停车位置标，四显示机车信号接通标，四显示机车信号断开标，轨道电路调谐区标志，级间转换标，通信模式转换标，以及除雪机用的临时信号标志等。

线路、信号标志应设在其内侧距线路中心不小于 3.1 m 处（警冲标除外）。

### 1. 线路标志

线路标志按计算公里方向设在线路左侧。双线区段须另设线路标志时，应设在列车运行方向左侧。

（1）公里标、半公里标，设在一条线路自起点计算每一整公里、半公里处，如图 3.172 所示。

图 3.172　公里标、半公里标

（2）曲线标，设在曲线中点处，标明曲线中心里程、半径大小、曲线和缓和曲线长度，如图 3.173 所示。

图 3.173　曲线标

（3）圆曲线和缓和曲线的始终点标，设在直缓、缓圆、圆缓、缓直各点处，标明所向方向为直线、圆曲线或缓和曲线，如图 3.174 所示。

图 3.174　圆曲线和缓和曲线的始终点标

（4）桥梁标，设在桥梁两端桥头处，标明桥梁编号、中心里程和长度，如图 3.175 所示。
（5）隧道（明洞）标，直接标注在隧道（明洞）两端洞门端墙上，标明隧道号或名称、中心里程和长度，如图 3.176 所示。

图 3.175　曲线标　　　　　　图 3.176　隧道（明洞）标

（6）坡度标，设在线路坡度的变坡点处，两侧各标明其所向方向的上、下坡度值及其长度，如图3.177所示。

图3.177 坡度标

（7）铁路局、工务段、线路车间、线路工区和供电段的界标，设在各该单位管辖地段的分界点处，两侧标明所向的单位名称，如图3.178所示。

## 2. 信号标志

信号标志设在列车运行方向左侧（警冲标除外）。双线区段的轨道电路调谐区标志设在线路外侧。

（1）警冲标。设在两会合线路线间距离为4 m的中间。线间距离不足4 m时，设在两线路中心线最大间距的起点处，如图3.179所示。在线路曲线部分所设道岔附近的警冲标与线路中心线间的距离应按限界的加宽增加。

图3.178 铁路局、工务段、线路车间、线路工区和供电段的界标

（2）站界标。设在双线区间列车运行方向左侧最外方顺向道岔（对向出站道岔的警冲标）外不少于50 m处，或邻线进站信号机相对处，如图3.180所示。

图3.179 警冲标　　图3.180 站界标

（3）预告标。设在进站信号机及线路所通过信号机外方900 m、1 000 m及1 100 m处，如图3.181所示，但在设有预告或接近信号机及自动闭塞的区段，均不设预告标。

在双线区间，退行的列车看不见邻线的预告标时，在距站界外1 100 m处特设一个预告标，如图3.182所示。

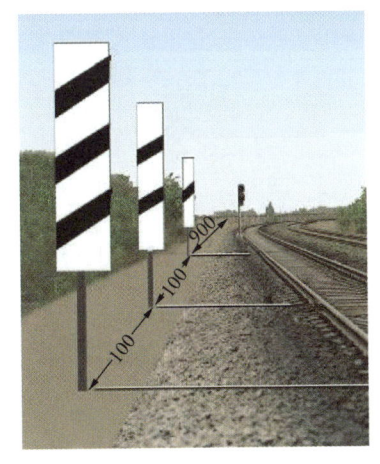

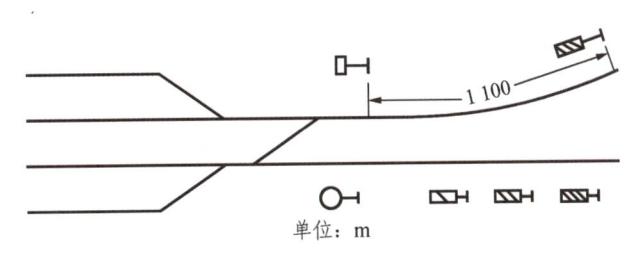

图 3.181　预告标　　　　　　　图 3.182　双线区间特设预告标的位置设置

（4）引导员接车地点标。列车在距站界 200 m 以外，不能看见引导人员在进站信号机或站界标处显示的手信号时，须在列车距站界 200 m 外能清晰地看见引导人员手信号的地点设置，如图 3.183 所示。

（5）司机鸣笛标。设在道口、大桥、隧道及视线不良地点的前方 500～1 000 m 处，如图 3.184 所示。在非限鸣区域，司机见此标志须长声鸣笛；在限鸣区域内，司机见此标志应开启灯显示警设备，除遇危及行车安全等情况外，限制鸣笛。

（6）电力机车禁停标。设在站场、区间接触网不同供电臂间的电分段两端，电力机车在该标志提示的禁停区域内不得停留，如图 3.185 所示。

图 3.183　引导员接车地点标　　　图 3.184　司机鸣笛标　　　图 3.185　电力机车禁停标

（7）在电气化区段接触网电分相前方，分别设断电标，如图 3.186（a）所示，禁止双弓标，如图 3.187 所示。对于最高运行速度大于 120 km/h 的旅客列车、特快货物班列及最高运行速度为 120 km/h 的货物列车、快速货物班列运行的线路，在断电标的前方增设特殊断电标，如图 3.186（b）所示。在接触网电分相后方设合电标，如图 3.188 所示，设置位置如图 3.189 所示。在双线电气化区段，在"合""断"电标背面，可分别加装"断""合"字标，作为反方向行车的"断""合"电标使用。

- 103 -

（a）　　　　　　　（b）

图 3.186　断电标、T 断电标　　　图 3.187　禁止双弓标　　　图 3.188　合电标

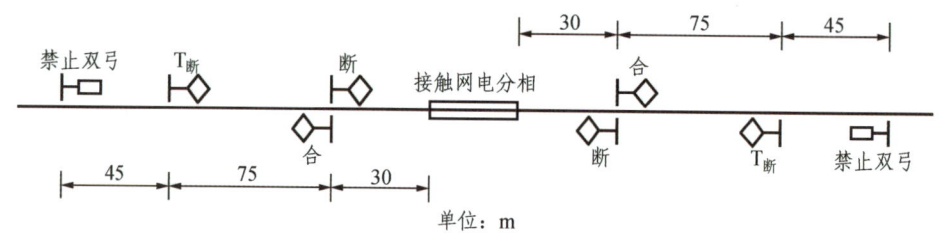

图 3.189　断电、T 断电、禁止双弓、合电等标志设置位置

（8）接触网终点标。设在接触网边界，如图 3.190 所示。

（9）在电气化线路接触网故障降弓地段前方，分别设准备降下受电弓标，如图 3.191 所示，降下受电弓标，如图 3.192（a）所示；对于最高运行速度大于 120 km/h 的旅客列车、特快货物班列及最高运行速度为 120 km/h 的货物列车、快速货物班列运行的线路，在降下受电弓标的前方增设特殊降弓标，如图 3.192（b）所示。在降弓地段后方，设升起受电弓标，如图 3.193 所示，设置位置如图 3.194 所示。

图 3.190　接触网终点标　　　　　　图 3.191　准备降下受电弓标

（10）作业标。设在施工线路及其邻线距施工地点两端 500~1 000 m 处，如图 3.195 所示。司机见此标志须长声鸣笛，注意瞭望。

（11）减速地点标。设在需要减速地点的两端各 20 m 处。正面表示列车应按规定限速通过地段的始点，背面表示列车应按规定限速通过地段的终点，如图 3.196 所示。

（a） （b）

图 3.192 降下受电弓标、T 降弓标    图 3.193 升起受电弓标

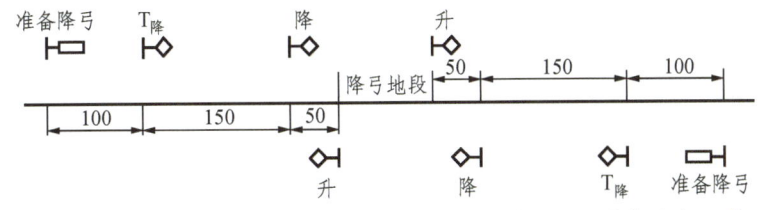

图 3.194 准备降受电弓、降受电弓、T 降弓、升受电弓等标志设置位置

图 3.195 作业标

（a）正面    （b）背面

图 3.196 减速地点标

（12）补机终止推进标，如图 3.197 所示；机车停车位置标，如图 3.198 所示。设置位置由铁路局规定。

图 3.197 补机终止推进标

（a）    （b）

图 3.198 机车停车位置标

（13）四显示机车信号接通标（机车信号接通标）。涂有白底色、黑竖线、黑框的反光菱形板及黑白相间的立柱标志，如图 3.199 所示。

（14）四显示机车信号断开标。涂有白底色、中间断开的黑横线、黑框的反光菱形板及黑白相间的立柱标志，如图 3.200 所示。

图 3.199　四显示机车信号接通标 　　图 3.200　四显示机车信号断开标

（15）轨道电路调谐区标志。

Ⅰ型为反方向区间停车位置标，涂有白底色、黑框、黑"停"字、斜红道，标明调谐区长度的反光菱形板标志，如图 3.201 所示。

Ⅱ型为反方向行车困难段的容许信号标，涂有黄底色、黑框、黑"停"字、斜红道，标明调谐区长度的反光菱形板标志，如图 3.202 所示。

Ⅲ型用于反方向运行合并轨道区段之间的调谐区或因轨道电路超过允许长度而设立分隔点的调谐区，为涂有蓝底色、白"停"字、斜红道，标明调谐区长度的反光菱形板标志，如图 3.203 所示。

以上 3 种调谐区标志均使用黑白相间的立柱。

图 3.201　调谐区标志之一 　　图 3.202　调谐区标志之二 　　图 3.203　调谐区标志之三

（16）级间转换标。在 CTCS-0/CTCS-2 级转换边界一定距离前方的级间转换应答器组对应的线路左侧设级间转换标志。该标志采用涂有白底色、黑框、写有黑"C0""C2"标记的反光菱形板及黑白相间的立柱，如图 3.204（a）、（b）所示。

（17）通信模式转换标。在始发站列车停车标内方或需要转换通信模式的相应地点设机车综合无线通信设备通信模式转换提示标志，标志牌顶边距轨面 2.5 m。该标志标面采用涂有白底色、黑框、写有黑"通信转换"字样的方形板，如图 3.205（a）、（b）所示。

（a） （b）

图 3.204　级间转换标

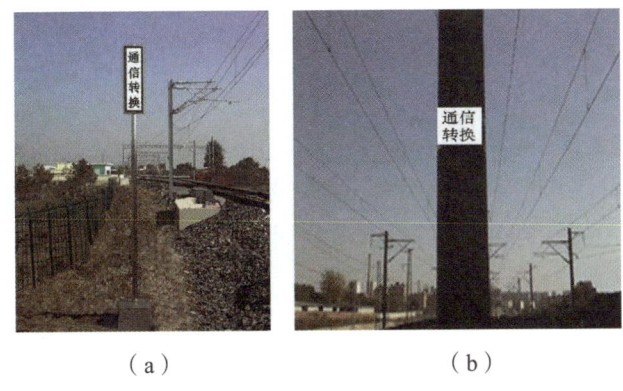

（a） （b）

图 3.205　通信模式转换标

通知操纵除雪机人员的临时信号标志如下：

（1）除雪机工作阻碍标——表示前面有道口、道岔、桥梁等建（构）筑物，妨碍除雪机在工作状态下通过。

（2）除雪机工作阻碍解除标——表示已通过阻碍地点。

上述标志的设置如图 3.206 所示。

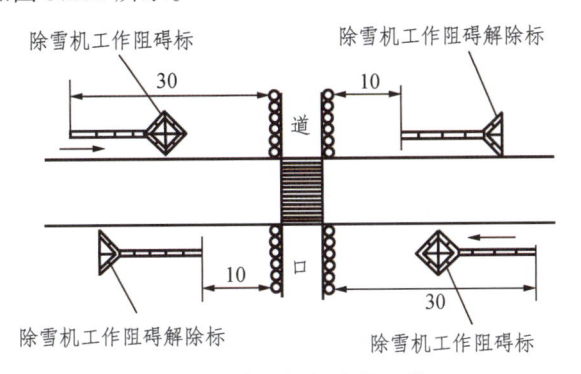

图 3.206　除雪机标志设置位置

## 三、线路安全保护标志

铁路线路安全保护区的范围按《铁路安全管理条例》的规定执行。线路安全保护区标桩分为 A 型［见图 3.207（a）］、B 型［见图 3.207（b）］两种。

A 型标桩为基本型，沿铁路线路安全保护区边界每 200 m 左右设置一个，特殊地段可增加或减少设置数量，人烟稀少地区可不设置。

B 型标桩为辅助型，适于在人员活动频繁地段的道口、桥隧两端、公路立交桥附近醒目地点、居民区附近和人身伤害事故多发地段的铁路线路安全保护区边界设置。

标桩在铁路线路两侧规定距离设置时，应与线路另一侧标桩相错埋设。

（a）A 型 　　　　　　　　（b）B 型

图 3.207　线路安全保护区标桩

在下列地点应设置警示、保护标志：

（1）在未全封闭的铁路桥梁、隧道两端的线路两侧，设严禁通过标，如图 3.208（a）所示。

（2）在铁路桥梁跨越河道上下游规定的地点，设严禁采砂标，如图 3.208（b）所示。

（3）在铁路信号、通信光（电）缆埋设地点，设电缆标，如图 3.208（c）所示。

（4）在电气化铁路接触网、自动闭塞供电线路和电力贯通线路等电力设施附近易发生危险的地方，设严禁进入标，如图 3.208（d）所示。

（a）严禁通过标 　　　　　　　　（b）严禁采砂标

（c）电缆标 　　　　　　　　（d）严禁进入标

图 3.208　警示、保护标志

在铁路线路允许行人、自行车通过，禁止机动车通过的人行过道应设置人行过道路障桩，如图 3.209 所示。

图 3.209 人行过道路障桩

## 四、列车标志

列车应根据其种类及运行的线路和方向，在头部和尾部分别显示不同的列车标志。列车头部标志主要区别列车机车正向、逆向、推进运行的不同方式和在单线、双线上运行的方向。列车尾部标志，除起防护列车的作用外，是使行车人员了解列车的完整和列车尾部的位置。

列车标志的显示方式，昼间与夜间相同，但昼间不点灯，其显示方式如下：

（1）列车在双线区段正方向及单线区段运行时，机车前端一个头灯及中部右侧显示一个白色灯光，如图 3.210 所示。列车尾部两个侧灯，向后显示红色灯光，向前显示白色灯光；挂有货物列车列尾装置时，为列尾装置向后显示红白相间的反射标志和一个红色闪光灯光，如图 3.211 所示。

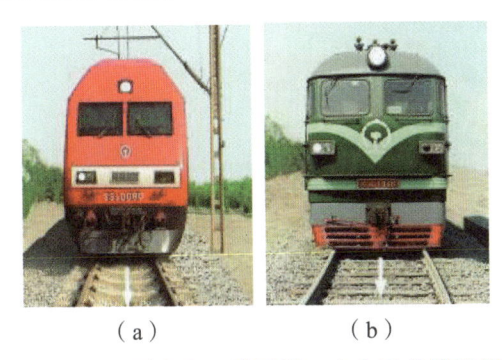

（a） （b）　　　　　　　（a） （b）

图 3.210 列车在双线区段正方向及单线区段运行时机车前端标志　　图 3.211 列车在双线区段正方向及单线区段运行时机车尾部标志

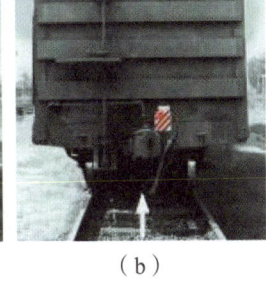

（2）列车在双线区段反向运行时，机车前端一个头灯及中部右侧显示一个红色灯光，如图 3.212 所示；列车尾部标志参见图 3.211。

图 3.212 列车在双线区段反向运行时机车前端标志

（3）列车推进运行时，列车前端两个侧灯，向前显示红色灯光，向后显示白色灯光；挂有货物列车列尾装置时，为列尾装置向前显示红白相间的反射标志和一个红色闪光灯光，如图 3.213 所示。机车后端中部左侧一个红色灯光，如图 3.214 所示。

- 109 -

列车在双线区段正向推进运行时,列车前端向前显示左侧一个红色灯光,右侧一个白色灯光,向后显示左侧一个白色灯光;挂有货物列车列尾装置时,为列尾装置向前显示红白相间的反射标志和一个红色闪光灯光,如图 3.215 所示。

  （a）    （b）      （a）    （b）

图 3.213 列车推进运行时列车前端标志  图 3.214 列车推进运行时列车后部标志

图 3.215 列车在双线区段正向推进运行时列车前端标志

（4）列车后端挂有补机时,机车后端标志与上述第（3）项同。

（5）单机在双线区段正方向及单线区段运行时,机车前端标志与上述第（1）项同;后端标志与上述第（3）项同。

（6）单机在双线区段反方向运行时,机车前端标志与上述第（2）项同;后端标志与上述第（3）款同。

（7）调车机车及机车出入段时,机车前端标志与上述第（1）项同;机车后端中部左侧一个白色灯光,如图 3.216 所示。

  （a）    （b）

图 3.216 调车机车及机车出入段时机车后端标志

（8）轨道车运行时，前端一个白色灯光，如图 3.217 所示；后端一个红色灯光，如图 3.218 所示。

图 3.217　轨道车运行时前端标志　　图 3.218　轨道车运行时后部标志

## 任务七　解析听觉信号

### 一、使用要求

听觉信号是以不同的音响符号，通过口笛、号角、机车及轨道车的鸣笛等发出的音响来表示的一种信号。

由于铁路行车工作是由各工种联合劳动进行的，彼此间有大量的工作需要联系，而许多工作又不能用口头、电话设备及视觉信号完全代替，所以规定了统一的听觉信号，以便于共同执行。

司机鸣示听觉信号时，应严格按照音节长短及间隔的规定标准进行，以防发生混淆。听觉信号，长声为 3 s，短声为 1 s，音响间隔为 1 s。重复鸣示时，须间隔 5 s 以上。

### 二、鸣示方式

机车、自轮运转特种设备作业中提示注意、相互联系等应使用通信设备方式。遇联系不通或危及行车人身安全时，应采用鸣笛方式。机车、自轮运转特种设备鸣笛鸣示方式见表 3.1。

表 3.1　机车、自轮运转特种设备鸣笛鸣示方式

| 名　称 | 鸣示方式 | 使用时机 |
| --- | --- | --- |
| 起动注意信号 | 一长声<br>— | 1. 列车起动或机车车辆前进时（双机牵引或使用补机时，本务机车鸣笛后，补机应回答，本务机车再鸣笛一长声后起动）；<br>2. 接近鸣笛标、道口、桥梁、隧道、行人、施工地点或天气不良时；<br>3. 电力机车、自轮运转特种设备在检修及整备中，准备降下或升起受电弓时 |
| 退行信号 | 二长声<br>— — | 列车、机车车辆、单机开始退行时 |
| 召集信号 | 三长声<br>— — — | 要求防护人员撤回时 |

续表

| 名　称 | 鸣示方式 | 使用时机 |
|---|---|---|
| 牵引信号 | 一长一短声<br>—　． | 途中本务机车要求补机牵引运行时（补机应以同样信号回答） |
| 惰行信号 | 一长二短声<br>—　．． | 本务机车要求补机惰力推进或要求补机断开主断路器时（补机应以同样信号回答） |
| 途中降弓信号 | 一短一长声<br>．　— | 1. 电力机车双机牵引中，本务机车司机要求补机降下受电弓时（补机须以同样信号回答）；<br>2. 电力机车司机在途中发现降弓手信号时，应鸣此信号回示 |
| 途中升弓信号 | 一短二长声<br>．　—— | 1. 电力机车双机牵引中，本务机车司机要求补机升起受电弓时（补机须以同样信号回答）；<br>2. 电力机车司机在途中发现升弓手信号时，应鸣此信号回示 |
| 呼唤信号 | 二短一长声<br>．．　— | 1. 机车要求出入段时；<br>2. 在车站要求显示信号时 |
| 警报信号 | 一长三短声<br>—　．．． | 发现线路有危及行车安全的不良处所时 |
| 试验自动制动机及复示信号 | 一短声<br>． | 1. 试验制动机开始减压时；<br>2. 接到试验制动结束的手信号，回答试风人员时；<br>3. 调车作业中，表示已接受调车长所发出的手信号时 |
| 缓解及溜放信号 | 二短声<br>．． | 1. 试验制动机缓解时；<br>2. 要求列车乘务组缓解人力制动机时；<br>3. 复示溜放调车信号时 |
| 拧紧人力制动机信号 | 三短声<br>．．． | 1. 要求列车乘务组拧紧人力制动机时；<br>2. 要求就地制动时 |
| 紧急停车信号 | 连续短声<br>．．．．．． | 司机发现（或接到通知）邻线发生障碍，向邻线上运行的列车发出紧急停车信号时。邻线列车司机听到此种信号后，应紧急停车 |

口笛、号角鸣示方式见表 3.2。

表 3.2　口笛、号角鸣示方式

| 用途及时机 | 鸣示方式 | |
|---|---|---|
| 发车、指示机车向显示人反方向移动 | 一长声 | — |
| 指示机车向显示人方向移动 | 一短一长声 | ．— |
| 试验制动机减压 | 一短声 | ． |
| 试验制动机缓解 | 二短声 | ．． |
| 试验制动机结束及安全信号 | 一短一长二短声 | ．—．． |
| 一道 | 一短声 | ． |
| 二道 | 二短声 | ．． |

续表

| 用途及时机 | 鸣示方式 | |
|---|---|---|
| 三道 | 三短声 | ••• |
| 四道 | 四短声 | •••• |
| 五道 | 五短声 | ••••• |
| 六道 | 一长一短声 | — • |
| 七道 | 一长二短声 | — •• |
| 八道 | 一长三短声 | — ••• |
| 九道 | 一长四短声 | — •••• |
| 十道 | 二长声 | — — |
| 二十道 | 二短二长声 | •• — — |
| 十、五、三车距离信号：十车 | 三短声 | ••• |
| 十、五、三车距离信号：五车 | 二短声 | •• |
| 十、五、三车距离信号：三车 | 一短声 | • |
| 连结及停留车位置 | 一长一短一长声 | — • — |
| 停车 | 连续短声 | ••••• •• |
| 要求司机鸣笛 | 二长三短声 | — — ••• |
| 试拉 | 一短声 | • |
| 减速 | 连续二短声 | •• •• |
| 溜放 | 三长声 | — — — |
| 取消 | 二长一短声 | — — • |
| 再显示 | 二长二短声 | — — •• |
| 列车接近通报信号：上行 | 二长声 | — — |
| 列车接近通报信号：下行 | 一长声 | — |

## 项目小结

通过对本项目内容的学习，要熟练掌握铁路固定信号、机车信号、移动信号、临时防护信号、机车运行手信号、调车手信号、联系手信号、信号表示器、信号标志及听觉信号的使用时机和使用方法，在铁路运输生产中必须严格执行，确保铁路运输安全正点、方便快捷、高速高效。本项目重点是行车信号的显示方式及所指示的行车条件；手信号的显示方式及所指示的行车条件。

## 复习思考题

1. 铁路信号的分类有几种？内容是什么？
2. 地面固定信号机按用途怎么分类？
3. 地面固定信号机按时间怎么分类？
4. 对铁路信号的要求有哪些内容？
5. 地面固定信号机的显示距离有什么规定？
6. 说明信号机发生灯光熄灭等故障时的处理办法。
7. 视觉信号的基本颜色是什么？
8. 听觉信号是由哪些器具发出的？怎样表达不同的要求？
9. 信号机的定位是怎样规定的？
10. 信号机的关闭时机是怎样规定的？
11. 哪些信号机在灯光熄灭、显示不明或显示不正确时视为停车信号？
12. 无效信号机怎样处理？
13. 进站色灯信号机的作用、设置位置、显示方式及显示内容是什么？
14. 说明出站色灯信号机的作用、设置位置、显示方式及显示内容。
15. 说明自动闭塞通过色灯信号机的作用、设置位置、显示方式及显示内容。
16. 容许信号机的设置、显示及其显示意义是什么？
17. 在哪些地点设置遮断信号机？遮断信号机的显示方式及意义是什么？遮断信号机的外形有什么特点？
18. 说明调车信号机的作用、设置位置及显示方式。
19. 连续式机车信号机的显示方式及内容是什么？
20. 接近连续式机车信号机的显示方式及内容是什么？
21. 机车信号是否可作为主体信号？为什么？
22. 什么叫移动信号？移动信号的分类及使用有何规定？
23. 怎样使用响墩、火炬信号？执行响墩、火炬信号的要求是什么？
24. 什么叫手信号？显示手信号的要求是什么？
25. 列车运行手信号的显示方式有几种？内容是什么？
26. 调车手信号的显示方式有几种？内容是什么？
27. 联系用的手信号有几种？内容是什么？
28. 信号表示器有几种？显示方式是什么？
29. 什么叫信号标志？有哪几种类型？
30. 说明机车、轨道车的鸣笛方式及使用时机。

# 项目四  编组列车

## 📋 项目描述：

铁路运输的基本任务是合理地运用铁路运输的技术设备，安全、准确、迅速、经济、便利地运送旅客和货物，保证完成运输任务。而旅客和货物的运送过程是通过列车方式来实现的。列车是完成铁路运输任务的主要形式，是根据列车编组计划、列车运行图及《铁路技术管理规程》的有关规定编组而成，并挂有牵引机车和规定的列车标志的车列。为确保列车在区间的运行安全、提高运输的效率，原则上，只有所编列车完全具备条件后，才能在区间正线运行。因此，编组的列车应符合保证安全、提高效率并充分利用铁路通过能力和牵引力这一原则。

## 📋 目标引领：

（1）了解编组列车的基本要求和相关规定。
（2）掌握工作机车、回送机车、单机挂车的定义及编挂规定。
（3）熟悉列车中车辆编挂的要求和规定。
（4）掌握车钩状态的确认，特别是机车车辆的摘挂分工的要求。
（5）掌握关门车的定义、编挂关门车的规定及限制要求。
（6）掌握列尾装置的摘挂及运用的要求。
（7）培养学生预防设备故障的安全理念，同时，加强学生对设备技术防范标准、安全操作流程、人员安全防范意识的培养。

## 📋 思政案例：

铁路运输的基本任务是安全、准确、迅速、经济、便利地将旅客和货物运送到目的地。列车是完成铁路运输任务的主要形式，为确保列车的运行安全，提高运输效率，编组列车应在保证安全的条件下方能上线运行。

案例经过：2003年1月26日，锦州开行71782次（编组61辆）货物列车运行至绥中至荒地间K371+133处，机后56位C644820896二位制动梁三位滚子轴丢失，致使该制动梁脱落，将道口铺面刮坏，列车中途停车，构成制动梁脱落险性事故。

案例分析：该车于2003年1月16日由通辽列捡扣修，1月22日入线通辽站修所，更换了1、2位制动梁，于1月23日在通辽编入11782次列车。经检查发现该制动梁是支出在原已报废解体的G5000393号自备车上，该制动梁未经段报废车配件检查鉴定小组鉴定，于2003年1月23日擅自装在该事故车上。

在编组列车内容中融入思政教育，注重培养学生预防设备故障的安全理念，同时，加强学生对设备技术防范标准、安全操作流程、人员安全防范意识的培养。

## 任务一　认知编组列车的基本要求

### 一、编组列车的一般要求

列车应按《技规》的有关规定、列车编组计划和列车运行图规定的编挂条件、车组、重量或长度编组。具体要求如下。

（1）必须符合《技规》有关机车车辆编入列车的技术条件、隔离和编挂要求；关闭自动制动机的车辆配挂和位置要求，以及列车后部挂车和单机挂车的规定。对装载危险、易燃品及超限货物、特殊车辆，须按《危险货物运输规则》或临时的指示办理。

（2）必须符合列车编组计划中各次列车去向的编挂内容及车组、车辆编挂顺序的要求。

（3）必须符合列车运行图关于列车重量、长度标准的要求。当跨两个以上区段的直达（或直通）列车，各区段的牵引重量、长度不同时，还须符合列车编组计划规定的基本编组重量和长度。

### 二、禁止编入的机车车辆

下列机车车辆禁止编入列车：

（1）插有扣修、倒装色票的及车体倾斜超过规定限度的。

（2）曾经发生冲突、脱轨、火灾、爆炸或曾编入发生特别重大、重大、较大事故列车内以及在自然灾害中损坏，未经检查确认可以运行的。

（3）装载货物超出机车车辆限界，无挂运命令的。

（4）装载跨装货物（跨及两平车的汽车除外）的平车，无跨装特殊装置的。

（5）平车及敞车装载货物违反装载和加固技术条件的。

（6）未关闭侧开门、底开门以及平车未关闭端、侧板的（有特殊规定者除外）。

（7）由于装载的货物需停止自动制动机的作用，而未停止的。

（8）企业自备机车、车辆、自轮运转特种设备和城市轨道车辆、进出口机车车辆过轨时，未经铁路机车车辆人员检查确认的。

（9）缺少车门的（检修回送车除外）。

（10）超过定期检修期限的客车车辆（经车辆部门鉴定的回送客车除外）禁止编入旅客列车。

### 三、列车重量的确定

列车重量又称列车运行图的牵引定数，即图定重量。机车牵引定数应根据线路纵断面、机车类型、供电能力、地区海拔高度、气候特点、站场设备及运量等条件，按《技规》和《列车牵引计算规程》（以下简称《牵规》）进行科学、周密计算并使用牵引试验车实地牵引试验查定。铁路局集团公司管内的由铁路局集团公司确定，并报国铁集团备案；跨局的由国铁集团确定。

牵引定数的原则和要求如下。

（1）本着科学、合理的原则，发挥机车功率、优化操纵水平，满足运输需要。

（2）畅通分界口，按线、按方向尽可能平衡一致，兼顾邻线衔接。

（3）严格遵守线路允许速度，车站到发线有效长度，机车、车辆构造速度，下坡道闸瓦压力限制速度，长大下坡道制动周期限制速度，长大隧道限制速度及机车持续速度等各项限速的规定，确保行车及人身安全。

实际上，在编组列车时，图定重量与列车实际重量并不一定完全相符。对此，《运规》就列车重量尾数的波动范围做了规定：旅客列车及特快货物班列按规定牵引辆数不向上波动，时速 120 km 的货物列车按牵引辆数和牵引定数不向上波动，其他货物列车的波动限定在 81 t 以内。线路坡度在 12.5‰以上的区段，长大隧道牵引定数在 1 500 t 及其以上的尾数波动，铁路局集团公司管内由铁路局集团公司规定；跨局的由所跨两局协商后报国铁集团批准；旅混列车、行包专列按牵引辆数不向上波动；冬运期间因天气严寒，须减吨时，铁路局管内可根据具体情况按牵引定数减少 10%～20%；跨局的列车需减吨时，须报国铁集团批准。暑期因隧道内高温或因天气不良、施工慢行、列车限速等需减吨时，铁路局集团公司管内由铁路局集团公司规定，跨局的报国铁集团批准。

因天气不良、施工慢行、列车限速等，需要临时减吨时，铁路局集团公司管内的由铁路局集团公司确定，跨局的由相关铁路局协商确定。

货物列车普超吨数应合理查定，严格掌握，并在编制基本列车运行图、机车周转图时重新核定。铁路局集团公司管内的普超吨数由铁路局集团公司确定，跨局的普超吨数国铁集团确定。天气不良时应按牵引定数编组列车。

编组超重列车时，编组站、区段站应商得机务段（折返段）机车调度员同意，在中间站应得到司机的同意，并均须经列车调度员命令准许。

## 四、列车长度的确定

列车长度：是根据牵引区段内各站到发线的有效长度，并预留 30 m 的附加制动距离后确定。该列车长度为列车运行图的规定长度。列车长度的计算公式为

$$列车换长 = \frac{到发线有效长度 - 30}{11}$$

超重列车：列车牵引重量超过运行图定重量 81 t 及以上，连续运行距离超过机车乘务规定区段 1/2 的货物列车。在编组超重列车发往区间前，为使指挥和操纵人员做到心中有数，防止因运缓或区间停车打乱正常的运输秩序，编组站、区段站应商得机务（折返）段机车调度员的同意，在中间站应得到司机的同意，并需由列车调度员准许。

超长列车：凡超过列车运行图所规定换长的 1.3 及以上的列车。编组超长列车发往区间时，其运行办法，按铁路局的规定执行。

欠重列车：凡列车牵引重量低于图定重量 81 t 及以上，同时换长欠 1.3 及以上，连续运行距离超过机车乘务规定区段 1/2 的货物列车。

欠长列车：换长低于列车运行图规定长度的 1.3 及以上的列车。

另外，对于单机、动车组及重型轨道车，因其编组内容比较简单，虽未编挂车列，但在区间运行时对行车安全和运输效率一样有着重要的影响。所以，虽然未完全具备列车的条件，在发往区间时，仍然按照列车办理。

## 任务二　列车中机车的编挂及单机挂车

### 一、对出段机车的基本要求

牵引列车的机车在出段前，必须达到运用状态，主要部件和设备必须作用良好，符合国铁集团有关机车运用、维修的规定，并符合下列要求。

（1）车钩中心水平线距钢轨顶面高度为 815～890 mm。
（2）轮对：
① 轮对内侧距离为 1 353 mm，允许偏差为 ±3 mm；
② 轮箍或轮毂不松弛；
③ 轮箍、轮毂、辐板（辐条）、轮辋无裂纹；
④ 轮缘的垂直磨耗高度不超过 18 mm，并无碾堆；
⑤ 车轮踏面擦伤深度不超过 0.7 mm；
⑥ 车轮踏面上的缺陷或剥离长度不超过 40 mm，深度不超过 1 mm；
⑦ 轮缘厚度在距踏面基线向上 $H$ 距离处测量应符合表 4.1 的规定（轮缘原设计厚度在 25 mm 及以下，由铁路局规定）；
⑧ 车轮踏面磨耗深度不超过 7 mm；采用轮缘高度为 25 mm 磨耗型踏面时，磨耗深度不超过 10 mm。

表 4.1　机车轮缘厚限度

| 序号 | 机车轮箍踏面类型 | 测量点与踏面基线之间距离 $H$/mm | 轮箍厚度限制/mm |
| --- | --- | --- | --- |
| 1 | JM$_2$、JM$_3$ | 10 | 23～34 |
| 2 | JM | 12 | 23～33 |

### 二、工作机车的编挂

凡担任列车牵引任务的机车称为工作机车，一般包括客运、货运、调车、局运等机车。为了确保工作机车乘务员方便及时地瞭望信号及标志，了解线路的情况，保证行车安全，充分发挥机车最大牵引效能，规定工作机车应挂于列车的头部且须正向运行。但对于牵引调车、小运转、市郊、路用列车的机车，由于路程短、牵引定数少、运行速度低，为了作业需要或单端操纵且在区段内又无转向设备的牵引机车，可以逆向运行（双端操纵的机车不存在逆向运行）。而当机车逆向运行时，由于乘务员瞭望受限制，所以，在牵引货物列车时，需将牵引定数减少 15‰。

为了增加整个区段的牵引重量，提高本区段的通过能力或适应全线的牵引定数，有时需采用双机或多机牵引列车。当采用双机牵引时，两台机车需重联挂于列车头部，第一位机车担任本务机车职务，第二位为重联机车；若是多机牵引，第一位以后的机车均为重联机车，重联机车均必须服从前部机车的统一指挥，并按其要求进行操纵。如果重联的各机车类型不同，应将空气压缩机功率大或有自动停车装置的机车挂于列车头部作本务机车。

为了不减少整个区段的牵引重量，在某些困难区间，可加挂补机。为便于机车之间密切联系，防止因操纵失协而挤坏车辆或断钩等事故的发生，原则上，补机应挂于本务机车的前位或次位。若非全区段加补，而需在中间站摘下补机时，为便于作业，补机最好挂于本务机车的前位，而此时则由补机临时担任本务机车的职务。当在特殊区段，如受桥梁负重能力的影响等，或补机需要中途返回时，经铁路局集团公司批准，补机可挂于列车的后部，但需接制动软管。有时，为防止区间行车摘管造成列车起动困难而影响区间的通过能力，后部补机可不接制动软管，但须按铁路局集团公司规定的保证安全的办法执行。

### 三、回送机车的编挂

因配属、局间调拨及入厂（段）检修完毕而返回本段的机车称为回送机车。铁路局集团公司所属的内燃机车回送时，原则上采用有动力方式；电力机车跨交路区段回送时，原则上采用无动力方式、回送机车在交路区段外单机运行时，应派带道人员添乘。杂小型及状态不良的，可随货物列车无动力回送。

铁路局所集团公司属的机车附挂回送时，原则上附挂货物列车；走行部和制动装置良好的客运机车（出入厂、段的修程机车除外）需附挂旅客列车跨局回送时，按国铁集团调度命令办理。

回送机车，应挂于本务机车次位，挂有重联机车时为重联机车次位。20‰及以上坡道的区段，禁止办理机车专列回送。

回送铁路救援起重机，应挂于列车后部。铁路救援起重机的回送限制速度见表 4.2，表 4.2 以外的按设计文件要求速度回送。

表 4.2　铁路救援起重机回送限制速度表

| 型　号 | 名　　称 | 回送速度/（km/h） |
|---|---|---|
| NS2000 | 200 t 伸缩臂式铁路救援起重机 | 120 |
| | 吊臂平车 | 120 |
| NS1680 | 160 t 伸缩臂式铁路救援起重机（1 680 t·m） | 120 |
| | 吊臂平车 | 120 |
| NS1600 | 160 t 伸缩臂式铁路救援起重机（1 600 t·m） | 120 |
| | 吊臂平车 | 120 |
| NS1601 | 160 t 伸缩臂式铁路救援起重机 | 120 |
| | 吊臂平车 | 120 |
| NS1602 | 160 t 伸缩臂式铁路救援起重机 | 120 |
| | 吊臂平车 | 120 |
| N1601 | 160 t 固定臂式铁路救援起重机 | 85 |
| | 吊臂平车 | 85 |
| N1602 | 160 t 固定臂式铁路救援起重机 | 85 |
| | 吊臂平车 | 85 |

续表

| 型　号 | 名　称 | 回送速度/（km/h） |
|---|---|---|
| NS1601G | 160 t 伸缩臂式铁路救援起重机 | 120 |
| | 吊臂平车 | 120 |
| NS1602G | 160 t 伸缩臂式铁路救援起重机 | 120 |
| | 吊臂平车 | 120 |
| NS1251 | 125 t 伸缩臂式铁路救援起重机 | 120 |
| | 吊臂平车 | 120 |
| NS1252 | 125 t 伸缩臂式铁路救援起重机 | 120 |
| | 吊臂平车 | 120 |
| NS1001 | 100 t 伸缩臂式铁路救援起重机 | 80 |
| | 吊臂平车 | 80 |
| N1002 | 100 t 固定臂式铁路救援起重机 | 80 |
| | 吊臂平车 | 80 |
| NS100G | 100 t 伸缩臂式铁路救援起重机 | 80 |
| | 吊臂平车 | 80 |

### 四、单机挂车

所谓单机挂车，是指单机回送或接运列车途中挂有少量车辆，但没有守车（列车标志）而在线路上运行的机车。

单机挂车的辆数，线路坡度不超过 12‰ 的区段，以 10 辆为限；超过 12‰ 的区段，由铁路局规定。

单机挂车时，应遵守下列规定：

（1）所挂车辆的自动制动机作用必须良好，发车前列检（无列检时由车站发车人员）按规定进行制动试验。

（2）连挂前按规定彻底检查货物装载状态，并将编组顺序表和货运单据交与司机。

（3）在区间被迫停车后的防护工作由机车乘务组负责，开车前应确认附挂辆数和制动主管贯通状态是否良好。

（4）列车调度员应严格掌握，不得影响机车固定交路和乘务员劳动时间。

（5）不准挂装载爆炸品、超限货物的车辆。

单机挂车时，可不挂列尾装置。

## 任务三　列车中车辆的编挂与连挂

### 一、车辆编入列车的基本要求

车辆编入列车须达到运用状态。下列主要部件，必须作用良好，并符合质量要求。

（1）转向架：

① 轮对、轴承、摇枕、侧架（构架）、弹簧、吊轴、制动盘；

② 同一转向架旁承游间左右之和（弹性旁承及旁承承载结构的除外），客车为 2~6 mm，货车为 2~20 mm；常接触式旁承上下无间隙；

③ 车辆轮对的允许限度应符合表 4.3 的要求。

表 4.3 车辆轮对允许限度表

| 项目 | | | 分类 | |
|---|---|---|---|---|
| | | | 客车 | 货车 |
| 车轮轮辋厚度 | 客车各型 | | ≥25 | |
| | 货车 | 无辐板孔 | | ≥23 |
| | | 有辐板孔 | | ≥24 |
| 车轮轮缘厚度 | | | ≥23 | ≥23 |
| 车轮轮缘垂直磨耗（接触位置）高度 | | | ≤15 | ≤15 |
| 车轮踏面擦伤及局部凹下深度 | 滚动轴承 | | 本属客车出库≤0.5 | ≤1 |
| | | | 外属客车出库≤1 | |
| | | | 途中运行≤1.5 | |
| | 滑动轴承 | | | ≤2 |
| 车轮踏面剥离长度 | 滚动轴承 | 一处时 | ≤30 | ≤50 |
| | | 两处时（每一处） | ≤20 | ≤40 |
| | 滑动轴承 | 一处时 | | ≤70 |
| | | 两处时（每一处） | | ≤60 |
| 车轮踏面圆周磨耗深度 | | | ≤8 | ≤8 |

（2）自动制动机、人力制动机和货车的自动制动机空重车调整装置状态良好、位置正确，制动梁及吊杆、拉杆、杠杆无裂损。

（3）车钩、尾框、从板座、缓冲器无裂损。

车钩中心水平线至钢轨顶面高度按表 4.4 规定。

表 4.4 车钩中心水平线高度表

| 项目 | 车种 | 高度/ mm |
|---|---|---|
| 最大 | 客车、货车 | 890 |
| 最小 | 空货车 | 835 |
| | 客车 | 830 |
| | 重货车 | 815 |

（4）车底架的中、侧、枕、端梁无裂损，罐体卡带无裂损、无松动，罐体无漏泄。

## 二、列车中车辆的编挂

### 1. 货运列车中车辆的编挂

装载危险、易燃等货物的车辆编入列车的隔离限制，按《铁路车辆编组隔离表》执行。编挂超限货物车辆或特种车辆时，按国铁集团规定或临时指示办理。

### 2. 客运列车中车辆的编挂

旅客列车、回送客车底不准编挂货车，编入的客车车辆最高运行速度等级必须符合该列车规定的速度要求。

旅客列车中，与机车相连接的客车端门及编挂在列车尾部的客车后端门须加锁。动车组列车驾驶室与旅客乘坐席间的门须锁闭。

### 3. 客车编入货运列车回送

客车编入货运列车回送时，客车编挂辆数不得超过 20 辆，应挂于列车中部或后部。

装有密接式车钩的客车原则上应附挂旅客列车回送。需附挂货运列车回送时，不得超过 10 辆，其后编挂的其他车辆不得超过 1 辆。

客车与平车、平集共用车以外的货车连挂时，不得与货车有人力制动机的一端连挂；客车与平车、平集共用车人力制动机端连挂时，平车、平集共用车的人力制动机不得使用，处于非工作状态。

机械冷藏车组应尽量挂于货物列车中部或后部。

军用及其他对编挂位置有特殊要求的客车按有关规定办理。

### 4. 动车组以外的旅客列车编组

动车组以外的旅客列车按列车编组表编组，机车后第一位编挂一辆未搭乘旅客的车辆作为隔离车。行李车、邮政车、发电车等非乘坐旅客的车辆应分别挂于机车后第一位和列车尾部，起隔离作用；在装设集中联锁的区段，并设有列车运行监控装置时，旅客列车可不挂隔离车。如隔离车在途中发生故障摘下时，可无隔离车继续运行。局管内旅客列车经铁路局长批准，可不隔离。

### 5. 动车组编组

动车组为固定编组。单组动车组运用状态下不得解编，两组短编组同型动车组可重联运行。救援等特殊情况下，两组不同型号的动车组可重联运行。

动车组禁止加挂各型机车车辆（无动力调车时的调车机、救援机车、无动力回送时的本务机车及回送过渡车除外）；动车组禁止编入其他列车。

超过检修期限的动车组禁止上线运行（经车辆部门鉴定的回送动车组除外）。

## 三、列车中车辆的连挂

### 1. 连挂状态的确认

列车在编组直至发车之前，有关人员必须密切配合，认真检查确认机车与车辆及车辆与车辆之间车钩的连挂状态，这一点对于确保行车安全具有特别重要的意义，应予以高度重视。列车中相互连挂的车钩中心水平线的高度差不得超过 75 mm。此高度差主要是由车辆的空重、弹簧的强弱、车轮圆周的磨耗、轴颈的大小、轴瓦的厚薄、运行中弹簧的振动及线路的状态等因素确定。如果此高度差超过 75 mm，易发生脱钩、断钩事故。所以，必须查明原因进行调整，若无法调整或仍达不到所规定的高度差时，应将该车摘下。

### 2. 车辆连挂分工

列车中车辆的连挂，由调车作业人员负责。软管的连结，有列检作业的始发列车由列检人员负责；无列检作业的，由调车作业人员负责。

动车组采用机车调车作业时，随车机械师或动车段（所）胜任人员负责过渡车钩和专用风管的安装与拆卸、电气连接线的连结与摘解并打开车门，调车人员负责车钩连结与摘解、软管摘结。

动车组无动力回送或被救援时，过渡车钩、专用风管的安装与拆卸由随车机械师负责，司机配合。

### 3. 列车机车与第一辆车连挂分工

（1）列车机车与第一辆车的连挂，由机车乘务员负责。单班单司机值乘的由列检人员负责；无列检作业的列车，由车辆乘务员负责；无车辆乘务员的列车，由车站人员负责。

（2）列车机车与第一辆车的车钩摘解、软管摘结，由列检人员负责。无列检作业的列车，车钩、软管摘解由机车乘务员（单班单司机值乘的由车辆乘务员）负责，软管连结由车辆乘务员负责；无车辆乘务员的列车，由机车乘务员（单班单司机值乘的由车站人员）负责。

（3）列车机车与第一辆车电气连接线的连结与摘解由客列检作业人员负责，无客列检作业人员时，由车辆乘务员负责。

（4）货物列车本务机车在车站调车作业时，无论单机或挂有车辆，与本列的车辆摘挂和软管摘结，均由调车作业人员负责。

（5）旅客列车在途中摘挂车辆时，车辆的摘挂和软管摘结，由调车作业人员负责，密封风挡和电气连接线的连结与摘解由车辆乘务员负责，其他由列检作业人员负责，无列检作业人员时，由车辆乘务员负责，必要时打开车门，以便于调车作业。装有密接式车钩的客车车辆摘挂时，过渡车钩的安装与拆卸由列检人员负责，无列检人员时由车辆乘务员负责。

（6）列车机车与动车组过渡车钩的连结与摘解、软管摘结、电气连接线的连结与摘解，由随车机械师负责。

### 4. 动车组重联或解编分工

两列动车组重联或解编时，由动车组机械师负责引导，司机确认。动车组重联时，被控动车组应退出占用，主控动车组使用调车模式与被控动车组连结。解编操作时，主控动车组转换为调车模式后，必须一次移动 5 m 以上方可停车。

## 任务四　列尾装置的摘挂及运用

### 一、列尾装置简介

列尾装置全称为列车尾部安全防护装置，是用于货物列车取消守车后，在尾部无人值守情况下为提高铁路运输的安全性而研制的专用运输安全装置。列尾装置应用计算机编码、无线遥控、语音合成、计算机处理技术，保证列车运行安全，是重要的铁路行车设备。

## 二、列尾装置的摘挂及运用

动车组以外的旅客列车应安装列尾装置。特殊情况下，无法安装或使用列尾装置时，应制订具体办法。

半自动闭塞区段货物列车尾部须挂列尾装置，其他区段货物列车尾部宜挂列尾装置。货物列车尾部未挂列尾装置时应以吊起尾部车辆软管代替尾部标志。尾部车辆软管的吊起，有列检作业的列车由列检人员负责，无列检作业的列车由车务人员负责。

旅客列车列尾装置尾部主机的安装与摘解、风管及电源的连结与摘解，由车辆部门负责。

货物列车列尾装置尾部主机的安装与摘解，由车务人员负责。软管连结，有列检作业的列车，由列检人员负责；无列检作业的列车，由车务人员负责。特殊情况，由铁路局规定。

列尾装置在使用前，必须按规定进行检测，合格后方可投入运用。

## 任务五 列车中关门车的编挂

列车中关门车的编挂

在列车中一般要求机车和车辆的自动制动机全部加入进行全列制动。由于货物列车装载的货物规定须停止制动作用，自动制动机临时发生故障，准许关闭制动支管上的截断塞门而本身失去制动力的车辆称为"关门车"。由于关门车的存在，会使全列的制动力相对降低，而无法确保列车正常的制动距离，同时也会给列车的正常运行带来不利的影响。所以，货物列车在主要列检所所在站编组始发及旅客列车始发时，均不准编挂关门车，且对允许编挂关门车的编挂辆数、编挂位置等也有严格的限制。

### 一、货物列车中关门车的编挂

货物列车在非主要列检所所在站编组始发时，由于所装货物规定须停止制动作用，或运行中自动制动机临时发生故障一时不能修复时，允许编挂关门车。此时，货物列车应满足每百吨列车重量的闸瓦压力的要求。根据列车牵引试验证明，在制动主风管达到规定标准压力时，列车在限制下坡道上遇有紧急情况，施行紧急制动，能在规定的紧急制动距离限值内停车。

当编入关门车的辆数不超过现车总辆数的 6%（尾数不足一辆按四舍五入计算）时，可不计算每百吨列车重量的换算闸瓦压力，不填发制动效能证明书；当超过 6%时，须按《技规》第 261 条规定进行闸瓦压力的计算，并填发制动效能证明书交于司机。其中，制动效能证明书的计算和填写，在有列检所的车站，由列检员负责；无列检所的车站，由车站或运转车长负责。

货物列车中关门车编挂位置的限制如下。

#### 1. 关门车不得挂于机车后部 3 辆车之内

若机后 3 辆车内挂有关门车，因关门车制动软管只能通风而本身无制动能力，在列车制动时，势必使列车前部制动力相对削弱而导致纵向冲动冲力增加，加之风路长，后部车辆制动的延迟，必然会使列车的制动距离延长，易发生危险。在紧急制动时尤甚。

### 2. 列车中连续连挂不得超过两辆

若关门车连续编挂辆数过多，当列车制动时，因关门车本身无制动力而无法停轮，各车辆之间将因列车制动产生瞬间的强烈冲挤，严重时会造成脱轨、断钩等事故。

### 3. 列车最后一辆不得为关门车

因关门车本身无制动力，若列车最后一辆是关门车，尾部纵向冲动过大，易发生因车钩分离而形成车辆溜逸，将会产生严重后果。

### 4. 列车最后第二、三辆不得连续关门

若列车最后第二、三辆为关门车，当列车制动时，尾部纵向冲动过大，可能使尾部车辆因冲挤而脱轨。编有货车的军用列车、路用列车编挂关门车时，除有特殊规定外，执行货物列车的规定。

## 二、旅客列车、特快货物班列中临时关门车的规定

旅客列车、特快货物班列不准编挂关门车。在运行途中（包括在站折返）如遇自动制动机临时故障，在停车时间内不能修复时，准许关闭一辆，但列车最后一辆不得为关门车，120 km/h 速度等级及编组小于 8 辆的 140 km/h、160 km/h 速度等级列车按规定关门时须限速运行，车辆乘务员须向司机递交限速证明书。

## 三、列车紧急制动距离

列车在任何线路上的紧急制动距离限值按表 4.5 规定。

表 4.5　列车紧急制动距离限值表

| 列车类型 | 最高运行速度/（km/h） | 紧急制动距离限值/m |
| --- | --- | --- |
| 旅客列车（动车组列车除外） | 120 | 800 |
|  | 140 | 1 100 |
|  | 160 | 1 400 |
| 特快货物班列 | 160 | 1 400 |
| 快速货物班列 | 120 | 1 100 |
| 货物列车（货车轴重＜25 t，快速货物班列除外） | 90 | 800 |
|  | 120 | 1 400 |
| 货物列车（货车轴重≥25 t） | 100 | 1 400 |

## 项目小结

通过对本项目列车编组的基本要求，列车中机车的编挂，单机挂车的规定，列车中车辆的编挂与连挂分工及列尾装置的摘挂及运用等的系统学习，希望能进一步加强对《技规》的理解、认识。

机车乘务人员应熟练掌握与乘务有关的规定、职责及要求：

（1）掌握工作机车、回送机车及单机挂车的定义及有关规定。
（2）掌握车钩状态的确认，重点掌握机车车辆的连挂分工有关内容。
（3）了解列车编组的基本要求及规定。
（4）掌握列尾装置的摘挂及运用。
（5）掌握关门车的定义，编挂关门车的规定及限制。

### 复习思考题

1. 什么叫列车？说明列车重量及长度的确定原则。
2. 什么叫超重列车、超长列车？在编组超重、超长列车发往区间前有什么要求？
3. 机车重联及加挂补机的原因是什么？各有什么规定？
4. 为什么工作机车一般挂于列车头部正向运行？在哪些情况下可逆向运行？
5. 什么是回送机车？办理机车回送时有哪些要求？
6. 什么是单机挂车？单机挂车有哪些规定？挂车辆数有什么限制？
7. 机车车辆的摘挂有哪些具体分工？
8. 列车中机车与第一辆车的连挂、制动软管的连结、摘解有什么规定？
9. 列车中相互连挂的车钩中心水平线的高度差有何规定？
10. 什么叫关门车？在什么情况下允许挂关门车？挂车车辆数及位置有何规定？
11. 列尾装置的摘挂和运用有什么要求？

# 项目五 行车闭塞法

## 项目描述：

为了保证列车安全正点、方便快捷、高速高效，使同方向列车不致发生追尾，对向列车不致发生正面冲突，就必须保证列车与列车之间有一定的间隔，并通过人工或设备控制，使一个区间、线路所（或闭塞分区）在同一时间内，只有一趟列车占用。

## 目标引领：

（1）掌握行车闭塞法的作用、种类及闭塞分区的划分。

（2）掌握自动闭塞、自动站间闭塞、半自动闭塞、电话闭塞的正常情况下的行车凭证、使用方法及注意事项。

（3）掌握自动闭塞、自动站间闭塞、半自动闭塞、电话闭塞的非正常情况下的行车凭证及注意事项。

（4）注重培养学生遵章守纪、履职尽责的工作态度，同时，也对学生的沟通与组织能力、团队协作能力进行进一步强化。

## 思政案例：

案例经过：1990 年 7 月 27 日，梅集线通沟至干沟间 2523 次货物列车计划在通沟站停会 848 次货物列车。邻站 848 次开出并已报点，但由于通沟站值班员当班擅离岗位，又未向临时顶岗的站务员讲清情况，站务员在办理时不认真检查确认，在 848 次列车没有到达之前，违章使用控制台事故按钮，强行解锁，错误办理 2523 次在通沟站通过，造成两列车在区间正面冲突。机车乘务员 9 人死亡、3 人受伤，机车报废 4 台、货车报废 1 辆、大破 4 辆，中断正线行车 25 小时 15 分。

案例分析：这次事故是通沟站值班员在值班中擅离职守，私自委托他人顶岗，作业时不按规定与到车调度员联系会车计划，对有关接发车事项不认真向顶岗人员交待，为这起事故埋下了严重的隐患，是这起事故的主要原因之一

在行车闭塞法章节中融入思政教育，紧紧围绕职责和使命，注重培养学生遵章守纪、履职尽责的工作态度，同时，也对学生的沟通与组织能力、团队协作能力进行进一步强化。

## 任务一　认知行车闭塞法

### 一、行车闭塞法的作用

铁路为了安全、准确、迅速、协调地完成运输任务，铁路线路的设置有单线行车区段和

双线行车区段。在单线行车区段列车运行时，上下行列车均在同一条线路上行驶；在双线区段的线路上列车运行时，上下行列车分别在两条线路上行驶。但同方向运行的列车往往由于列车等级及速度不同而发生让车和越行等情况。可见，无论在单线区间还是双线区间，列车与列车都有可能冲突（正面冲突、侧面冲突或者尾部冲突），从而造成事故。

为此，铁路在行车管理上设置一套行车设备及行车组织制度，来控制列车在区间的行动。这种通过对设在车站（线路所）的有关设备或通过信号机的控制（包括在设备因故障失效后的联系制度），保证在同一时间内，站间、所间、闭塞分区内只有一个列车运行的办法，称为行车闭塞法。保证一个区间或闭塞分区只准许运行一个列车的设备，称为闭塞设备。

## 二、行车闭塞法的种类

行车闭塞法的作用是控制列车与列车之间保持一定距离，以保证列车安全运行。列车运行的间隔制度主要分为两大类：一类是空间间隔法，另一类是时间间隔法。

### 1. 空间间隔法

在铁路正线上每相隔相当距离设立一个车站（或线路所）、自动闭塞通过色灯信号机，这样把正线划分为若干个区间（或闭塞分区），在同一时间，同一空间（站间区间，所间区间或闭塞分区）内只准许一个列车运行的方法，称为空间间隔法。

空间间隔法有以下优点：

（1）由于铁路线划分很多的区间（或闭塞分区），在一定时间内每一区间都可开行列车，行车能力提高。

（2）由于在各个车站上都有为列车到、发、会让、越行而铺设的配线，可保证列车安全会让。

（3）由于在一个区间里只准许一个列车运行，列车可按规定的速度在区间内运行，这样既能提高列车行车速度，又能加速机车车辆周转。

（4）有的区段在干线上设立线路所，对提高干线的通过能力，也起到一定作用。

基于空间间隔具有以上优点，我国铁路正常行车采用空间间隔法。

### 2. 时间间隔法

时间间隔法是在一个区间里，用规定的时间将同方向运行的列车彼此间隔开运行。

由于用时间间隔列车，没有设备上的控制，容易发生人为事故，安全性较差。尤其采用这种间隔开行列车时，要求的条件也比较复杂，如区间内的坡道大了不行、瞭望条件差了不行，列车速度也因之受限制等。所以这种间隔放行列车只有在特殊情况下（如一时性的缓和列车堵塞，事故起复后的车流疏散，战时行车，一切电话中断的行车等）采用，即在同一区间内前次列车开出后，相隔一定时间再向同一方向连发第二趟列车。

## 三、区间及闭塞分区的划分

列车运行是以车站、线路所划分的区间及自动闭塞区间的通过信号机所划分的闭塞分区作间隔。

区间及闭塞分区的界限，按下列规定划分：

### 1. 站间区间

（1）在单线上，车站与车站间以进站信号机柱的中心线为车站与区间的分界线。

（2）在双线或多线上，车站与车站间分别以各该线的进站信号机柱或站界标的中心线为车站与区间的分界线。

### 2. 所间区间

两线路所间或线路所与车站间，以该线上的通过信号机柱的中心线为所间区间的分界线。设有进站信号机的线路所，所间区间的分界方法与站间区间相同。

### 3. 闭塞分区

自动闭塞区间同方向相邻的两架色灯信号机间，以该线上的通过信号机柱的中心线为闭塞分区的分界线。

## 四、行车闭塞法的采用

### 1. 基本闭塞法

车站均须装设基本闭塞设备。行车基本闭塞法采用下列 3 种：

（1）自动闭塞。

（2）自动站间闭塞。

（3）半自动闭塞。

### 2. 电话闭塞法

电话闭塞法是当基本闭塞法不能使用时所采用的代用闭塞法。

原则上不使用隔时续行办法，如必须使用时，按铁路局规定。

当基本闭塞法不能使用时，应根据列车调度员的命令采用电话闭塞法行车。遇列车调度电话不通时，闭塞法的变更或恢复，应由该区间两端站的车站值班员确认区间空闲后，直接以电话记录办理。列车调度电话恢复正常时，两端站车站值班员应及时向列车调度员报告。

# 任务二　认知自动闭塞

## 一、自动闭塞的分类

按照发送轨道信息的编码方式不同，自动闭塞可分为交流计数电码自动闭塞、极频自动闭塞和移频自动闭塞 3 种。

按照信号显示方式，可分为三显示自动闭塞和四显示自动闭塞两种。

三显示自动闭塞有 3 种灯光显示，即红灯、黄灯和绿灯。红灯显示说明其防护的闭塞分区被占用，也可能是该分区设备或线路发生故障；黄灯显示则说明它防护的闭塞分区空闲；绿灯显示则说明其前方有两个及以上闭塞分区空闲。

四显示自动闭塞是在三显示自动闭塞基础上增加一种绿黄显示,它的显示意义为前方有两个闭塞分区空闲,要求高速列车和重载列车减速运行,以使列车在抵达黄灯显示下运行时不大于规定的黄灯允许速度,保证在显示红灯的通过信号机前安全停车。而四显示的绿灯显示意义则为前方有三个及以上闭塞分区空闲。进站(含反方向进站)、接车进路信号机还能显示两个黄色灯光。

每一自动闭塞分区的长度,三显示自动闭塞一般为 1 200~3 000 m;四显示自动闭塞一般为 600~1 000 m。通过色灯信号机经常显示绿色灯光,随着列车驶入和驶出闭塞分区而自动转换。但进出站信号机的显示一般仍由车站实行人工控制,只有当连续放行通过列车时,才改由列车运行控制。

## 二、自动闭塞区段的行车凭证

### 1. 正常情况时的行车凭证

使用自动闭塞法行车时,列车进入闭塞分区的行车凭证为出站或通过信号机显示的允许运行的信号。

自动闭塞区段的车站,办理发车前应向接车站预告;单线自动闭塞区段的车站,还须得到列车调度员的同意(列车调度员已下达列车运行调整计划时除外)。已向接车站预告,但列车不能出发时,发车站须通知接车站取消预告。

### 2. 特殊情况的行车凭证

自动闭塞区段遇特殊情况发车的行车凭证见表 5.1。

表 5.1 自动闭塞区段特殊情况行车凭证

| 列车出发情况 | 行车凭证 | 发给行车凭证的依据 | 附带条件 |
| --- | --- | --- | --- |
| 1. 出站信号机故障时发出列车 | 绿色许可证<br>(见图 5.1) | 1. 监督器表示第一个闭塞分区空闲,不表示时为接到前次列车到达邻站的通知或前次列车发出后不少于 10 min 的时间;<br>2. 确认道岔位置正确及进路空闲;<br>3. 单线须取得对方站确认区间内无迎面列车的电话记录号码 | 从监督器上不能确认第一个闭塞分区空闲时,车站应发给司机书面通知(附件 8),司机以在瞭望距离内能随时停车的速度,最高不超过 20 km/h,运行到第一架通过信号机,按其显示的要求执行 |
| 2. 由未设出站信号机的线路上发出列车 | | | |
| 3. 超长列车头部越过出站信号机发出列车 | | | |
| 4. 发车进路信号机发生故障时发出列车 | | 确认道岔位置正确及进路空闲 | 列车到达次一信号机按其显示的要求执行 |
| 5. 超长列车头部越过发车进路信号机发出列车 | | | |
| 6. 自动闭塞作用良好,监督器故障时发出列车 | 出站信号机显示的允许运行的信号 | | 与邻站车站值班员及本站信号员联系 |
| 7. 双线双向闭塞设备的车站,反方向发出列车 | | 1. 区间占用表示灯表示区间空闲;<br>2. 双线反方向行车的调度命令 | 反方向发车进路表示器显示正确(进路表示器故障时通知司机) |

注:在四显示区段,因设备不同,执行上述条款困难的,可按铁路局规定办理。

```
                    许可证
                           第_____号
     在出站（进路）信号机故障、未设出站信号机、列车头部越过出站（进
   路）信号机的情况下，准许第_____次列车由_____线上发车。


                          站（站名印）车站值班员（签名）
                                  年    月    日填发

  注：1. 绿色纸，复写一式两份，司机一份，存根一份；（规格90mm×130mm）
     2. 不用的字句抹消。
```

图 5.1　绿色许可证

### 三、几种特殊情况的处理

（1）自动闭塞区间通过信号机显示停车信号（包括显示不明或灯光熄灭）时，列车必须在该信号机前停车，司机应使用列车无线调度通信设备通知车辆乘务员（随车机械师）。停车等候 2 min，该信号机仍未显示允许运行的信号时，即以遇到阻碍能随时停车的速度继续运行，最高不超过 20 km/h，运行到次一通过信号机（进站信号机），按其显示的要求运行。在停车等候的同时，必须与车站值班员、列车调度员联系，如确认前方闭塞分区内有列车时，不得进入。

（2）装有容许信号的通过信号机，显示停车信号时，准许铁路局规定停车后起动困难的货物列车，在该信号机前不停车，按上述速度通过。当容许信号灯光熄灭或容许信号和通过信号机灯光都熄灭时，司机在确认信号机装有容许信号时，仍按上述速度通过该信号机。

（3）装有连续式机车信号的列车，遇通过信号机灯光熄灭，而机车信号显示允许运行的信号时，应按机车信号的显示运行。

（4）司机发现通过信号机故障时，应将故障信号机的号码通知前方站（列车调度员）。车站值班员（列车调度员）发现或得到区间通过信号机故障的报告后，在故障修复前，对尚未进入区间的后续列车，改按站间组织行车。

## 任务三　认知自动站间闭塞

### 一、自动站间闭塞介绍

自动站间闭塞是在半自动闭塞基础上发展起来的闭塞方法，区间两端车站的出站信号机和轨道检查装置构成联锁关系，采用轨道检查装置自动检查区间空闲，列车以站间区间为间隔运行，通过办理发车进路和检查列车出清区间的方式，自动实现区间闭塞和区间开通，它与准移动闭塞相比，两站间不划分闭塞分区，也不设通过信号机，两站之间作为一个闭塞分区。

### 二、自动站间闭塞区段的行车凭证

使用自动站间闭塞法行车时，列车凭出站信号机或线路所通过信号机显示的允许运行的信号进入区间。

自动站间闭塞须与集中联锁设备结合使用,自动检查区间空闲,发车站办理发车进路后即自动构成站间闭塞。列车到达接车站或返回发车站并出清区间后,自动解除闭塞。

发车站在办理发车进路前,须确认区间空闲、接车站未办理同一区间的发车进路,并向接车站预告。发车站已向接车站预告,但列车不能出发时,在取消发车进路后,须通知接车站。

自动站间闭塞的行车办法,由铁路局规定。

## 任务四　认知半自动闭塞

### 一、半自动闭塞介绍

半自动闭塞是利用装在区间两端车站行车室内的半自动闭塞机和两站相对出站信号机之间实现相互控制的一种闭塞设备。此种设备的行车闭塞作用一部分是人工操纵(办理闭塞及开放出站信号机),另一部分是靠运行列车自动完成的(出站信号机在列车进入闭塞轨道电路时自动关闭),故称为半自动闭塞。

### 二、半自动闭塞区段的行车凭证

#### 1. 正常情况下

使用半自动闭塞法行车时,列车凭出站信号机或线路所通过信号机显示的允许运行的信号进入区间。

开放出站信号机或通过信号机前,双线区段必须得到前次列车到达前方站的到达信号;单线区段必须得到接车站的同意闭塞信号。

发车站办理闭塞手续后,列车不能出发时,应将事由通知接车站,取消闭塞。

#### 2. 特殊情况时

半自动闭塞区段,遇超长列车头部越过出站信号机而未压上出站方面的轨道电路发车时,行车凭证为出站信号机显示的允许运行的信号,并发给司机调度命令;遇发车进路信号机故障或超长列车头部越过发车进路信号机发车时,列车越过发车进路信号机的行车凭证为半自动闭塞发车进路通知书,如图5.2所示。

```
            半自动闭塞发车进路通知书

                              第_____号
    1.在列车头部越过发车进路信号机的情况下,准许第____次列车由____线发车。
    2.在____发车进路信号机故障的情况下,准许第____次列车越过该发车进路信号机。

                        站(站名印)车站值班员(签名)
                                 年  月  日填发

注:1.白色纸,复写一式两份,司机一份,存根一份;      (规格90mm×130mm)
   2.不用的字句抹消。
```

图 5.2　半自动闭塞发车进路通知书

## 任务五　认知电话闭塞

### 一、电话闭塞的使用条件

遇下列情况，应停止使用基本闭塞法，改用电话闭塞法行车：

（1）基本闭塞设备发生故障导致基本闭塞法不能使用、自动闭塞区间内两架及以上通过信号机故障或灯光熄灭时。

（2）无双向闭塞设备的双线区间反方向发车或改按单线行车时。

（3）发出由区间返回的列车，或发出挂有由区间返回后部补机的列车时。

（4）自动站间闭塞、半自动闭塞区间，由未设出站信号机的线路上发车，或超长列车头部越过出站信号机并压上出站方面轨道电路发车时。

（5）在夜间或遇降雾、暴风雨雪，为消除线路故障或执行特殊任务，开行轻型车辆时。

自动站间闭塞设备故障，半自动闭塞设备良好时，可根据调度命令改按半自动闭塞法行车。

### 二、行车凭证及填发要求

使用电话闭塞法行车时，列车占用区间的行车凭证为路票（见图5.3）。当挂有由区间返回的后部补机时，另发给补机司机路票副页。

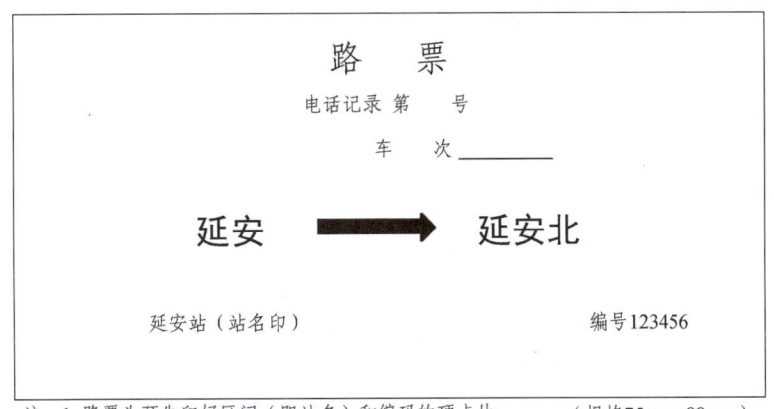

```
            路　票
        电话记录　第　　号
            车　次 _____

    延安　━━━━▶　延安北

    延安站（站名印）           编号123456
```

注：1. 路票为预先印好区间（即站名）和编码的硬卡片；（规格75mm×88mm）
　　2. 加盖 副 字戳记者，为路票副页。

图 5.3　路　票

单线或双线反方向发车（正方向首列发车）时，根据《行车日志》查明区间已空闲，并取得接车站承认的电话记录号码，在发车进路准备妥当后，方可填发路票。双线正方向发车（首列除外）时，根据收到的前次发出的列车到达的电话记录号码，在发车进路准备妥当后，即可填发路票。

### 三、办理手续

办理电话闭塞时，下列各项应发出电话记录号码，并记入《行车日志》：

（1）承认闭塞。
（2）列车到达，补机返回。
（3）取消闭塞。
（4）单线或双线反方向越出站界调车。

电话记录号码自每日 0 时起至 24 时止，按日循环编号，编号办法由铁路局规定。

路票应由车站值班员或指定的助理值班员填写。

对于填写的路票，车站值班员应根据《行车日志》的记录，进行认真核对，确认无误，并加盖站名印后，方可送交司机。

双线反方向行车使用路票时，应在路票上加盖"反方向行车"章；两线、多线区间使用路票时，应在路票上加盖"××线行车"章。

### 四、电话中断时的行车

#### 1. 电话中断时的行车办法

车站行车室内一切电话中断，单线行车按书面联络法，双线行车按时间间隔法，列车进入区间的行车凭证均为红色许可证（见图 5.4）。

```
                    许可证
                              第____号
    现在一切电话中断，准许第____次列车自____站至____站，本列
车前于____时____分发出的第____次列车，邻站到达通知 已/未 收到。

                    通知书
    1. 第____次列车到达你站后，准接你站发出的列车。
    2. 于____时____分发出第____次列车，并于____时____分再
发出第____次列车。

                         站（站名印）车站值班员（签名）
                             年    月    日填发
```

注：1. 红色纸，复写一份，司机一份，存根一份；（规格90mm×130mm）
　　2. 不用的字句抹消。

图 5.4　红色许可证

（1）在双线自动闭塞区间，如闭塞设备作用良好时，列车运行仍按自动闭塞法行车，但车站与列车司机应以列车无线调度通信设备直接联系（说明车次及注意事项等）。如列车无线调度通信设备故障时，列车必须在车站停车联系。

（2）单线按书面联络法行车时，下列车站可以优先发车：
① 已办妥闭塞而尚未发车的车站。
② 未办妥闭塞时：
• 单线区间为发出下行列车的车站；
• 双线改为单线行车时，为该线原定发车方向的车站；
• 同一线路同一方向运行的列车，有上下行两种车次时，铁路局规定优先发车的车站。

第一个列车的发车权为优先发车的车站所有，如优先发车的车站没有待发列车时，应主动用图 5.4 的通知书通知非优先发车的车站。非优先发车的车站，如有待发列车时，应在得到通知书以后方可发车。

第一个列车的发车站，在发车前应查明区间已空闲，并在红色许可证的通知书上记明下一个列车的发车权。已办妥闭塞而尚未发车的发车站发车时，持有行车凭证的列车，还应发给图 5.4 所示的通知书；如无行车凭证，列车应持红色许可证开往邻站。以后开行的列车，均凭图 5.4 所示的通知书上记明的发车权办理。

图 5.4 所示的通知书，应采取最快的方法传送，优先方向车站如无开往区间的列车时，在确认区间空闲后，可使用重型轨道车或单机传送。

（3）双线按时间间隔法行车时，只准发出正方向的列车。非自动闭塞区间发出第一个列车时，在发车前应查明区间已空闲。

（4）一切电话中断后，连续发出同一方向的列车时，两列车的间隔时间，应按区间规定的运行时间另加 3 min，但不得少于 13 min。

2. 电话中断后禁止发出的列车

一切电话中断时，禁止发出下列列车：
（1）在区间内停车工作的列车（救援列车除外）。
（2）开往区间岔线的列车。
（3）须由区间内返回的列车。
（4）挂有须由区间内返回后部补机的列车。
（5）列车无线调度通信设备故障的列车。

3. 电话中断时的特殊情况处理

在一切电话中断时间内，如有封锁区间抢修施工或开通封锁区间时，由接到请求的车站值班员以书面通知封锁区间的相邻车站。

单线区间的车站，经以闭塞电话、列车调度电话或其他电话呼唤 5 min 无人应答时，由列车调度员查明该站及其相邻区间确无列车（包括单机、大型养路机械及重型轨道车）后，可发布调度命令，封锁相邻区间，按封锁区间办法向不应答站发出列车。

该列车应在不应答站的进站信号机外停车，判明不应答原因及准备好进路后，再行进站。司机或车站值班员应将经过情况报告列车调度员。

## 项目小结

通过对铁路行车闭塞法的学习，进一步掌握自动闭塞、自动站间闭塞、半自动闭塞、电话闭塞的使用方法及注意事项，更应熟悉在非正常情况下的行车凭证。在行车工作中保证列车安全运行，优质、高效地完成运输任务。本章重点是各种行车闭塞法的行车凭证。

**复习思考题**

1. 什么叫行车闭塞法？
2. 行车闭塞法有几种类型？各有什么特点？我国采用的是哪一种？
3. 什么叫自动闭塞？有何优点？行车凭证有哪些规定？
4. 什么叫自动站间闭塞？有何特点？行车凭证有哪些规定？
5. 什么叫半自动闭塞？有何特点？行车凭证有哪些规定？
6. 电话中断的行车凭证有哪些规定？
7. 电话闭塞法的使用规定及列车进入区间的凭证是什么？
8. 路票的使用有哪些规定？司机应确认的关键内容有哪些？
9. 一切电话中断后禁止发出哪些列车？
10. 《行车日志》有什么作用？
11. 说明绿色许可证、红色许可证及路票的作用。

# 项目六 列车运行

## 项目描述：

随着市场化经济的改革和发展，铁路运输企业必须面向市场。而列车运行是完成铁路运输任务的重要环节，是列车组织的一项主要内容，它由铁路运输各部门、各工种互相配合、协调动作，并正确合理使用铁路技术设备来完成。列车运行关系到人民生命财产的安全和铁路的运输效益，为此，有关行车人员必须严格执行各项规章制度，确保列车运行安全。

## 目标引领：

（1）了解列车运行的基本要求，重点掌握列车运行中对司机的要求及列车运行的限速。
（2）重点掌握列车在区间被迫停车后对司机的要求、防护及防溜的有关规定。
（3）重点掌握列车分部运行及退行的禁止与允许规定和办法。
（4）重点掌握救援列车、路用列车的行车凭证、开行办法和对司机的要求。
（5）掌握列车运行中发生火灾、爆炸、车钩断裂、暴风雨等非正常情况下的运行办法及对司机的要求。
（6）掌握防止路外伤亡事故的措施及处理办法。
（7）注重培养学生遵守标准规范的职业素养、应对突发事件能处置能力和创新、绿色、安全的工作理念。

## 思政案例：

列车运行是完成铁路运输任务的重要环节，是列车组织的一项主要内容，它由铁路运输各部门、各工种互相配合、协调动作，并正确合理使用铁路技术设备来完成。列车运行关系到人民生命财产的安全和铁路的运输效益，为此，有关行车人员必须严格执行各项规章制度，确保列车运行安全。

案例经过：1989年5月24日，3160次列车本务机车在北同蒲线大牛店站进行调车作业，将两辆装满航空汽油的油罐车在三道甩下，未采取防溜措施。因站线有2.5‰的坡道，两辆罐车自行溜逸进入区间，区间线路是12‰的下坡道，在区间内与上行1608次货物列车正面冲突。一辆罐车颠覆，所装航空汽油着火爆炸，另一辆罐车和1608次机车脱轨并起火，机后1~3位货车脱轨。造成机车乘务员3人死亡，机车报废1台、货车报废4辆。

案例分析：3160次列车司机在甩车后，未对甩下车辆进行防护，造成车辆溜逸，车辆溜逸后颠覆、爆炸，并与1608次列车冲突。

在列车运行章节中融入思政教育，紧紧围绕立德树人这一根本任务，注重培养学生遵守标准规范的职业素养、应对突发事件能处置能力和创新、绿色、安全的工作理念。

# 任务一　列车运行的基本要求

列车是指编成的并挂有机车及规定的列车标志的车列。动车组列车为自走行固定编组列车。

为了能顺利完成列车运行中的各项作业，及时处理运行中发生的问题，确保列车安全、正点，列车在发往区间运行时应具备一定的条件。

## 一、行车指挥

### 1. 基本原则

铁路行车组织工作，必须贯彻安全生产的方针，坚持高度集中、统一领导的原则。运输、机务、车辆、工务、电务、供电、信息、房建等部门要发扬协作精神，主动配合，紧密联系，协同动作，组织均衡生产，不断提高效率，挖掘运输潜力，完成和超额完成铁路运输任务。行车工作应坚持集中领导、统一指挥、逐级负责的原则。

（1）局与局间由国铁集团，局管内各区段间由铁路局，一个调度区段内由本区段列车调度员统一指挥。

（2）车站由车站值班员，线路所由线路所的车站值班员统一指挥。凡划分车场的车站，各车场由该车场的车站值班员统一指挥；车场间接发列车进路互有关联的行车事项，由指定的车站值班员统一指挥。

（3）列车和单机由司机负责指挥。列车或单机在车站时，所有乘务人员应按车站值班员的指挥进行工作。

（4）在调度集中区段，调度集中控制车站有关行车工作由该区段列车调度员直接指挥；但转为车站控制时，由车站值班员指挥。

### 2. 行车指挥

#### 1）对有关人员的要求

有关行车人员必须执行列车调度员的命令，服从调度指挥。

列车调度员应负责组织实现列车运行图、编组计划、运输方案，为此，必须检查各站执行列车运行图和编组计划的情况，及时发布有关行车命令和口头指示，严格按列车运行图指挥行车，遇列车发生晚点时，应积极采取措施，组织有关人员恢复正点。注意列车在车站到发及区间内的运行情况，正确、及时地处理临时发生的问题。

#### 2）调度命令的发布

指挥列车运行的命令（运行揭示调度命令除外）和口头指示，只能由列车调度员发布。列车调度员在发布命令之前，应详细了解现场情况，并听取有关人员意见。遇表 6.1 所列情况，须发布调度命令。

表 6.1 行车调度命令项目表

| 顺序 | 命令项目 | 受令者 ||
|---|---|---|---|
| | | 司　机 | 车站值班员 |
| 1 | 封锁、开通区间 | | ○ |
| 2 | 向封锁区间开行救援列车、路用列车 | ○ | ○ |
| 3 | 临时变更或恢复原行车闭塞法 | ○ | ○ |
| 4 | 双线反方向行车、由双线改为单线或恢复双线行车 | ○ | ○ |
| 5 | 变更列车径路 | ○ | ○ |
| 6 | 发出在区间内停车或由区间返回的列车 | ○ | ○ |
| 7 | 开往区间内岔线的列车 | ○ | ○ |
| 8 | 发出临时由区间内返回后部补机的列车 | ○ | ○ |
| 9 | 列车需临时降弓运行 | ○ | ○ |
| 10 | 因行车设备故障、灾害或施工，以及列车中挂有限速的机车车辆等，需要使列车临时限速运行（纳入运行揭示调度命令或本务机车、动车组自身设备原因限速时除外） | ○ | ○ |
| 11 | 动车组列车空调失效需打开部分车门限速运行 | ○ | ○ |
| 12 | 车站使用故障按钮、总辅助按钮 | | ○ |
| 13 | 超长列车或列车挂有装载超限货物的车辆 | ○ | ○ |
| 14 | 单机附挂车辆 | ○ | |
| 15 | 半自动闭塞区间，超长列车头部越过出站信号机（未压上出站方面的轨道电路）发车 | ○ | ○ |
| 16 | 在非到发线上接发列车 | ○ | ○ |
| 17 | 调度日（班）计划以外，临时加开或停运列车（单机除外） | ○ | ○ |
| 18 | 双线区间在区间内进行跨线装卸作业时，对开入其邻线的列车 | ○ | ○ |
| 19 | 双线区间在区间内有除雪机、起重机工作时，对开入其邻线的列车 | ○ | ○ |
| 20 | 双线区间在区间内发生冲突、脱轨、火灾、爆炸事故，对开入其邻线的列车 | ○ | ○ |
| 21 | 列尾装置故障（丢失）的货物列车继续运行 | ○ | |
| 22 | 改按天气恶劣难以辨认信号的办法行车或恢复正常行车 | ○ | ○ |
| 23 | 动车组列车转入或退出隔离模式（被救援时除外） | ○ | ○ |
| 24 | 动车组列车在列控车载设备控车和列车运行监控装置控车之间人工转换 | ○ | |
| 25 | 临时利用本务机车调车作业 | ○ | |
| 26 | 利用天窗施工、维修作业 | | ○ |
| 27 | 施工、维修作业较指定时间延迟结束 | | ○ |
| 28 | 运行揭示调度命令与实际限速、行车方式或设备不符时 | ○ | |
| 29 | 正线、到发线接触网停电或送电（接触网倒闸、跳闸后试送电、向中性区送电或弓网故障排查除外） | | ○ |

续表

| 顺序 | 命令项目 | 受令者 | |
|---|---|---|---|
| | | 司　机 | 车站值班员 |
| 30 | 正线、到发线接触网停电后准许登顶作业 | ○ | ○ |
| 31 | 双管供风旅客列车运行途中改为单管供风 | ○ | ○ |
| 32 | 列车调度员认为有必要记录的上述以外的命令 | 有关人员 | |

注：1. 画○者为受令人员。
　　2. 天窗维修作业在指定的时间内完成并销记后，列车调度员不再发布维修作业结束恢复行车的调度命令。
　　3. 动车组列车改按列车运行监控装置方式运行需将列控车载设备隔离时，列车调度员仅发布改按列车运行监控装置方式行车的调度命令。
　　4. 因调车作业动车组控车模式转换，不发布调度命令。自动站间闭塞法行车转为半自动闭塞法行车及转回的调度命令，可不发给司机。

上述调度命令如涉及其他单位和人员时，应同时发给他们。

列车调度员向司机发布调度命令时，应在列车进入关系区间（车站）前向司机发布或指定车站向司机交付，如来不及时应使列车停车进行发布或交付。

对于需向司机发布的调度命令，列车调度员可使用调度命令无线传送系统或按规定使用语音记录装置良好的列车无线调度通信设备向司机发布。由车站交付的调度命令，车站值班员可使用调度命令无线传送系统或按规定使用语音记录装置良好的列车无线调度通信设备向司机转达。

对跨局的列车，接车铁路局列车调度员可委托发车铁路局列车调度员发布调度命令。更换机车或变更限速条件时，应由有关铁路局列车调度员重新发给相关调度命令。途中乘务人员换班时，应将调度命令内容交接清楚。

使用计算机、传真机、调度命令无线传送系统发布调度命令时，命令接受人员确认无误后应及时反馈回执。使用电话发收调度命令时，应填记《调度命令登记簿》，指定受令人员中一人复诵，并记明发收人员姓名及时刻。

## 二、列车乘务组

为了完成列车运行中的各项作业，及时处理运行中发生的各种情况，以及在有碍安全时采取临时措施，根据列车的任务、要求和运行条件，列车上配备有直接为列车服务的人员组成的列车乘务组。列车乘务组包括机车乘务组、车辆乘务人员及旅客乘务组。

列车乘务组按下列规定组成：动车组列车应有动车组司机，其他列车应有机车乘务人员；动车组列车应有随车机械师，其他旅客列车、特快货物班列和机械冷藏车组，均应有车辆乘务人员；旅客列车应有客运乘务组。

（1）机车乘务组：负责操作机车和在特殊情况下对列车的防护。

（2）车辆乘务人员：列车和机械冷藏车组均应配有车辆乘务人员，负责该车辆的及时检修和故障处理。装载超限货物的车辆是否需要派添乘务人员应根据装运的命令办理。

（3）旅客乘务组：由列车长、列车广播员、列车员、行李员、乘警及餐车工作人员等组成，负责乘客的乘行安全、各项服务及行李包裹的作业等。

混合列车的编组内容各项不相同，对其乘客组的派出全路不做统一规定，由各铁路局根据具体情况确定。

## 三、列车按运输性质的分类和运行等级顺序如下

### 1. 按运输性质分类

（1）旅客列车（动车组列车，特快、快速、普通旅客列车等）。
（2）特快货物班列。
（3）军用列车。
（4）货物列车（快速货物班列、五定班列、快运、重载、直达、直通、冷藏、自备车、区段、摘挂、超限及小运转列车）。
（5）路用列车。

### 2. 列车运行等级顺序

列车运行等级顺序原则上按速度等级从高到低排序，同速度等级的列车原则上按以下等级排序：
（1）动车组列车。
（2）特快旅客列车。
（3）特快货物班列。
（4）快速旅客列车。
（5）普通旅客列车。
（6）军用列车。
（7）货物列车。
（8）路用列车。

开往事故现场救援、抢修、抢救的列车，应优先办理。特殊指定的列车或列车种类，其等级应在指定时确定。

## 四、列车运行时限制速度的规定

列车应按规定速度运行，不得超过规定的限制速度，以确保列车安全、正点。列车运行限制速度规定见表 6.2。

表 6.2　列车运行限制速度

| 项　目 | 速度/（km/h） |
| --- | --- |
| 四显示自动闭塞区段通过显示绿黄色灯光的信号机 | 在前方第三架信号机前能停车的速度 |
| 通过显示黄色灯光的信号机及位于定位的预告信号机 | 在次一架信号机前能停车的速度 |
| 通过显示一个黄色闪光灯光和一个黄色灯光的信号机 | 该信号机防护进路上道岔侧向的允许通过速度 |
| 通过减速地点标 | 标明的速度，未标明时为 25 |
| 推进 | 30 |
| 退行 | 15 |
| 接入站内尽头线，自进入该线起 | 30 |

下列构造的单开道岔，侧向通过最高速度的规定见表 6.3 所示。

表 6.3 道岔侧向限速速度

| 普通尖轨 | 辙叉号数 | | | | |
|---|---|---|---|---|---|
| | 9 | 12 | 18 | 30 | |
| 速度/（km/h） | 30 | 45 | 80 | 客 140 | 货 90 |

## 五、列车运行中对司机的要求

在列车运行中，司机应正确驾驶机车，严格按信号行车，这是确保列车运行安全正点的重要条件。司机应做到以下几点：

（1）列车在出发前输入监控装置有关数据；按规定对列车自动制动机进行试验，在制动保压状态下列车制动主管的压力 1 min 内漏泄不得超过 20 kPa，确认列尾装置作用良好。

装备机车综合无线通信设备的机车，开车前司机要选定机车综合无线通信设备通信模式和运行线路。在 GSM-R 区段运行时，机车综合无线通信设备、GSM-R 手持终端按规定注册列车车次，并确认正确。

（2）遵守列车运行图规定的运行时刻和各项容许及限制速度。彻底瞭望，确认信号，执行呼唤应答制度，严格按信号显示要求行车，确保列车安全正点。遇有信号显示不明或危及行车和人身安全时，应立即采取减速或停车措施。

（3）机车信号、列车无线调度通信设备、列车运行监控装置（轨道车运行控制设备）和列尾装置必须全程运转，严禁擅自关机。

运行途中，遇列尾装置、机车信号、列车运行监控装置（轨道车运行控制设备）发生故障时，司机应立即使用列车无线调度通信设备报告车站值班员或列车调度员，并根据实际情况掌握速度运行；遇机车信号、列车运行监控装置（轨道车运行控制设备）发生故障时，司机应控制列车运行至前方站停车处理或请求更换机车，在自动闭塞区间，列车运行速度不超过 20 km/h；遇列车无线调度通信设备发生故障时，司机应在前方站停车报告。

（4）起动稳，加速快，精心操纵，停车准确，按规定鸣笛，防止列车冲动和断钩。

（5）随时检查机车总风缸、制动主管的压力。检查内燃机车柴油机的润滑油压力、冷却水的温度及其转数等情况。注意电力机车的各种仪表的显示及接触网状态。

（6）在区间内列车停车进行防护、分部运行、装卸作业或使用紧急制动阀停车后再开车时，司机必须检查试验列车制动主管的贯通状态，确认列车完整，具备开车条件后，方可起动列车。

（7）单机、自轮运转特种设备在自动闭塞区间紧急制动停车或被迫停在调谐区内时，司机须立即通知后续列车司机、向两端站车站值班员（列车调度员）报告停车位置（具备移动条件时司机须先将机车移动不少于 15 m），并在轨道电路调谐区外使用短路铜线短接轨道电路。

（8）等会列车时，不准关闭空气压缩机，并应按规定显示列车标志。

（9）负责货运票据的交接与保管。

（10）将列车运行中发生的问题及使用紧急制动阀的情况，及时报告列车调度员。

## 任务二　列车在区间被迫停车的处理与防护

列车在区间除有计划的（乘降、装卸、施工、救援）停车外，由于事故或行车设备故障等原因造成列车在区间的停车，称为列车在区间被迫停车。当列车在区间被迫停车后，不仅会造成该线行车中断，还可能造成追踪列车的追尾、列车脱轨、颠覆或货物脱落，而且在双线区段还可能妨碍邻线行车。因此，在区间被迫停车的情况下，要求司机（或运转车长）应充分利用列车无线电话与有关部门密切联系、迅速通知、及时防护、尽快处理，使线路及时复原开通。

### 一、列车在区间被迫停车时的处理

列车在区间被迫停车不能继续运行时，司机应立即使用列车无线调度通信设备通知两端站（列车调度员）及车辆乘务员（随车机械师），报告停车原因和停车位置，根据需要迅速请求救援。需要防护时，列车前方由司机负责，列车后方由车辆乘务员（随车机械师）负责，无车辆乘务员（随车机械师）时为列车乘务员负责。配备列车防护报警装置的列车应首先使用列车防护报警装置进行防护。单班单司机值乘的列车防护作业办法由铁路局规定。

如遇自动制动机故障，动车组以外的旅客列车司机应通知车辆乘务员立即组织列车乘务人员拧紧全列人力制动机，以保证就地制动；其他列车司机应立即采取安全措施，并向车站值班员（列车调度员）报告，请求救援。

对已请求救援的列车，不得再行移动，并按规定对列车进行防护。

车站值班员（列车调度员）接到司机通知后，应将区间内列车运行情况通知司机，并立即使用列车无线调度通信设备转告区间内有关列车。在停车原因消除前不得再放行追踪、续行列车。

需组织旅客疏散时，车站值班员得到列车调度员准许后，扣停邻线列车并通知司机，司机通知有关作业人员办理。

列车被迫停车可能妨碍邻线时，司机应立即用列车无线调度通信设备通知邻线上运行的列车和两端站（列车调度员），并与车辆乘务员（随车机械师）分别在列车的头部和尾部附近邻线上点燃火炬；在自动闭塞区间，还应对邻线来车方向短路轨道电路。配备列车防护报警装置的列车应首先使用列车防护报警装置进行防护。司机应亲自或指派人员沿邻线一侧对列车进行检查，发现妨碍邻线时，应立即派人按规定防护。如发现邻线有列车开来时，应鸣示紧急停车信号。

单班单司机值乘的列车防护作业办法由铁路局规定。

车站值班员（列车调度员）接到列车被迫停车可能妨碍邻线的通知后，应立即通知邻线有关列车停车，在原因消除前不得向邻线放行列车。

### 二、列车在区间被迫停车的防护

为确保列车在区间内被迫停车后本线及邻线上列车的安全，防止追踪运行列车追尾及开来救援的列车与停留列车发生冲突，除按规定进行充分联系、处理外，还必须按规定进行防护。

当列车在区间被迫停车需防护时，列车前方由司机负责，后方由运转车长负责，无运转车长时仍由司机负责。允许机车乘务组及运转车长指派其他铁路职工进行防护，但必须给防护用具，说明防护方法，防护未结束或无人接替前，防护人员不得擅离防护岗位。

使用响墩对列车进行防护的办法如下。

（1）已请求救援的列车，从救援列车开来的方向（方向不明时，从停留列车前后两个方向）距停留列车不少于 300 m 处（见图 6.1）放置响墩进行防护。因列车调度员已在调度命令中指明了被迫停车列车的位置，救援列车司机可以提前减速，能在 300 m 的距离内停车。

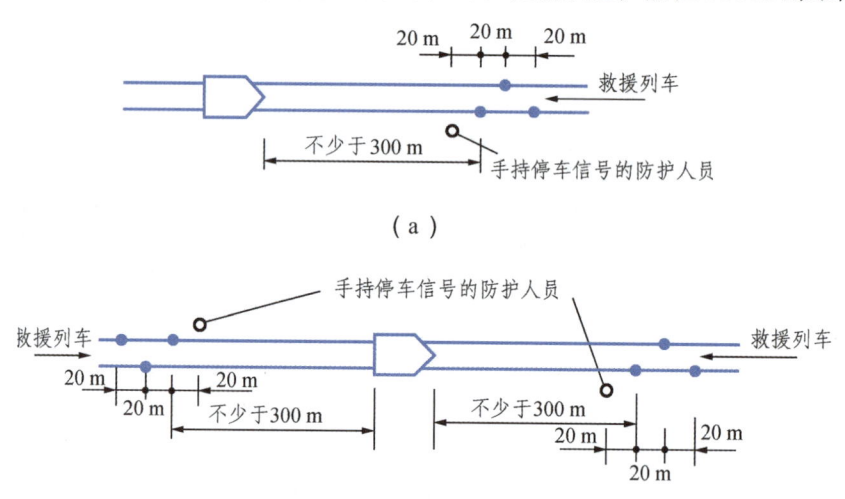

图 6.1　已请求救援列车的防护

（2）当电话中断后发出的列车（持有红色许可证通知书 1 的列车除外），应于停车后立即从列车后方按线路最大速度等级规定的列车紧急制动距离位置处防护。因电话中断后，从停留车后方开来的追踪列车对停车没有准备，所以防护距离不得少于列车的制动距离，如图 6.2 所示。

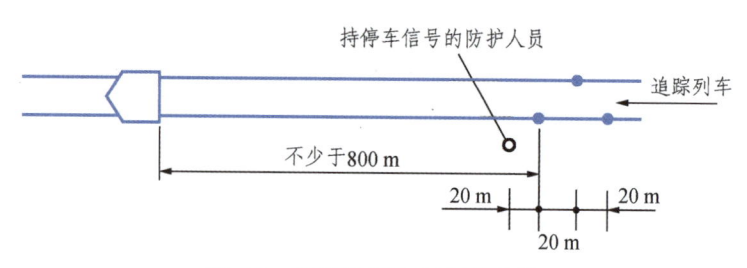

图 6.2　有追踪列车运行的防护

（3）当有妨碍邻线行车的地点时，若不知邻线来车方向，须从该地点的两方按线路最大速度等级规定的紧急制动距离（不少于 800 m）处放置响墩进行防护，如图 6.3 所示。若已确定邻线来车方向，则仅对来车方向进行防护，如图 6.4 所示。考虑邻线可能反方向行车，当被迫停车列车妨碍邻线时，若未确认来车方向，应从两端进行防护。由于邻线运行的列车没有停车准备，故放置响墩距离应不小于制动距离。

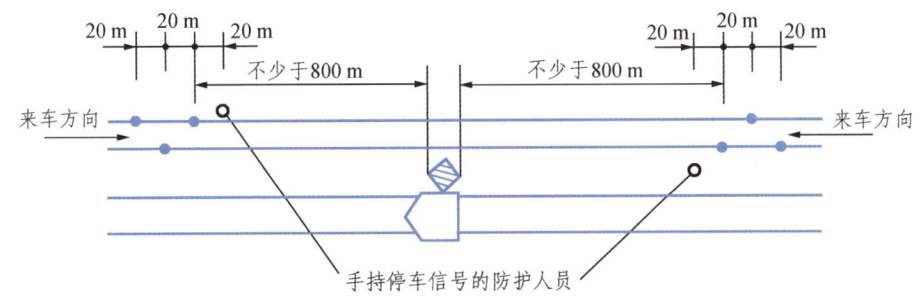

图 6.3　妨碍邻线行车地点两方向的防护

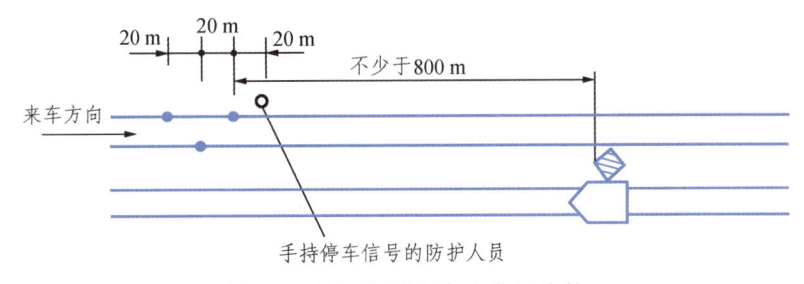

图 6.4　妨碍邻线来车方向的防护

（4）列车分部运行，机车进入区间挂取遗留车辆时，应从列车前方距离不少于 300 m 处防护，如图 6.5 所示。

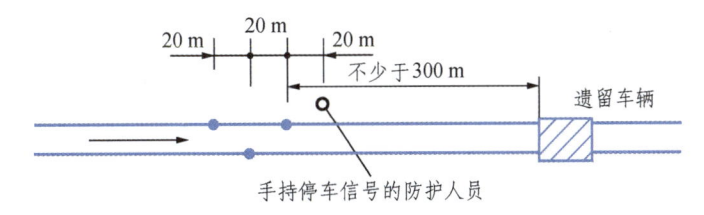

图 6.5　分部运行是机车挂取遗留车辆的防护

为了防止防护人员在撤除响墩后走向本列车的途中，后续列车盲目闯入防护地段与停留列车发生冲突，防护人员设置的响墩在停车原因消除后不可撤除。

## 任务三　列车的分部运行与退行

### 一、列车分部运行

列车由于超重、断钩、制动主管破裂以及车辆脱轨颠覆等原因被迫停车后，司机将部分车辆遗留原地，而将列车的前部车辆牵引运行至前方站的行车处理方法称为列车分部运行。它是列车在区间被迫停车后最常用的一种方法。

1. 禁止列车分部运行的情况

在不得已情况下，列车必须分部运行时，司机应报告前方站（列车调度员），并做好遗留车辆的防溜和防护工作。司机在记明遗留车辆辆数和停留位置后，方可牵引前部车辆运行至前方站。在运行中仍按信号机的显示进行，但在半自动闭塞区间或按电话闭塞法行车时，该列车必须在进站信号机外停车（司机已报告前方站或列车调度员列车为分部运行时除外），将情况通知车站值班员后再进站。车站值班员应立即报告列车调度员封锁区间，待将遗留车辆拉回车站，确认区间空闲后，方可开通区间。

下列情况列车不准分部运行：
（1）采取措施后可整列运行时。
（2）对遗留车辆未采取防护、防溜措施时。
（3）遗留车辆无人看守时。
（4）司机与车站值班员及列车调度员均联系不上时。
（5）遗留车辆停留在超过 6‰坡度的线路上时。

在以上 5 种情况下，只要有一条不满足要求，均应禁止分部运行，但在不得已的情况下，如危及列车、乘务员的安全时，列车也必须分部运行。

#### 2. 列车分部运行的具体办法

（1）司机应使用列车无线调度通信设备向前方站和列车调度员报告。
（2）切实做好遗留车辆的防溜防护工作。这是防止事故扩大、保证遗留车辆及追踪列车运行安全的关键性环节。车辆溜逸事故对行车安全危害性极大，为了防止遗留车辆溜逸，应做到能连挂的连挂到一起，不能连挂的分组分别拧紧两端车辆的手制动机，并以铁鞋牢靠固定。
（3）司机在记明遗留车辆的辆数和停留位置后，方可牵引前部车辆，按信号机的显示向前方站运行。在半自动闭塞区间，司机必须向车站值班员报告列车为分部运行等情况后，方可进站，否则即便进站信号机显示进行信号，也必须在进站信号机前停车，待将情况通知车站值班员后才可进站。
（4）前部列车进站后，车站值班员应立即将情况通知列车调度员，并由列车调度员发布调度命令封锁区间，并派出救援列车或指派本务机返回区间，挂取遗留车辆拉回车站，确认空间空闲后，方可开通区间。

### 二、列车的退行

列车在区间由于坡停、线路故障及自然灾害阻断等原因无法向前继续运行，需倒退至后方车站的行车方法成为列车退行。

在不得已情况下，列车必须退行时，车辆乘务员或随车机械师（无车辆乘务员或随车机械师时为指派的胜任人员）应站在列车尾部注视运行前方，发现危及行车或人身安全时，应立即使用紧急制动阀（紧急制动装置）或使用列车无线调度通信设备通知司机，使列车停车。

列车退行速度不得超过 15 km/h。未得到后方站（线路所）车站值班员准许，不得退行到车站的最外方预告标或预告信号机（双线区间为邻线预告标或特设的预告标）的内方。

车站接到列车退行的报告后，除立即报告列车调度员外，根据线路占用情况，可开放进站信号机或按引导办法将列车接入站内。

下列情况列车不准退行：
（1）按自动闭塞法运行时（列车调度员或后方站车站值班员确认该列车至后方站间无列车，并准许时除外）。

(2)在降雾、暴风雨雪及其他不良条件下,难以辨认信号时。
(3)一切电话中断后发出的列车(持有红色许可证通知书 1 的列车除外)。

挂有后部补机的列车,除上述情况外,是否准许退行,由铁路局规定。

动车组列车在区间被迫停车后须返回后方站时,车站值班员确认动车组列车至后方站间已空闲后,经列车调度员同意,通知司机返回。司机根据车站值班员的通知,在动车组列车运行方向(折返)前端操作,运行速度不得超过 40 km/h,按进站信号机显示进站。

## 任务四　路用列车的开行

### 一、救援列车

当站内或区间发生列车冲突、脱轨、颠覆及发生自然灾害危及行车安全,需尽快排除障碍、开通区间、恢复正常行车时,专为事故救援、抢修、抢救而来往事故现场的列车称为救援列车。开往事故现场的单机、动车、重型轨道车及事故救援的列车均统称为救援列车。救援列车一般由起重吊车、修理车、工具车、宿营车及工程材料、发电车等组成,配备有一定数量的救援人员。救援列车不受列车等级的限制,应优先办理。根据国铁集团的要求,在重点地区机务段设置的救援列车,在接到命令后 30 min 内出动。

#### 1. 救援列车的请求与派遣

车站值班员接到司机或工务、电务、供电等人员的救援请求后,应立即报告列车调度员。需封锁区间派出救援列车时,列车调度员应向有关车站发布命令封锁区间,并派出救援列车。

向封锁区间发出救援列车时,不办理行车闭塞手续,以列车调度员的命令,作为进入封锁区间的许可。

当列车调度电话不通时,应由接到救援请求的车站值班员根据救援请求办理,救援列车以车站值班员的命令,作为进入封锁区间的许可。

#### 2. 救援列车的开行

(1)救援列车运行在非封锁区间时,与其他列车一样,仍按该区间的行车闭塞法运行,行车凭证为该行车闭塞法的正常行车凭证。

(2)救援列车进入事故封锁区间时不办理行车闭塞手续,不开放出站信号机,以列车调度员的调度命令作为进入封锁区间的许可。以调度命令作为进入封锁区间的许可,一方面可区别于正常行车,另一方面可引起救援列车司机的注意,必须按调度命令的要求运行。调度命令的内容应包括:往返车次、运行速度、事故地点、工作任务及要求等。

#### 3. 对开行列车乘务员的要求

(1)司机接到救援命令后,必须认真确认。命令不清、停车位置不明确时,不准动车。
(2)救援列车进入封锁区间后,在接近被救援列车或车列 2 km 时,要严格控制速度。
(3)使用列车无线调度通信设备与请求救援的机车司机进行联系,并以在瞭望距离内能够随时停车的速度运行,最高不得超过 20 km/h,在防护人员处或压上响墩后停车,联系确认,并按要求进行作业。

#### 4. 救援列车进出封锁区间的联系

凡救援列车进入封锁区间、到发时刻、由区间拉回的车数及现场救援进度等情况均应通知列车调度员及对方站，以便列车调度员能及时掌握救援进度，合理安排人力、材料。

当救援工作复杂时，可在事故现场设置临时线路所，以及时了解和指挥现场的救援工作。在车站值班员发车前，应征得临时线路所值班员的同意，以便临时线路所做好接车前的准备及防护工作。临时线路所向区间两端车站发车时，也必须取得列车调度员的命令及接车站的同意。当救援列车向临时线路所运行时，须在防护地点外停车，待引导人员将事故地点的情况告知司机及有关人员，撤除防护后，列车按调车办理进入指定地点；发车时，先撤除防护后发车。

**1）现场指挥**

在事故调查处理委员会到达前，为加强事故现场救援工作的指挥，发出第一列救援列车时，由车站的站长或车站值班员携带行车紧急备品随乘第一列救援列车（分部运行时挂取遗留车辆的机车除外）到事故现场，负责救援列车的有关工作，成立临时线路所并担任临时线路所车站值班员的工作。而列车分部运行，机车开往事故区间挂取遗留车辆时，由于处理比较简单，车站站长或车站值班员不必前往，由运转车长或司机处理。

**2）区间的开通**

当列车调度员接到事故现场负责人关于列车可以安全通过的事故现场报告后，查明区间已无救援列车、机车、车辆等，确已空闲后，方可向两端车站发布开通区间的命令。若列车尚需限速运行，调度员还必须发布限速运行的调度命令；假如调度电话不通，由接到通知的车站值班员在确认区间空闲后，通知邻站办理区的开通。

### 二、路用列车

不以营业为目的的而专为运输铁路内部自用物资（如枕木、道闸等）所开行的列车称为路用列车。

#### 1. 行车凭证

路用列车运行在非封锁区间时，仍按该区间的基本行车闭塞法或电话闭塞法办理的行车凭证进入区间运行。向施工封锁区间开行路用列车时，列车进入封锁区间的行车凭证为调度命令。该命令中应包括列车车次、停车地点、到达车站的时刻等有关事项，需限速运行时在命令中一并注明。

向施工封锁区间开行路用列车，原则上每端只准进入一列，如超过时，其安全措施及运行办法由铁路局规定。

司机和施工负责人应严格执行调度命令，并按规定的时间到达车站。当调度员电话中断而又急需紧迫施工送料时，路用列车进入封锁区间的行车凭证为发车站车站值班员的命令。

#### 2. 注意事项

（1）向施工封锁区间开行路用列车，原则上每端只准进入一列。如因作业需要超过一列时，同向列车的间隔、前后列车的运行速度等运行办法和安全措施由铁路局规定。

（2）向施工封锁区间开行路用列车时，列车进入封锁区间的行车凭证为调度命令。该命令中应包括列车车次、停车地点、到达车站的时刻等有关事项，需限速运行时在命令中一并注明。

向施工封锁区间开行路用列车，原则上每端只准进入一列，如超过时，其安全措施及运行办法由铁路局规定。

（3）路用列车或线路施工机械进入施工地段时，应在施工防护人员显示的停车手信号前停车；然后，根据施工领导人的要求，按调车办法进入指定地点。

**3. 路用列车在区间卸车的要求**

路用列车应由施工单位指派胜任人员携带列车无线调度通信设备值乘，并在区间协助司机作业。路用列车或施工机械进入施工地段时，应在施工防护人员显示的停车手信号前停车，根据施工负责人的要求，按调车办法进入指定地点。

# 任务五　列车发生非正常情况的应急处理

## 一、列车发生火灾、爆炸应急处理

列车发生火灾、爆炸应急处理：

（1）列车发生火灾、爆炸时，须立即停车（停车地点应尽量避开特大桥梁、长大隧道等，选择便于旅客疏散的地点），车站不再向区间放行列车，并通知邻线及后续相关列车停车。电气化区段，现场需停电时，应立即通知供电部门停电。

（2）列车需要分隔甩车时，应根据风向及货物性质等情况而定。一般为先甩下列车后部的未着火车辆，再甩下着火车辆，然后将机后未着火车辆拉至安全地段。

对甩下的车辆，在车站由车站人员负责采取防溜措施；在区间由司机、车辆乘务员负责采取防溜措施。

## 二、汛期暴风雨行车应急情况处理

（1）列车通过防洪重点地段时，司机要加强瞭望，并随时采取必要的安全措施。

（2）当洪水漫到路肩时，列车应按规定限速运行；遇有落石、倒树等障碍物危及行车安全时，司机应立即停车，排除障碍并确认安全无误后，方可继续运行。

（3）列车遇到线路塌方、道床冲空等危及行车安全的突发情况时，司机应立即采取应急安全措施，并立刻通知追踪列车、邻线列车及邻近车站。配备列车防护报警装置的列车应首先使用列车防护报警装置进行防护。遇天气恶劣，信号机显示距离不足 200 m 时，司机或车站值班员须立即报告列车调度员，列车调度员应及时发布调度命令，改按天气恶劣难以辨认信号的办法行车。

## 三、自动闭塞区段出站信号机或发车进路信号机故障、由未设出站信号机的线路上发出列车、超长列车头部越过发车进路信号机或出站信号机发车时

（1）二人共同呼唤、确认绿色许可证内容（编号、内容、站名印、车站值班员签名、年月日）。

（2）监控装置输入"绿色许可证"编号，确认发车信号正确后，按压监控装置"解锁＋确认"键开车。

（3）按监控装置限速要求运行。

（4）出站信号机故障、列车头部越过出站信号机、由未设出站信号机的线路上发出列车，遇发车人员不能确认第一闭塞分区空闲时，以调度命令格式书面通知司机，司机应以在瞭望距离内能随时停车的速度（最高不超过 20 km/h）运行至第一架通过信号机，二人确认呼唤后，按其显示要求运行。

（5）进入区间按通过信号机显示要求运行。

### 四、引导接车时

二人共同确认引导（人工或机械）信号显示正确后，鸣笛一长声。遇机械引导监控装置不上码时，按压"解锁"键，控速 20 km/h 以下进站并准备停车。

### 五、施工特定行车时

（1）联控接收路票、调度命令并确认内容正确。
（2）监控装置按"路票"或"绿色许可证"模式操作。
（3）联控正线通过时，确认特定引导手信号显示正确后，控速 60 km/h 以下进站。
（4）确认通过手信号显示正确后监控装置按压"解锁＋确认"键通过。
（5）出站严格按监控装置限速运行。

### 六、区间装卸车时

（1）确认行车凭证：① 区间封锁时确认书面调度命令内容（往返车次、限速、装卸车地点、停车时间、到达车站的时刻、接触网停电等情况）正确；② 区间未封锁时按原闭塞方式的行车凭证开车。

（2）开车前司机与装卸车负责人、胜任执乘人员共同商定区间停车、移动、发车等联系办法。

（3）双线自闭区间反方向运行，监控装置应转入"调车"位。
（4）区间作业严格按胜任人员显示的信号动车。
（5）双线自闭区间反方向、单线半自闭区间返回时监控装置转入"调车"位运行。
（6）返回为推进运行时，由司机确认进站（引导）信号进站；司机不能确认时，应机外停车，确认胜任人员显示的绿色手信号进站。

### 七、列车反方向运行时

（1）双线双方向闭塞设备的车站，确认出站信号显示的绿色灯光、调度命令、反方向发车进路表示器显示一个白灯、发车信号开车；未设反方向闭塞设备或反方向闭塞设备故障时，确认调度命令、路票（加盖"反方向行车"章）、发车信号开车。

（2）客运列车按监控装置限速运行。

（3）进站：① 按反方向进站信号机的显示运行；② 未设反方向进站信号机或反方向进站信号机故障时，司机确认引导信号显示正确后，控速 20 km/h 以下按压"解锁"键进站。

## 八、列车发生分离（断钩）时

（1）及时通知追踪列车、调度员、两端站、车辆乘务员、随车机械师及派班室。
（2）按规定防溜。
（3）处理：
① 车钩完好时：a. 司机指派胜任人员显示信号进行连挂、试拉、试风、撤除防溜后开车；b. 长大坡道遇车辆分离时，本列不得连挂，必须请求救援。
② 车钩更换后可连挂时：a. 旅客列车由机车乘务员会同车辆乘务员（随车机械师）协助随车列检更换，货物列车由机车乘务员负责更换；b. 车钩更换完毕后，司机连挂妥当并进行连挂、试拉、试风、撤除防溜后开车。
③ 车钩不能更换时：a. 按分部运行办法行车；b. 如分离车辆前钩损坏，司机应向两端站和列车调度员报告，请求从后方站派救援机车将分离列车拉回后方站；c. 长大坡道区间禁止分部运行，立即请求救援。
④ 发生断钩时司机应记明发生地点、时间、车辆位置、断钩方向、车辆号码、检修日期、检修单位、车辆型号和断面构成（新痕、旧痕、砂眼、夹渣、缺陷），并把损坏的钩舌带上机车。

## 九、列车运行中发生折角塞门关闭时

（1）动力制动良好的机车，施行常用制动最大减压量，缓解单阀，动力制动给至最大值，实施撒砂，防止滑行；无动力制动或动力制动不良的机车，应立即使用紧急制动停车。
（2）装有列尾装置的列车，司机使用列尾控制盒实施尾部排风。
（3）有运转车长（车辆乘务员）执乘的列车，应呼叫运转车长（车辆乘务员）使用紧急制动阀停车，并鸣示紧急停车信号。
（4）使用列车无线调度通信设备通知前方站和列车调度员，汇报折关情况，要求安排进路。
（5）停车后消除折关原因并做好记录，进行制动机简略试验，正常后恢复运行。

## 十、站内无空闲线路接车时

（1）列车在进站信号机外停车。
（2）听取车站专人告知的接车线路、停留车位置、停车地点及注意事项。
（3）确认接车人员调车手信号旗（灯）以随时能停车的速度进站。
（4）在站内无空闲线路的特殊情况下，只准许接入为排除故障、事故救援、疏解车辆等所需要的救援列车、不挂车的单机、动车及重型轨道车。

## 十一、线路所通过信号机不能使用时

（1）确认书面行车凭证（半自动或自动站间闭塞为路票，自闭区段为绿色许可证）内容正确。
（2）凭线路所发车人员显示的通过手信号开车。

### 十二、机车监控装置故障时

（1）判定监控装置故障后，司机应及时通知车站和列车调度员。

（2）运行中严格按地面信号显示运行。

（3）在自闭区段，列车以不超过 20 km/h 的速度运行；半自闭区段，列车严格按实际限速控速。

（4）运行至前方站请求救援。

### 十三、机车信号故障时

#### 1. 判　断

（1）机车乘务员确认机车信号"上下行"开关、"制式开关"、接收线圈"前后行"开关位置正确及机车信号电源正常。

（2）自闭区段地面信号显示进行信号，机车信号连续两架不上码（显示白灯、单红灯），判定为机车信号故障。

（3）半自闭区段地面信号显示进行信号，连续两站的进、出站机车信号不上码（显示白灯、单红灯），判定为机车信号故障（如果发车站进站时机车信号正常，出站机车信号不上码，接车站进站、出站均不上码，判定为机车信号故障）。

（4）自闭或半自闭区段地面信号显示进行信号，机车信号显示停车信号（半红半黄灯）、灭灯、跳闪或多灯，乘务员必须关闭机车信号电源再开机试验，若仍无法恢复正常显示，判定为机车信号故障（当机车信号灭灯，监控装置机车信号显示正常，为机车信号灯泡烧损，不视为机车信号故障）。

（5）"机车信号故障恢复"的定义为开车经过一架地面信号机，机车信号显示正常。

#### 2. 判断过程中监控操作

（1）自闭或半自闭区段，遇进站（接车进路）信号显示进行信号，机车信号不上码，乘务员与车站值班员联控确认进站信号在开放状态，监控装置按人工引导方式进行操作。

（2）自闭或半自闭区段，遇出站（发车进路）信号机显示进行信号，机车信号不上码，列车在出站（发车进路）信号机前停车，乘务员与车站值班员联控，确认出站信号开放，监控装置按股道无码发车方式操作。

#### 3. 汇报及运行

（1）运行途中，遇机车信号故障，司机应使用列车无线调度通信设备报告车站和列车调度员，并根据实际情况控速；在自闭区段发生故障时，列车以不超过 20 km/h 的速度运行至前方站。

（2）运行中按地面信号机显示运行，地面信号显示停车信号时，停车位置应以地面信号机为依据。

#### 4. 机车信号故障后监控装置操作

（1）进入 20 km/h 限速模式。自闭区段，司机确认机车信号故障，在停车状态（监控装置处于监控状态和降级状态均可转入），持续按压"↑"键 2 s 以上，监控装置弹出"非正常行车确认"窗口，选择 4 "转入 20 km/h 限速模式确认"窗口，将光标移到确认按钮上按压"确认"键。

（2）转出 20 km/h 限速模式：确认机车信号恢复正常，在停车状态下司机按压"↑"键 2 s 以上，进入"非正常行车确认"窗口，选择 4 "转出 20 km/h 限速模式"，将光标移到确认按钮上按压"确认"键，转出 20 km/h 限速模式，监控装置进入降级状态。

### 十四、列车无线调度通信设备故障时

（1）列车在前方站停车报告，如列车无线调度通信设备与列尾共用一套设备时，应说明列尾受其影响也不能使用，申请调度命令。
（2）调度命令准许运行时，确认手信号开车。
（3）列尾装置不能正常使用时，按《列尾装置故障运行办法》运行。

### 十五、列车尾部安全防护装置故障时

（1）司机应立即使用列车无线调度通信设备通知车站、列车调度员，并严格控速。
（2）申请调度命令。
（3）运行至有列尾检测点的车站处理。

### 十六、列车（动车组列车除外）运行途中发生车辆故障应急处理

（1）发现客车车辆轮轴故障、车体下沉（倾斜）、车辆剧烈振动等危及行车安全的情况时，须立即采取停车措施。由车辆乘务员检查，对抱闸车辆应关闭截断塞门，排出工作风缸和副风缸中的余风，确认安全无误后，方可继续运行；如车轮踏面损坏超过限度或车辆故障不能继续运行时，应甩车处理。
（2）列车调度员接到热轴报告后，应按热轴预报等级要求果断处理。必要时，立即安排停车检查（司机应采用常用制动，列车停车后由车辆乘务员负责检查，无车辆乘务员的由司机确认能否继续安全运行）或就近站甩车处理。
（3）遇客车安全监控系统报警或其他故障需要列车限速运行时，车辆乘务员应使用列车无线调度通信设备通知司机，司机根据要求限速运行并报告车站值班员（列车调度员）。

## 任务六　列车在区间发生伤亡事故的处理

### 一、防止路外伤亡事故的措施

（1）运行中按规定地点鸣示一长声注意信号。加强瞭望、多鸣笛、鸣长笛，防止事故。
（2）运行中认真执行不间断瞭望和呼唤应答制度，机车乘务人员不同时喝水等，摸清行人多的区间及道口，注意行人车辆动态，发现线路有行人及危及安全时，应果断采取减速或停车措施。

（3）在减速或停车过程中，副司机要持续鸣笛，注视速度、使闸地点、行人去向。认真执行先鸣笛后动车，严禁先动车后鸣笛或边鸣笛边动车。

## 二、发生路外伤亡事故的处理

（1）在铁路区间，凡因机车、车辆碰、轧行人或车辆上旅客坠下造成伤亡时，司机或运转车长发现后均必须停车。

（2）因伤亡事故停车后，应把行人住址、性别、年龄、姓名问清楚后记录在手账上，再按规定开车，返段后填写事故报告。

（3）发生路外伤亡时，须对其人进行检查。若已死亡，由司机和运转车长共同负责，把死者移出线路外，检查衣袋内有无证明其身份的证件，若有需要记下住址、姓名，并对现场做好标记和事故简要记录，并找好看守人；对伤者，应送交有医疗条件的就近车站，积极进行抢救。

（4）当伤亡事故发生在站内或段管线内时，司机应报告值班员共同处理。

（5）发生伤亡事故后，应简要记录：列车车次、区间公里、吨数、辆数、计长、发生时间、当时速度、发现行人情况、鸣笛情况有无证明人，采取的措施及发生地点、停车地点、越过距离等情况。

（6）清理现场：找出听见鸣笛的证人、住址、姓名记入手账。在前方车站停车，将简要情况向列车调度员报告。

## 项目小结

本项目具体就列车运行的基本要求；列车在区间被迫停车；列车分部运行及退行；救援列车与路用列车的开行及列车在区间发生伤亡事故等处理的有关规定及要求做了阐述。而且对行车有关人员、机车乘务员的分工做了说明，希望大家通过理解、记忆，熟练掌握以下几点：

（1）了解列车运行的基本要求，重点掌握列车运行中对司机的要求及列车运行的限制速度。

（2）重点掌握列车在区间被迫停车后对司机的要求、防护及防溜的有关规定。

（3）重点掌握列车分部运行及退行的禁止与允许规定、办法。

（4）重点掌握救援列车、路用列车的行车凭证、开行办法及对司机的要求。

（5）掌握防止伤亡事故的措施及处理方法。

**复习思考题**

1. 列车运行时对司机有何具体要求？
2. 列车在区间被迫停车时，对司机有何要求？

3. 何为被迫停车？被迫停车后应如何防护与防溜？
4. 当被迫停车后，对邻线应作何处理？
5. 列车在区间被迫停车后，需分部运行时，司机应如何处理？
6. 何为分部运行？哪些情况下禁止分部运行？
7. 何为退行？允许退行的条件及办法是什么？哪些情况下应禁止退行？
8. 救援列车应如何请求和派遣？其占用区间的凭证是什么？
9. 何为救援列车？开行救援列车对机车乘务员有何要求？
10. 路用列车占用区间的凭证是什么？开行路用列车有哪些注意事项？
11. 列车发生火灾爆炸时如何处理？
12. 列车发生分离时如何处理？
13. 列车运行中发生折角塞门关闭该怎么处理？
14. 行车安全装备故障时，应如何处理？

# 模块三

PART THREE

# 机车乘务作业及铁路安全生产

　　机车乘务作业及铁路安全生产模块，主要依据是《铁路机车操作规则》《铁路行车事故处理规则》《铁路行车事故救援规则》等，主要内容有：作为机车乘务员，应该按照标准化作业程序对机车进行检查、乘务作业、保养，并能够熟练使用行车安全装备。同时，还应该掌握铁路行车安全、岗位作业安全以及人身安全的相关要求，熟悉铁路行车事故的分类、通报以及救援工作流程。本模块具体包括3个项目，共20个任务。

# 项目七 机车乘务员一次乘务作业过程

## 项目描述：

铁路是国民经济的大动脉，安全是铁路运输企业永恒的生命线。铁路行车安全的好坏是衡量铁路运输企业管理水平和各部门工作质量的重要指标之一。铁路企业认真贯彻"安全第一，预防为主，综合治理"的方针，是国民经济长期稳定发展的需要，也是广大铁路职工的光荣职责。

安全生产是党和国家的一贯方针，在铁路运输工作中，更有其重要的意义。列车的运行安全，关乎旅客的生命财产安全，关乎货物的安全，是铁路运输中最重要、最核心的部分。铁路旅客运输安全和货物运输安全取决于列车运行安全（行车安全）。

保证铁路运输安全是铁路企业及职工应尽的职责。一旦发生行车事故，后果极其严重。不但会造成运输工作中断，还会使许多企业生产不能正常进行，造成巨大的经济损失。有些事故甚至会危及人民的生命、财产，直接影响社会稳定。另外，事故产生的影响甚至会损害国家声誉，在国际上造成恶劣影响，影响国家对外交往和开放。所以，铁路运输安全对整个社会生活具有非常重要的意义和重大的影响。

机车乘务员是铁路运输的主要技术工种，担负着驾驶机车，维护列车安全正点的责任。机车乘务员的基本任务是：正确操作，爱护机车，合理利用机车功率，安全正点，多快好省地完成客货运输及站段调车任务。运输任务完成的质量好坏，与机车乘务员技术水平的高低、乘务作业过程的规范化关系很大。

为了保证列车安全正点运行，机车乘务员除不断提高操纵技术外，还要加强安全生产知识和规章制度的学习，乘务工作中严格执行《技规》和《铁路机车操作规则》等有关的规章命令；熟悉工作规律，熟悉线路特点和气候情况，根据线路的纵断面，结合季节气候特点，按要求正确操纵机车。

机车乘务员每一次乘务作业过程标准化，是机务部门确保铁路运输安全正点、优质服务的一项重要措施。历史的经验和血的教训证明：只有一丝不苟地执行每一次乘务作业过程标准化程序，才能消灭行车事故，确保工作时的人身安全，才能有力地保证实现安全、正点、优质、低耗。《铁路机车操作规则》是机车乘务员乘务作业的标准，是机车乘务员正确驾驶、精心保养机车和平稳操纵列车的依据。所以，机车乘务员和各级机务管理人员必须认真学习和严格执行本规则的规定，树立良好的职业道德，做到遵章守纪、爱护机车、平稳操纵、安全正点。

## 目标引领：

（1）熟悉并掌握机车乘务员一次乘务作业过程标准化作业程序，特别是有关作业过程中作业要求、操纵要点和安全注意事项。

（2）熟悉行车安全装备的功能及机车乘务员应重点掌握的相关操作，特别是列车运行监控记录装置和列车尾部安全监控装置的基本使用方法和故障处理方法。

（3）熟练掌握机车乘务员呼唤应答标准用语，掌握信号确认呼唤时机和手比姿势。

（4）树立爱岗敬业、精心操纵的职业道德，具备遵章守纪、爱护机车、一丝不苟、标准化作业、安全正点、精益求精的工匠精神和劳动素养。

### 思政案例：

"交通强国、铁路先行"是铁路人的历史使命和建设铁路现代化强国的必然要求。同时，轨道交通已成为"一带一路"倡议的助推器、名副其实的"国家工程"，是闪耀世界的靓丽名片和助力经济发展的新引擎。

新时代轨道交通行业发展对职业教育提出了更高要求，机车乘务员是铁路运输的主要工种，担负着驾驶机车，维护列车安全正点的责任。

案例经过：1996 年 9 月 2 日 13 时 47 分，北京铁路局湖东机务段 SS4 型 166 号机车担当牵引的 2258 次货物列车（编组 54 辆，总重 4 522 t，计长 59.6 m），行至大秦线大同南至湖东间 K8+668 下坡道处，司机退级，列车惰力运行。此时，因该机车组 3 人全部处于睡眠状态，列车失去控制，在 K15+408 处列车自然停车。因全列停于 4‰的上坡道上，2 min 后全列向后溜逸，溜走 1 665 m，在大秦线御河大桥上与后准备退行的新湖 3856 次货物列车相撞。造成新湖 3856 次货物列车司机、副司机死亡；机车报废 1 台，货车报废 2 辆、大破 4 辆、中破 1 辆、小破 7 辆，损坏线路木枕 27 根、钢轨 100 m；中断下行线 24 h 20 min、上行线 25 h 13 min；直接经济损失 645.854 万元。构成行车重大事故。

案例分析：事故发生主要原因为违反"按规实施细则"的规定。在值乘 13 h 54 min，超劳的情况下又未及时提出换班请求，全员睡觉导致相撞重大事故发生，并造成人员伤亡。

在机车乘务员每一次乘务作业过程中融入思政教育，不断强化学生安全意识、规范意识、团队合作精神、吃苦耐劳精神的培养。规范化、标准化完成机车机车操纵，做到"遵章守纪、爱护机车、平稳操纵、安全运行"，高质量完成运输任务。

## 任务一　出勤与接车

### 一、出　勤

机车乘务员出勤前应做到以下要求：

（1）出乘前必须充分休息，严禁饮酒（出乘前 10 h 严禁饮酒），按规定着装，准时出勤。

（2）按出勤时间提前到机务派班室（机车调度员处）报到，接受指纹影像识别、酒精测试，并领取司机报单、联控信息卡，阅读运行揭示（见附录 1）及有关文电。

（3）按规定着装，携带有关规章及有效证件（技规、行规、事规、操规、运规、故障运行办法、列车时刻表、驾驶证、培训合格证）。根据担当列车种类，结合天、地、人、车、时、运行图及有关文电要求，开好小组会，做好预想，制定安全措施。

（4）出勤时，机车乘务员列队（单班横队、多班纵队），并使用标准用语报告出勤，将司机手账递交出勤调度员审核签章，认真听取出勤调度员传达相关行车要求。

（5）司机领取运行揭示条，确认内容无误后，向调度员进行回签登记。将 IC 卡交与出勤调度员进行写卡，实行出勤机班与出勤调度员双审核、双确认，共同核对内容正确后，到指定地点接车。

## 二、接　车

接车

（1）乘务员持司机报单按规定领取随乘工具备品、机车钥匙、便携式电台、行车安全设备合格证（检测时间不超过 24 h）。

（2）认真了解机车状况，检查、试验机车信号、无线调度通信设备、列尾装置司机控制盒、监控装置。

（3）及时将 IC 卡内容转入监控装置，按规定输入相关内容，2 人确认内容无误。监控装置转至"出库"位。

（4）按规定程序检查试验机车。

（5）出段前将连挂端机车车钩置于全开位。多机重联时须确认车钩连挂、风管连结、折角塞门开放状态。

## 三、机车检查的项目和标准

### 1. $SS_{4G}$ 型电力机车检查项目

$SS_{4G}$ 型电力机车检查项目见表 7.1。

表 7.1　$SS_{4G}$ 型电力机车检查项目

| 序　号 | 部　件 |
| --- | --- |
| 1 | 行车安全装备 |
| 2 | 机车轴温报警装置 |
| 3 | 走行部（包括车底部） |
| 4 | 基础制动装置和牵引装置 |
| 5 | 空气压缩机和制动机及撒砂装置 |
| 6 | 硅整流和电阻制动装置 |
| 7 | 各电气柜 |
| 8 | 各辅助机组 |

续表

| 序　号 | 部　件 |
|---|---|
| 9 | 主断路器及附属装置 |
| 10 | 主变压器及附属装置 |
| 11 | 互感器及平波电抗器 |
| 12 | 接线端子、插头、插座及电子板插件 |
| 13 | 蓄电池组 |
| 14 | 照明装置和信号标志 |
| 15 | 受电弓和各绝缘瓷瓶 |
| 16 | 各监督计量器具 |
| 17 | 信号旗（灯）及防护用品 |
| 18 | 人力制动机紧固器、复轨器及止轮器 |

2. HXD$_3$型电力机车检查项目

（1）机车走行部项目（见表7.2）。
（2）机车底部项目（实行专检专修的除外）（见表7.3）。
（3）机车中部项目（见表7.4）。
（4）机车车顶项目（实行专检专修的除外）（见表7.5）。

表7.2　HXD$_3$型电力机车走行部项目

| 序　号 | 部　件 |
|---|---|
| 1 | 头灯，副灯，标志灯，前窗玻璃，标志标记 |
| 2 | 扶手，脚踏板，重联插座，排障器，平均软管，总风软管，制动软管 |
| 3 | 车钩各部，车钩三态 |
| 4 | 车体侧墙 |
| 5 | 司机室门扶手，脚蹬，主电路、控制电路插座 |
| 6 | 机车信号，自动过分相，扫石器 |
| 7 | 砂箱，砂管，撒砂器，牵引杆固定 |
| 8 | 动轮，轴箱，基础制动装置及指示件，轮缘润滑装置 |
| 9 | 二系悬挂装置，减振器，高圆弹簧，侧挡 |
| 10 | 变压器油箱各部及安装固定 |
| 11 | 辅助电路库用插座，转向架端梁，变压器油路 |
| 12 | 检查各轴箱轴承测温试纸温度显示符合要求 |

表 7.3 HXD₃型电力机车底部项目（实行专检专修的除外）

| 序号 | 部件 |
|---|---|
| 1 | 车钩下部及缓冲装置 |
| 2 | 排障器，扫石器，车底照明灯具 |
| 3 | 总风管、列车管、平均管管路 |
| 4 | 横向油压减振器，牵引杆固定 |
| 5 | 信号接收线圈，自动过分相 |
| 6 | 动轮及基础制动装置各单元，牵引电机及悬挂装置（其余各轮对检查同此项） |
| 7 | 变压器油箱底部 |

表 7.4 HXD₃型电力机车中部项目

| 序号 | 部件 |
|---|---|
| 1 | 司机室各仪表，司机操纵控制手柄，各扳钮开关，电子制动阀EBV，紧急放风阀，接线端子柜，保安设备，司机室各辅助设备 |
| 2 | 各牵引通风机，复合冷却通风机组 |
| 3 | 机械间门，各电器柜门，主、辅变流器柜及外观 |
| 4 | TCMS、ATP装置，电器控制箱，受电弓、主断功能模块，自动过分相装置 |
| 5 | 空气压缩机，空气干燥系统，空气管路柜，各风缸 |
| 6 | 信号、防护用具及随车工具 |

表 7.5 HXD₃型电力机车车顶项目（实行专检专修的除外）

| 序号 | 部件 |
|---|---|
| 1 | 受电弓，主断路器及接地开关，车顶其他设备 |

### 3. DF₈B型内燃机车检查项目

DF₈B型内燃机车检查项目（见表附录2）。

### 4. HXN₅型内燃机车检查项目

HXN₅型内燃机车检查项目（见附录3）。

## 四、机车试验项目和标准

（1）SS₄G型电力机车高低压试验程序（见附录4）。
（2）HXD₃型电力机车高低压试验程序（见附录5）。
（3）DF₈B型内燃机车电气全面检查程序（见附录6）。
（4）HXN₅型内燃机车智能显示器检测操作程序（见附录7）。
（5）DK-1型电空制动机"五步闸"检查方法（见表7.6）。
（6）CCBⅡ制动机"五步闸"检查方法（见表7.7）。
（3）JZ-7制动机"五步闸"检查方法（见附录8）。
（4）法维莱制动机"五步闸"检查方法（见附录9）。

表 7.6 DK-1 型电空制动机"五步闸"检查方法

| 步骤 | 电空控制器 | | | | | | 空气制动阀 | | | | 检查内容 |
|---|---|---|---|---|---|---|---|---|---|---|---|
| | 过充位 | 运转位 | 中立位 | 制动位 | 重联位 | 紧急位 | 缓解位 | 运转位 | 中立位 | 制动位 | |
| 1 | | 1 | | | 2 | | 3 | 4 | | | 1. 确认列车管、均衡风缸和总风缸皆为规定压力，制动缸压力为0；<br>2. 列车管压力在3 s内下降至0，制动缸压力在5 s内升至400 kPa，最高压力为450 kPa，并自动撒砂（有级位时切除主断路器）；<br>3. 空气制动阀手柄移至缓解位，同时下压手柄，制动缸压力应缓解到0；<br>4. 制动缸压力不得回升；<br>5. 列车管定压500 kPa（或600 kPa）时，压力升至480 kPa（或580 kPa）的时间不大于9 s（或11 s）；手柄停留50 s以上； |
| 2 | | | 6 7 | | | | | | | | 6. 列车管定压500 kPa（或600 kPa）时，均衡风缸减压140 kPa（或170 kPa）的时间为5～7 s（或6～8 s），制动缸压力6～8 s升至360 kPa（或7～10 s升至420 kPa），装有切控阀的机车为140 kPa（或170 kPa）；<br>7. 均衡风缸、列车管因漏泄每分钟的压力下降分别不大于5 kPa和10 kPa； |
| 3 | 8 | 9 | | | | | | | | | 8. 均衡风缸定压，列车管超过规定压力30～40 kPa，制动缸压力不变；<br>9. 120 s左右过充压力消除，列车管恢复定压，制动缸压力缓解为0； |
| 4 | | | | | | | | 10 11 12 | | | 10. 制动缸压力在4 s内升至280 kPa，最高为300 kPa；<br>11. 制动缸压力不变；<br>12. 制动缸压力在5 s内下降至40 kPa以下； |
| 5 | | | | | | | 13 | 14 15 | | 16 | 13. 均衡风缸、列车管为规定压力；<br>14. 同6；<br>15. 同7；<br>16. 均衡风缸、列车管恢复规定的压力，制动缸压力为0。<br>注：13～16系空气位操作，应按有关规定进行电空位与空气位的转换。检查试验完毕后，恢复至电空位，将空气制动阀手柄移至运转位。 |

## 表 7.7 CCB Ⅱ 制动机 "五步闸" 检查方法

| 步骤 | 设置 | 检查内容 |
|---|---|---|
| 1 | 本机/不补风 | 1. 总风压力 750~900 kPa，制动缸压力 0，均衡风缸压力 500 kPa，列车管压力 500 kPa；<br>2. 列车管压力在 3 s 内降为 0，制动缸在 3~5 s 内升至 200 kPa，并继续增压至 450 kPa，均衡风缸压力降为 0，紧急制动倒计时 60 s 开始；<br>3. 制动缸压力下降为 0，手柄复位后制动缸压力恢复；<br>4. 60 s 倒计时结束后操作，列车管、均衡风缸、制动缸压力不变； |
| 2 | 本机/不补风 | 5. 均衡风缸增至 500 kPa，列车管增至 480 kPa 不大于 9 s，制动缸压力下降为 0；<br>6. 等 60 s 使系统各风缸充满风；<br>7. 均衡风缸在 5~7 s 减压到 360 kPa，列车管减压到均衡风缸压力±10 kPa，制动缸 6~8 s 增压到 360 kPa；<br>8. 保压 1 min，均衡风缸压力泄漏不大于 7 kPa，列车管压力泄漏不大于 10 kPa，制动缸压力变化不大于 25 kPa；<br>9. 各压力无变化；<br>10. 均衡风缸增至 500 kPa，列车管压力 500 kPa，制动缸压力下降为 0； |
| 3 | 本机/不补风 | 11. 充满风后，均衡风缸减压 50 kPa，列车管减压到均衡风缸压力的±10 kPa，制动缸增压到 70~110 kPa；<br>12. 制动缸压力下降为 0，手柄复位后制动缸压力不恢复；<br>13. 均衡风缸以常用制动速率降为 0，列车管减压至 55~85 kPa 后保持，制动缸增压至 450 kPa；<br>14. 均衡风缸增压至 500 kPa，列车管压力 500 kPa，制动缸压力下降为 0； |
| 4 | 本机/不补风 | 15. 阶段制动，制动缸压力阶段上升，全制动制动缸压力 300 kPa；<br>16. 阶段缓解，制动缸压力阶段下降，运转位制动缸压力下降为 0；<br>17. 制动缸在 2~3 s 上升到 280 kPa，最终为 300±15 kPa；<br>18. 制动缸压力在 3~5 s 降到 35 kPa 以下；<br>19. 均衡风缸减压 100 kPa，列车管减压均衡风缸压力的±10 kPa，制动缸增压到 230~250 kPa； |
| 5 | 单机 | 20. 均衡风缸减压 140 kPa，列车管压力保持不变，制动缸压力保持不变；<br>21. 制动缸压力下降为 0，手柄复位后制动缸压力不恢复；<br>22. 均衡风缸增压至 500 kPa，列车管压力保持不变，制动缸压力保持不变；<br>23. 制动缸压力在 2~3 s 上升到 280 kPa，最终为 300 kPa；<br>24. 制动缸压力在 3~5 s 降到 35 kPa 以下 |

注：试验完毕，机车恢复本机/不补风状态设置。

# 任务二　出段与挂车

## 一、出段作业

机车整备完毕机班全员上车后，要道准备出段。

（1）确认调车信号或股道号码信号、道岔开通信号、道岔表示器显示正确，厉行确认呼唤（应答），鸣笛动车（限鸣区段除外，下同）。确认呼唤（应答）标准详见本项目任务七。

（2）移动机车前，应确认相关人员处于安全处所，防溜撤除，注意邻线机车、车辆的移动情况。段内走行严守速度规定。

（3）出库走行及连挂作业时应在运行方向前端司机室使用副台（动力制动时除外）操纵。双机或多机出段连挂、转线作业时，应在运行方向前端机车前司机室操纵。更换司机室操纵时保证机车制动，并做好防溜。

（4）机车到达站、段分界点一度停车，副司机（随乘司机）持报单下车签认出段时分（单班单司机签点办法由铁路局规定），了解挂车股道和经路，执行车机联控，按信号显示出段。

## 二、挂车时的要求

进入挂车线后，应严格控制机车速度，执行"十、五、三车"和一度停车规定，确认脱轨器、防护信号及停留车位置。

（1）距脱轨器、防护信号、车列 10 m 前必须停车。

（2）确认脱轨器、防护信号撤除后，显示连挂信号，以不超过 5 km/h 的速度平稳连挂。

（3）连挂时，根据需要适量撒砂，连挂后要试拉。

## 三、挂车后的要求

连挂妥当后，机车保持制动。司机进行换端操作，并关闭（固定重联机车）非操纵端无线调度通信设备、监控装置等。换端后，将（固定重联机车操纵端）无线调度通信设备、机车信号、监控装置开关置于开放位，机车信号上下行开关置于相应位置，司机确认机车与第一位车辆的车钩、软管连结和折角塞门状态。多机重联时，机车与车辆连挂状态的检查由连挂司机负责；列车本务司机应复检机车与第一位车辆的车钩、软管连结和折角塞门状态。重联机车自阀手柄应按规定置"重联"位，2 人确认监控装置转至"补机"位。

（1）正确输入机车综合无线通信设备（以下简称"CIR"）、LKJ 有关数据，采用微机控制制动系统的机车，核对制动机设定的列车种类。向运转车长或车站值班员（助理值班员）了解编组情况、途中甩挂计划及其他有关事项。

（2）货运票据、列车编组顺序表需由机车乘务组携带时，应按规定办理交接，并妥善保管。

（3）司机应在列车充风或列车制动机试验时，检查本务机车与列尾装置主机是否已形成"一对一"关系。

（4）制动主管达到定压后，司机按规定及检车人员的要求进行列车制动机试验，装有防折关装置的机车应确认制动主管贯通情况。

（5）发现充、排风时间短等异常或制动主管漏泄每分钟超过 20 kPa 时，及时通知检车人员（无检车人员时通知车站值班员）。

（6）制动关门车辆数超过规定时，发车前应持有制动效能证明书。

（7）列车制动机进行持续一定时间的保压试验，应在试验完毕后，接受制动效能证明书。

（8）司机接到制动效能证明书后，应校核每百吨列车重量换算闸瓦压力，不符合《技规》及本区段的规定时，应向车站值班员报告。

（9）直供电列车连挂后，司机拔出供电钥匙与客列检（或车辆乘务人员）按规定办理交接、供电手续，电力机车需断开主断路器。

### 四、列车制动机试验

#### 1. 全部试验

列检作业场无列车制动机的地面试验设备或该设备发生故障时，机车对列车充满风后，司机应根据检车员的要求进行如下试验：

（1）自阀减压 50 kPa（编组 60 辆及以上时为 70 kPa）并保压 1 min，对列车制动机进行感度试验，全列车必须发生制动作用，并不得发生自然缓解，司机检查制动主管漏泄量，每分钟不得超过 20 kPa；手柄移至运转位后，全列车须在 1 min 内缓解完毕。

（2）自阀施行最大有效减压（制动主管定压 500 kPa 时为 140 kPa，定压 600 kPa 时为 170 kPa），对列车制动机进行安定试验，以便检车员检查列车制动机，要求不发生紧急制动，并检查制动缸活塞行程或制动指示器是否符合规定。

#### 2. 简略试验

制动主管达到规定压力后，自阀减压 100 kPa 并保压 1 min，检查制动主管贯通状态，检车员、车站值班员或车站有关人员检查确认列车最后一辆车发生制动作用；司机检查制动主管漏泄量，每分钟不得超过 20 kPa。

#### 3. 持续一定时间的保压试验

在长大下坡道前方的列检作业场需进行持续一定时间的保压试验时，应在列车制动机按全部试验方法试验后，自阀减压 100 kPa 并保压 3 min，列车不得发生自然缓解。

列车制动机试验时，司机应确认并正确记录充、排风时间，检查制动主管压力的变化情况，并作为本次列车操纵和制动机使用的参考依据。装有列尾装置的列车，应进行列尾风压查询；装有防折关装置的机车，应注意观察其状态；CCBII、法维莱等微机控制的制动机，应注意观察显示屏上充风流量信息。

## 任务三　发车准备与发车

### 一、发车准备工作

司机应该根据发车时间，做好发车准备工作。

（1）货物列车起动困难时，可适当压缩车钩，但不应超过总辆数的 2/3。
（2）压缩车钩后，在机车加载前，不得缓解机车制动。

## 二、发车工作

起动列车前，必须两人及以上（单司机值乘区段除外）确认行车凭证、发车信号显示正确，准确呼唤应答，执行车机联控，鸣笛起动列车。

（1）起动列车前，应使用列尾装置检查尾部制动主管压力是否与机车制动主管压力基本一致。

（2）列车起动时，应检查制动机手柄是否在正常位置及各仪表的显示状态，做到起车稳、加速快、防止空转。

（3）内燃机车提手柄，电力机车进级时，应使柴油机转速及牵引电流稳定上升。当列车不能起动或起动过程中空转不能消除时，应迅速调整主手柄位置，重新起动列车。

（4）列车起动后，应进行后部瞭望，确认列车起动正常。单司机单班值乘的不进行后部瞭望。

（5）运行至规定地点及时按压监控装置"开车键"。

# 任务四　途中作业

机车途中运行作业，是机车乘务组一次乘务作业过程中的主要阶段，它包括司机依照列车操纵示意图操纵列车安全运行、调车作业、呼唤应答及副司机的走廊巡视等作业内容。这一阶段的作业好坏，直接关系到列车的安全和正点。所以，机车乘务员要熟悉各种规章及业务，遇事不慌乱，正确及时处理各种问题，确保行车安全。

## 一、列车操纵示意图、操纵提示卡

机务段应根据担当的牵引区段、使用机型、牵引定数、区间运行时分等编制列车操纵示意图、列车操纵提示卡。在编制过程中，应利用 LKJ 运行数据对其进行校核优化。

### 1. 列车操纵示意图

列车操纵示意图应包括以下内容：
（1）列车速度曲线。
（2）运行时分曲线。
（3）线路纵断面和信号机位置。
（4）站场平面示意图。
（5）提、回手柄地点。
（6）动力制动使用和退回地点。
（7）空气制动减压量和缓解地点及速度。
（8）区间限制速度及区段内各站道岔的限制速度。

（9）机械间、走廊巡视时机。
（10）接触网分相区地点。
（11）各区间注意事项。

### 2. 列车操纵提示卡

铁路局按照列车操纵示意图相关内容，针对担当区段的安全关键，编制操纵提示卡，明确区间公里、运行时分、平均速度、具体提回手柄地点、提回手柄级位或柴油机转速、制动机使用操作、电力机车过分相操作、特殊困难区段操作，以及含到发线有效长度、道岔限速、站中心公里、股道有无接触网等内容的中间站站场示意图等内容和安全注意事项。

下面以"天龙—新平坝"上行方向的操纵提示卡为例（见图 7.1），了解操纵提示卡的内容。

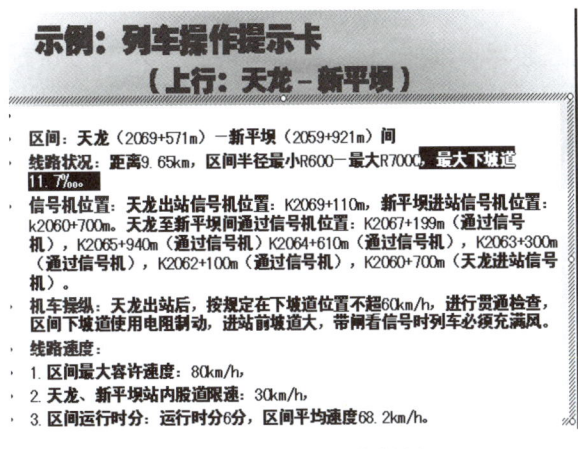

**示例：列车操作提示卡**
**（上行：天龙 – 新平坝）**

- 区间：天龙（2069+571m）－新平坝（2059+921m）间
- 线路状况：距离9.65km，区间半径最小R600－最大R700m，**最大下坡道11.7‰**
- 信号机位置：天龙出站信号机位置：K2069+110m，新平坝进站信号机位置：k2060+700m。天龙至新平间通过信号机位置：K2067+199m（通过信号机），K2065+940m（通过信号机）K2064+610m（通过信号机），K2063+300m（通过信号机），K2062+100m（通过信号机）K2060+700m（天龙进站信号机）。
- 机车操纵：天龙出站后，按规定在下坡道位置不超60km/h，进行贯通检查，区间下坡道使用电阻制动，进站前坡道大，带闸看信号时列车必须充满风。
- 线路速度：
  1. 区间最大容许速度：80km/h。
  2. 天龙、新平坝站内股道限速：30km/h。
  3. 区间运行时分：运行时分6分，区间平均速度68.2km/h。

图 7.1　操纵提示卡样例

## 二、列车操纵与安全注意事项

（1）机车司机在运行中必须严格执行"彻底瞭望、确认信号、准确呼唤、手比眼看"的"十六字令"，依照机车乘务员一次出乘作业标准、《列车操纵示意图》《列车操纵提示卡》正确操纵列车，并规范执行确认呼唤（应答）和车机联控制度。

（2）严格遵守每百吨列车重量换算闸瓦压力限制速度，列车限制速度、线路、桥隧、信号容许速度，机车车辆最高运行速度，道岔、曲线及各种临时限制速度，以及LKJ速度控制模式设定的限制速度的规定。

（3）列车运行中，当列尾装置主机发出电池欠压报警、通信中断等异常情况信号时，司机应及时通知就近车站值班员或列车调度员，旅客列车应同时通知车辆乘务员。

（4）设有两端司机室的机车，司机必须在运行方向前端司机室操纵（调车作业推进运行时除外）。机车信号转换开关置于正确位置。非操纵端与行车无关的各开关均应置于断开位并锁闭，取出制动机手柄或置于规定位置；列车无线调度通信设备和列尾装置司机控制盒置于关闭位。安装双套LKJ主机的机车，非操纵端LKJ应关闭。

（5）操纵机车时，未缓解机车制动不得加负荷（特殊情况除外）；运行中或未停稳前，严禁换向操纵。设有速度工况转换装置的机车，车未停稳，不准进行速度工况转换。

（6）机车负载运行中，内燃机车提手柄，电力机车进级时，应使柴油机转速及牵引电流稳定上升，遇天气不良时应实施预防性撒砂，当机车出现空转不能消除时，应及时调整主手柄位置；具有功率自动调节控制功能的和谐型机车运行在困难区段出现空转时，不得盲目退回手柄。

（7）内燃机车提、回手柄应逐位进行，使牵引电流、柴油机转速稳定变化。负载运行中，当柴油机发生喘振、共振时，司机应及时调整主手柄位置。退回手柄时，主手柄回至"1"位需稍做停留再退回"0"位。

主手柄退回的过程中，若柴油机转速不下降，为防止柴油机"飞车"，禁止手柄回"0"位，应立即采取停止燃油泵工作、打开燃油系统排气阀、按下紧急停车按钮等措施。

## 三、电力机车运行中注意事项

电力机车运行中应注意以下事项：

（1）根据列车速度，选择适当的手柄位置。牵引电动机电压、电流不得超过额定值。

（2）解除机车牵引力时，牵引手柄要在接近"0"位前稍做停留再退回"0"位。

（3）使用磁场削弱时，要在牵引电机端电压接近或达到额定值，电流还有相当余量时，逐级进行。

（4）通过分相绝缘器时严禁升起前后两受电弓，一般不应在牵引电动机带负荷的情况下断开主断路器。按"断""合"电标，断开、闭合主断路器（装有自动过分相装置除外）。货物列车若通过分相绝缘器前，列车速度过低时（速度值由铁路局规定），允许快速退回牵引手柄。

（5）遇接触网故障或挂有异物，降、升受电弓标或临时降、升弓手信号时，及时降下或升起受电弓。

（6）接触网临时停电或异常时，要迅速断开主断路器、降下受电弓，立即采取停车措施，检查弓网状态。装有车顶绝缘检测装置的机车，司机要检查确认机车绝缘情况，确认机车绝缘装置故障或绝缘不良时，不得盲目升弓。

（7）运行中应确认制动缸压力表压力。装有 EL-14 型制动机的机车，应在列车起动前，以及每运行 1~3 个区间和施行制动前，使用自阀瞬间缓解。单阀缓解每个区间不得少于 1 次。

（8）装有列尾装置的列车出发前、进站前、进入长大下坡道前和停车站出站后，应使用列尾装置对制动主管的压力变化情况进行检查，发现制动主管的压力异常时，应立即停车，停车后，查明原因妥善处理，并通知就近车站值班员或列车调度员。

（9）施行常用制动时，应考虑列车速度、线路坡道、牵引辆数和吨数、车辆种类以及闸瓦压力等条件，保持列车均匀减速，防止列车冲动。进入停车线停车时，提前确认 LKJ 显示距离与地面信号位置是否一致，准确掌握制动时机、制动距离和减压量，应做到一次停妥，牵引列车时，不应使用单阀制动停车，并遵守以下规定：

① 初次减压量，不得少于 50 kPa。长大下坡道应适当增加初次减压量，具体减压量由铁路局制定。

② 追加减压一般不应超过两次；一次追加减压量，不得超过初次减压量。

③ 累计减压量，不应超过最大有效减压量。

④ 单阀缓解量，每次不得超过 30 kPa（CCBII、法维莱型制动机除外）。

⑤ 减压时，自阀排风未止不应追加、停车或缓解列车制动。

⑥ 货物列车运行中，自阀减压排风未止，不得缓解机车制动。

⑦ 禁止在制动保压后，将自阀手柄由中立位推向缓解、运转、保持位后，又移回中立位（牵引采用阶段缓解装置的列车除外）。

⑧ 货物列车速度在 15 km/h 以下时，不应缓解列车制动。长大下坡道区段因受制动周期等因素限制，最低缓解速度不应低于 10 km/h。重载货物列车速度在 30 km/h 以下，不应缓解列车制动。

⑨ 少量减压停车后，应追加减压至 100 kPa 及以上。

⑩ 站停超过 20 min 时，开车前应进行列车制动机简略试验。

（10）施行紧急制动时，应迅速将自阀手柄推向紧急制动位，并立即解除机车牵引力，期间柴油机不得停机，电力机车不得断主断路器、降弓，动力制动应处在备用状态。列车未停稳，严禁移动自阀、单阀手柄（投入动力制动时，单阀除外）。无自动撒砂装置或自动撒砂装置失效时，停车前应适当撒砂。

（11）单机（包括双机、专列回送的机车，下同）在自动闭塞区间紧急制动停车后，具备移动条件时司机须立即将机车移动不少于 15 m，再按照先防护后报告的原则，在轨道电路调谐区外使用短路铜线短接轨道电路，然后向就近车站值班员或列车调度员报告停车位置和原因。

单机被迫停在调谐区内时，司机须立即在调谐区外使用短路铜线短接轨道电路，然后向就近车站值班员或列车调度员报告停车位置和原因。

（12）列车运行中，发现制动主管压力急剧下降、波动，空气压缩机不工作或长时间泵风不止，列尾装置发出制动主管压力不正常报警等异常情况信号时，应迅速停止向制动主管充风，解除机车牵引力，及时采取停车措施。

（13）列车停车再开车后，应选择适当地点进行贯通试验。司机确认制动主管排风结束、列车速度下降方可缓解，同时司机应注意风表压力及列车充、排风时间（万吨及以上重载列车除外）；装有列尾装置的列车还应使用列尾装置查询列车尾部制动主管风压。

（14）装有动力制动装置的机车在列车调速时，要采用动力制动为主、空气制动为辅、相互配合使用的方法，并应做到：

① 内燃机车在提、回动力制动手柄时，要逐位进行，至"1"位时应稍做停留。电力机车给定制动励磁电流时，电流的升、降要做到平稳。

② 制动电流不得超过额定值。

③ 动力制动与空气制动配合使用时，应将机车制动缸压力及时缓解为 0（设有自动控制装置的机车除外）。

④ 需要缓解时，应先缓解空气制动，再解除动力制动。

⑤ 多机牵引使用动力制动时，前部机车使用后，再通知后部机车依次使用；需要解除动力制动时，根据前部机车的通知，后部机车先解除，前部机车后解除（装有重联线和同步装置机车运行时除外）。

（15）当发现列车失去空气制动力或制动力减弱危及行车安全时，紧急制动可以同步投入动力制动的机车，司机应立即使用紧急制动，并将动力制动投入达到最大值，在确认动力制动发挥作用后，使用单阀缓解制动缸压力至 150 kPa 以下（设有自动控制装置的机车可不进行单阀缓解操作）。有运转车长（车辆乘务人员）值乘的列车，司机迅速通知运转车长（车辆乘务人员），使用车辆紧急制动阀停车；装有列尾装置的列车，司机应采取列尾装置主机排风制动措施使列车停车，停车前适当撒砂。

（16）装有动力制动的机车在使用动力制动调速过程中发生紧急制动或需紧急制动时，司机应保持机车动力制动，同时立即用单阀缓解机车制动缸压力至 150 kPa 以下（设有自动控制装置的机车可不进行单阀缓解操作）。

（17）列车或单机停留时，不准停止柴油机、劈相机及空气压缩机的工作，并保持制动状态。

① 进站停车时，应注意车站接车人员的手信号。

② 货物列车应保压停车，直至发车前出站（发车进路）信号机开放或接到车站准备开车的通知后，方能缓解列车制动。

③ 夜间等会列车时，应将机车头灯灯光减弱或关闭。

④ 中间站停车，有条件时应对机车主要部件进行检查。

⑤ 机车乘务员必须坚守岗位，不得擅自离开机车。

（18）内燃、电力机车在附挂运行中，换向器的方向应与列车运行方向相同，主接触器在断开位。禁止进行电气动作试验。

（19）机车各安全保护装置和监督、计量器具不得盲目切（拆）除及任意调整其动作参数。内燃、电力机车各保护电器（油压、水温、接地、过流、柴油机超速、超压等保护装置）动作后，在未判明原因前，不得强迫启动柴油机及切除各保护装置。机车保护装置切除后，应密切注视机车各仪表的显示，加强机械间的巡视。

（20）运行中，应随时注意机车各仪表的显示。发现机车故障处所和非正常情况，要迅速判明原因及时处理，并将故障现象及处理情况填入"机车运行日志"。

牵引直供电、双管供风旅客列车时，运行中应注意确认列车供电电压及电流、列车总风管压力的显示，发现异常情况时应及时通知车辆乘务员，按其要求运行或维持到前方车站停车处理，并报告列车调度员或车站值班员。

旅客列车在区间发生故障需双管改单管供风时，司机应掌握安全速度（最高不超过 120 km/h）运行至前方站后进行。跨局旅客列车改为单管供风后，司机报告车站值班员转报列车调度员。因列车总风管压力漏泄不能维持运行，应立即停车，关闭机车后部折角塞门，判断机车或车辆原因，属车辆原因应立即通知车辆乘务员处理。

（21）遇天气恶劣时，应加强瞭望和鸣笛，信号机显示距离不足 200 m 时，应立即报告车站值班员或列车调度员。

## 四、运行中的安全注意事项

（1）不得超越机车限界进行作业，电气化区段严禁攀登机车、车辆顶部，途中停车检查时，身体不得侵入临线限界。

（2）电力机车乘务员需要登机车顶部检查弓网状态或处理故障时，应断开主断路器，降下受电弓，必须向车站值班员或列车调度员申请办理登顶作业，接到列车调度员发布接触网已停电允许登顶作业的调度命令并验电、接地后方准作业。

（3）外走廊式的内燃机车运行中不得在走廊上作业。

（4）严禁向机车外部抛撒火种，机械间严禁吸烟。

（5）列车在区间被迫停车后不能继续运行时，司机应立即使用列车无线调度通信设备通知两端站、列车调度员及运转车长（无运转车长时为车辆乘务员），报告停车原因和停车位置，根据需要迅速请求救援并按规定设置防护。机车故障后 10 min 内不能恢复运行时，司机应迅速请求救援。

（6）遇天气不良、机车牵引力不足等原因，列车在困难区段可能发生坡停或严重运缓时，司机应提前使用列车无线调度通信设备通知两端站或列车调度员。

（7）单机进入区间担当救援作业，在自动闭塞区间正方向运行时，应使 LKJ 处于通常工作状态，严格按分区通过信号机的显示要求行车；在自动闭塞区间反方向、半自动闭塞区间及自动站间闭塞区间运行时，应使 LKJ 处于调车工作状态。在接近被救援列车 2 km 时，按规定严格控制速度。

（8）运行途中司机突发难以抵抗的身体急症，要立即报告列车调度员或车站值班员，不能维持驾驶操纵的要立即采取停车措施。

## 五、多机牵引、补机推送及附挂机车

（1）多机牵引时应遵守下列规定：

① 机车重联后，相邻机车之间连接状态的检查，由相邻机车乘务员实行双确认，共同负责。

② 机车操纵应由行进方向的前部机车负责。重联机车必须服从前部机车的指挥，并执行有关鸣笛及应答回示的规定。

③ 设有重联装置的机车，该装置作用必须良好，重联运行时应接通重联线。其他各有关装置及制动机手柄的位置按"附录 4 重联机车制动机手柄位置处理表"执行。

④ 电力机车重联运行中，前部机车应按规定鸣示降、升弓信号，后部机车必须按前部机车的指示，立即降下或升起受电弓。

⑤ 中部、尾部挂有补机的列车，其具体操纵及联系办法由铁路局集团公司规定。

（2）组合列车前部、中部机车必须装有同步操纵装置并保持通信设备良好，其具体操纵及联系办法由铁路局规定。

（3）附挂（重联）机车连挂妥当后，附挂（重联）司机按规定操作制动机、弹停装置、电气设备等，操作完毕、具备附挂（重联）运行条件后，通知本务机车司机。

（4）附挂（重联）机车需与本务机车或前位机车摘开时，必须恢复机车牵引条件后（闭合蓄电池开关、开启 LKJ、升弓或启机、空压机工作、总风缸压力达到定压、机车处于制动状态），方可通知前位机车进行摘挂作业。

（5）无动力回送机车按规定开放无火回送装置，操作有关阀门。

## 六、旅客列车的操纵

（1）牵引旅客列车在确保安全正点的同时，应做到运行平稳、停车准确。

① 起车时，全列起动后再加速。

② 进站停车时，应采取保压停车，按机车停车位置标一次稳、准停妥。

（2）列车运行中施行常用制动时，应遵守以下规定：

① 机车呈牵引状态，柴油机转速控制在 550 r/min 左右或牵引电流控制在 1 000 A 左右；电力机车的牵引电流控制在 200 A 以下。停车制动、自阀减压时，列车产生制动作用并稳定降速（时间原则上应控制在 5 s 以上）后，再解除机车牵引力。特殊情况由铁路局集团公司规定。

② 自阀减压前，应单独缓解机车，使列车制动时机车呈缓解状态。

③ 制动时，追加减压量累计不应超过初次减压量。

（3）列车运行中应根据线路纵断面及限速要求，尽可能不中断机车牵引力。在起伏坡道区段或较小的下坡道运行时，应采用低手柄位或低转速的牵引，尽量避免惰力运行。

（4）列车在长大下坡道运行中，应采用空气、动力制动配合使用的操纵方法，做到：

① 列车进入下坡道时，投用动力制动，待列车继续增速的同时，再逐步增加制动电流。

② 当动力制动不能满足控制列车运行速度的要求时，采用空气制动调整列车运行速度。无动力制动或动力制动故障时的空气制动操纵办法，由铁路局集团公司制定。

③ 缓解列车制动时，应在缓解空气制动后，再逐步解除动力制动。

## 七、各种坡道隧道及严寒地区的操纵

### 1. 各种坡道上的操纵

（1）在较平坦的线路上，列车起动后应强迫加速，达到运行时分所需速度时，适当调整机车牵引力，使列车以均衡速度运行。

（2）在起伏坡道区段或较小的下坡道运行时，应充分利用线路纵断面的有利地形，应采用低手柄位或低转速的牵引，尽量避免惰力运行。

（3）在长大上坡道上，应采用"先闯后爬，闯爬结合"的操纵方法。进入坡道前应提早增大机车牵引力、储备动能，进入坡道后应进行预防性撒砂并防止空转，并注意牵引电流不得超过持续电流。

（4）列车在长大下坡道运行中，应采用空气、动力制动配合使用的操纵方法，做到：

① 列车进入下坡道时，投用动力制动，待列车继续增速的同时，再逐步增加制动电流。

② 当动力制动不能满足控制列车运行速度的要求时，采用空气制动调整列车运行速度。无动力制动或动力制动故障时的空气制动操纵办法，由铁路局集团公司制定。

③ 缓解列车制动时，应在缓解空气制动后，再逐步解除动力制动。

### 2. 隧道地区的操纵

列车在隧道地区牵引运行时，接近隧道前，提早增大机车牵引力，提高列车速度。

### 3. 严寒地区操纵及注意事项

在防寒过冬期间，段内接班后除按规定检查机车外，还应检查机车有无冻结处所，暖气阀是否按规定开放，防寒罩是否齐全。

（1）内燃机车关闭门窗，调整百叶窗开度并装好防寒被，应适时使用非操纵端热风机。打开预热锅炉循环水系统止阀，以防止水管路及预热锅炉冻结。

（2）内燃机车柴油机故障无法再启动时，要及时放尽柴油机、冷却单节、热交换器及管路内的冷却水。

（3）遇雾雪等天气受电弓或接触网被冰雪包裹，在站内停留如发现弓网产生打火放电现象时，站内起动列车，应控制牵引电流不得过大，避免受电弓与接触网间产生拉弧导致烧网。

（4）机车检查、保养以及操作的具体注意事项，由铁路局制定。

## 八、机械间巡视

### 1. 检查时机

电力机车机械间及走廊巡视检查，由非操纵司机或副司机负责，应按下列要求执行：

（1）始发列车出站后。

（2）发生异音、异状时。

内燃机车执行下列要求：

（1）始发列出站后。

（2）列车运行中一般每 30 min 进行一次。

（3）发生异音、异状时。

### 2. 检查项目

（1）电力机车检查项目：各辅助机组运转是否正常；各部件有无异音、异状；有无放电和电气绝缘烧损的气味；主变压器油温、油位是否正常，牵引及辅助变流器工作状态、各保护继电器和指示灯、指示件有无异状或动作显示。

（2）内燃机车检查项目：电气间、柴油机、增压器、牵引发电机、辅助传动装置、空气压缩机、辅助发电机、牵引电动机的通风机等状态是否正常；有无电气绝缘烧损气味、油水管路有无漏泄、水箱水位和各仪表显示是否正常。

## 九、机车行车安全装备

（1）机车出段前，必须确认 LKJ、机车信号、列车无线调度通信设备、列尾装置司机控制盒、平面灯显接口设备、防折关装置、警惕报警装置、机车走行部监测装置等行车安全装备检测合格证签发符合规定。出段必须开机，按规定正确操作使用，严禁擅自关机。

不得使用列车无线调度通信设备进行与行车无关的通话，并应遵守保密的规定。

（2）列车途中在本务机车前部加挂补机、更换本务机车或机车因故不能继续运行请求救援时，司机应在停车后并制动主管减压的情况下，解除列尾装置主机记忆的本务机车号码，加挂机车、更换后机车及救援机车连挂车列后担当本务时，重新建立"一对一"关系。

## 任务五　调车作业

### 一、调车作业概述

#### 1. 调车作业定义

在铁路运输生产过程中，除列车在车站的到达、出发、通过以及在区间内运行外，凡机车车辆进行的一切有目的的移动统称为调车。调车是为解体、编组列车，摘挂、转场、整场、调移、取送车辆以及机车的对位、转线、出入段等目的而使机车车辆在站线或其他线路上移动的作业。

2. 调车作业种类

（1）按调车目的不同分为：① 解体调车；② 编组调车；③ 摘挂车辆的调车；④ 取送调车。

（2）按所用设备和作业方法分为：① 牵出线调车，包括推送调车和溜放调车 2 种；② 驼峰调车，分为挂车、推峰、溜放、整理 4 个环节。

3. 调车作业领导与指挥

调车作业是一项多工种联合进行的复杂作业，为了安全、协调、迅速地进行工作，按时完成调车任务，必须实行统一领导（车站调度员，未设该岗位的车站为车站值班员）、单一指挥（调车长，利用本务机车调车作业时为车站值班员或助理值班员）。

4. 调车作业计划

调车作业都是通过调车作业计划来实现的，所以对于调车作业来说调车作业计划是进行调车作业的凭证与根据。

调车作业计划是指调车工作的有关领导人（车辆调度员或行车值班员）向调车作业人员以书面形式下达或口头布置方式的调车作业通知，内容包括：起止时间，担当列车（机车）作业顺序，股道号，摘挂辆数（编组车号或车位），安全注意事项等。

## 二、调车作业技术要求

1. 基本要求

（1）调车机车乘务员要熟悉《站细》及有关规定，熟记站内线路（包括专用线）、信号机以及各种标志等站场情况，严格执行《技规》调车工作有关规定。

（2）采用无线调车灯显设备进行调车时，应使 LKJ 处于调车工作状态，与无线调车灯显设备配合使用，并根据信号显示和作业指令的要求进行作业。

（3）中间站利用本务机车调车时，对附有示意图的调车作业通知单的内容和注意事项必须掌握清楚。作业前，应使 LKJ 处于调车工作状态。

（4）在中间站不得利用单司机单班值乘列车的机车进行调车作业，遇特殊情况，必须利用该本务机车对本列进行调车作业时，相关作业人员应加强安全控制。

2. 车站交接班注意事项

在车站交接班时，交、接班乘务员应认真对机车走行部、基础制动装置、牵引装置、制动机性能进行重点检查；注意检查调整制动缸活塞行程和闸瓦与轮箍踏面的缓解间隙。作业间歇时应对其他部件进行检查。停留较长时间后再次作业前，应对制动机机能进行试验。

3. 技术要求

（1）调车作业中，应彻底瞭望，确认信号，正确执行信号显示的要求和呼唤应答制度，没有信号不准动车，信号中断或不清立即停车。穿越正线调车作业时，必须执行车机联控制度。

（2）连挂车辆时，严格按十、五、三车距离和信号要求控制速度，接近被连挂车辆时，速度不得超过 5 km/h。

（3）按《站细》规定连结软管后，动车前应进行制动机简略试验。

（4）单机连挂车辆时，应注意确认车辆停留和脱轨器位置，必须执行"一度停车"制度。

（5）当调车指挥人显示溜放信号时，司机应"强迫加速"满足作业要求；显示减速或停车信号时，应迅速解除机车牵引力，立即制动。

（6）认真执行驼峰调车作业的规定，连挂车列后试拉时，注意不得越过信号机或警冲标。推峰时要严格按信号的要求控制速度。

（7）机车调车时，机车距接触网终点标应有 10 m 的安全距离，防止进入无电区。

## 三、调车作业安全

### 1. 调车信号确认的安全

（1）机车单机运行或牵引车辆运行时，前方进路的确认由运行方向的第一位机车乘务员负责。动车前，一位机车司机应按车机联控作业标准或调车联控标准规定的时机和用语联控走行进路。

（2）后部机车司机应协助确认动车前的第一架信号开放后，方可鸣笛回示、缓解单阀（使用重联装置操控机车组除外）。因曲线等原因无法确认信号时不得下车，按一位机车鸣笛指挥执行。因特殊情况被迫停在岔区或遇信号机瞭望距离不足 10 m 时，未联控（含未听清）且未确认调车机信号（昼间遇信号机反光时须认真确认）及道岔位置是否正确时，严禁臆测动车。

（3）遇机车前端的瞭望盲区内或机车运行方向的前台车下部有信号机时，须下车确认信号。如前台车下部的信号机显示阻拦信号且不能判断是否压上该信号机轨道电路时，司机还须和车站值班员联系确认，严禁臆测动车。

（4）遇调车信号机故障停用不能开放时，司机应停车报告，按车站值班员的通知越过故障信号机；无法联系时，应执行要道还道制度，机班确认车站人员在故障信号机处显示股道号码、道岔开通信号正确后方可越过。

### 2. 调车进路确认安全

（1）机车停车再动车时，前方进路由乘务人员确认，司机应合理选择停车位置。

（2）单机运行或牵引车辆运行时，前方进路的确认由机车乘务员负责，并认真执行本条准"确认调车信号的安全注意事项"的相关规定。推进车辆运行时，前方进路的确认由调车组负责。

（3）机车重联出入段、站内运行、摘挂作业，前方进路的确认，均由机车运行方向的前端机车乘务组负责。

（4）调车作业起动时，必须按灯显信号的指令或调车长的手信号执行，严禁按调车人员的作业指令动车；运行中听到调车人员发出"停车、减速、十、五、三车"的作业指令或看到相应的手信号时，均须立即执行，不得再盲目等待灯显信号的指令，防止延误制动时机。

（5）在非集中联锁线路调车，单机或牵引车辆运行时，原则上先执行要道还道，再按起动信号动车，前行过程中确认道岔位置，如停留位置距道岔较远时，允许先按起动信号动车，在接近道岔前降至随时停车的速度后再执行要道还道。由调车组负责扳道和要道还道时，允许使用灯显设备联系要道还道事宜。

（6）集中区调车作业时，机车车辆须进入股道信号机内方或越过折返信号机。如遇特殊情况须按原进路返回时，未得到信号操纵人员的准许不得按原进路返回。

（7）机车转线须进入股道信号机内方或越过折返信号机后停车；未走完全进路时，未经信号员（车站值班员）准许禁止原进路返回。

### 3. 停车位置选择安全

（1）有条件时，机车与信号机（或无联锁道岔）之间须留有不少于 10 m 的瞭望距离，杜绝停车位置选择不当，人为造成信号或道岔确认困难。

（2）由站内（含线路所）向区间正线方向转线时，机车停车位置应与该线进站信号机或站界标保持不少于 10 m 的安全距离，必须近于 10 m 时须一度停车并严格控制速度。

（3）在接触网终点附近作业时，应与接触网终点标保持不少于 10 m 处停车。遇特殊情况必须近于 10 m 时，须一度停车并严格控制速度。

（4）禁止在接触网分段绝缘器下方、电力机车禁停标区域停车。

（5）遇施工、维修等原因车站接触网局部停电时，司机应认真确认禁停标志设置地点，严禁越过禁停标志。

（6）被迫停在禁止停留地点或禁止驶入区域时，司机须立即断电、降弓，并报告车站值班员或列车调度员。

### 4. 调车作业登乘机车的安全

（1）利用本务机车调车且单机进出专用线时，为提高作业效率，准许调车组等相关人员登乘操纵端司机室。司机叮嘱登乘人员不得擅自操作机车的开关、按钮及其他设备，更不得在运行中与司机闲谈、打开司机室门。

（2）流动调车组赶赴调车站，可凭加盖站名戳记的"调车作业通知单"登乘机车。调车长传达调车计划或担当副司机职责时可登乘司机室。外走廊式调车机在运行中，调车组等相关人员不得进入司机室。

### 5. 重联调车作业的安全

（1）机车重联调车遇主调机车在后推进运行时，调车人员应领车。

（2）机车重联且两台机车均需使用牵引力时，司机须在同一侧作业。

（3）机车重联调车时，由列车运行方向的一位机车担当主调，二位机车司机协助确认动车前的第一架信号（弯道时除外）。

### 6. 调车计划布置、传达、变更的安全

（1）布置调车作业计划，应使用调车作业通知单。

（2）中间站利用本务机车调车时，还应使用附有示意图的调车作业通知单。使用灯显设备调车时，允许使用灯显设备传达、核对调车作业计划。

（3）调车作业通知单内容应包括月、日、顺号、调车组别、作业内容（编组或解体车次）、起止时分、运用股道、摘挂车数、摘挂车号、注意事项、限制速度等特殊要求。

（4）电气化区段，应注明线路"有电""无电"字样。遇区间停电，电力机车利用正线调车时，应内注明"区间停电"字样。

（5）变更调车计划一批作业（指一张调车作业通知单）不超过三钩或变更计划不超过三钩时，准许使用灯显设备布置或传达（中间站利用本务机车调车除外），机车乘务员在原计划单上修改清楚并核对站场内变更调车作业计划必须停车传达，超过三钩时必须重新编制。

（6）变更股道时，必须停车传达。仅变更作业方法或辆数时，不受口头传达三钩的限制，但调车指挥人必须向有关人员传达清楚，有关人员必须复诵。

### 7. 调车作业"唱钩"的安全

（1）调车司机应在每批调车作业通知单上标注机班人员姓名、所属指导司机姓名、开始作业和作业完毕的时间，退勤时交指导组所在地派班室。

（2）实行站机一体化管理的调车机车乘务员，退勤后调车作业通知单的交接，按车务站段管理规定执行。

（3）调车作业中，机班全员应"唱一钩干一钩、干一钩划一钩"。

（4）中间站利用本务机车调车时，机车乘务员除须掌握附有示意图的调车作业通知单的内容和注意事项外，还须掌握"操纵提示卡"对车站线路（包括专用线）、信号机以及各种标志等站场情况的安全提示。

### 8. 调车速度及距离的安全

（1）在空线上牵引运行时，不准超过 40 km/h；推进运行时，不准超过 30 km/h。

（2）调动公务车、乘坐旅客或装载爆炸品、气体类危险货物、超限货物的车辆时，不准超过 15 km/h。

（3）连挂车辆时，严格按"十、五、三车"距离和信号要求控制速度，接近被连挂车辆时，速度不得超过 5 km/h。单机连挂车辆时，须严格执行"三盯一控"制度（盯脱轨器、防护信号及停留车位置，控制速度）。

（4）连挂装载长钢轨车辆时，不得超过 3 km/h。不得附挂其调车作业。

（5）在尽头线上调车时，距线路终端应有 10 m 的安全距离；遇特殊情况，必须近于 10 m 时，要严格控制速度。

（6）尽头线停留机车、车辆时，应与车档保持 10 m 的安全距离（尽头站台设有车钩缓冲装置时除外）。遇特殊情况必须近于 10 m 时，要严格控制速度。

（7）尽头线送车，应在前端车辆距车挡 30 m 处一度停车，以不超过 5 km/h 的速度推送。尽头线内停有车辆取、送车时，距停留车 10 m 处一度停车，检查被连挂端防溜措施后，再行连挂。

（8）电力机车在有接触网终点的线路上调车时，应控制速度，距接触网终点标应有 10 m 的安全距离；遇特殊情况，距离必须近于 10 m 时，要严格控制速度。

（9）调车作业在坡道上停车时，调车信号未开放或未得到动车指令，不得提前缓解自阀。

### 9. 使用手信号调车的安全

（1）使用手信号调车时，调车组人员应与司机在同侧作业，司机在确认前方进路的同时，还须打开侧窗及时确认调车手信号。

（2）遇司机一侧设有超过 1.1 m 的高站台、滑溜槽等设备时，准许调车人员在副司机一侧显示信号，但事先须向司机传达清楚。

（3）设有两端司机室的机车担当调车作业，司机执行换端操作时，调车指挥人仍在原侧显示信号（仅限单机连挂车辆）。

10. 调车联控的安全

（1）普速铁路非 CTC 区段，司机应与车站值班员（信号员）进行调车联控。在 CTC 区段且开通 G 网功能时，司机应与列车调度员（车站负责办理调车进路时为车站值班员或车务应急值守人员）进行调车联控；未开通 G 网功能时，司机应与本站车站值班员（信号员）进行调车联控，如为车务无人站，由"列车无线调度通信关系表"指定车站配合进行调车联控。

（2）调车作业中，应执行钩钩联控制度。单机转线或牵引车辆运行前，由司机主动进行"问路式"联控。

（3）在编组站、区段站、作业量较大的中间站，信号操纵人员可根据现场作业需要，对机车出入段及站内转线作业可进行"指路式"联控，司机得到进路准备妥当的通知后须及时应答。

（4）其他须联控的事项：信号开放后不能及时动车时，司机应主动与信号操纵人员联系；调车信号开放后不得变更，遇特殊情况必须变更时，信号操纵人员须通知司机并确认停车后，方可关闭信号。

（5）普速铁路没有做好联系和防护时，不准越区或转场作业。在同一线路两端同时放行机车时，司机应听从车站值班员指挥，未经车站值班员同意，不得随意在线路内移动。

11. 调车作业连接制动软管的安全

（1）连结车辆软管的数量在《站细》中规定，但遇以下情形须全部接通制动软管，并按调车人员的指挥进行简略试验：调动乘坐旅客的车辆时；调动装有超限货物、装载标有货物车辆时；在超过 6‰坡度的线路上进行调车作业时；取送停靠尽头站台的车辆时；利用本务机车在中间站调车时；越出站界调车或跟踪出站调车时。

（2）全部接通软管的编成列车（车列）摘开机车前，司机应将自阀置于最大减压位、列车管排完风后，方可通知摘车人员摘开车钩。自车列摘解机车后，处于制动状态的车列 120 min 内不再另行采取防溜措施。

12. 越出站界调车的安全

（1）向区间正线方向转线时，机班全员须认真确认站界、司机严格控制速度，未得到越站调车的凭证，严禁越过站界标或作为站界分界线的信号机。

（2）双线区间正方向越出站界调车时，必须区间（自动闭塞区间为第一个闭塞分区）空闲；单线自动闭塞区间越出站界调车时，第一个闭塞分区空闲，经车站值班员口头准许并通知司机后，方可出站调车。

（3）单线半自动闭塞区间和双线反方向出站调车时，须有停止使用基本闭塞法的调度命令、出站调车通知书，方可出站调车。

（4）单线计轴自动站间闭塞区段越出站界调车时，须有停止使用基本闭塞法的调度命令、出站调车通知书，方可出站调车。

（5）单线计轴自动站间闭塞区段越出站界调车时，须有停止使用基本闭塞法的调度命令、出站调车通知书，方可出站调车。

13. 普速铁路跟踪出站调车的安全

（1）跟踪出站调车，只准许在单线区间及双线正方向线路上办理，司机应持有跟踪调车通知书，最远不得越出站界 500 m。跟踪调车作业完毕后，应交回跟踪调车通知书。

（2）下列情况禁止跟踪出站调车：出站方向区间内有瞭望不良的地形或有长大上坡道；先发列车需由区间返回，或挂有由区间返回的后部补机；一切电话中断；降雾、暴风雨雪时。

### 14. 本务机车调车完毕安全的注意事项

（1）本务机车在中间站调车作业完毕后，机车乘务员须检查车钩、软管连结和折角塞门状态，并在开车前进行列车制动机简略试验。

（2）本务机车 LKJ 退出调车模式（非本务机车确认本/补状态），确认 LKJ 距离，如 LKJ 显示已进入区间或距离不正确，应进入降级模式重新对标开车。

（3）本列甩挂车辆时，还应按本标准"办理票据交接的规定""客货列车编挂制动关门车的规定"执行。

## 任务六　终点站与退勤作业

当列车到达终点站后，途中运行作业即为结束，转入终点站作业（到达交班）及退勤作业。这个阶段的作业容易马虎和急躁，机车乘务员要保持良好的精神状态，认真完成各项作业，保证机车能正常再出段。

### 一、终点站作业

（1）到达终点站后，摘解机车前不得缓解列车制动。若地面无列车制动机试验设备或该设备临时发生故障时，司机应根据检车员的要求，试验列车制动机。牵引制动主管定压 600 kPa 的货物列车到达机车换挂站后，应对制动主管实施最大有效减压量（减压 170 kPa）。

（2）直供电列车到达后，应保持供电，接到车辆乘务员通知后方可停止供电，拔出供电钥匙，按规定与车辆乘务员办理交接。

（3）机车不能及时入段时，将机车移动至脱轨器外方、信号机前或警冲标内方。机车乘务员应及时检查轴温（装有轴温检测装置的除外）。LKJ 转入调车状态，按调车信号显示运行。

（4）机车到达站、段分界点处应停车，签认入段时分，了解段内走行经路。

（5）确认入段信号、股道号码信号、道岔开通信号、道岔表示器显示正确，厉行确认呼唤（应答），鸣笛动车入段，按规定速度控制运行。

（6）有运用干部添乘，在列车终到前，司机应出示添乘指导簿（详见附录5），添乘运用干部填写本趟添乘指导意见。

### 二、入段作业

（1）电力机车进整备线，在隔离区防护信号前停车，确认隔离区防护信号开放后再动车。

（2）在转盘及整备线停留时，机车必须制动。上、下转盘时，确认开通位置，严守速度规定。转盘转动时，司机不得离座，不得换端及做其他工作。并须做到：

① 内燃机车主手柄置于"0"位，换向手柄置于中立位，机车控制开关置于断开位。

② 电力机车断开主断路器，降下受电弓，牵引手柄置于"0"位。

（3）入段机车检查和整备。机务段应根据使用机型、乘务方式和段内技术作业时间，制定机车检查、给油、保洁等工作范围和标准。

① 交班司机应将机车运用状态，在机车运行日志上做出记录，按规定做好防溜，与接车人员办理交接。

② 轮乘制司机应向接车人员详细介绍机车运用状态、机车运行日志记录等情况，与有关人员办理燃油、耗电、工具备品以及机车行车安全装备的交接。

③ 检查机车时，发现故障处所及时处理或报修。

### 三、中途继乘站换班

（1）出勤时，按出勤作业的规定执行。出勤后按时到达指定地点接班。

（2）中间站换班应实行对口交接。

① 司机交接燃料、耗电、机车运用状态等。

② 副司机（非操纵司机）检查机车行车安全装备，办理工具备品等交接。

③ 接班后，按照各型机车中间站换班站检查项目进行（$SS_4$ 型机车按照表 7.8、$HXD_3$ 型机车按照表 7.9 的规定检查，$DF_{8B}$ 型机车和 $HXN_5$ 型机车中间站换班站检查项目分别按照表 7.10 和表 7.11 进行规定检查）。

表 7.8　$SS_4$ 型电力机车换班站检查项目

| 职名 | 部位 | 检查内容 |
|---|---|---|
| 本务司机 | 上部 | 目测受电弓状态；牵引控制柜、高压电器柜、硅整流柜，主变压器油温、油位和行车安全装备 |
| 副司机（非操纵司机） | 下部 | 轮对弛缓标记，轴箱温度，闸瓦与轮对踏面的缓解间隙，闸瓦及穿销，车钩及列车管连结、折角塞门状态 |

表 7.9　$HXD_3$ 型电力机车换班站检查项目

| 职名 | 部位 | 检查内容 |
|---|---|---|
| 本务司机 | 上部 | 目测受电弓状态；控制电器柜、空气制动柜、各辅助机组、空气压缩机工作状态及各保护电器开关位置；行车安全装备 |
| 副司机（非操纵司机） | 下部 | 轴箱温度、轮缘润滑装置、轴箱弹簧、制动盘可见部分、砂箱，轴箱拉杆、牵引杆吊索处在松缓状态，车钩及列车管的连结、折角塞门状态 |

表 7.10　$DF_{8B}$ 型内燃机车换班站检查项目

| 职名 | 部位 | 检查内容 |
|---|---|---|
| 本务司机 | 下部 | 轮对弛缓标志，轴箱温度，闸瓦与轮对踏面的缓解间隙，闸瓦及串销，蓄电池箱盖锁闭装置，车钩及列车管连结、折角塞门状态，燃油消耗量 |
| 副司机（非操纵司机） | 上部 | 各部油水位、油水管路有无漏泄，行车安全装备（机车信号、监控装置 LKJ、无线调度通信设备、列尾装置机控盒） |

表 7.11　$HXN_5$ 型内燃机车换班站检查项目

| 职名 | 部位 | 检查内容 |
|---|---|---|
| 本务司机 | 下部 | 机车排障器、车钩三态、制动系统各风管路及塞门位置、闸瓦缓解间隙、轴箱弹簧及衬板、空气干燥器、光电速度传感器、螺纹防缓线 |
| 副司机（非操纵司机） | 上部 | 水箱水位、空压机、防护用品 |

### 四、外段（折返段）交接班

（1）电力机车交班机班应按本段接车作业的规定项目对机车进行检查，填写机车运行日志。

（2）电力机车的接班司机应按本段接车作业的规定项目对机车进行检查。副司机（非操纵司机）对机车下部进行复检。

（3）制动机试验，内燃机车的电气动作试验，电力机车的高、低压试验按相应的试验程序进行。

（4）其他未尽事宜，按机务本段、外段（折返段）有关规定办理。

### 五、退勤作业

（1）退勤前，司机用 IC 卡转储 LKJ 运行记录文件，正确填写司机报单（填写方法详见附录 6），对本次列车的安全正点情况进行分析、记录。

（2）退勤时，进行酒精测试，向退勤调度员汇报本次列车安全及运行情况，对运行中发生的非正常情况按规定填写"机调 – 10"，对 LKJ 检索分析的问题及超劳、运缓等情况做出说明，交还列车时刻表、司机报单、司机手册、添乘指导簿后，办理退勤手续。

## 任务七　解析机车乘务员呼唤应答标准

呼唤应答是机车乘务工作中协同动作、紧密配合、互相监督、确保安全的有效制度。它将行车工作和规章制度有机地结合起来，贯穿整个乘务工作过程，是确保行车安全的一项重要工作，机车乘务员在作业中必须认真执行。

### 一、确认呼唤（应答）基本要求

（1）一次乘务作业全过程必须认真执行确认呼唤（应答）制度。

（2）确认呼唤（应答）必须执行"彻底瞭望、确认信号、手比眼看、准确呼唤"，并掌握"清晰短促、提示确认、全呼全比、手势正确"的作业要领。

（3）列车运行中必须对所有地面主体信号显示全部进行确认呼唤（应答），自动闭塞区段分区通过信号显示绿灯，值乘速度 120 km/h 及以上客运列车时，只手比不呼唤（带有三斜杠标志预告功能的分区通过信号机除外）。

（4）遇有显示须经侧向径路运行的信号时，在呼唤信号显示的同时，必须呼唤侧向限速值。

### 二、信号确认呼唤时机和手比姿势

#### 1. 信号确认呼唤时机

应遵循"信号好了不早呼、信号未好提前呼"的原则，瞭望条件良好时，进站（进路）信号不少于 800 m；出站、通过、接近、预告信号不少于 600 m；信号表示器不少于 100 m。

### 2. 手比规范

（1）信号显示要求通过（显示绿灯、绿黄灯）时：右手伸出食指和中指并拢，拳心向左，指向确认对象。

（2）信号显示要求正向径路准备停车（显示黄灯）时：右手拢拳伸拇指直立，拳心向左。

（3）信号显示要求侧向径路运行（显示双黄灯、黄闪黄）时：右手拢拳、伸拇指和小指，拳心向左。

（4）信号显示要求停车（显示红灯，包括固定和临时）时：右臂拢拳，举拳与眉齐，拳心向左，小臂上下摇动3次。

（5）注意警惕运行时：右臂拢拳，大小臂成90°，举拳与眉齐，拳心向左。

（6）确认仪表显示时：右手伸出食指和中指并拢，拳心向左，指向相关确认设备。

（7）确认非集中操纵道岔、各类手信号、防护信号（脱轨器）时：右手伸出食指和中指并拢，拳心向左，指向确认的非集中操纵道岔、各类手信号、防护信号（脱轨器）。

（8）列车运行中，LKJ提示前方列车运行限制速度有变化时，司机必须在变速点前，对变化的速度值及时进行确认呼唤；确认呼唤时，右手伸出食指和中指并拢，拳心向左，指向LKJ显示部位。

（9）手比以注意警惕姿势开始和收回，手比动做稍作停顿。

## 三、机车乘务员（单岗值乘）确认呼唤（应答）标准用语

### 1. 出段至发车

出段至发车阶段呼唤应答标准用语如表7.12所示。

表7.12 出段至发车呼唤应答标准用语

| 序号 | 呼唤时机 | 呼唤项目 | 确认呼唤标准用语 |
| --- | --- | --- | --- |
| 1 | 电力机车升弓 | 升弓作业 | 升弓注意，升弓好了 |
| 2 | 整备完毕，人员就岗 | 出段准备作业 | 出段准备好了 |
| 3 | 出段前 | 还道信号及出段手信号显示（非集中操纵道岔） | ××道，出段手信号好了 |
| 4 | | 出段信号显示（含出段简易信号） | 出段信号，白（绿）灯<br>出段信号，蓝（红）灯停车 |
| 5 | 经过非集中操纵道岔前 | 道岔开通位置 | 道岔开通正确 |
| 6 | 经过其他要道还道地点前 | 还道信号及道岔开通手信号显示 | 一度停车<br>××道，手信号好了 |
| 7 | 行至站段分界点 | 站段分界点（或一度停车牌） | 一度停车 |
| 8 | 调车信号前 | 调车信号显示 | 调车信号，白灯<br>调车信号，蓝（红）灯停车 |
| 9 | 调车复示信号前 | 调车复示信号 | 复示信号，白灯<br>复示信号，注意 |
| 10 | 换端作业时 | 制动防溜 | 注意防溜 |
| 11 | 进入挂车线 | 脱轨器 | 脱轨器，撤除好了、（红灯、红牌）停车 |

续表

| 序号 | 呼唤时机 | 呼唤项目 | 确认呼唤标准用语 |
|---|---|---|---|
| 12 | 连挂车时 | 连挂距离 | 十辆、五辆、三辆、停车 |
| 13 | | 防护信号 | 防护信号,撤除好了<br>防护信号,注意 |
| 14 | 列车制动机试验时 | 列车制动机试验作业 | 制动、缓解<br>试风好了 |
| 15 | | 行车安全装备设置作业 | LKJ设置,设置好了<br>CIR(或通信装置)设置,设置好了<br>列尾装置设置,设置好了<br>机车信号确认,确认好了 |
| 16 | | 出站(发车进路)信号显示一个绿灯 | 绿灯,出站(发车进路)好了 |
| 17 | 发车前 | 出站(发车进路)信号显示两个绿灯 | 双绿灯,××(线、站)方向出站好了 |
| 18 | | 出站(发车进路)信号显示一个绿灯一个黄灯 | 绿黄灯,出站(发车进路)好了 |
| 19 | | 出站(发车进路)信号显示一个黄灯 | 黄灯,出站(发车进路)好了 |
| 20 | | 非正常行车确认行车凭证时 | 确认行车凭证,路票正确<br>确认行车凭证,绿色许可证正确<br>确认行车凭证,红色许可证正确<br>确认行车凭证,调度命令正确 |
| 21 | | 进路表示器显示 | 进路表示器,××(线、站)方向好了<br>进路表示器,正、反方向好了 |
| 22 | 发车前 | 发车信号 | 一圈、两圈、三圈,发车信号好了<br>联控发车好了 |
| 23 | | 发车表示器 | 发车表示器白灯 |
| 24 | | 确认开车时刻 | 正点(或晚点××分)开车 |
| 25 | 起动列车后 | 监控装置对标点及道岔限速 | 对标好了,道岔限速××公里 |
| 26 | 出站后 | 操纵台各仪表、指示灯、机车微机工况屏显示 | 各仪表(网压)显示正常 |

**2. 途中运行**

途中运行阶段呼唤应答标准用语如表7.13所示。

表7.13 途中运行呼唤应答标准用语

| 序号 | 呼唤时机 | 呼唤项目 | 确认呼唤标准用语 |
|---|---|---|---|
| 1 | 贯通试验或试闸点 | 贯通试验或试闸作业 | 贯通试验,贯通试验好了<br>试闸,试闸好了 |
| 2 | 查询列尾时 | 列尾查询作业 | 列尾查询,尾部风压××千帕 |
| 3 | 接近慢行地段限速标 | 慢行标识及限速值 | 慢行限速××公里 |

续表

| 序号 | 呼唤时机 | 呼唤项目 | 确认呼唤标准用语 |
|---|---|---|---|
| 4 | 慢行减速地点（始端）标 | 慢行减速地点（始端）标位置 | 慢行开始 |
| 5 | 慢行减速地点（终端）标 | 慢行减速地点（终端）标位置 | 严守速度 |
| 6 | 越过减速防护地段终端信号标 | 减速防护地段终端信号标位置 | 慢行结束 |
| 7 | 乘降所 | 乘降所 | ××乘降所停车 |
| 8 | 分相前 | 分相位置 | 过分相注意 |
| 9 | 禁止双弓标前 | 禁止双弓标 | 单弓好了 |
| 10 | 断电标前 | 断电标（T断标） | 断电好了 |
| 11 | 越过合电标后 | 合电标 | 闭合好了 |
| 12 | 准备降弓标 | 准备降弓标 | 准备降弓 |
| 13 | 降弓标前 | 降弓标 | 降弓好了 |
| 14 | 越过升弓标后 | 升弓标 | 升弓好了 |
| 15 | 遮断信号 | 遮断信号显示 | 遮断信号，红灯停车、无显示 |
| 16 | 半自动闭塞区段进站（进路）信号机处<br>自动闭塞区段进站信号前一架通过信号机、进站（进路）信号机处 | 监控距离与地面信号机实际距离核对 | 确认车位，车位正确<br>确认车位，校正好了 |
| 17 | 进站、接车进路复示信号 | 复示信号显示 | 复示信号，直向、侧向<br>复示信号，注意信号 |
| 18 | 出站、发车进路复示信号 | 复示信号显示 | 复示信号，好了<br>复示信号，注意信号 |
| 19 | 通过手信号 | 通过手信号显示 | 通过手信号，好了（站内停车） |
| 20 | 防护信号前 | 防护信号 | 防护信号，红灯（红旗）停车、火炬停车、撤除好了 |
| 21 | 预告信号前 | 预告信号显示 | 预告信号，好了、注意信号 |
| 22 | CIR接收接车进路预告信息时 | 进路预告信息内容 | ××站（线路所）××道通过（停车）、机外停车 |
| 23 | 接收临时调度命令时 | 调度命令号及内容 | 确认调度命令，确认好了 |
| 24 | 通信模式转换时 | 模式转换 | 通信转换注意，转换好了 |
| 25 | 机车信号转换时 | 机车信号转换 | 机车信号转换，转换好了 |
| 26 | 接近信号前 | 接近信号显示 | 绿灯<br>绿黄灯<br>黄灯减速 |
| 27 | 进站（接车进路）信号前 | 进站（进路）信号机显示一个绿灯 | 绿灯，正线通过 |

续表

| 序号 | 呼唤时机 | 呼唤项目 | 确认呼唤标准用语 |
|---|---|---|---|
| 28 | 进站（接车进路）信号前 | 进站（进路）信号机显示一个绿灯一个黄灯 | 绿黄灯，正线通过，注意运行 |
| 29 | | 进站（进路）信号机显示一个黄灯 | 黄灯，正线停车 |
| 30 | | 进站（进路）信号机显示两个黄灯 | 双黄灯，侧线，限速××公里 |
| 31 | | 进站（进路）信号机显示黄闪黄 | 黄闪黄，侧线，限速××公里 |
| 32 | | 进站（进路）信号机显示红灯 | 红灯，机外停车 |
| 33 | | 非正常行车确认行车凭证时 | 一红一白，引导信号好了<br>黄旗、黄灯，引导手信号好了<br>绿旗、绿灯，特定引导手信号好了<br>机外停车 |
| 34 | 出站（发车进路）信号前 | 出站（发车进路）信号显示一个绿灯 | 绿灯，出站（发车进路）好了 |
| 35 | | 出站（发车进路）信号显示两个绿灯 | 双绿灯，××（线、站）方向出站好了 |
| 36 | | 出站（发车进路）信号显示一个绿灯一个黄灯 | 绿黄灯，出站（发车进路）好了 |
| 37 | | 出站（发车进路）信号显示一个黄灯 | 黄灯，出站（发车进路）好了 |
| 38 | | 出站（发车进路）信号显示一个红灯 | 红灯，站内停车 |
| 39 | | 非正常行车确认行车凭证时 | 确认行车凭证，路票正确<br>确认行车凭证，绿色许可证正确<br>确认行车凭证，红色许可证正确<br>确认行车凭证，调度命令正确 |
| 40 | 进路表示器前 | 进路表示器显示 | 进路表示器，××（线、站）方向好了<br>进路表示器，正、反方向好了 |
| 41 | 确认仪表时 | 操纵台各仪表、指示灯、机车微机工况屏显示 | 各仪表（网压）显示正常 |
| 42 | 自动闭塞区段闭塞分区通过信号前 | 闭塞分区通过信号显示 | 绿灯<br>绿黄灯<br>黄灯减速<br>红灯停车 |
| 43 | 线路所通过信号机前 | 线路所通过信号显示 | 通过信号，绿灯，(××方向好了)<br>绿黄灯，(××方向好了)<br>黄灯减速，(××方向好了)<br>侧线限速××公里、××方向好了<br>机外停车 |

续表

| 序号 | 呼唤时机 | 呼唤项目 | 确认呼唤标准用语 |
| --- | --- | --- | --- |
| 44 | 线路所通过信号机前 | 非正常行车确认行车凭证时 | 确认行车凭证，凭证正确 |
| 45 | 列车运行限制速度变速点前（由高速变低速） | 变速点低速值 | 前方限速××公里，注意控速 |
| 46 | 输入侧线股道号 | 侧线股道号 | ××道输入好了 |
| 47 | 输入支线号 | 支线号 | 支线号输入好了 |
| 48 | 接近限制鸣笛标前 | 限制鸣笛标 | 进入限鸣区段 |
| 49 | 接近防洪地点标前 | 防洪地点标 | 防洪地点，注意运行 |
| 50 | 接近道口前 | 道口位置 | 道口注意 |
| 51 | 列车客运停点、终到 | 报点 | 正点（晚点或早点××分）到达（通过、开车） |

**3. 到达至入段**

到达及入段阶段呼唤应答标准用语如表 7.14 所示。

表 7.14　到达及入段呼唤应答标准用语

| 序号 | 呼唤时机 | 呼唤项目 | 确认呼唤标准用语 |
| --- | --- | --- | --- |
| 1 | 列车终到后 | 行车安全装备设置 | LKJ 设置，设置好了<br>CIR（或通信装置）设置，设置好了<br>列尾装置设置，设置好了 |
| 2 | 调车转线作业 | 调车信号显示 | 调车信号，白灯<br>调车信号，蓝（红）灯停车 |
| 3 | 调车复示信号前 | 调车复示信号 | 复示信号，白灯<br>复示信号，注意 |
| 4 | 行至站段分界点 | 站段分界点（或一度停车牌） | 一度停车 |
| 5 | 入段前 | 还道信号及入段手信号显示（非集中操纵道岔） | ××道，入段手信号好了 |
| 6 | | 入段信号显示（含简易信号显示） | 入段信号，白（绿）灯<br>入段信号，蓝（红）灯停车 |
| 7 | 经过非集中操纵道岔前 | 道岔位置 | 道岔开通正确 |
| 8 | 经过其他要道还道地点前 | 还道信号及道岔开通手信号 | 一度停车<br>××道，手信号好了 |
| 9 | 换端作业时 | 制动防溜 | 注意防溜 |
| 10 | 进入段内尽头线或有车线 | 确认停车距离 | 十辆、五辆、三辆、停车 |
| 11 | 整备线防护信号前 | 防护信号显示 | 防护信号，撤除好了<br>防护信号，（红灯、蓝灯、红旗、红牌）停车 |

## 四、机车乘务员（双岗值乘）确认呼唤（应答）标准用语

### 1. 出段至发车

出段至发车阶段呼唤应答标准用语如表 7.15 所示。

表 7.15 出段至发车呼唤应答标准用语

| 序号 | 呼唤时机 | 呼唤 | | 应答 | | 复诵 | |
|---|---|---|---|---|---|---|---|
| | | 呼唤者 | 标准用语 | 应答者 | 标准用语 | 复诵者 | 标准用语 |
| 1 | 电力机车升弓 | 操纵司机 | 升弓 | 副司机非操纵司机 | 升弓注意 | 操纵司机 | 升弓好了 |
| 2 | 整备完毕，人员就岗 | 副司机非操纵司机 | 出段准备 | 操纵司机 | 准备好了 | | |
| 3 | 出段前 | 副司机非操纵司机 | 还道信号出段信号（非集中操纵道岔呼唤内容） | 操纵司机 | ××道出段手信号好了 | 副司机非操纵司机 | ××道出段手信号好了 |
| 4 | | 副司机非操纵司机 | 出段信号 | 操纵司机 | 白（绿）灯蓝（红）灯停车 | 副司机非操纵司机 | 白（绿）灯蓝（红）灯停车 |
| 5 | 经过非集中操纵道岔前 | 副司机非操纵司机 | 道岔注意 | 操纵司机 | 道岔开通正确 | 副司机非操纵司机 | 道岔开通正确 |
| 6 | 经过其他要道还道地点前 | 副司机非操纵司机 | 一度停车还道信号道岔开通信号 | 操纵司机 | 一度停车××道手信号好了 | 副司机非操纵司机 | ××道手信号好了 |
| 7 | 行至站段分界点(或一度停车牌) | 副司机非操纵司机 | 一度停车 | 操纵司机 | 一度停车 | | |
| 8 | 调车信号前 | 副司机非操纵司机 | 调车信号 | 操纵司机 | 白灯、蓝（红）灯停车 | 副司机非操纵司机 | 白灯、蓝（红）灯停车 |
| 9 | 调车复示信号前 | 副司机非操纵司机 | 复示信号 | 操纵司机 | 白灯注意信号 | 副司机非操纵司机 | 白灯注意信号 |
| 10 | 换端作业时 | 副司机非操纵司机 | 注意防溜 | 操纵司机 | 注意防溜 | | |
| 11 | 进入挂车线 | 副司机非操纵司机 | 脱轨器注意 | 操纵司机 | 撤除好了（红灯、红牌）停车 | 副司机非操纵司机 | 撤除好了（红灯、红牌）停车 |
| 12 | 连挂车时 | 副司机非操纵司机 | 十辆、五辆、三辆、停车 | 操纵司机 | 十辆、五辆、三辆、停车 | | |
| 13 | | 副司机非操纵司机 | 防护信号 | 操纵司机 | 撤除好了注意信号 | 副司机非操纵司机 | 好了注意 |
| 14 | 列车制动机试验时 | 副司机非操纵司机 | 制动、缓解试风好了 | 操纵司机 | 制动、缓解试风好了 | | |

续表

| 序号 | 呼唤时机 | 呼唤 | | 应答 | | 复诵 | |
|---|---|---|---|---|---|---|---|
| | | 呼唤者 | 标准用语 | 应答者 | 标准用语 | 复诵者 | 标准用语 |
| 15 | 发车前 | 副司机 非操纵司机 | 确认行车安全装备 | 操纵司机 | LKJ设置好了 CIR（或通信装置）设置好了 列尾装置设置好了 机车信号确认好了 | 副司机 非操纵司机 | LKJ设置好了 CIR（或通信装置）设置好了 列尾装置设置好了机车信号确认好了 |
| 16 | | 副司机 非操纵司机 | 出站（发车进路）信号 | 操纵司机 | 绿灯，出站（发车进路）好了 双绿灯，××（线、站）方向出站好了 绿黄灯，出站（发车进路）好了 黄灯，出站（发车进路）好了 | 副司机 非操纵司机 | 绿灯，出站（发车进路）好了 双绿灯，××（线、站）方向出站好了 绿黄灯，出站（发车进路）好了 黄灯，出站（发车进路）好了 |
| 17 | | 副司机 非操纵司机 | 确认路票 确认绿色许可证 确认红色许可证 确认调度命令 | 操纵司机 | 路票正确 绿色许可证正确 红色许可证正确 调度命令正确 | 副司机 非操纵司机 | 路票正确 绿色许可证正确 红色许可证正确 调度命令正确 |
| 18 | | 副司机 非操纵司机 | 进路表示器 | 操纵司机 | ××（线、站）方向好了 正、反方向好了 | 副司机 非操纵司机 | ××（线、站）方向好了 正、反方向好了 |
| 19 | | 副司机 非操纵司机 | 发车信号 | 操纵司机 | 一圈、两圈、三圈，发车信号好了 联控发车好了 | 副司机 非操纵司机 | 一圈、两圈、三圈，发车信号好了 联控发车好了 |
| 20 | | 副司机 非操纵司机 | 发车表示器 | 操纵司机 | 发车表示器白灯 | 副司机 非操纵司机 | 发车表示器白灯 |
| 21 | 起动列车后 | 副司机 非操纵司机 | 确认开车时刻 | 操纵司机 | 正点（或晚点××分）开车 | 副司机 非操纵司机 | 好了 |

续表

| 序号 | 呼唤时机 | 呼唤 | | 应答 | | 复诵 | |
|---|---|---|---|---|---|---|---|
| | | 呼唤者 | 标准用语 | 应答者 | 标准用语 | 复诵者 | 标准用语 |
| 22 | 起动列车后 | 副司机 非操纵司机 | 注意对标 | 操纵司机 | 对标好了 道岔限速××公里 | 副司机 非操纵司机 | 好了 道岔限速××公里 |
| 23 | | 副司机 非操纵司机 | 后部注意 | 操纵司机 | 后部好了 | 副司机 非操纵司机 | 后部好了 |
| 24 | 出站后 | 副司机 非操纵司机 | 仪表注意 | 操纵司机 | 各仪表（网压）显示正常 | | |

## 2. 途中运行

途中运行阶段呼唤应答标准用语如表 7.16 所示。

表 7.16 途中运行呼唤应答标准用语

| 序号 | 呼唤时机 | 呼唤 | | 应答 | | 复诵 | |
|---|---|---|---|---|---|---|---|
| | | 呼唤者 | 标准用语 | 应答者 | 标准用语 | 复诵者 | 标准用语 |
| 1 | 机械间巡视及巡视后 | 副司机 非操纵司机 | 机械间检查各部正常 | 操纵司机 | 注意安全好了 | 副司机 非操纵司机 | 加强瞭望 |
| 2 | 贯通试验或试闸点 | 副司机 非操纵司机 | 贯通试验或试闸 | 操纵司机 | 贯通试验好了或试闸好了 | 副司机 非操纵司机 | 好了 |
| 3 | 查询列尾时 | 副司机 非操纵司机 | 列尾查询 | 操纵司机 | 尾部风压××千帕 | 副司机 非操纵司机 | 好了 |
| 4 | 接近慢行地段限速标 | 副司机 非操纵司机 | 慢行注意 | 操纵司机 | 限速××公里 | 副司机 非操纵司机 | 限速××公里 |
| 5 | 慢行减速地点（始端）标 | 副司机 非操纵司机 | 慢行开始 | 操纵司机 | 慢行开始 | | |
| 6 | 慢行减速地点（终端）标 | 副司机 非操纵司机 | 严守速度 | 操纵司机 | 严守速度 | | |
| 7 | 越过减速防护地段终端信号标 | 副司机 非操纵司机 | 慢行结束 | 操纵司机 | 慢行结束 | | |
| 8 | 乘降所 | 副司机 非操纵司机 | ××乘降所 | 操纵司机 | 停车 | 副司机 非操纵司机 | 停车 |
| 9 | 接近分相前 | 副司机 非操纵司机 | 过分相注意 | 操纵司机 | 注意 | 副司机 非操纵司机 | 注意 |
| 10 | 禁止双弓标前 | 副司机 非操纵司机 | 禁止双弓 | 操纵司机 | 单弓好了 | 副司机 非操纵司机 | 好了 |
| 11 | 断电标（T断标）前 | 副司机 非操纵司机 | 断电 | 操纵司机 | 断电好了 | 副司机 非操纵司机 | 好了 |
| 12 | 越过合电标后 | 副司机 非操纵司机 | 闭合 | 操纵司机 | 闭合好了 | 副司机 非操纵司机 | 好了 |
| 13 | 准备降弓标前 | 副司机 非操纵司机 | 准备降弓 | 操纵司机 | 准备降弓 | | |

续表

| 序号 | 呼唤时机 | 呼唤 | | 应答 | | 复诵 | |
|---|---|---|---|---|---|---|---|
| | | 呼唤者 | 标准用语 | 应答者 | 标准用语 | 复诵者 | 标准用语 |
| 14 | 降弓标前 | 副司机<br>非操纵司机 | 降弓 | 操纵司机 | 降弓好了 | 副司机<br>非操纵司机 | 好了 |
| 15 | 越过升弓标后 | 副司机<br>非操纵司机 | 升弓 | 操纵司机 | 升弓好了 | 副司机<br>非操纵司机 | 好了 |
| 16 | 遮断信号前 | 副司机<br>非操纵司机 | 遮断信号 | 操纵司机 | 红灯停车，<br>无显示 | 副司机<br>非操纵司机 | 红灯停车，<br>无显示 |
| 17 | 半自动闭塞区段进站（进路）信号机处；<br>自动闭塞区段进站信号前一架通过信号机、进站（进路）信号机处 | 副司机<br>非操纵司机 | 确认车位 | 操纵司机 | 车位正确<br>校正好了 | 副司机<br>非操纵司机 | 车位正确<br>好了 |
| 18 | 进站、接车进路复示信号前 | 副司机<br>非操纵司机 | 复示信号 | 操纵司机 | 直向、侧向或注意信号 | 副司机<br>非操纵司机 | 直向、侧向或注意信号 |
| 19 | 出站、发车进路复示信号前 | 副司机<br>非操纵司机 | 复示信号 | 操纵司机 | 复示好了、注意信号 | 副司机<br>非操纵司机 | 复示好了、注意信号 |
| 20 | 通过手信号 | 副司机<br>非操纵司机 | 通过手信号 | 操纵司机 | 手信号好了<br>站内停车 | 副司机<br>非操纵司机 | 手信号好了<br>站内停车 |
| 21 | 防护信号前 | 副司机<br>非操纵司机 | 防护信号 | 操纵司机 | 红灯（红旗）<br>停车<br>火炬停车<br>撤除好了 | 副司机<br>非操纵司机 | 红灯（红旗）<br>停车<br>火炬停车<br>撤除好了 |
| 22 | 预告信号前 | 副司机<br>非操纵司机 | 预告信号 | 操纵司机 | 预告好了<br>注意信号 | 副司机<br>非操纵司机 | 预告好了<br>注意信号 |
| 23 | CIR接收接车进路预告信息时 | 副司机<br>非操纵司机 | 确认进路预告信息 | 操纵司机 | ××站（线路所）××道通过（停车）、机外停车 | 副司机<br>非操纵司机 | ××站（线路所）××道通过（停车）、机外停车 |
| 24 | 接收临时调度命令时 | 副司机<br>非操纵司机 | 确认调度命令 | 操纵司机 | 调度命令确认好了 | 副司机<br>非操纵司机 | 调度命令确认好了 |
| 25 | 通信模式转换时 | 副司机<br>非操纵司机 | 通信转换注意 | 操纵司机 | 转换好了 | 副司机<br>非操纵司机 | 好了 |
| 26 | 转换机车信号时 | 副司机<br>非操纵司机 | 机车信号转换注意 | 操纵司机 | 转换好了 | 副司机<br>非操纵司机 | 好了 |
| 27 | 接近信号前 | 副司机<br>非操纵司机 | 接近信号 | 操纵司机 | 绿灯<br>绿黄灯<br>黄灯减速 | 副司机<br>非操纵司机 | 绿灯<br>绿黄灯<br>黄灯减速 |

续表

| 序号 | 呼唤时机 | 呼唤 | | 应答 | | 复诵 | |
|---|---|---|---|---|---|---|---|
| | | 呼唤者 | 标准用语 | 应答者 | 标准用语 | 复诵者 | 标准用语 |
| 28 | 进站（接车进路）信号前 | 副司机 非操纵司机 | 进站（进路）信号 | 操纵司机 | 绿灯，正线通过 绿黄灯，正线通过，注意运行 黄灯，正线双黄灯，侧线，限速××公里 黄闪黄，侧线，限速××公里 红灯，机外停车 | 副司机 非操纵司机 | 绿灯，正线通过 绿黄灯，正线通过，注意运行 黄灯，正线双黄灯，侧线，限速××公里 黄闪黄，侧线，限速××公里 红灯，机外停车 |
| 29 | | 副司机 非操纵司机 | 引导信号 引导手信号 特定引导手信号 机外停车 | 操纵司机 | 一红一白，引号信号好了 黄旗、黄灯，引导手信号好了 绿旗、绿灯，特定引导手信号好了 机外停车 | 副司机 非操纵司机 | 一红一白，引号信号好了 黄旗、黄灯，引导手信号好了 绿旗、绿灯，特定引导手信号好了 机外停车 |
| 29 | 出站（发车进路）信号前 | 副司机 非操纵司机 | 出站（发车进路）信号 | 操纵司机 | 绿灯，出站（发车进路）好了 双绿灯，××（线、站）方向出站好了 绿黄灯，出站（发车进路）好了 黄灯，出站（发车进路）好了 红灯，停车 | 副司机 非操纵司机 | 绿灯，出站（发车进路）好了 双绿灯，××（线、站）方向出站好了 绿黄灯，出站（发车进路）好了 黄灯，出站（发车进路）好了 红灯，停车 |
| 30 | | 副司机 非操纵司机 | 确认路票 确认绿色许可证 确认红色许可证 确认调度命令 | 操纵司机 | 路票正确 绿色许可证正确 红色许可证正确 调度命令正确 | 副司机 非操纵司机 | 路票正确 绿色许可证正确 红色许可证正确 调度命令正确 |
| 31 | 进路表示器前 | 副司机 非操纵司机 | 进路表示器 | 操纵司机 | ××（线、站）方向好了 正、反方向好了 | 副司机 非操纵司机 | ××（线、站）方向好了 正、反方向好了 |

续表

| 序号 | 呼唤时机 | 呼唤 | | 应答 | | 复诵 | |
|---|---|---|---|---|---|---|---|
| | | 呼唤者 | 标准用语 | 应答者 | 标准用语 | 复诵者 | 标准用语 |
| 32 | 确认仪表时 | 副司机非操纵司机 | 仪表注意 | 操纵司机 | 各仪表（网压）显示正常 | | |
| 33 | 自动闭塞区段闭塞分区通过信号前 | 副司机非操纵司机 | 通过信号 | 操纵司机 | 绿灯 绿黄灯 黄灯减速 红灯停车 | 副司机非操纵司机 | 绿灯 绿黄灯 黄灯减速 红灯停车 |
| 34 | 线路所通过信号机前 | 副司机非操纵司机 | 通过信号确认行车凭证 | 操纵司机 | 绿灯，（××方向好了）绿黄灯，（××方向好了）黄灯减速，（××方向好了）侧线限速××公里、××方向好了 机外停车线路所凭证正确 | 副司机非操纵司机 | 绿灯，（××方向好了）绿黄灯，（××方向好了）黄灯减速，（××方向好了）侧线限速××公里、××方向好了 机外停车线路所凭证正确 |
| 35 | 列车运行限制速度变速点前（由高速变低速） | 操纵司机 | 前方限速××公里 | 副司机非操纵司机 | 注意控速 | 操纵司机 | 注意控速 |
| 36 | 交会列车时 | 副司机非操纵司机 | 会车注意 | 操纵司机 | 注意 | | |
| 37 | 输入侧线股道号 | 副司机非操纵司机 | 输入侧线股道号 | 操纵司机 | ××道输入好了 | | |
| 38 | 输入支线号 | 副司机非操纵司机 | 输入支线号 | 操纵司机 | 支线号输入好了 | | |
| 39 | 接近限制鸣笛标前 | 副司机非操纵司机 | 进入限鸣区段 | 操纵司机 | 限制鸣笛 | 副司机非操纵司机 | 限制鸣笛 |
| 40 | 接近防洪地点标 | 副司机非操纵司机 | 进入防洪地点 | 操纵司机 | 注意运行 | 副司机非操纵司机 | 注意运行 |
| 41 | 接近道口前 | 副司机非操纵司机 | 道口注意 | 操纵司机 | 注意 | | |
| 42 | 途中换班时 | 接班司机 | 换班注意 | 交班司机 | 加强瞭望（前方有限速）；注意安全 | 接班司机 | 明白 |

## 3. 到达至入段

到达至入段阶段呼唤应答标准用语如表 7.17 所示。

表 7.17 到达至入段阶段呼唤应答标准用语

| 序号 | 呼唤时机 | 呼唤 | | 应答 | | 复诵 | |
|---|---|---|---|---|---|---|---|
| | | 呼唤者 | 标准用语 | 应答者 | 标准用语 | 复诵者 | 标准用语 |
| 1 | 列车终到后 | 副司机<br>非操纵司机 | 确认行车安全装备 | 操纵司机 | LKJ设置好了<br>CIR（或通信装置）设置好了<br>列尾装置设置好了 | 副司机<br>非操纵司机 | LKJ设置好了<br>CIR（或通信装置）设置好了<br>列尾装置设置好了 |
| 2 | 调车转线作业 | 副司机<br>非操纵司机 | 调车信号 | 操纵司机 | 白灯、蓝（红）灯停车 | 副司机<br>非操纵司机 | 白灯、蓝（红）灯停车 |
| 3 | 调车复示信号前 | 副司机<br>非操纵司机 | 复示信号 | 操纵司机 | 白灯<br>注意信号 | 副司机<br>非操纵司机 | 白灯<br>注意信号 |
| 4 | 行至站段分界点（或一度停车牌） | 副司机<br>非操纵司机 | 一度停车 | 操纵司机 | 一度停车 | | |
| 5 | 入段前 | 副司机<br>非操纵司机 | 还道信号<br>入段信号（非集中操纵道岔呼唤内容） | 操纵司机 | ××道<br>入段手信号好了 | 副司机<br>非操纵司机 | ××道<br>入段手信号好了 |
| 6 | | 副司机<br>非操纵司机 | 入段信号 | 操纵司机 | 白（绿）灯<br>蓝（红）灯停车 | 副司机<br>非操纵司机 | 白（绿）灯<br>蓝（红）灯停车 |
| 7 | 经过非集中操纵道岔前 | 副司机<br>非操纵司机 | 道岔注意 | 操纵司机 | 道岔开通正确 | 副司机<br>非操纵司机 | 道岔开通正确 |
| 8 | 经过其他要道还道地点前 | 副司机<br>非操纵司机 | 一度停车<br>还道信号<br>道岔开通信号 | 操纵司机 | 一度停车<br>××道<br>手信号好了 | 副司机<br>非操纵司机 | ××道<br>手信号好了 |
| 9 | 换端作业时 | 副司机<br>非操纵司机 | 注意防溜 | 操纵司机 | 注意防溜 | | |
| 10 | 进入段内尽头线或有车线 | 副司机<br>非操纵司机 | 十辆、五辆、三辆、停车 | 操纵司机 | 十辆、五辆、三辆、停车 | | |
| 11 | 整备线防护信号前 | 副司机<br>非操纵司机 | 防护信号 | 操纵司机 | 撤除好了（红灯、蓝灯、红旗、红牌）停车 | 副司机<br>非操纵司机 | 撤除好了（红灯、蓝灯、红旗、红牌）停车 |

## 任务八　解析行车安全装备

铁路机车行车安全装备是指装设于机车、动车以及自轮运转特种设备上,用于直接防止列车运行事故或辅助机车乘务员提高操纵列车运行安全能力的装备。机车上的行车安全装备主要包括机车信号、机车综合无线通信设备 CIR、LKJ2000 型列车运行监控记录装置、列车尾部安全防护装置以及机车走行部安全检测装置,是保证列车安全运行的重要设备,机车乘务员应熟悉设备的基本操作使用方法和故障处理办法。

### 一、机车信号装置

#### 1. 机车信号的作用

机车信号又称为机车自动信号,设在机车司机控制室内,用来自动反映运行条件,指示机车运行。为实现机车信号而设置的整套技术设备称为机车信号设备。机车信号能复示地面信号机的显示,克服天气影响和地形影响,改善司机瞭望条件,能够提前向司机预告机车所接近的地面信号显示情况。因此,机车司机能够在任何条件下,从容地驾驶机车或及时采取制动措施,防止发生列车冒进、越出信号机,提高了列车运行的安全性。但是机车停车位置,应以地面信号机或有关停车标志为依据。

#### 2. 机车信号装置设备

机车信号装置由机车信号主机、机车信号机、双路接收线圈等结构组成。

接收线圈安装在机车转向架前端,通过与钢轨的电磁耦合接收钢轨上的信号,然后传送给机车信号主机。接收线圈内部为双余线圈。

机车信号主机从接收线圈接收移频信号,通过对接收的信号警醒处理、解调、译码得到机车信号信息,把机车信号信息输出到双面八显示机车信号机,显示给司机,同时,把机车信号信息输出到监控装置,作为控制列车运行的基本条件。

#### 3. 机车信号机的分类

机车信号机分为连续式、接近连续式机车信号机两种。

**1) 连续式机车信号**

连续式机车信号使用在自动闭塞区段。由于自动闭塞区段每个闭塞分区都装设轨道电路,通过轨道电路不断地将地面色灯信号机的显示信息向机车传送,使机车信号机可以连续地复示出地面信号机的显示状态。

**2) 接近连续式机车信号**

接近连续式机车信号使用在非自动闭塞区段,是指当机车到达进站信号机或线路所通过信号机前方的接近区段,才能向轨道电路发送连续的信息电码,将地面信号的显示状态反映到机车信号机上。在无电码的地段,机车信号机则不能复示地面信号机的状态。由于它接近车站或线路所通过信号机才有显示,而且一旦显示又连续不间断的特点,所以称为接近连续式。

#### 4. 机车信号应满足的技术条件

任何机车信号都必须满足故障导向安全原则的要求,应装有足够显示数目的机车信号机,以直观地反映地面信号机的显示。机车信号配合有音响信号，在机车信号变化为较限制显示时鸣响，使司机更加注意。机车信号设备工作稳定可靠，受天气、环境干扰影响小，不得超出机车车辆限界。

### 5. 机车信号的使用

列车运行速度不超过 120 km/h 的区段，机车信号与列车运行监控记录装置结合使用；列车运行速度在 120 km/h 以上至 160 km/h 的区段，具有条件的应采用主体机车信号与列车运行监控记录装置结合使用，或采用列车超速防护系统；列车运行速度超过 160 km/h 的区段，应采用无地面信号机的列车超速防护系统。

## 二、机车综合无线通信设备 CIR

### 1. 调度命令无线传送系统的功能

（1）调度员向辖区内的运行列车发送调度命令等信息，在 CTC 区段并能发送行车凭证、调车作业通知单等信息。
（2）车站值班员向辖区内的运行列车发送行车凭证、调车作业通知单等信息。
（3）自动向辖区内的运行列车发送列车接车进路预告信息。
（4）机车装置向车站发送调车请求信息。
（5）机车装置能向发送人终端发送自动确认和签收信息。
（6）TDCS 设备和机车装置应存储调度命令并记录操作过程。
（7）系统中各终端应具有文字提示功能，机车装置还应具有语音提示功能。

### 2. 系统组成（见图 7.2）

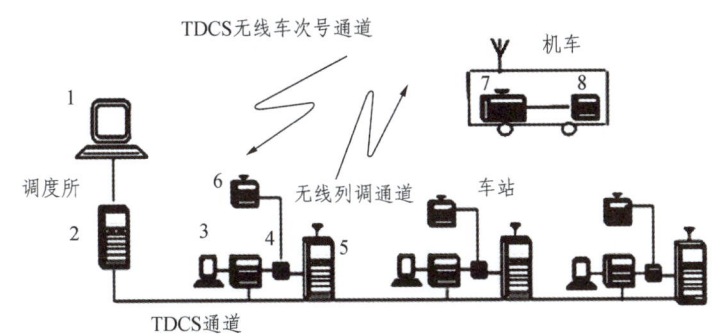

1—行车调度台；2—TDCS 总机；3—TDCS 车站设备；4—车站转换器；
5—无线列调车站台；6—车次号解码器；7—CIR；8—监控装置。

图 7.2 机车综合无线通信设备系统的组成

#### 1）机车综合无线通信设备（CIR）（见图 7.3）

图 7.3 机车综合无线通信设备系统的组成

（1）机车综合无线通信设备（CIR）的主要功能。

① GSM-R 调度通信：基于 GSM-R 的数据业务（调度命令、车次号、列尾风压、调车监控）。

② 450 MHz 调度通信：基于 450 MHz 的数据业务（调度命令、车次号、列尾风压）。

③ 800 MHz 列尾及预警功能。

（2）机车综合无线通信设备（CIR）的组成。

CIR 由主机、MMI 面板、送（受）话器、打印机、扬声器、天线、电缆等组成。

按主机类型分为标准型 CIR 和小型化 CIR，标准型 CIR 用于新型新造机车及动车组，小型化用于既有机车。

（3）主机单元说明。

① 主控单元：实现对各模块单元的控制。

② 电源单元：为设备提供供电电源。

③ 电池单元：在外界直流供电切断后为 CIR 进行 GSM-R 注销提供备用电源。

④ 卫星定位单元：提供公用位置信息，其中时钟信息作为设备的标准时钟。在 GSM-R 区段，当卫星定位信息有效时，卫星定位单元能够输出前方、后方车站值班台的 ISDN 号码和本调度区段调度台的 ISDN 号码。

⑤ GSM-R 话音单元：在主控单元的控制下完成 GSM-R 调度通信功能。

⑥ GSM-R 数据单元：在主控单元的控制下完成数据的收发（支持 GPRS 方式、电路连接方式）。

⑦ 高速数据单元：支持无线宽带数据传输功能。

⑧ 记录单元：具有对话音、承载业务信息及操作过程等记录和话音回放功能。

⑨ 接口单元：连接设备内部有关单元并为数据、话音应用业务提供接入接口。

⑩ 450 MHz 机车电台单元：在主控单元的控制下完成 450 MHz 调度通信所规定的机车电台功能及承载的数据传输功能。

⑪ 800 MHz 车载电台：实现《800 MHz 列尾和列车安全预警系统主要技术条件(暂行)》规定的车载电台功能。

（4）MMI 面板说明（见图 7.4）。

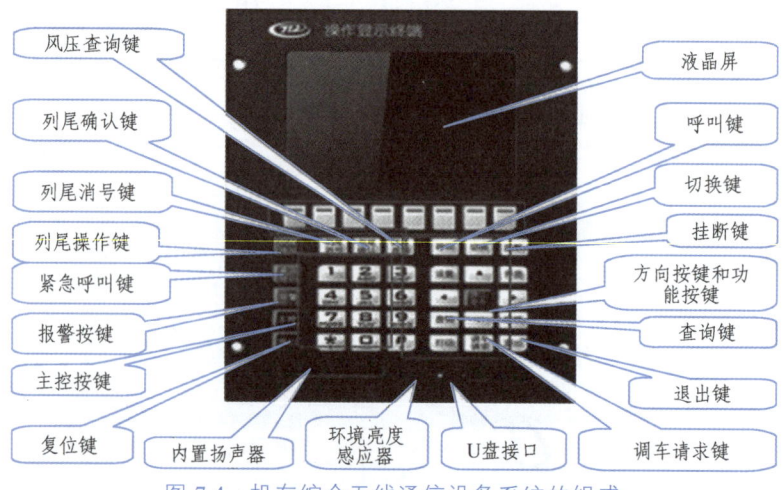

图 7.4 机车综合无线通信设备系统的组成

"呼叫"有两种功能：在 GSM-R 模式下拨号后按该键进行呼叫；实现两个 MMI 之间的呼叫。

"切换"在 GSM-R 模式下，按该键用于切换处于通话中与等待中的电话。

"挂断"按键用于挂断 GSM-R 通话。

数字及字母键用于拨号、输入车次号、输入机车号等。

"设置"按键用于进入设置界面。

"界面"按键用于界面之间的切换。

"确认/签收"按键用于确定选择信息、调度命令签收等。

"查询"按键用于查询调度命令等。

"回格"按键用于删除已输入的字符。

"打印"按键用于打印调度命名。

"调车请求"按键用于发送调车请求信息。

"退出"按键用于返回上级界面。

"←""↑""→""↓"按键用于移动光标、调节音量、调节屏幕亮度、翻页等。

"列尾排风""列尾消号""列尾确认""风压查询"按键用于列尾规定的功能。

8 个可配置式按键根据工作模式定义按键，用于调度通信的呼叫：450 M 通信状态主要定义为"调度""隧道车站""隧道司机""平原车站""平原司机"；按相应键完成呼叫。

2）辅助设备简介

（1）打印机。

（2）送（受）话器（见图 7.5）。

（a）通用式送受话器　　　（b）紧凑型送受话器　　　（c）送话器

图 7.5　送话器

### 3. CIR 操作使用说明

1）开　机

打开主机上的电源开关，加电后 30 s 左右 MMI 根据上次关机时的状态进入 450 MHz 模式或 GSM-R 模式主界面。当 MMI 处于副控状态时，按住"主控"键 3 s 可以将 MMI 切换到主控状态。

2）显示界面

MMI 主控时，可配置按键区文字高亮显示，MMI 副控时，可配置按键区无文字显示。

3）亮度、音量调节

按"设置"键进入设置界面，将光标移动至"4. 扬声器音量调整""5. 听筒音量调整"或"9. 屏幕亮度调整"选项上按"确认"键，即可以用"←""→"方向键进行相应内容的调整。

4）工作模式选择

（1）自动选择线路。依次选择"设置"—"运行区段"—"自动模式"，此时 CIR 设置为线路自动切换模式。

CIR 将根据位置信息自动在 450 MHz 和 GSM-R 两种工作模式间切换，在 450 MHz 模式下可自动转换工作制式和频点；在 GSM-R 模式下可自动变换功能按键显示区的车站名称。

（2）手动选择线路。依次选择"设置"—"运行区段"—路局名—线路名，即可转到相应的工作线路。

手动选择线路后，即使卫星定位信息有效，工作模式也不随位置信息自动变化，但 GSM-R 模式下的车站名依然可随位置信息自动变换。

（3）指定运行线路的自动方式。当 MMI 发出语音提示"通信转换，请选择线路"时，司机可按"切换"键调出线路选择界面，选择运行线路。

5）车次号自动注册/注销

GSM-R 模式下，当满足以下条件时，CIR 自动向网络注册（或注销）车次功能号，并用语音和文字提示注册结果。注册成功时，在 MMI 上显示当前注册的车次号。

（1）TAX 箱由非监控状态转为监控状态（自动注册）。

（2）TAX 箱由监控状态转为非监控状态（自动注销）。

（3）TAX 箱输出的车次号改变（自动注销已注册的车次功能号并注册新的车次功能号）。

（4）机车综合无线通信设备由 GSM-R 线路转为 450 MHz 线路（自动注销）。

（5）机车综合无线通信设备由 450 MHz 线路转为 GSM-R 线路（自动注册）。

（6）机车综合无线通信设备关机（自动注销）。

（7）当 CIR 通过 TAX 箱获得的机车号与存储的不一致时，MMI 上显示的机车号变为红字闪烁，并发出"注意机车号"的提示音。

6）车次号手动注册/注销

GSM-R 模式下，司机可手动注册车次号，操作过程如下：

（1）在主界面按下"设置"键，进入设置界面。将光标移动至"1、车次功能号注册"并按"确认"键。在屏幕下方的提示符后，手动输入车次号，输入完毕按"确认"键。

（2）从随后弹出的选择机车牵引任务状态界面上选择"本务机"或"补机"，再次按下"确认"键。

（3）CIR 即向网络注册车次功能号。

7）注销车次号

GSM-R 模式下，在主界面按下"设置"键，进入设置界面。将光标移动至"1、车次功能号注销"并按"确认"键。MMI 屏幕下方显示是否确认注销的提示，再次按"确认"键，CIR 即向网络注销车次功能号。

8）GSM-R 通话

机车综合无线通信设备处于 GSM-R 工作方式下时可以进行个别呼叫、组呼、MMI 内部通话和多优先级通话等功能。

（1）单键呼叫。GSM-R 调度通信的基本显示界面下方的 8 个可配置式按键定义为单键呼叫功能，依次被定义为"前方调度""调度""前站""本站""后站""车长""邻站组呼"和

"站内组呼"。按呼叫类型可分为与调度员通话，与车站值班员通话，与运转车长通话，邻站组呼，站内组呼，紧急呼叫和广播；按发起方式可分为单键呼叫、拨号呼叫和通讯录呼叫。通话结束可以挂机或按"挂断"按键。

（2）拨号呼叫。先拨号然后再按"呼叫"键即可进行拨号呼叫。需要重新呼叫上次的拨号呼叫对象时可直接按"呼叫"键，界面会显示上次的拨号号码，可通过"回格"键进行修改，再次按"呼叫"键即对显示的号码进行呼叫。通话结束可以挂机或按"挂断"按键。

（3）来呼。呼入时调度通信状态显示区显示"××××××呼入"并在扬声器中听到振铃。摘机后可与对方进行通话，调度通信状态显示区显示"✓××××××"。

如果来呼时已处于摘机状态，则可以按"呼叫"按键或按一下话机上的PTT按键与对方进行通话。通话结束可以挂机或按"挂断"按键。

（4）邻站组呼、站内组呼。在主界面下按"邻站组呼"或"站内组呼"键可以发起相应的组呼，在通话过程中，需要讲话时按PTT，当看到屏幕显示送受话器图标时即可讲话，送受话器图标显示不可用时不能讲话。

有组呼呼入时，CIR自动加入通话，此时屏幕显示组呼呼入信息，扬声器播放话音。

（5）铁路紧急呼叫。司机按下"紧急呼叫"键，发起铁路紧急呼叫。若此时CIR处于其他通话状态，退出正在进行的通话并优先发起铁路紧急呼叫。

有紧急呼叫进入时，CIR自动加入通话，此时屏幕显示呼入信息，扬声器播放话音。在通话过程中的操作与组呼相同。铁路紧急呼叫为最高优先级的组呼，接收方不能自己退出，除非呼叫发起方主动结束呼叫。

（6）广播。有广播呼入时，CIR自动加入通话，此时屏幕显示广播呼入信息，扬声器播放话音。广播过程中，只能收听不能讲话。

9）接收调度命令

（1）调度命令显示界面如图7.6所示，CIR接收到一条新的调度命令时，显示屏将自动进入调度命令显示界面，显示该调度命令的详细内容，包括调度命令名称、发令人、调度命令编号、下达时间、接收时间、受令车次号、受令机车号和调度命令正文等。与此同时，扬声器每隔几秒发出一次阅读提示语音。

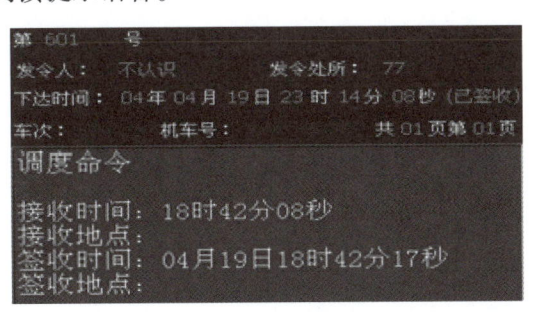

图7.6　调度命令显示界面

（2）阅读完调度命令，请务必按"签收"按键（即"确认/签收"按键）签收该调度命令，CIR将语音提示"已签收"，并将签收信息发送给发令人。

（3）如果按下"签收"键后设备语音提示"请阅读完再签收"，说明调度命令正文超过1页。此时可以按"↑"或"↓"按键翻页阅读，等到显示最后一页时再按"签收"。

（4）需要时可以按"打印"按键，打印机将打印出屏幕当前显示的调度命令详细内容。

（5）如果需要查询以前收到的调度命令，可以按下 MMI 的"查询"按键，查询时，用"↑"和"↓"按键选择某个命令类型后按"确认"按键，MMI 将显示最近 10 条命令的索引，显示这些命令的发送日期、时间、命令类型、命令编号等信息。

10）注意事项

CIR 无线电台加电后，请确认 CIR 设备是否运行正常，若发现异常，请按以下步骤操作：常按 CIR 显示器"复位"键 3 s（左下角黑色按钮）；呼叫时按下握柄键，显示器发射红灯亮后呼叫；A、B 室更换操作时，无人驾驶室握柄必须处于挂机状态，在有人驾驶室常按 3 s 主控键，方可转入主用状态。

### 三、LKJ2000 型列车运行监控记录装置

列车运行监控记录装置（简称 LKJ）是我国技术人员自主研发的以保障列车运行安全为主要目的的列车速度控制装置。该装置在实现安全速度控制的同时，采集记录与列车安全运行有关的各种机车运行状态信息，促进了机车运行管理的自动化。并且，随着运输需求的发展，监控装置逐渐成为了列车车载运行不可或缺的部分。

#### 1. LKJ2000 列车运行记录监控装置功能简介

LKJ2000 型列车运行监控记录装置是在 LKJ-93 型监控装置成功运用的基础上，借鉴国内外先进列车超速防护及列车控制技术而研究开发的新一代列车超速防护设备，其采用了先进的 32 位微处理器技术、安全性技术以及数字信号处理技术等来保证列车行车安全，是既有列车行车安全设备的升级换代产品，具有列车运行监控功能、语音提示功能、降级控制、列车运行数据记录功能，除了具有数码显示器的输入查询外，还可以实时显示列车当前位置、前方限速、线路情况、信号机位置和车站等情况，使机车乘务员对列车的操纵更加安全平稳。

#### 2. LKJ2000 列车运行记录监控装置设备介绍

LKJ2000 包括主机和显示器两部分。

1）主机部分

主机内部有 A、B 两组完全相同的控制单元（分别称为 A 机、B 机），每组有 8 个插件位置。主机前面板布局如图 7.7 所示。

| A 机 | | | | | | B 机 | | | | | |
|---|---|---|---|---|---|---|---|---|---|---|---|
| 电源 | 数字入出 | 数字输入 | 扩展通信 | 模拟入出 | 信息处理 | 监控记录 | 监控记录 | 信息处理 | 模拟入出 | 扩展通信 | 数字输入 | 数字入出 | 电源 |

图 7.7 LKJ2000 列车运行记录监控装置显示界面

2）显示器

显示器由 10 英寸 TFT 高亮度彩色液晶显示屏、21 个薄膜按键和大容量 IC 卡读卡器组成。

（1）LKJ2000 列车运行记录监控装置显示界面，如图 7.8 所示。

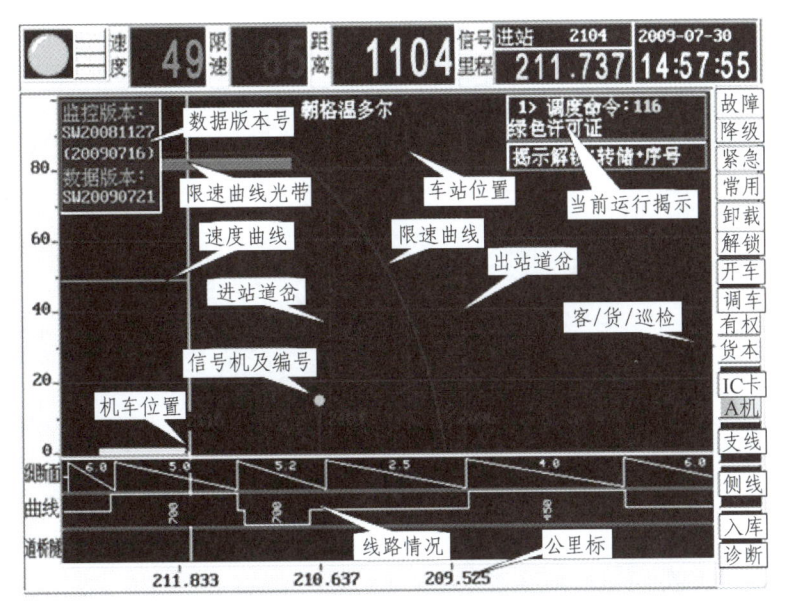

图 7.8　LKJ2000 列车运行记录监控装置显示界面

屏幕最上方显示的数据窗口从左至右依次为：色灯，速度等级，列车运行速度，限速，距前方信号机距离，前方信号机编号，前方信号机类型，日期和时间。

屏幕右边显示系统状态，自上到下依次为：故障，降级，紧急，常用，卸载，解锁，允许开车，调车状态，控制权，巡检，IC 卡，A/B 机状态，允许支线输入，允许侧线输入等。

屏幕中间为速度曲线和限速曲线的显示窗口，同时，在背景上显示运行线路的信号机，道岔，车站中心及相应站名，电分相等数据。下方的 3 个小窗口依次为线路纵断面、线路曲线和道桥隧。整个曲线显示的约五分之一处有一条垂直分隔线，表示此处为列车当前位置，显示一个列车图标，其长度为按照计长换算的列车实际长度。

屏幕最下方为信号机处的公里标坐标值。

状态指示含义如下：

故障：在 CAN 总线故障时，点亮此指示灯。

紧急：装置处于紧急制动工况时，点亮此指示灯。

降级：装置处于降级工况时，点亮此指示灯。

卸载：装置处于卸载工况时，点亮此指示灯。

常用：装置处于常用制动工况时，点亮此指示灯。

解锁：解锁成功后，此指示灯点亮。

开车：开车条件满足，允许按压【开车】键时，点亮此指示灯。

调车：装置处于"调车"状态时，"调车"指示灯点亮。

控制权：指示本端显示器是否有权（有权/无权）。

巡检指示：在按巡检键后，此指示灯点亮 4 s。

IC 卡：IC 卡插入到位时，该指示灯点亮。

A/B 机：指示当前工作主机是 A 机还是 B 机。

支线：当允许支线输入时，该灯点亮，输入支线号，主机确认后，显示所输入的支线号。

侧线：当允许侧线输入时，该灯点亮；输入侧线号，主机确认后，显示所输入的侧线号。

（2）按键功能。按键为带背光薄膜按键，在光线变暗时，按键上的字可自动透光，使夜晚或过隧道时，乘务人员能清晰地识别按键上的字符。按键共有21个，0~9共10个键为复合键，其他为单功能键。

按键布局示意如图7.9所示。

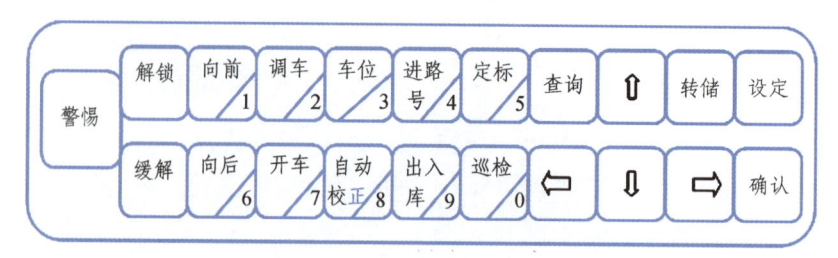

图7.9 按键位置布置图

大多数按键在不同的控制状态下有不同的功能，具体见操作说明。

① 复合键：带有数字的键，在监控状态下作功能键使用，在参数修改状态下作数字键使用。

- 【巡检/0】：按该键执行副司机机械间巡视记录操作。
- 【向前/1】：配合【车位】键进行滞后误差调整。
- 【向后/6】：配合【车位】键进行超前误差调整。
- 【自动校正/8】：按该键自动调整滞后或超前误差。
- 【调车/2】：按该键进入或退出"调车"工作状态。
- 【车位/3】：配合【向前/1】键或【向后/6】键进行距离误差调整。
- 【进路号/4】：当支线号或侧线号允许输入时，按该键进入"支线号"或"侧线股道号"输入操作状态。
- 【开车/7】：按该键执行对标开车操作。
- 【出入库/9】：按该键作机车出入库时间记录用。
- 【定标/5】：线路坐标打点记录；确认信号。

② 功能键：

- 【设定】：进入或退出参数设定操作。
- 【转储】：进入文件转储操作状态；运行中按压该键+数字键解除临时限速控制。
- 【警惕】：降级工作状态下暂停报警，解除防溜报警等。
- 【缓解】：常用制动后的缓解操作。
- 【查询】：进入信息查询操作状态。
- 【确认】：参数设定或修改有效，保存退出；确认操作。

【→】【←】【↑】【↓】键：在参数设定状态或查询状态，按压这些键，可以改变光标的位置；在输入数字时，【←】键作退格键用。

3. 查询/选择显示

按压【查询】键，屏幕中间弹出"查询选择"窗口，如图7.10所示。有6个项目可供查询/选择显示。可以使用【↑】【↓】【→】

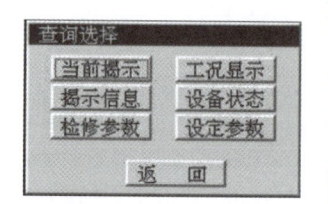

图7.10 查询选择界面

【←】4个方向键,将光标移动到所需查询项目,按压【确认】键进入相应的查询窗口。

### 4. 机车乘务员的操作

#### 1) 人机对话键盘操作

按压 LKJ2000 型屏幕显示器面板上的按键,可进行相应参数设定操作及各种查询操作。在输入参数等操作中,可以使用【↑】【↓】【→】【←】4个方向键将光标移动到所需位置,然后用 0~9 数字键输入数据,如果输入错误,用向左键【←】删除前一个字符,最后按压【确认】键确认输入。

在输入"机车类型"等有下拉菜单的项目时,按压【↓】向下键为展开该项目的选单,然后用【↑】【↓】键上下移动光标到所要输入的类型,按压【确认】键选定。

#### 2) 显示器操作权的转换

装有双端显示器的机车,先按【开车】键进入通常工作状态的一端显示器,有操作权(显示屏操作权显示窗口显示"有权"),另一端显示器无操作权(操作权显示窗口显示"无权",只能进行一些"查询"功能的操作,无语音提示)。在降级、调车工作状态下,两个显示器都有操作权,均可进行参数设定等操作。

若必须转换显示器的操作权,停车时,在"有权"显示器按【调车】键进入调车工作状态,在"无权"端显示器按【调车】键退出调车工作状态,即可完成操作权的转换。

#### 3) 参数设定及修改操作

将已写入 LKJ 临时数据的 IC 卡正确插入屏幕显示器 IC 卡座内,显示屏右边状态窗口的〖IC 卡〗指示灯点亮。按压【设定】键,装置将卡内的 LKJ 临时数据读入,并弹出"参数设定"窗口(见图 7.11),其中的司机号、区段号、车站号、车次、编组等数据为 IC 卡中预先写入的参数(如果读入的司机号、区段号、车站号、车次、列车编组等数据与实际不符,通过参数修改方法对不正确项进行修改),选择车速等级,确认无误后,再次按压【设定】键退出,此时显示屏显示读入揭示条数窗口,按压【确认】键显示屏显示"请查询揭示!",拔出IC 卡,按压【确认】键进入"全部揭示查询"窗口,按规定与交付揭示核对,逐条确认无误后将光标移到"0 返回"位置,按压【确认】键退出。

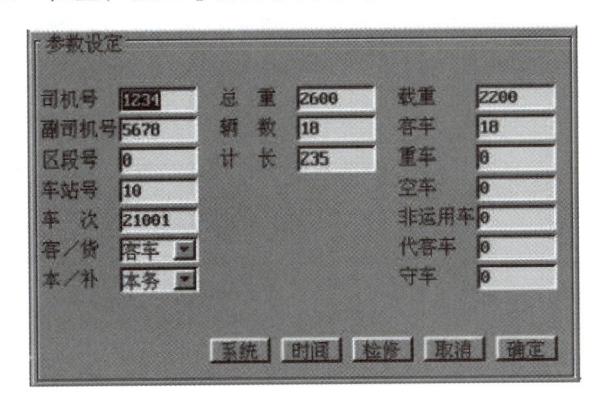

图 7.11 参数设定界面

按压【设定】键,进入参数设定窗口。通过方向键(【→】【←】【↑】【↓】),移动光标到相应输入框,然后通过按数字【0】~【9】输入数据。如果输入错误,可用【←】键取消光标前一个字符。修改完任一项设置,按【确认】键使光标移到下一项,也可用方向键移动光标。在输入"车次种类、列车种类、本/补"等有下拉菜单的项目时,按【↓】键展开该项目的选项,然后用【↑】【↓】键移动光标到所要选择的项目,按【确认】键选定。

参数修改完毕,将光标移到"确定"按钮,按压【确认】键或直接按压【设定】键,退出参数设置状态。

4) 进入/退出调车工作状态

(1) 进入:停车时,按压一次【调车】键,进入调车工作状态,〖调车〗状态指示灯点亮。

(2) 退出:在调车工作状态下,按一次【调车】键,〖调车〗状态指示灯灭,返回进入调车工作状态之前的状态(通常为工作或降级工作状态)。

5) 出入库、挂车

(1) 除另有规定外,机车出库时,应使装置进入调车工作状态。在闸楼处按压【出入库】键使显示屏〖出段〗灯亮。

(2) 始发站挂车完毕,退出调车工作状态(〖出段/入段〗灯亮时,先按【出入库】键,再按【调车】键退出调车工作状态),根据列车编组单确认输入的列车编组数据等参数。

(3) 列车到达终点站,机车入库时,按规定将装置转入调车工作状态。在闸楼处按压【出入库】键使显示屏〖入段〗灯亮。

6) 开车对标

参数设置正确后,装置进入降级工作状态,确认显示屏〖开车〗指示灯亮,列车开车后,机车经过规定的对标点时,按【开车】键,装置进入通常工作状态(监控状态),此时显示屏上方数据窗口显示实际速度、限制速度、距离、前方信号机种类、里程等相应的数据,中央显示速度、限速曲线和信号机位置,下方显示线路纵断面数据。

7) 修正过机误差

列车运行中,显示屏距离显示区以不断递减的数字来显示距下一架信号机的距离,机车越过信号机瞬间显示的距离与机车实际位置的误差称为过机误差。

(1) 过机误差分类。

① 滞后误差:机车越过信号机时距离显示仍有余量,经过一段距离后才到 0。这种 0 显示出现在信号机位置之后的过机误差,称为滞后误差。

② 超前误差:机车距信号机还有一段距离,但距离显示值提前到 0。这种 0 显示出现在信号机位置之前的过机误差,称为超前误差。

(2) 手动修正过机误差的操作方法。

① 车位向前:出现滞后误差时,在接近信号机位置按【车位】键 1 次,在机车越过信号机时再按【向前】键 1 次,装置清除剩余距离,调出当前分区距离。

② 车位向后:出现超前误差时,在接近信号机位置按【车位】键 1 次,在机车越过信号机时再按【向后】键 1 次,装置将重新调用当前分区的距离。

③ 车位对中:当超前误差或滞后误差距离小于 300 m 时,在信号机位置,按压【自动校正】键,不论是滞后还是超前误差,装置自动进行校正。

8) 侧线股道号输入

输入方法:进站(进路)信号机前,机车信号为双黄灯时,显示屏状态栏"侧线 127"

指示亮，语音提示"输入侧线股道号"，并自动弹出"输入进路号"窗口，窗口弹出未进行输入操作，15 s 后窗口将自动消失（当距前方信号机距离 500 m 时再次弹出）。在"输入进路号"窗口通过数字键输入侧线股道号，然后按【确认】键。此时，显示屏状态栏"侧线"亮并显示输入的侧线股道号。

遇车机联控不通等原因，进站前无法取得股道号时，不得进行股道号输入，应严格控制列车速度，防止过岔超速，进入站内确认所进股道后再准确输入股道号。

除机车信号为双黄灯时自动弹出"输入进路号"窗口外，其他情况下均需通过按压【进路号】键调出。

9）支线号输入

支线号输入功能只对货物列车（指设定参数时列车种类为"货车"）有效。

输入方法：列车接近支线分支地点，显示屏状态栏"支线 00"指示亮，显示屏下方显示支线号和支线方向，语音提示"输入支线号"。按【进路号】键，弹出"输入进路号"窗口。利用数字键输入支线号，正确无误后按压【确认】键。此时，显示屏状态栏"支线"亮并显示输入的支线号，若输入的是过渡支线号，显示屏左侧以红底黄字提示"过渡支线"。

10）中间站调车

机车在中间站进行调车作业时，列车停妥后，按规定将装置转入调车工作状态。

调车作业完毕，及时退出调车工作状态。继续担当列车牵引时，若列车编组发生变化，则必须修改列车编组数据。

11）巡检操作

巡检开始前，在操作端显示器按【巡检】键 1 次；巡检到机车另一端，在非操作端显示器按【巡检】键 1 次；返回到操作端后，再按【巡检】键 1 次，完成 1 次巡检记录。当按压【巡检】键有效时，显示器〖巡检〗指示灯点亮，4 s 后自动熄灭。

12）"警惕"操作

（1）进站确认。装置在通常工作状态，当显示器显示的前方信号机为进站、进出站信号机，且其次一信号机为出站或进出站信号机时，语音提示"请确认信号"两遍。在机车越过信号机前，要按压 1 次警惕按钮（按下并松开），否则越过信号机后，监控装置启动"警惕控制过程"。

（2）周期警惕。装置在通常工作状态，速度大于 5 km/h 时启动周期警惕，并开始计时，若计时达到 120 s，则启动"警惕控制过程"。在计时过程中：

① 列车实施制动（列车管减压 50 kPa 及以上或者闸缸压力大于等于 50 kPa）终止计时，缓解后重新开始计时。

② 主手柄状态发生变化（零位/非零位状态变化）重新计时。

监控装置启动"警惕控制过程"后，显示屏弹出"警惕"提示窗口，并从 20 s 开始倒计时，倒计时到 10 s 时伴以"呜呜"报警声，若倒计时到 0 时则实施制动控制。在报警声出现之前司机应按压 1 次警惕按钮。

13）定标打点

在机车运行中按压【定标】键，装置记录此刻的线路里程及时间，作为运行记录数据处理时查找的标记。

14）制动试验

操作目的：检查装置工作状态和制动输出状况。包括对 A 机和 B 机常用制动和紧急制动试验。

操作方法：速度为 0 时，按压 1 次【查询】键，进入"查询选择"对话框。将光标移到"库内试验"上按压【确认】键或直接按压数字键【7】，弹出库内测试窗口，直接按压相应的数字键进行制动试验，试验结束后，按压【0】键退出。按钮上的 A 和 B 表示 A 机和 B 机。

15）使用 IC 卡转储记录数据文件

转储步骤：插入 IC 卡→按【转储】键→选择转储文件→按【转储】键，具体操作如下：

（1）速度为 0 时，将 IC 卡插入显示器 IC 卡插槽，显示器中〖IC 卡〗指示灯亮。

（2）按【转储】键，2～3 s 后进入文件查询/选择窗口。

屏幕下边是功能选择按钮，将光标移到相应按钮上按【确认】键（或按功能按钮指示的数字键），就可以执行相应的功能。屏幕上边为文件目录栏，绿色的文件是已经转储过的文件，蓝色是选中的文件。目录栏下方有一个滚动条，指示目前显示的位置。按钮依次为：

【1】选择文件：进行手工文件选择，此时文件目录栏内出现一个光标条，可以用 4 个方向键移动光标条到欲转储文件，按【确认】键选中这个文件。选中后光标条移到下一个文件，同时选中文件变成蓝色。如果想取消已经选中的文件，只需将光标条移到所选文件，再次按【确认】键即可取消这个文件的选择。

【2】选择未转：选中全部尚未转储过的文件。

【3】全部选择：选中全部文件。

【4】撤销选择：撤销全部选择。

【6】开始转储：开始转储选择的文件到 IC 卡。

【7】无线转储：安装无线传输设备的机车，开始通过无线传输设备传输到地面计算机。

【8】卡上文件：查看 IC 卡上的文件目录。

【0】返回：退出转储窗口。

（3）选中要转储的文件，将光标移到【开始转储】，按【确认】键（或直接按【6】键）开始转储。在转储过程中，会弹出一个指示转储情况的窗口，上面是当前正在转储的文件名，下面的两个进度条分别指示整个转储的进度、当前文件进度。转储完毕会出现转储成功或失败的提示，按压确认键返回文件选择窗口，此时可以选择退出或继续进行下次转储。

16）常用制动缓解操作

当常用制动动作后，列车运行速度下降到一定值时，语音提示"允许缓解"，此时乘务员按压【缓解】键即可缓解，并有语音提示"缓解成功"。注意：在语音提示"允许缓解"以前，按压【缓解】键无效。

17）显示屏亮度调整

用【↑】【↓】方向键可调整屏幕亮度。按压【↑】键增加亮度，按压【↓】键减小亮度。

18）音量调节

连续按压【→】键可逐步增加音量，连续按压【←】键可逐步减小音量（部分早期出厂的显示器无此功能）。

## 四、列车尾部安全防护装置

列车尾部安全防护装置(简称列尾装置)是用于动车组以外的列车的重要行车安全设备。由固定在机车司机室的司机控制盒和安装在列车尾部的列尾主机组成,并与列车无线调度电话相连配合使用,是保证列车安全运行不可缺少的重要设备。它可以使机车乘务员随时准确掌握列车尾部风压,确认列车是否完整。当车辆折角塞门被意外关闭时,司机可直接操纵列尾装置使其尾部强行排风,使列车制动停车,并且,该装置还可起列车尾部标志作用。

### 1. 组　成

列尾装置由固定在机车司机室的司机控制盒和安装在列车尾部的列尾主机组成,并与列车无线调度电话相连配合使用,如图 7.12 所示。

(a)司机控制盒　　　　(b)列尾主机　　　　(c)列尾主机的安装

图 7.12　列尾装置

### 2. 功　能

司机通过按压司机控制盒上的按键,经由列车无线调度电话发出无线电信号,列尾主机接收到相应无线电信号指令,做出相应的反应,并用语音告知司机。

### 3. 司机控制盒各按键的功能

**1) 查询列车尾部制动管风压**

列车输号成功后,按压绿键,控制盒绿灯亮后,装置发出"××××机车尾部风压×××千帕"语音提示。表示控制盒与列尾主机装置之间已形成"一对一"的关系。在始发站查询,判断司机输号是否正确成功。

**2) 红键(排风键)**

打开防护盖,按压 1 次控制盒信号灯亮,列尾主机装置自动排风 60 s,并有语音提示。遇列车需进行简略试验必须进行列尾排风试验,司机必须按压红色键一次进行排风机能试验,以确认列车管贯通及列尾主机遥控排风状态。使用排风键时具体操作:列车试风保压 1 min 后,打开防护盖,按压红色键(列调发车语音:××××机车排风)。如列尾主机无风压信号反馈,司机可进行查询,如反馈风压与司机室风表显示不一致时,则可判定列车制动管折角塞门关闭,此时应立即报告车站值班员组织检查。如在运行途中应立即采取停车措施,同时按压红色键使列尾主机排风,使列车停车。

**3) 黑键(机车号输入键)**

始发站,列尾主机装置语音提示"20****号请输号",司机在 30 s 内,制动管风压在 460 kPa 以下时,按压【黑】键输号即可(通常始发站已在主机上把机车号输好)。

在中间站更换机车操作方法：

（1）中间站如需要更换机车，由被更换机车在减压 460 kPa 以下时，按【黑＋绿】键消号即可。

（2）更换机车制动管风压在 460 kPa 以下时，听到主机语音反馈"20****号请输号"的提示，按【黑】键输号（****机车输号成功）即可。

（3）如果更换机车忘记（未）消号时，机班应通知车站值班员到尾部将列尾主机断电后，再通电。主机报"20****号请输号"，乘务员在 30 s 内，制动管风压在 460 kPa 以下时，按压【黑】键输号即可。

（4）中间站联系用语。值班员："××××车次司机尾部主机 20****号请核对。"司机应答后，确认值班员所报车次无误，在 30 s 内，风压在 460 kPa 以下时按【黑】键输号。

4）黑键＋绿键（机车消号）

终点站到达后或中间站更换本务机车，列车在制动状态制动管风压 460 kPa 以下时同时按压【黑键＋绿键】即可。

### 4. 故障处理

（1）列尾装置途中无电时，装置会发出"××××机车电压不足"报警，列尾装置自动关闭，此时报警红灯长亮。

（2）列尾装置查询无反应时，可换室查询。仍无反应时，可试用无线调度通信设备，若正常可更换一室或二室司机控制盒。查询 3 次以上，如仍无效时，则判断列尾主机故障。发生以上故障时，司机应通知车站并取得调度命令后，按规定运行。

### 5. 列车运行中制动主管折角塞门关闭制动失灵时的处理方法

（1）装有列尾装置的货物列车，立即使用列尾控制盒上的红色排风按钮，采用列尾装置主机排风，对后部车辆实施制动。

（2）附挂（后部补机）机车应立即使用紧急制动停车。

（3）司机应用列车无线调度通信设备通知前方站或列车调度员，同时鸣示紧急停车信号，有运转车长应通知其采取停车措施。

（4）停车后，司机应立即通知车站人员（运转车长），共同对列车制动系统进行检查。

## 五、机车车载安全防护系统

机车车载安全防护系统（简称：6A 系统）是针对机车的高压绝缘、防火、视频、列车供电、制动系统、走行部等危及安全的重要事项、重点部件和部位，采用实时检测、监视、报警并可实现网络传输、统一固态存储和智能人机界面，整体研究设计而形成平台化的安全防护装置，最终实现统一功能接口、统一数据存储、统一安装方式、统一人机界面、统一维护操作的目的。

6A 系统主要由中央处理平台和 6 个子系统构成，即以中央处理平台（CPP）为核心，集成了 6 个监控子系统：机车高压绝缘检测子系统、机车防火监控子系统、机车自动视频监控及记录子系统、机车列车供电监测子系统、机车空气制动安全监测子系统、机车走行部故障监测子系统。

6A 系统依托 CMD 系统为传输平台，与车载微机系统、LKJ 监控系统共同构成机车数据源，如图 7.13 所示。

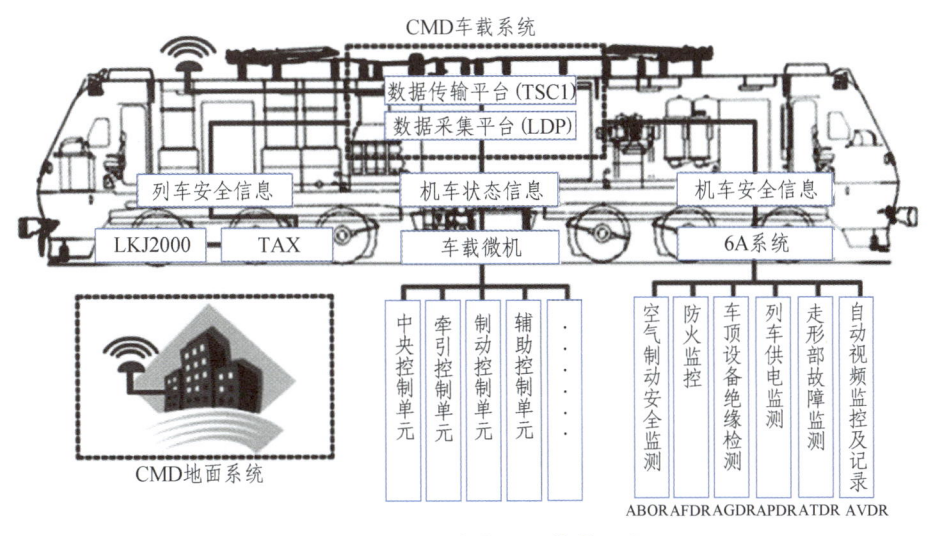

图 7.13 CMD 车载系统传输平台

1. 系统构成与功能

1）系统构成

系统主要由中央处理平台和 6 个子系统构成，即以中央处理平台（CPP）为核心，集成了 6 个监控子系统。如图 7.14、图 7.15 所示。

图 7.14 6A 系统车载主机外观 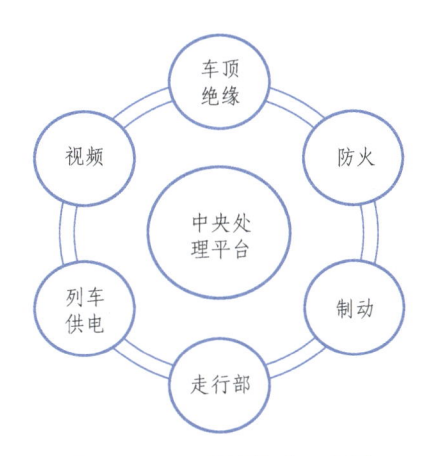　　图 7.15 6A 系统构成示意图

2）各部分功能

（1）中央处理平台（CPP）。其主要功能包括：综合处理报警、安全信息存储、人机交互界面、平台统一供电、实时网络传输、双处理器冗余工作、监测子系统可扩展。如图 7.16 所示。

图 7.16　中央处理平台主机和音视频显示终端

（2）机车高压绝缘检测子系统（AGDR）。其主要功能包括：升弓前对机车高压绝缘状态进行确认、记录高压绝缘测试数据、防止盲目升弓而引起接触网烧损。如图 7.17 所示。

（3）机车防火监控子系统（AFDR）。其主要功能包括：火灾报警、火情可视。在司机室、机械间等处布设烟温复合探头，在地板线槽内布设感温电缆，监测车内司机室、机械间等处温度、烟雾变化，预防机车电气、油气起火事故的发生。如图 7.18 所示。

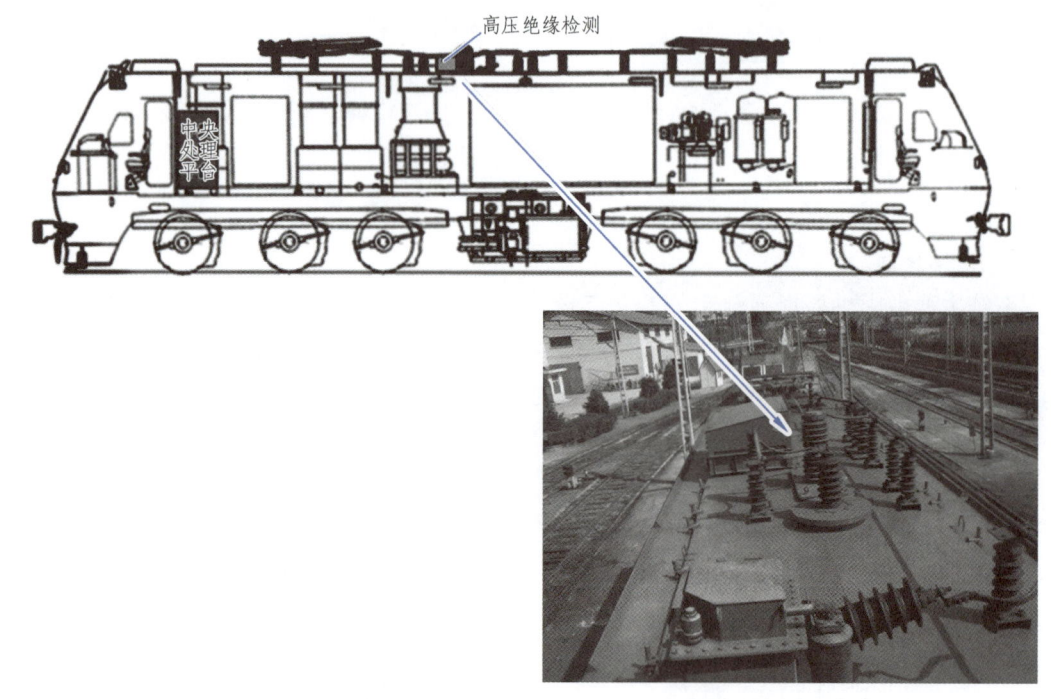

图 7.17　机车高压绝缘检测子系统

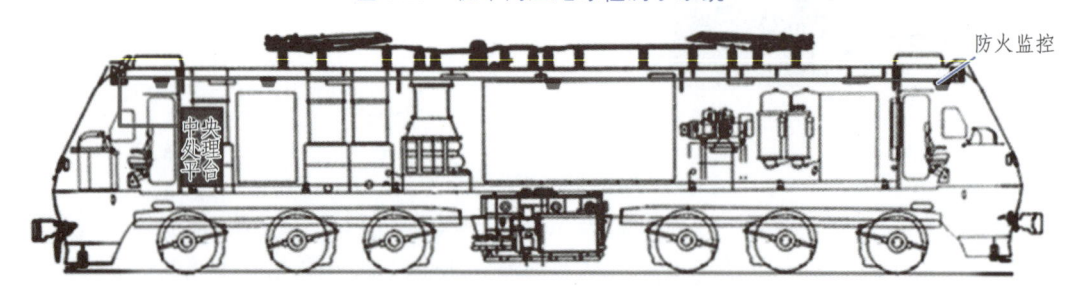

图 7.18　机车防火监控子系统

（4）机车自动视频监控及记录子系统（AVDR）。其主要功能包括：监控路况、司机室、机械间等处的视频图像，实现与防火系统的联动、视频图像存储和调用分析。通过记录司机操作、运行路况、机械间图像等，辅助事故分析。如图7.19所示。

（5）机车列车供电监测子系统（APDR）。其主要功能包括：接地诊断（漏电流检测）、对机车及后部列车供电状态进行监测、列车供电状态及故障记录。可在机车出库、挂车、运行过程中对列车供电状态进行实时监测，实现列车供电系统故障分析和报警。如图7.20所示。

（6）机车空气制动安全检测子系统（ABDR）。其主要功能包括：列车折角塞门非正常关闭监测、机车停放制动非正常施加监测。预防列车因折角塞门关闭、制动失灵引起的行车事故，预防机车意外带闸行车事故。如图7.21所示。

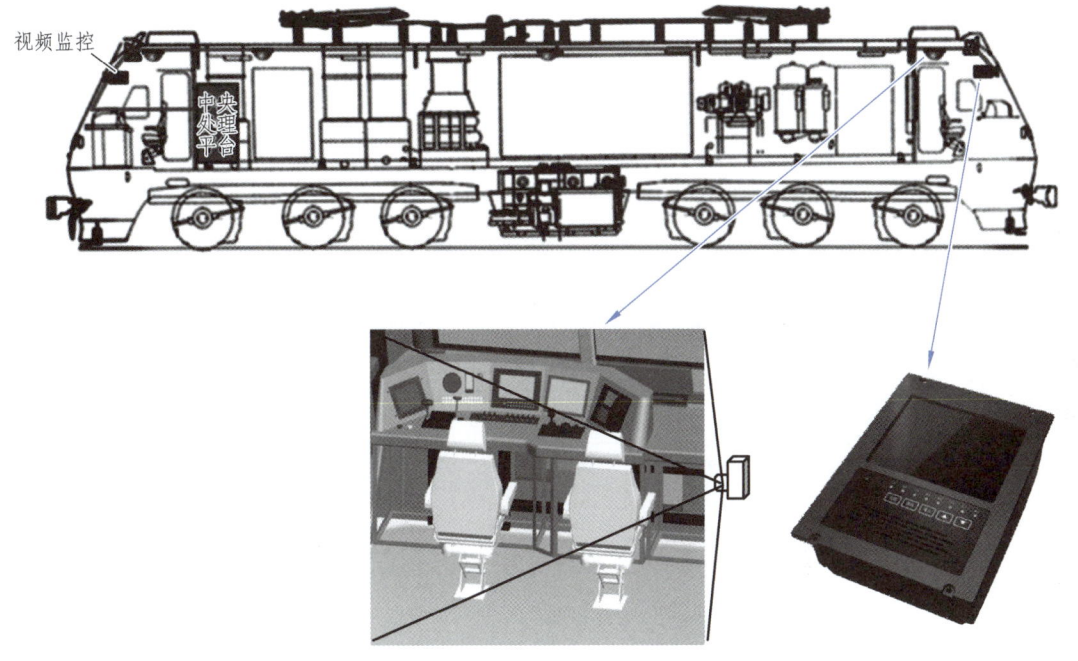

图 7.19　机车自动视频监控及记录子系统

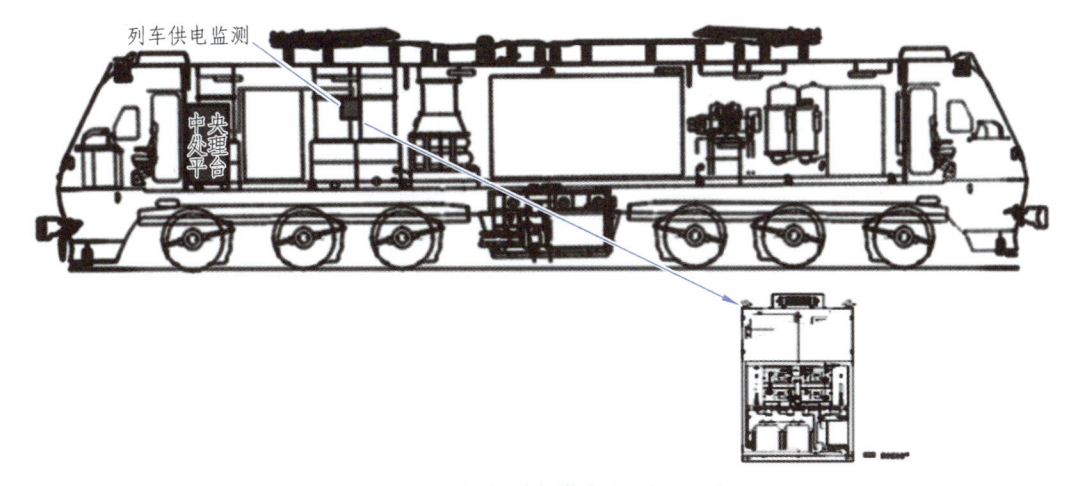

图 7.20　机车列车供电监测子系统

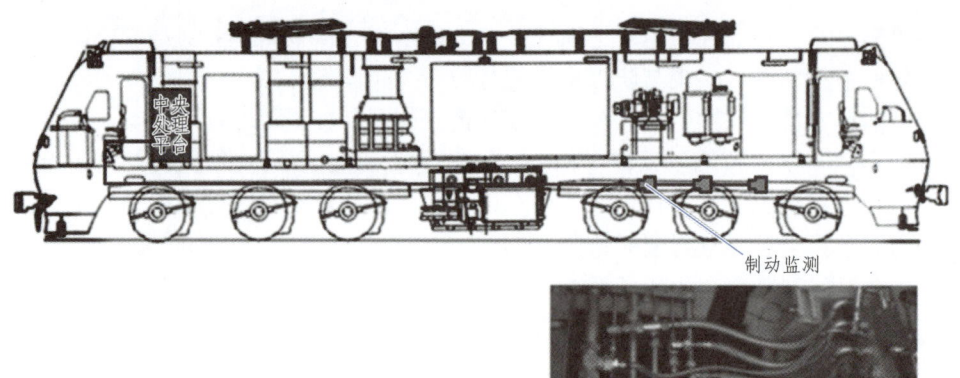

图 7.21　机车空气制动安全检测子系统

（7）机车走行部故障监测子系统（ATDR）。其主要功能包括：走行部轴承温度和冲击监测。通过振动谱分析，检测走行部轴箱轴承、电机轴承和踏面的早期故障，以降低走行部事故的发生。如图 7.22 所示。

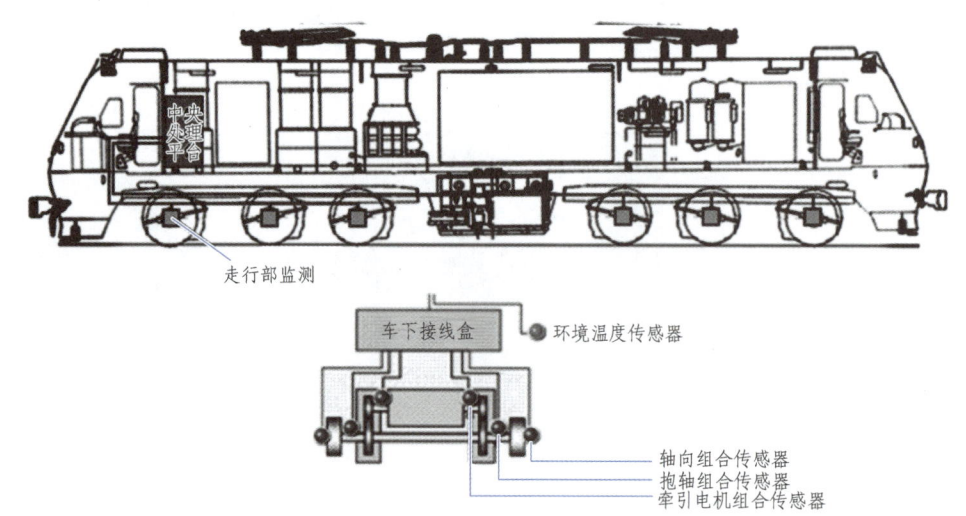

图 7.22　机车走行部故障监测子系统

2. 显示界面

主界面正常情况下为不干扰司机操作只显示时间。显示终端主界面如图 7.23 所示。

图 7.23　显示终端主界面

（1）发生报警的情况。发生报警后，主界面自动显示报警信息，并语音提示。司机可根据报警信息，选择查看相应子系统的详细数据。如图 7.24 所示。

假设前述发生走行部报警后，司机可查看各轴的温度和振动状态。如图 7.25 所示。

（2）防火视频联动。发生火灾报警后，主界面首先显示报警信息并发出语音提示，如图 7.26 所示。随后系统自动切换到火情发生部位的视频图像，便于司机及时观察和确认，如图 7.27 所示。选择查看司机室司机操作的图像。如图 7.28 所示。

图 7.24　发生报警的情况图

图 7.25　发生报警的情况

图 7.26　发生报警的情况

图 7.27　发生报警的情况

图 7.28　司机室图像

## 3. 机车司机操作说明与主要报警及处理方法

**1）操作说明**

司机上车后，将 6A 系统的电源空开（QA64）和监控系统的电源空开（QA56）闭合。司机台左侧的音视频显示终端会启动，并进入 6A 系统界面。

用手指先点击一下屏幕，会在屏幕的下方显示操作界面按钮，此时可选择下列任意项操作：

- 点击【监控数据】→【制动】按钮，显示速度值和风管压力值。
- 点击【监控数据】→【防火】按钮，显示传感器和火灾报警。
- 点击【监控数据】→【绝缘】按钮，检测时显示检测电压值。
- 点击【监控数据】→【列供】按钮，显示列供状态及电压电流值。
- 点击【监控数据】→【走行1】按钮，显示所有轴位的温度值。
- 点击【视频监控】显示各个通道的视频图像。
- 点击【故障记录】→【本次上电】，显示本次开电后发生的故障信息。
- 点击【故障记录】→【历史故障】，显示历史曾经发生的故障信息。

绝缘检测可按照《绝缘检测操作说明》进行高压绝缘检测。如表 7.18 所示。

注：6A 系统的任何报警都不会控车。

表 7.18 绝缘检测操作说明

| 项目 | 说　　明 |
|---|---|
| 检测频率 | 1. 发生弓网故障或车顶高压设备故障，按程序在对故障检查处理后，必须进行车顶绝缘检测；<br>2. 途中发生接触网跳闸、停电或机车网压为零停车检查处理后，必须进行车顶绝缘检测；<br>3. 车顶高压设备缠绕异物，在清除异物或采取高压隔离相应端受电弓后，必须进行车顶绝缘检测；<br>4. 库内停留机车在首次升弓前，必须进行车顶绝缘检测；<br>5. 电力机车车顶进行检修、检测后的机车在转入有电区前，必须进行车顶绝缘检测 |
| 环境要求 | 打雷、闪电等极端恶劣天气，不进行检测 |
| 检测要求 | 1. 机车电钥匙处于断开或拔出状态；<br>2. 机车顶部及地沟无人，天窗处于关闭状态；<br>3. 除照明和系统外，其他负载全部关闭 |
| 检测方法 | 1. 将控制气路柜上的蓝钥匙插入系统主机-绝缘检测板卡钥匙孔中，打到"开"位；<br>2. 按"出库检测"按钮，板卡屏幕会显示检测电压及结果；<br>3. 检测完毕后，将蓝钥匙打到"关"位，并拔出，放回原位 |
| 报警处理 | 如遇到异常或绝缘报警，请将蓝钥匙打到"关"位，至少 5 s 后再重新将蓝钥匙打至"开"位，按照测试要求重新进行检测，以便确认检测结果；如最终确认绝缘低于报警阈值，绝缘检测装置处于报警状态，此时不得升弓 |

机车运行一个交路回到机务段以后，需要将运行过程中存储的过程数据下载，并导入到"6A 地面专家系统"中，进行数据查看分析，指导检修。

（1）将中央处理平台数据下载数字证书【license】文件，放入 U 盘的根目录下即可，确认下载的时间天数。

（2）将 6A 系统开电，待 CPU 板卡显示出版本信息和时间信息后表示系统启动完毕。启动后 CPU1 显示屏显示如图 7.29 所示。

（3）将被授权的 USB 硬盘插入 CPU1 板卡前面板的 USB 插孔中，被插入 USB 硬盘的 CPU 板卡液晶屏显示"CPU 下载...下载天数"字样。如图 7.30 所示。

图 7.29　启动后 CPU1 显示屏显示 　　　　图 7.30　USB 硬盘插入 CPU1 板后显示

（4）当 CPU 板卡液晶屏显示"CPU 下载 ...完成"时，即可拔出 USB 移动硬盘，下载完毕。如图 7.31 所示。（30 天的数据 10 min 左右即可下载完毕）

图 7.31　下载完毕

2）主要报警及处理方法见表 7.19 所示。

表 7.19　主要报警及处理方法

| 节点名称 | 序号 | 故障名称 | 处理办法 |
| --- | --- | --- | --- |
| 制动监测子系统（停放制动非正常施加监测模块） | 1 | 停放制动异常施加 | 如果停放缸压力小于 370 kPa，实施一次停放制动缓解操作 |
| | 2 | 列车管压力传感器故障 | 机车回库后更换传感器 |
| | 3 | 停放缸压力传感器故障 | 机车回库后更换传感器 |
| | 4 | 均衡缸压力传感器故障 | 机车回库后更换传感器 |

续表

| 节点名称 | 序号 | 故障名称 | 处理办法 |
| --- | --- | --- | --- |
| 制动监测子系统（折角塞门关闭监测模块） | 1 | 流量传感器故障 | 停车检查等待救援 |
|  | 2 | 折角塞门关闭 | 停车检查等待救援 |
| 防火监测子系统（AF） | 1 | 防火探头故障 | 机车回库后更换防火探头 |
|  | 2 | 防火探头报警 | 按铁道部和铁路局机车火情处理方案处理 |
| 绝缘检测子系统（AG） | 1 | 绝缘报警 | 确定检测方法是否正确，再检测一次，确认后严禁升弓 |
|  | 2 | 板卡故障 | 机车回库后更换板卡 |
|  | 3 | 功率模块通信故障 | 机车回段后检修功率模块 |
| 走行部监测子系统（AT1） | 1 | 传感器故障 | 机车回库后更换传感器 |
|  | 2 | 系统自检故障 | 机车车回库后更换板卡 |
|  | 3 | 温度传感器故障 | 机车回库后更换传感器 |
|  | 4 | 振动传感器故障 | 机车回库后更换传感器 |
|  | 5 | 温升报警 | 按照段方关于轴温报警相关规定执行 |
|  | 6 | 超温报警 | 按照段方关于轴温报警相关规定执行 |
|  | 7 | 轴承报警 | 按照段方关于轴温报警相关规定执行 |
|  | 8 | 齿轮报警 | 按照段方关于轴温报警相关规定执行 |
|  | 9 | 踏面报警 | 按照段方关于轴温报警相关规定执行 |
| 视频监控子系统（AV） | 1 | 采集卡1通信故障 | 机车回库后更换采集卡1 |
|  | 2 | 采集卡2通信故障 | 机车回库后更换采集卡2 |
|  | 3 | 硬盘故障 | 机车回库后更换AV3板卡 |
|  | 4 | 摄像头自检故障 | 机车回库后更换摄像头 |
| 列供监测子系统（AP） | 1 | 正线接地 | 回库后检查 |
|  | 2 | 负线接地 | 回库后检查 |
| 音视频显示终端 | 1 | 错误对话框 | 回段后检查或更换音视频显示终端 |
|  | 2 | 蓝屏 | 回段后更换音视频显示终端 |

## 任务九　了解机车远程监测与诊断系统系统（CMD系统）

### 一、CMD系统概述

1. 研发背景

随着铁路政企分开，实行公司化运转，为加快货运组织改革，实现运输组织由内部生产型向市场导向型转变，需要信息化作为技术支撑手段，机务作为铁路运输中的重要环节，更加需要通过信息技术手段提高管理水平。

机务信息化是铁路信息化的重要组成部分，铁路机务信息化要以机车的管理为核心内容，体现机务信息管理的动静结合，中国机车远程监测与诊断系统（CMD系统）是机务信息化中机车动静态信息的采集、传输、地面诊断分析平台，为机务信息化应用功能提供信息支撑。

### 2. CMD系统的定义（根据铁总2015[21]号文件）

CMD系统是机务信息系统的核心子系统，是机务车载数据及安全信息的集成、车地无线传输平台；采集、处理和传输TCMS、6A系统、LKJ等载设备运行记录信息及故障信息；提供机车定位、实时状态数据监测、实时故障报警、远程诊断、视频点播、机车车载电子履历管理、专家支持系统、信息共享和功能接口等功能。

实现了对机车运用安全信息、机车状态信息、机车监测信息和机车位置信息的实时采集、处理及无线传输、视频点播等功能。

结合配套的地面分析系统对机车在线数据进行实时分析，达到对机车远程监测及诊断目的。

### 3. 系统体系结构

CMD系统由车载子系统、数据传输子系统和地面综合应用子系统3大部分组成，如图7.32所示。

车载子系统主要实现机车信息数据的采集、存储、在线诊断、信息处理以及数据传输。数据传输子系统主要实现车载子系统与地面综合应用子系统间的远程信息传输、大容量记录信息转储功能。

地面综合应用子系统实现对机车状态信息、机车安全信息和机车监测信息的实时检测、分析、存储，提供机车运行状态、司机操作信息的查询功能，提供故障的诊断分析、统计功能，为机车的状态修提供技术支持。

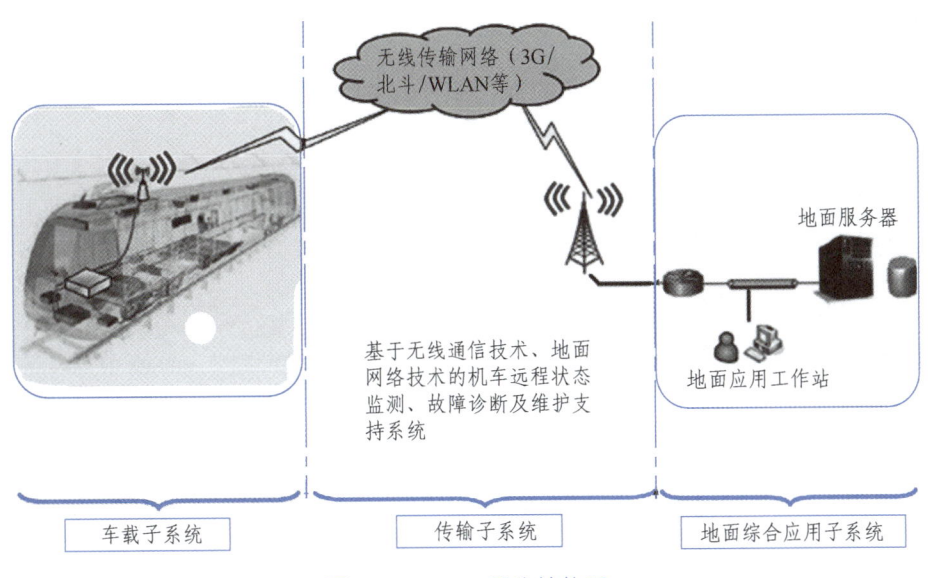

图 7.32 CMD 系统结构图

## 二、CMD 车载子系统

### 1. 车载子系统的概述

CMD 车载子系统采集、汇总机车状态信息、6A 检测信息、机车安全信息，完成不同系统之间的信息交换，完成机车履历存储、机车关键信息及故障记录，实现信息的统一传输，记录文件的自动下载，完成信息的通信管理，实现可配置的机车状态监视与报警。

### 2. 车载子系统构成

CMD 车载子系统由车载主机（LDP）、合路器、天线及通信线缆组成，如图 7.33 所示。主机采用一个 5U*84R 的插箱。内部的功能板卡包括电源板卡、网络接口板卡、以太网板卡、主处理板卡、无线通信板卡、北斗/GPS 板及记录插件。

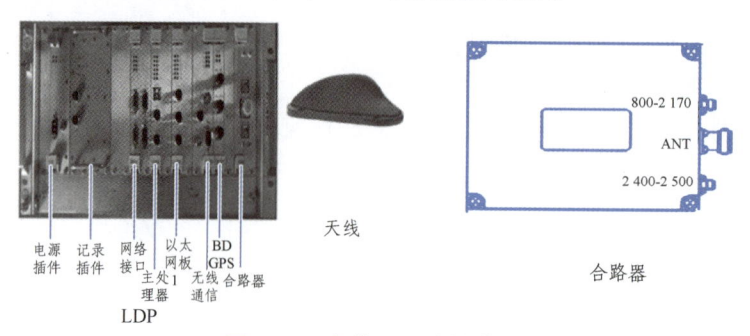

图 7.33 车载子系统构成图

通过以太网、HDLC、MVB、RS422 与 TCMS 通信，获取机车状态数据。
通过 RS485 总线接受 TAX 的广播数据。
通过以太网获取 6A 平台的综合监测信息，与 6A 平台进行数据交互。
定位系统采用双模式，包含北斗与 GPS。
3G、WLAN、GPS 采用三合一天线完成无线信号的接收与发送。

### 3. 车载子系统总体结构图（见图 7.34）

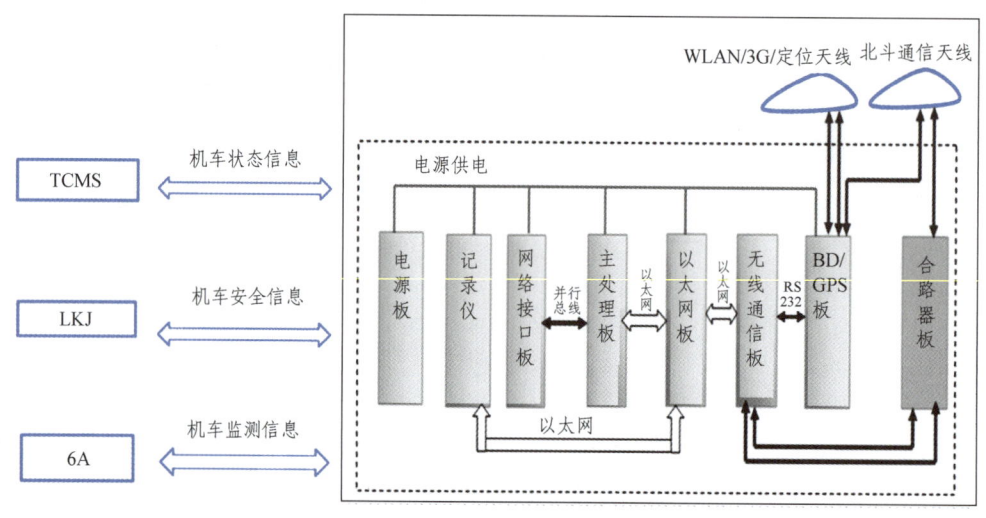

图 7.34 车载子系统总体结构图

#### 4. 车载子系统的功能

（1）数据采集。车载子系统通过 RS-485 接口从 TAX 采集机车安全信息，通过以太网接口从 6A 系统采集机车监测信息，通过以太网或 HDLC 接口从 TCMS 采集机车状态信息。其中时间信号来自 LKJ 主机，整个系统的时间信息与 LKJ 一致。

（2）数据处理。车载子系统根据通信协议，向地面综合应用子系统实时传输重要的机车状态信息，包含机车基本运行信息、司机操作命令信息等。从获取的数据中识别机车故障的功能，在故障的发生时，提取相应的环境数据，并实时向地面综合应用子系统报警，同时把相应数据传输至地面综合应用子系统。

（3）数据存储。司机可对采集到的 TCMS、6A、LKJ 等相关联的信息进行存储，并确保事件分析时数据的同步性（主要指的是时间上同步）及一致性。

（4）数据传输与转储。包括实时信息的传输和记录文件的转储，能根据不同需求采取不同的神经系统策略，将数据传输至传输子系统：具备将 6A 视频信息传输到地面外网视频服务器的功能；具有无线自动转储与人工手动转储记录文件的功能。

（5）北斗短报文通讯与定位功能。具备北斗短报文通信的功能，短报文信息包括机车的位置信息、故障信息、司机操作信息等；具备 BD/GPS 定位功能，提供机车位置、海拔、速度、行进方向、时间等信息。

#### 5. 车载子系统的安装位置

6A 柜中的 6A 主机下方预留了 CMD 车载主机（LDP）的安装位置，适用于所有安装了 6A 柜的车型，如图 7.35 所示。

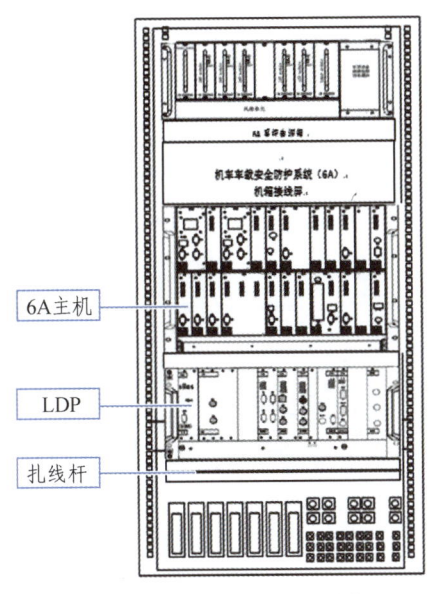

图 7.35 车载子系统的安装位置

### 三、数据传输子系统

CMD 系统网络架构分为车载网络、车地无线通信网络和地面有线网络 3 部分。

1. 车载网络

车载网络主要是指与 TAX、TCMS、6A 系统之间的接口网络，通过这些网络 LDP 采集机车安全信息、机车状态信息、机车综合监测信息。车地无线传输网络采用 GPRS/3G、北斗和 WLAN。GPRS/3G 和北斗主要用于在途机车远程实时信息传输，如图 7.36 所示。

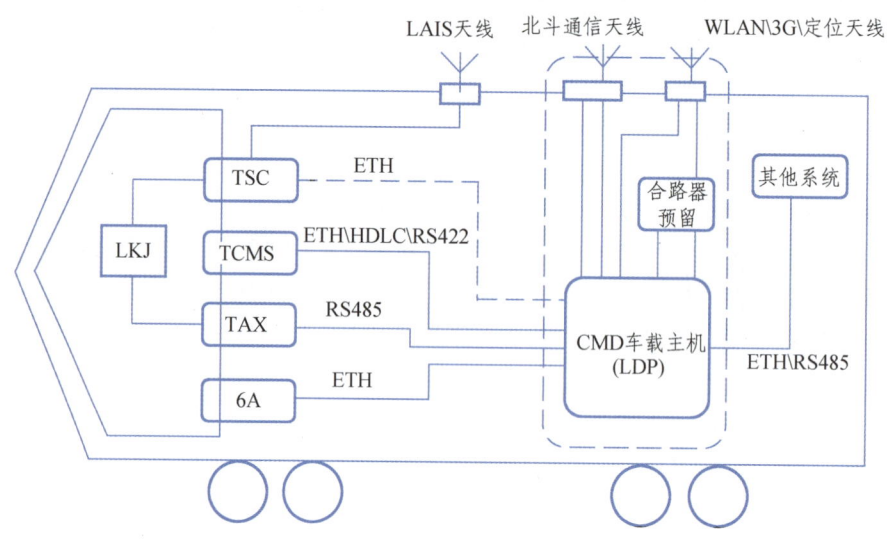

图 7.36　车载网络结构图

2. 车地无线通信网络

车地无线通信网络主要是实现机车入段后将 TCMS、6A 系统、LDP 等车载设备记录的数据转储到地面。

（1）WLAN 和 3G 网络结构图（见图 7.37）。

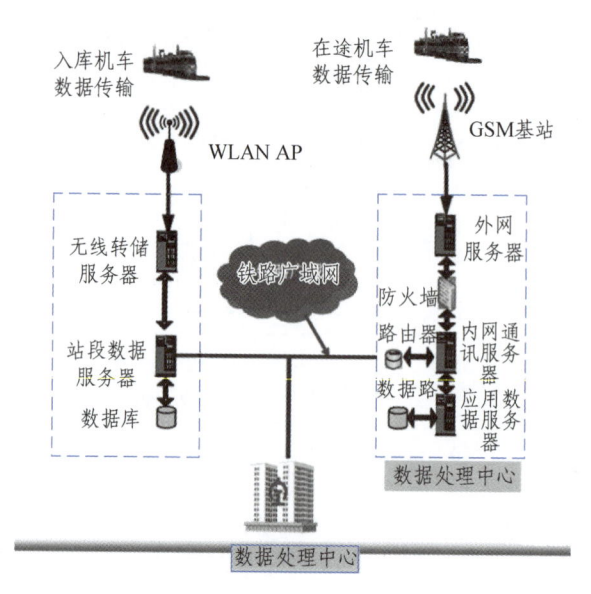

图 7.37　WLAN 和 3G 网络结构

CMD 系统利用北斗进行定位以及周期性（每 60 s 生成一次短报文）传输重要的列车状态信息。由于具备更强的环境适应性，基于北斗的通信链路能够保证机车具有更高的在线率和实时监控特性，以支持机车"运、管、修"的各类应用。

CMD 系统的北斗卫星通信链路主要由车载卫星信号收发设备、北斗导航通信卫星、北斗地面站、国铁集团地面数据服务器组成北斗定位通信

地面有线网络利用已经建成的铁路综合 IT 网络系统，主要完成国铁集团、铁路局集团公司、机务段/检修段三级网络范围内的数据信息传递。

3. 地面有线网络

地面有线网络结构如图 7.38 所示。

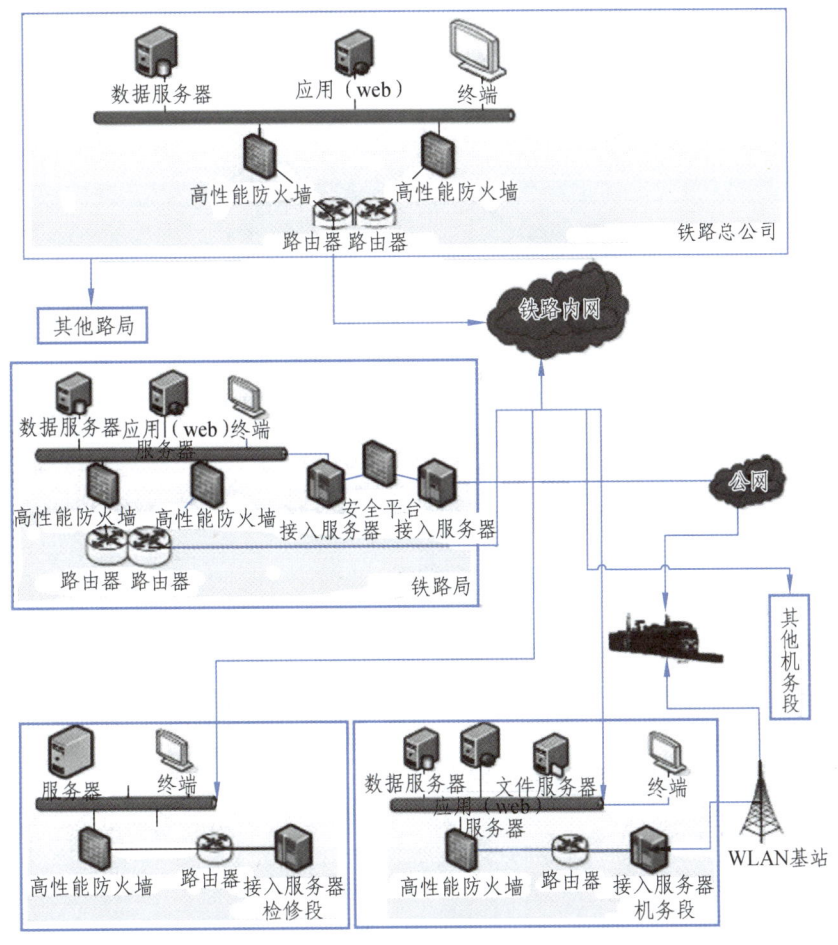

图 7.38 地面有线网络结构

## 四、地面综合运用子系统

CMD 地面综合应用子系统应用功能包括：机车运用、机车整备和检修、专家诊断、数据共享、机车电子履历、统计分析、系统管理和数据下载等模块，如图 7.39 所示。

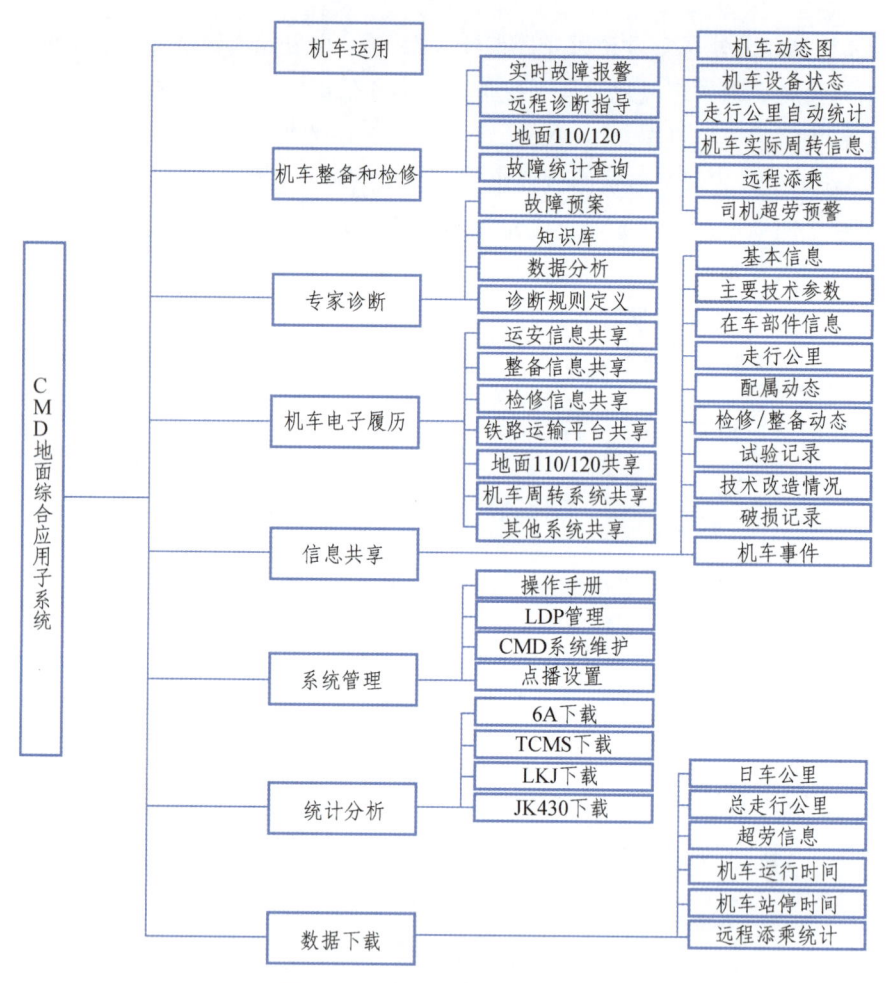

```
                                                    ┌─ 机车动态图
                                      ┌─ 机车运用 ──┤  机车设备状态
                                      │             │  走行公里自动统计
                                      │  实时故障报警  机车实际周转信息
                                      │  远程诊断指导  远程添乘
                                      │  地面110/120  司机超劳预警
                                      │  故障统计查询
                              ┌─ 机车整备和检修
                              │       故障预案
                              │       知识库        ┌─ 基本信息
                              │       数据分析      │  主要技术参数
                              ├─ 专家诊断           │  在车部件信息
   CMD                        │       诊断规则定义  │  走行公里
   地                         │       运安信息共享  │  配属动态
   面 ─┤                      │       整备信息共享  │  检修/整备动态
   综                         ├─ 机车电子履历 ──────┤  试验记录
   合                         │       检修信息共享  │  技术改造情况
   应                         │       铁路运输平台共享 破损记录
   用                         │       地面110/120共享
   子                         │       机车周转系统共享
   系                         │       其他系统共享  └─ 机车事件
   统                         ├─ 信息共享
                              │       操作手册
                              │       LDP管理
                              ├─ 系统管理
                              │       CMD系统维护
                              │       点播设置     ┌─ 日车公里
                              │       6A下载       │  总走行公里
                              │       TCMS下载     │  超劳信息
                              ├─ 统计分析 ─────────┤  机车运行时间
                              │       LKJ下载       │  机车站停时间
                              │       JK430下载    └─ 远程添乘统计
                              └─ 数据下载
```

图 7.39 地面综合应用子系统

## 项目小结

  机车乘务员一次乘务作业过程标准化程序，是机车乘务员执行机车乘务作业的标准，作业程序涉及的知识、技能点非常多，要认真学习和掌握。尤其是直接影响行车安全的关键作业环节，要特别重视并学习总结。在掌握熟练作业程序的基础上，同时，还要熟悉和掌握机车综合无线通信设备（CIR）、LKJ2000型列车运行监控装置、列车尾部安全检测装置、机车车载安全防护系统（6A系统）、机车远程检测与诊断系统（CMD）等行车安全装备的功能、基本使用方法和故障处理方法，充分发挥这些设备对行车安全的保障作用。

## 复习思考题

  1. 机车乘务员严格执行一次乘务作业过程标准化程序对铁路行车安全有什么重要意义？

2. 机车乘务员在出勤作业中应确认哪些内容？
3. 出勤时携带哪些规章及有效证件？到何处报到？领取哪些行车资料和备品？
4. 接车时，乘务员持司机报单领取哪些工具备品？应对机车哪些行车安全装备进行检查和交接？行车安全装备合格证有效期为多长时间？
5. 出勤接车后，副司机应确认什么内容？
6. 熟悉并练习机车检查及试验程序及要求。
7. 熟悉并练习"DK-1"型、"CCBⅡ"型、"JZ-7"、"法维莱"等制动机"五步闸"检查试验程序及要求。
8. 在出段过程中，机车乘务员应做到什么？
9. 机车到达站段分界点时有什么作业要求？
10. 机车进入挂车线后，应做到什么？
11. 列车中机车与第一辆车连挂的规定是什么？连挂的分工是什么？
12. 挂车后司机应该做哪些工作？
13. 列车制动机试验的程序和要求有哪些？
14. 起动列车前机车乘务员应该注意哪些事项？
15. 列车起动时操纵机车的注意事项有哪些？
16. 机车乘务组以外人员登乘机车有什么规定？
17. 电力机车运行中，机车乘务员应遵守哪些安全注意事项？
18. 电力机车副司机进行机械间巡视的时机、检查项目各是什么？
19. 列车操纵及安全注意事项有哪些？
20. 坡道、隧道、严寒地区有哪些操纵注意事项？
21. 调车作业，在连挂车辆时应做到什么？
22. 总结终点站作业内容及要点。
23. 入段作业的内容有哪些？
24. 中途继乘站换班接班乘务员应做好哪些工作？
25. 外段（折返段）交接班作业要求是什么？
26. 退勤机班到达派班室后，如何开好退勤小组会？
27. 退勤时应填写哪些报表？检查哪些资料？
28. 退勤时，应将哪些资料交给退勤调度员审核？
29. 技能练习

（1）在机车模拟驾驶装置上进行列车起动、调速、制动、坡道、隧道等操作练习，并按规定进行确认信号呼唤应答。

（2）反复进行LKJ2000型列车运行监控记录装置基本操作的练习。

（3）反复进行列车尾部安全检测装置查询尾部风压、遥控操作列车尾部排风停车、尾部主机遥控改号等操作练习。

（4）练习CIR设备的使用及车机联控标准用语。

（5）熟悉并练习6A系统设备及功能。

（6）了解机车远程检测与诊断系统（CMD系统）的安装位置及功能。

（7）练习"司机报单"的正确填写及检查。

# 项目八

## 机车检查与保养

### 📋 项目描述：

机车在运用中，随着时间的推移和各种因素的影响，机车的电气、机械设备会出现故障，各种机械部件或走行部会出现一定程度的磨损，甚至损坏，同时，机车运动部件的润滑油脂也将减少或变质，这些都影响着机车的寿命，并危及行车安全。因此，对运用机车定时检查、给油，及时发现不良处所，及时处理，是提高机车运用质量、保证列车运输安全的重要运用工作之一。

### 📋 目标引领：

（1）熟悉机车检查的形式、分工、规定和注意事项，掌握机车检查的方法和要求。

（2）熟悉机车检查、给油的要求以及检查的顺序路线；掌握 $SS_{4G}$、$HXD_3$ 型电力机车和 $DF_{8B}$ 型、$HXN_5$ 型内燃机车各部分检查给油的顺序和具体技术要求。

（3）掌握机车乘务员自检自修的范围（更换闸瓦、更换钩舌、清扫砂路等作业技能）和机车主要部件的保养要求及注意事项。

（4）熟悉机车故障应急处理的方法和程序，掌握 $SS_{4G}$、$HXD_3$ 型电力机车和 $DF_{8B}$ 型、$HXN_5$ 型内燃机车的常见故障及其处理办法。

（5）思政目标：培养学生在机车乘务员检查与保养工作中融入爱国精神、工匠精神、团队精神；提高学生的安全意识、协作意识，进一步提升机车乘务员业务技能、精检细修，减少机车故障、保障运输安全。

### 📋 思政案例：

机车经过一段时间的运用后，由于种种原因，机车的电气设备和走行部都会造成一定程度的磨损，甚至损坏，同时机车运动部件的润滑油也将减少或变质。所有上述异常状态的存在将影响机车的寿命，并危及行车安全。

案例经过：2004 年 7 月 26 日，10915 次列车（编组 49 辆，总重 4 000 t，换长 60.5 m）由阜新机务段 DF4B9354 号机车牵引运行至京九线任祥屯至郓城站下行线 K519+540 处，因机后 40 位车辆 1 位轴头冷切，造成机后 40～49 位车辆脱轨，其中 7 辆颠覆。

案例分析：该列车机后 40 位车辆（C62A4528204）位轮一位端轴颈卸荷槽处冷切（旧痕面积为 50‰左右），该轴于 1983 年 8 月第一次组装投入运用，其卸荷槽断口处表面存在较深的加工刀痕、一定程度的锈蚀和疲劳累积损伤，以上因素共同作用产生了疲劳裂纹，该裂纹轴在段修过程中轮轴微机自动控制超声波探伤机探伤作业中没有得到有效的检测，导致裂纹在运用过程中逐步发展，致使车轴断裂。

在机车检查与保养内容中融入思政教育，培养学生在机车乘务员检查与保养工作中融入爱国精神、工匠精神、团队精神；提高学生的安全意识、协作意识，进一步提升机车乘务员业务技能、精检细修，减少机车故障、保障运输安全。

## 任务一　认知机车检查的基本知识

### 一、机车的检查形式

一般机车的检查按时间可分为日常检查和定期检查；按照检查形式分为静止检查和动态检查。

（1）日常检查：即机车每完成一个交路或循环一次后入段进行整备作业中的检查或在中间站换班、外段（折返段）整备由机车乘务员或检查司机进行的检查。

（2）定期检查：机车每运用一段时间或完成一定的走行公里后，对机车进行较大范围的检查。

（3）静止检查：机车在无动力电源时对机车进行的检查。

（4）动态检查：机车在牵引列车的运行中对机车的巡视检查，或停车后对有关发热部件的检测。高、低压试验对控制电路来说是动态试验，对主电路来说是动态下的空载实验。

### 二、机车检查的分工

（1）司机负责机车内部、顶部的检查和高、低压试验，对机车的故障进行判断，指导副司机正确地处理故障，维持列车安全运行。

（2）副司机负责机车下部的检查和机车在外的给油上砂，协助司机做好高、低压试验；并在司机的指导下，及时正确地处理机车故障，保证行车安全。

### 三、机车检查应遵守的规定

（1）检查顺序熟练不乱，名称、术语、技术参数正确无误，不漏检，不错检。

（2）步伐、锤击、动作、顺序协调一致，做到由上而下、由里往外、由左到右，以检、听、嗅、摸、测、撬、晃等方法进行。

（3）检查时，左手拿电筒（手灯）、右手握锤。电筒、手锤不能倒手，不能触地。放置电筒、手锤要有固定位置，检查时做到光照、目视、锤击一致，动作协调。

（4）检查低矮零件时，做到一腿半曲，一腿稍弓，斜身向着检查部件。

（5）检查内侧部件时，做到两脚分开，上身前探。

（6）检查部件底部时，较高部件直身仰视；对较低的部件采用下蹲仰视。

（7）使用仪器测量时，按照使用规定进行。

### 四、机车检查的方法

机车检查分为锤检法、手检法、目视检查法、耳听鼻嗅法、测量法和测试法、诊断技术检查法等。

1. 锤检法

锤检法包括锤击、锤触、锤撬 3 种。

1）锤击法

锤击是靠检查锤敲击零部件时所发出的声响及手握锤柄的振动感觉，来判定螺丝的紧固程度或部件是否发生断裂。锤击法适用于 14 mm 以上的螺栓和弹簧装置及适宜用锤敲击来判别的易发生断裂的部件。

使用锤击检查时应根据螺栓的大小、部件的状态和位置，适当把握好用力轻重以免损坏部件。对带有压力的管接头、摩擦工作面、光洁度较高的部件和 14 mm 及其以下的螺栓禁止用锤敲击。

2）锤触法

锤触主要适用于一些较细的管子、卡子和 14 mm 以下的螺栓或脆弱部件等，用检修锤轻轻触动，看其是否裂损松动。

3）锤撬法

用锤尖或锤柄撬动零部件，检查部件的间隙及横向、径向的活动量等。

2. 手检法

手检法分为手动检查和手触检查两种。

对锤击无法检查和不适宜用锤检的部件应采用手检法。

1）手动检查

适用于较细小的螺丝、管接头、各种阀门、仪表、电器及接线等。手动检查包括：晃、拍、握、拧。采用"晃动看安装，手拧试松动"的方法，判断各风、油管及接头是否有松缓、漏泄等现象，各种电器开关、风、油管路塞门位置是否在正常工作位等。

2）手触检查

适用于检查有关部件的温度。手触检查时应先用手指感觉温度，再用手背判断温度。在运行中不能进行手触温度检查的部件，应在停车后立刻进行。手背接触部件表面的持续时间与相应的温度见表 8.1。

表 8.1　手背接触部件表面的持续时间与相应的温度

| 热别 | 相应的温度/°C | 判断方法 |
| --- | --- | --- |
| 平热 | 40 | 能长时间手触 |
| 微热 | 70 | 手触能持续 3 s |
| 强热 | 90 | 不能手触 |
| 激热 | 150 | 变色 |
| 烧热 | 150 | 生烟 |

3. 目视检查法

在使用锤检和手检的同时也要进行目视，做到手、眼、锤、灯协调配合，动作一致。目视检查范围主要包括：各仪表的显示、铅封、漆封；各扳钮、刀开关、塞门位置；各部件有无裂损、变形、丢失、歪斜、折损、擦伤、剥离、泄露、卡滞、发热、烧损、变色等以及油、砂的储备量等。目视法贯穿整个检查作业中。

### 4. 测量法

使用塞尺、直尺、卷尺及专用工具测量有关部件的间隙、距离、行程、超程高度等各种限度数据。

### 5. 测试法

使用万用表、兆欧表、试灯等测试电压、电流、电阻的数据，测量电气部件线路接地、虚接、短路、接触状态及电气线路故障等。

### 6. 耳听鼻嗅法

凭听觉或借助锤柄、听棒等判断运转机车有无异常；用鼻嗅判断部件及电气装置有无发热、烧损现象。

### 7. 诊断技术检查法

这是一种新型微机智能检查方法，既能检查出故障缺陷程度，又能大约判断出继续使用的寿命，从而根据检查的状态参数确定修理方法和修理时间。

## 五、机车检查注意事项

（1）车顶检查作业必须在安全作业区内，办理停电手续，挂好接地线后进行。接触网没停电，不论任何原因，绝对禁止登上机车车顶。上车顶必须由车顶门登上，严禁从其他部位爬上车顶。在检查中，注意防止跌落和摔伤，确保人身安全。

（2）当机车受电弓升起时，禁止进入高压室、变压室和开启防护高压用的护板、外罩及电机整流子孔盖，以及检查与修理机车车体下面的电气设备。

（3）机车检查前必须遵守"先联系，后检查"的原则，并通过有关人员在操作手柄开关处，挂好禁动标志。检查带电部件和转动部件时，禁止手触，以防触电和挤伤。

（4）检查机车时，应做到：顺序检查、不错不漏、姿势正确、步伐不乱、锤分轻重、目标准确、眼看耳听、仔细周到、鼻嗅手触、灵活熟练、消除隐患、保证质量。

（5）对压力容器和带有压力的管、细小管接头螺母及 M14 以下的螺母，以及光洁度高或有镀层的零部件表面，禁止用锤击法检查。

（6）用手晃动、拍击、拧动零件时，用力要适当，防止损伤部件，尤其在检查线接头与紧固件松紧时，要顺时针推动。

（7）对加封的零部件（铅封、漆封），严禁随意破封，对各种保护装置及测量、计量仪器，不得随意变更其动作值及参数。

（8）机车检查时要注意安全，严禁跳越地沟。

（9）司机升弓做高压试验前，必须确认各高压室和地沟无人，并厉行呼唤应答和鸣笛，以确保安全。

（10）各部件、塞门、开关检查完后，必须恢复定位。

## 任务二　机车的静止检查

### 一、机车的日常检查

#### 1. 交接班检查

（1）机车到达本次交路终点站并入段后，到达的乘务员、机车保养员要按照分工，抓紧时间先详细检查各摩擦、转动部分及各电机的温度，并做好整台机车的检查、修理、试验、给油、清扫工作，然后将发现的问题和处理的情况详细填写交接班记录，为乘务员打好基础。

（2）接班检查要简单明了，重点突出，作业时间不宜过长，以免造成出乘前疲劳。为此，接班与交班检查要明确分工，接班者应特别注意与行车安全直接有关的部件检查，确认机车的整备状态，并详细了解机车在上一班的运行情况，认证阅读交接班记录。

#### 2. 途中运行中检查

（1）副司机负责机车走廊巡视检查，其检查时机由个机务段在操纵示意图中规定。一般要在始发站出站后和每次通过分相绝缘器后，以及机车有异常状态时进行巡视检查。走廊巡视检查时，应在出站后开始，于到达前方站前返回，保证二人确认进站信号。去走廊巡视检查时，要先与司机取得联系，尽量保持各控制手柄位置稳定。在检查中发现有不良情况时，要立即向司机报告，二人密切配合，尽可能地维持运行，对能处理的情况要及时果断处理，防止事态扩大。

（2）中间站停车时，乘务员应下车检查走行部：确认车钩及风管（重联时包括重联线）的连接状态；轮箍有无过热、弛缓，轮踏面有无擦伤、剥离，轮缘润滑是否良好；轴箱温度是否正常，有无漏油现象，弹簧装置是否良好，闸瓦及基础制动装置有无不良现象，各管路系统及主变压器外壳是否漏油，速度表传动装置是否良好。

### 二、机车状态修前的检查

（1）参加Ⅰ级修的人员，要严格按照规定的Ⅰ级修范围对机车认真进行检查和给油、清扫，并修理不良处所。Ⅰ级修完之后，参加Ⅰ级修的人员应立即开会进行总结，评定机车保养问题，提出改进保养工作的措施和注意事项。

（2）机车进行Ⅱ级检修以上修程时，在入库检修前 48 h，乘务员或指定人员要根据平时掌握的机车状态，认真填写机车检修登记簿，送交运转值班员，机车入库后，乘务员或指定人员要按规定时间参加机车复检，发现不良所处时，应一次提出检修活票；检修中乘务员或指定人员要按时参加检修汇报会，听取对机车保养的评定和意见，同时提出对修理工作的要求。

### 三、机车给油

（1）机车给油要及时地、不错不漏地进行，做到部位准确、油量适当，既能满足润滑要求，又能节约油料，平时要保持给油器具、给油处及油料的清洁，机车上应备有一定数量的常用润滑油脂，不同种类的油脂不得混用。

（2）机车给油分日常、定期两种，日常给油在交接班时进行，定期给油在状态修时进行，根据轮乘制和包乘制的不同特点，以及不同机型和运用条件等情况，由电力机务段制定机车各部位给油周期和补油量，明确机车乘务人员和机车保养人员的分工，加强责任制。

（3）乘务员应经常对机车各给油装置进行检查，保证不低于规定油位，补油时应与规定油脂标号相同，严禁随意代用。

## 四、机车检查顺序

机车静止检查时要遵守自上而下、从内到外、由左到右的检查顺序，这是对乘务员基本功训练的要求。实行轮乘制的机务段，机车检查工作完全由地勤人员和辅助检查人员按分工进行检查，从而形成检查专业化。专业检查的特点是质量高、速度快、不易发生泄漏；便于积累检查经验；能及时发现机车薄弱环节和惯性故障；掌握机车质量动态，从而不断提高机车检查水平。

### 1. $SS_{4G}$ 型电力机车静止检查

#### 1）车顶检查

由前节车顶门上，沿车顶走板依次检查，即制动电阻通风百叶窗→互感器、避雷器→导电杆→前节受电弓→前节风笛和照明灯→制动电阻通风百叶窗→主断路器→导电杆→后节全车车顶部检查（与前节车相同）→返回前节车顶门下。具体顺序路线如图8.1所示。

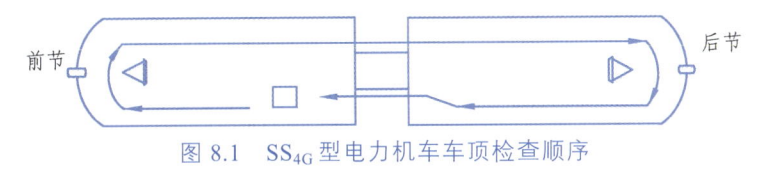

图 8.1 $SS_{4G}$ 型电力机车车顶检查顺序

#### 2）司机全面检查

由机车后节端部开始，即后节车体端部→机车走行部右侧→前节车体端部→机车走行部左侧→后节车底部及转向架（地沟）→前节车底部及转向架（地沟）→左侧门上前节司机室→前节左侧各电器室→后节左侧各电器室→后节司机室→后节右侧各电器室→前节右侧各电器室→前节司机室→前节右侧门下。具体顺序路线如图8.2所示。

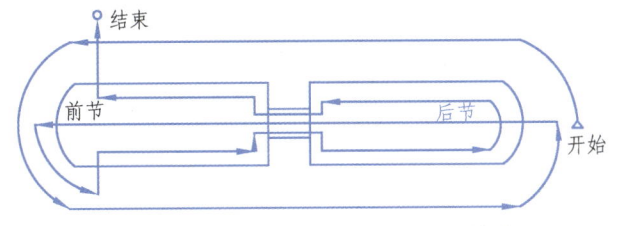

图 8.2 $SS_{4G}$ 型电力机车司机全面检查

#### 3）车下机械部检查

由机车后节端部开始，后节机车车体端部→机车车体及走行部右侧→前节车体端部→机车车体及走行部左侧→后节车底部及转向架（地沟）→前节车底部及转向架（地沟）。具体顺序路线如图8.3所示。

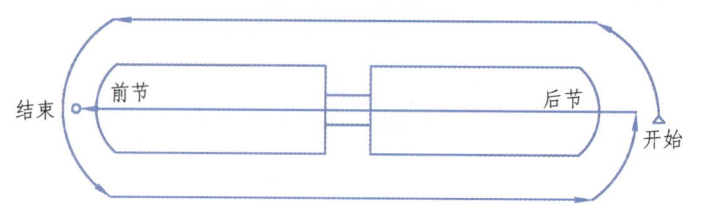

图 8.3　SS$_{4G}$ 型电力机车车下机械部检查顺序图

### 2. HXD$_3$ 型电力机车检查顺序

HXD$_3$ 型机车检查顺序如图 8.4 所示。

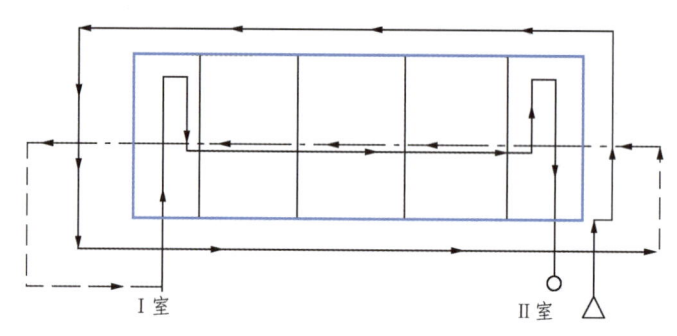

图 8.4　HXD$_3$ 机车检查线路图

（1）图例说明：始点△；终点○；检查走行线＿＿＿＿；空走走行线— — — —；地沟走行线—·—·—·—。

（2）机车Ⅱ端部△→右侧走行部→机车前部→左侧走行部→车底部→司机室→机械间走廊两侧→司机室→制动机试验→高压低试验。

### 3. DF$_{8B}$ 型内燃机车检查顺序

DF$_{8B}$ 型内燃机车检查，以机车后端（Ⅱ室）左侧为起点，按照逆时针方向进行，检查时要做到由上到下，由左到右，先内后外，先检查自然状态，后检查机能状态。检查路线顺序如图 8.5 所示。

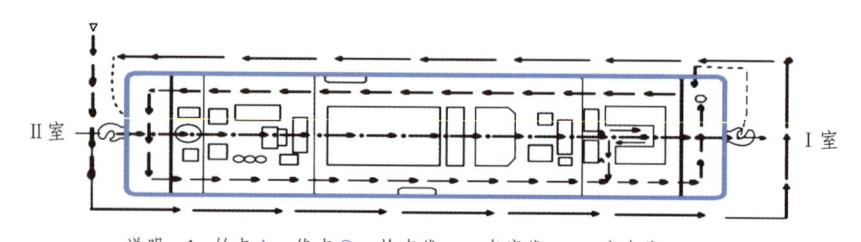

说明：1. 始点△；终点○；检查线→；车底线→-；空走线— — —。
　　　2. 顺序：机车后端部→右侧走行部→机车前端部→左侧走行部→车底部→机械间左侧→Ⅱ室司机室→机械间右侧→Ⅰ室司机室→电气动作试验→制动机试验。

图 8.5　DF8B 型内燃机车检查线路图

## 任务三  SS₄G 型电力机车检查

### 一、SS₄G 型机车走行部检查作业程序（见表 8.2）

表 8.2  SS₄G 型电力机车走行部检查作业

| 顺序 | 步骤 | 检查部位 | 检 查 内 容 及 要 求 |
|---|---|---|---|
| A节车前部 | 1 | 前端外观 | 1. 头灯、近光灯及标志灯外观完好。<br>2. 前窗玻璃、刮雨器、路徽及机车标志完好。<br>3. 排障器无变形，距轨面应为 80～110 mm。<br>4. 脚踏板无变形 |
| | 2 | 车钩提杆装置 | 车钩提杆无变形，提钩时能自动开放无卡劲，钩舌全开位 220～250 mm |
| | 3 | 车钩 | 1. 车钩摆动灵活，钩体各部分无裂纹，油润良好。<br>2. 钩舌销无折损，开口销完好，油润良好。<br>3. 钩舌各部无裂纹，钩舌与锁铁摩擦部油润良好。<br>4. 钩舌锁闭作用良好，锁闭位 110～130 mm。<br>5. 下锁销油润良好，车钩中心线距轨面高度 815～890 mm |
| | 4 | 制动软管 | 1. 折角塞门状态良好，卡子无松动，各部无泄漏。<br>2. 防尘堵及安全链齐全、完整。<br>3. 连接器无缺陷，胶圈无老化丢失，口面与地面垂直。<br>4. 制动软管卡箍牢固。<br>5. 软管无松动、老化、龟裂，水压试验不超过 3 个月。<br>6. 制动软管与机车中心线夹角为 45° |
| | | 总风联管 | 同制动软管 |
| | | 平均管 | 软管无裂纹，截止塞门位置正确，卡子无松动 |
| | | 重联插座 | 重联插座完好牢固，插座盖关闭严密 |
| A节车左侧 | 5 | 车体外观 | 车体平整，百叶窗无破损 |
| | | 司机门窗 | 侧窗、侧门完好，扶手、脚踏安装牢固 |
| | 6 | 第一砂箱 | 1. 砂箱盖严密，锁闭良好。<br>2. 砂量充足，砂质纯净干燥无异物。<br>3. 砂箱体无变形，各部无开焊，安装螺栓齐全紧固 |
| | 7 | 第一动轮轮缘喷油器 | 1. 油箱体无变形不漏油。注油口盖齐全密封良好，油量充足。<br>2. 各风管、油管无松动不漏油 |
| | 8 | 第一轴箱悬挂装置 | 1. 弹簧座无裂纹，安装螺栓牢固，弹簧上下压盖位置正确，定位锁杆良好，串销、垫圈、开口销齐全。<br>2. 弹簧无裂损，压缩高度 285～305 mm。<br>3. 弹簧座定位良好 |
| | 9 | 第一轴箱 | 1. 箱体和拉杆无裂纹、芯轴卡圈无脱落，轴箱内侧油封无漏油。<br>2. 轴箱端盖无变形漏油，各安装螺栓齐全无松动。<br>3. 轴箱吊耳、串销、开口销（45°）状态良好。<br>4. 轴温传感器安装牢固，无脱落、松动，外观无破损，插头连接良好，性能良好，不得有固体靠在传感器上或者碰磨传感器。<br>5. 轴温传感器连线绝缘护套无破损，紧固良好，无脱落、松动、接磨 |

续表

| 顺序 | 步骤 | 检查部位 | 检查内容及要求 |
|---|---|---|---|
| A节车左侧 | 10 | 第一轴箱速度传感器 | 1. 速度传感器安装牢固，接线良好。<br>2. 插座牢固无破损，防尘罩完整 |
| | 11 | 第一轴箱油压减振器 | 安装螺丝紧固，座无裂纹，体无漏油 |
| | 12 | 第一动轮制动器 | 1. 制动缸端盖螺栓齐全紧固，制动缸风管无漏泄，制动缸安装螺栓齐全紧固。<br>2. 传动螺杆的密封罩良好，脱钩装置良好。<br>3. 调整螺母作用良好，闸瓦吊杆螺栓紧固。<br>4. 闸瓦托定位调整螺栓无松动。<br>5. 闸瓦安装正确，无裂纹不偏磨，厚度不小于 10 mm，缓解后闸瓦与轮箍踏面间隙应为 6~9 mm。<br>6. 闸瓦吊杆螺栓紧固，开口销完好，油润良好。<br>7. 传动螺杆注油堵无松动、破损 |
| | 13 | 第一动轮横向油压减振器 | 安装螺丝紧固，座无裂纹，体无漏油 |
| | 14 | 第一动轮纵向摩擦减振器 | 1. 橡胶弹性球铰链无裂损。<br>2. 弹簧外罩安装螺丝齐全牢固，弹簧完好。<br>3. 三角棒及三角导框无裂纹，三角导框厚度不小于 6.3 mm，摩擦片完好，厚度不小于 2.5 mm。座无开焊 |
| | 15 | 橡胶堆 | 1. 无裂损老化，自由高度 273 mm，垫板卡板安装牢固。<br>2. 侧梁无开焊裂纹 |
| | 16 | 辅助电路入库插座 | 1. 安装牢固，外盖及导线无破损。<br>2. 开盖检查插座无烧损 |
| | 17 | 第二动轮制动器 | 参照第一动轮制动器 |
| | 18 | 第二轴箱油压减振器 | 参照第一轴箱油压减振器 |
| | 19 | 第二动轮及轴箱悬挂装置 | 参照第一动轮及轴箱悬挂装置 |
| | 20 | 第二轴箱 | 1. 参照第一轴箱。<br>2. 接地线安装螺栓无松动，软连接线断股不超过 1/3 |
| | 21 | 第二砂箱 | 参照第一砂箱 |
| | 22 | 左蓄电池及接线 | 1. 蓄电池柜安装螺丝牢固，柜门锁闭良好。<br>2. 接线端子螺丝紧固，接线无过热变色。<br>3. 定期开柜检查：蓄电池箱完好无异状，接线无松动烧损，单节连接板无变形烧损，安全阀严密，电解液无泄漏，各部无腐蚀 |
| | 23 | 总风缸左侧 | 1. 总风缸截断塞门 111、113 均在开放位，手把安装牢固。<br>2. 排水阀关闭无漏泄、不松动，排水试验作用良好 |
| | 24 | 控制电路入库插座及行灯插座 | 安装牢固，接线无松脱，插座无烧损 |
| | 25 | 第三砂箱 | 参照第一砂箱 |

续表

| 顺序 | 步骤 | 检查部位 | 检 查 内 容 及 要 求 |
|---|---|---|---|
| A节车左侧 | 26 | 第三动轮及轴箱悬挂装置 | 参照第一动轮及轴箱悬挂装置 |
| | 27 | 第三轴箱 | 参照第一轴箱 |
| | 28 | 速度传感器 | 参照第一轴箱速度传感器 |
| | 29 | 第三动轮制动器 | 参照第一动轮制动器 |
| | 30 | 第三轴箱油压减振器 | 参照第一轴箱垂向油压减振器 |
| | 31 | 横向油压减振器 | 参照第一轴箱横向油压减振器 |
| | 32 | 纵向摩擦限制器 | 参照第一纵向摩擦限制器 |
| | 33 | 橡胶堆 | 参照第一橡胶堆 |
| | 34 | 第四动轮及轴箱悬挂装置 | 参照第一动轮及轴箱悬挂装置 |
| | 35 | 第四轴箱 | 同第一轴箱。接地线安装螺栓无松动,软连接线断股不超过 1/3 |
| | 36 | 速度传感器 | 参照第一轴箱速度传感器 |
| | 37 | 第四动轮制动器 | 参照第一动轮制动器 |
| | 38 | 第四轴箱油压减振器 | 参照第一轴箱垂向油压减振器 |
| | 39 | 主电路入库插座 | 1. 安装牢固,外盖及导线无破损。<br>2. 开盖检查插座无烧损 |
| | 40 | 第四动轮轮缘喷油器 | 参照第一动轮轮缘喷油器 |
| | 41 | 第四砂箱 | 参照第一砂箱 |
| 机车重联处左侧 | 42 | 脚蹬、标志灯、重联插座、钩提杆及车钩、各连接风管 | 1. 脚蹬安装牢固无开焊,标志灯完整良好。<br>2. 重联插座安装牢固无破损,重联电缆线状态良好。<br>3. 钩提杆无变形,防跳装置良好,车钩装置良好。<br>4. 各风管塞门位置正确,连接状态良好,软管无破损老化 |
| B节车右侧 | 43 | 第四砂箱 | 参照 A 节第一砂箱 |
| | 44 | 第四动轮轮缘喷油器 | 参照 A 节第一动轮轮缘喷油器 |
| | 45 | 第四动轮及轴箱悬挂装置 | 参照 A 节第一动轮及轴箱悬挂装置 |
| | 46 | 第四轴箱 | 参照 A 节第一轴箱 |
| | 47 | 速度传感器 | 参照 A 节第一速度传感器 |
| | 48 | 第四动轮制动器 | 参照 A 节第一动轮制动器 |

续表

| 顺序 | 步骤 | 检查部位 | 检查内容及要求 |
|---|---|---|---|
| B节车右侧 | 49 | 垂向油压减振器 | 参照A节第一垂向油压减振器 |
| | 50 | 横向油压减振器 | 参照A节左侧横向油压减振器 |
| | 51 | 纵向摩擦减振器 | 参照A节左侧纵向摩擦减振器 |
| | 52 | 橡胶堆 | 参照A节左侧橡胶堆 |
| | 53 | 第三动轮制动器 | 参照A节第一动轮制动器 |
| | 54 | 第三动轮及轴箱悬挂装置 | 参照A节第一动轮及轴箱悬挂装置 |
| | 55 | 第三轴箱 | 参照A节第一轴箱 |
| | 56 | 第三垂向油压减振器 | 参照A节第一垂向油压减振器 |
| | 57 | 第三砂箱 | 参照A节第一砂箱 |
| | 58 | 总风缸 | 1. 总风缸逆流止回阀50作用良好无漏泄。<br>2. 总风缸塞门112处于开放位置，手把安装牢固。<br>3. 总风缸排水阀关闭无漏泄、不松动，排水作用良好 |
| | 59 | 蓄电池箱 | 对照A节左侧蓄电池箱 |
| | 60 | 行灯插座 | 参照A节左侧行灯插座 |
| | 61 | 第二砂箱 | 参照A节第一砂箱 |
| | 62 | 第二动轮轴箱悬挂装置 | 参照A节第一动轮及轴箱悬挂装置 |
| | 63 | 第二轴箱 | 参照A节第一轴箱 |
| | 64 | 速度传感器 | 参照A节速度传感器 |
| | 65 | 第二动轮制动器 | 参照A节第一动轮制动器 |
| | 66 | 垂向油压减振器 | 参照A节第一垂向油压减振器 |
| | 67 | 横向油压减振器 | 参照A节横向油压减振器 |
| | 68 | 纵向摩擦限制器 | 参照A节左侧纵向油压限制器 |
| | 69 | 橡胶堆 | 参照A节左侧橡胶堆 |
| | 70 | 主电路入库插座 | 参照A节左侧主电路入库插座 |
| | 71 | 第一动轮制动器 | 参照A节第一动轮制动器 |
| | 72 | 第一动轮及轴箱悬挂装置 | 参照A节第一动轮及轴箱悬挂装置 |
| | 73 | 第一轴箱 | 参照A节第一轴箱 |
| | 74 | 速度传感器 | 参照A节第一速度传感器 |
| | 75 | 垂向油压减振器 | 参照A节油压减振器 |
| | 76 | 第一动轮轮缘喷油器 | 参照A节第一动轮缘喷油器 |
| | 77 | 第一砂箱 | 参照A节第一砂箱 |

续表

| 顺序 | 步骤 | 检查部位 | 检查内容及要求 |
|---|---|---|---|
| B节车前部 | 78 | 同A节车前部1～4步骤的检查部位 | 与A节机车前部各检查项目内容及要求相同 |
| B节车左侧 | 79 | 同A节车左侧5～41各项步骤的检查部位 | 与A节机车左侧各检查项目的内容及要求相同 |
| 重联处右侧 | 80 | 同42步骤的检查部位 | 同42步骤检查内容及要求 |
| A节车右侧 | 81 | 同B节车右侧的检查部位 | 与B节机车右侧各检查项目内容及要求相同 |
| A节车底部 | 82 | 车钩缓冲装置 | 1. 牵引销套无窜动，止退销螺母无松动，开口销完好。<br>2. 弹簧箱体及尾框无裂纹。前后从板与座无贯通间隙<br>3. 托板螺栓齐全牢固 |
| | 83 | 牵引装置 | 1. 检查三角撑杆、三脚架、牵引叉头、牵引座各安装螺栓紧固、防缓件、防尘圈、开口销完好。<br>2. 牵引杆体无变形、裂损，焊接部位不得开裂，牵引杆销与牵引底座结合的槽面应密贴，给牵引杆销、牵引杆等叉头摩擦面和关节注入适量油脂。<br>3. 定位圆柱销不得松动、窜出。<br>4. 测量三角撑杆底部距轨面高度不低于70 mm |
| | 84 | 左右排石器及扫石器胶皮 | 1. 排石器支架牢固无开焊，排石器距轨面高度70～80 mm。<br>2. 扫石器调整螺栓齐全牢固，扫石器距轨面高度20～25 mm |
| | 85 | 第一砂箱（左右） | 1. 箱体及支架无裂纹，安装螺栓无松动。<br>2. 撒砂器、砂管安装牢固。<br>3. 撒砂器风管、砂管、清扫堵及调整螺栓齐全牢固。<br>4. 砂管吊铁无裂纹，"U"形卡子无松缓。<br>5. 砂管口畅通，无偏斜变形，距轨面高度应为15～25 mm |
| | 86 | 第一动轮 | 1. 踏面擦伤深度不大于0.7 mm，剥离长度不大于40 mm，深度不大于1 mm。<br>2. 轮缘无碾堆，垂直磨耗高度不大于18 mm。<br>3. 轮缘喷油器喷嘴齐全，位置正确，轮缘油润良好 |
| | 87 | 手制动机 | 1. 传动臂各轴销及开口销齐全，油润良好。<br>2. 链条链轮状态完好，链轮油润良好 |
| | 88 | 第一牵引电动机上部 | 1. 风筒无破损，合口严密无错位。<br>2. 电机上检查孔盖锁闭良好。<br>3. 电机母线无破损，夹板螺栓齐全。接线盒盖严密 |
| | 89 | 第一齿轮箱 | 1. 箱体无变形裂漏。<br>2. 合口螺栓齐全紧固，安装螺栓齐全紧固。<br>3. 注油口盖良好，油位正确。<br>4. 领圈合口处完好无漏油。放油堵无松动漏油 |
| | 90 | 第一抱轴承 | 1. 箱体无变形裂漏，各安装螺栓不松动，合口严密不漏油。<br>2. 油箱盖严密，油表完好，油位应在上、下刻线之间。放油堵无松漏。<br>3. 轴温传感器安装牢固，无脱落、松动，外观无破损，插头连接良好，性能良好，不得有任何固体靠在传感器上或者碰磨传感器。<br>4. 轴温传感器连线绝缘护套无破损，紧固良好，无脱落、松动、接磨 |

续表

| 顺序 | 步骤 | 检查部位 | 检查内容及要求 |
|---|---|---|---|
| A节车底部 | 91 | 第一牵引电机端部 | 1. 电机通风网无破损，安装螺栓齐全无松动。<br>2. 轴承不过热，注油堵齐全无松动。<br>3. 轴温传感器安装牢固，无脱落、松动，外观无破损，插头连接良好，性能良好，不得有任何固体靠在传感器上或者碰磨传感器。<br>4. 轴温传感器连线绝缘护套无破损，紧固良好，无脱落、松动、接磨 |
| | 92 | 第一悬挂装置 | 1. 各部无裂纹，橡胶件无老化、龟裂。<br>2. 安装螺栓无松动，卡板无松动，开口销完好。<br>3. 安全托铁牢固，与安全座垂直间隙不小于 20 mm，电机安全托铁故障搭接量不小于 15 mm。<br>4. 注油堵齐全无松动，油润良好 |
| | 93 | 第一转向架牵引梁 | 1. 构架与侧梁各部无开焊。<br>2. 牵引梁主体无变形开焊。<br>3. 三脚架座焊接良好、无开焊 |
| | 94 | 第一牵引电机内部（开盖检查） | 1. 电机检查孔盖严密，锁闭作用良好，上通风网无破损。<br>2. 电机内部清洁无异物，轴承油封严密无甩油。<br>3. 换向器表面无拉伤、灼痕，片间无毛刺和积尘，端头无环火痕迹。<br>4. 刷架圈定位卡子位置正确，弹簧无折损。<br>5. 刷架圈调整螺母无松动。<br>6. 刷辫螺栓无松动，刷辫无破损。<br>7. 刷握无松动，弹簧及压指无折损，压指作用良好。<br>8. 电刷无卡滞破损，磨耗不超限，与换向器接触面不小于85%，同一副电刷两片长度差不大于 0.5 mm，同一刷盒内电刷长度差不大于 5 mm。<br>9. 绝缘瓷瓶清洁无裂损，接线端子无松动，各绕组无烧损击穿 |
| | 95 | 手制动机传动装置 | 各传动杆件无变形，穿销、开口销齐全完好，油润良好 |
| | 96 | 第二牵引电机悬挂装置 | 参照第一电机悬挂装置 |
| | 97 | 第二动轮制动机 | 参照第一动轮制动机 |
| | 98 | 第二电机内部 | 参照第一电机内部 |
| | 99 | 第二齿轮箱（左右） | 参照第一齿轮箱 |
| | 100 | 第二抱轴承 | 参照第一抱轴承 |
| | 101 | 第二动轮 | 参照第一动轮 |
| | 102 | 第一转向架后端梁 | 1. 端梁各部无变形裂纹。<br>2. 风管卡子牢固，接头无松漏，软管无破损 |
| | 103 | 第二砂箱（左右） | 参照第一砂箱 |
| | 104 | I端制动机风机通风网 | 通风网无异物、无破损 |
| | 105 | 主变压器下部 | 1. 放油阀、取样阀无松漏。<br>2. 变压器体无碰伤，各部无开焊漏油 |

续表

| 顺序 | 步骤 | 检查部位 | 检查内容及要求 |
|---|---|---|---|
| A节车底部 | 106 | 总风缸91、92 | 1. 安装带紧固无开焊窜位,各螺栓无松动。<br>2. 各塞门位置正确 |
| A节车底部 | 107 | 第二转向架三、四轮对各部位 | 同第一转向架各检查顺序内容及要求 |
| B节车底部 | 108 | 后车钩至排障器各部 | 参照A节机车车底各部位检查顺序内容及要求 |

## 二、SS$_{4G}$型机车机车中部检查作业（见表8.3）

表8.3　SS4G型电力机车中部检查作业程序（以A节车为例）

| 顺序 | 步骤 | 检查部位 | 检查内容及要求 |
|---|---|---|---|
| A节车司机室 | 1 | 司机室左侧 | 1. 车门锁闭作用良好。侧窗玻璃完整清洁、作用良好。<br>2. 座椅完整无破损、转动升降灵活。电风扇作用良好。<br>3. 前窗玻璃、刮雨器、遮阳帘安装良好,玻璃完整清洁,刮雨器压油堵及柄把齐全,风管接头无松漏,手动作用灵活,窗加热接线无松脱。<br>4. 速度表、各风压表外观完整,指示正确,检定不过期。检查按钮、空电联合按钮完好。风笛阀作用良好。<br>5. 记点灯完好,开关作用良好。<br>6. 各电流表、电压表完好,指示正确,检定不过期。<br>7. 电源钥匙开关570QS,插孔位置正确。<br>8. 各扳钮位置正确无损坏、作用良好。<br>9. 司机控制器位置均在"0"位,各插座完好无松脱。<br>10. 电空控制器、空气制动阀位置正确,转换扳键在"电空位"。各管路塞门位置正确,插座完好无松脱。风笛电空阀(17YV),撒砂电空阀(241YV)安装牢固,接线无松脱,调压阀（53）、油水分离器完好,牢固无漏风。<br>11. 脚踏风笛、脚踏撒砂作用良好,脚炉罩完整良好。<br>12. 故障显示屏面板完整,无破损。重联及劈相机自起开关作用良好,位置正确。<br>13. 轴温报警装置显示器显示正确。<br>14. 机车运行监控装置显示器显示正确 |
| A节车司机室 | 2 | 司机室中部 | 1. 三项设备安装牢固,外观完整,接线无松脱,前照灯各孔盖严密。<br>2. 司机室照明灯良好。<br>3. 电炉完整作用良好,插座完好,无放电烧损 |
| A节车司机室 | 3 | 司机室右侧 | 1. 前窗玻璃、刮雨器、遮阳帘、电风扇、侧窗座椅同左侧。<br>2. 风笛阀作用良好。<br>3. 脚炉罩良好 |
| A节车司机室 | 4 | 司机室后部 | 1. 各工具柜门锁闭良好。<br>2. 空调机作用良好。空调机稳压电源接线良好无松脱,指示灯完好。<br>3. 手制动机转动灵活、无异状。<br>4. 紧急放风阀位置正确、无泄漏。<br>5. 自停控制盒,接线良好无松脱。<br>6. 端子板柜门完整锁闭良好。<br>7. 走廊门锁闭作用良好,玻璃完整,密封状态良好。<br>8. 车顶绝缘检测装置固定良好、显示正确 |

续表

| 顺序 | 步骤 | 检查部位 | 检查内容及要求 |
|---|---|---|---|
| A节车左侧走廊 | 5 | 灭火器、空调机主机及主断控制器 | 1. 灭火器安放牢固，铅封无破损，检验不过期（一年）。<br>2. 空调机主机作用良好。空调机稳压电源接线良好无松脱，指示灯完好。<br>3. 主断控制器安装牢固，接线无松动 |
| | 6 | 1号端子柜 | 各外接插座安装牢固，接触良好，固定螺丝紧固，接线无破损 |
| | 7 | 高压隔离网 | 无变形破损 |
| | 8 | 吸顶灯及通风网 | 灯罩安装良好，接线无松动。通风网无破损 |
| | 9 | 第一牵引风机组 | 1. 门联锁杆完整无变形，门完好，网无破损。<br>2. 风筒无损坏，卡子齐全，作用良好。<br>3. 电机安装螺栓牢固，接线无松脱。<br>4. 电机接线盒牢固，接线无松脱，轴承注油堵齐全无损坏 |
| | 10 | 1号低压柜上部（左侧走廊上部） | 1. 升弓电空阀（1YV）安装牢固，接线无松脱。<br>2. 压力继电器（515KF）安装牢固，接线无松脱。<br>3. 各插座安装紧固，接线不松脱。<br>4. 头灯起动电阻631R安装牢固，接线无松脱，无过热变形。<br>5. 各塞门在开放位 |
| | 11 | 1号低压柜柜门 | 1. 柜门作用良好、无损坏。<br>2. 门正面各故障隔离开关均在正常位。<br>3. 门背面各故障隔离开关安装牢固，接线无松脱 |
| | 12 | 1号低压柜正面 | 1. 各时间继电器、中间继电器、电压继电器状态良好，接线无松脱。<br>2. 各接触器、三相自动开关接线良好，动作状态良好，各部无过热现象。<br>3. 零压保护装置整流板290 V、辅助地保护整流板接线完好。<br>4. 零压保护装置变压器281TC安装牢固，接线无松脱。<br>5. 电子延时继电器安装牢固接线良好、无松脱、外罩完好。<br>6. 二极管（503 V、504 V、509 V）安装牢固，接线无松脱。<br>7. 各电阻、电容器安装牢固，接线良好，无过热变色。<br>8. 端子板接线无松脱，各插座牢固，接线无破损脱落。<br>9. LCU指示灯显示正常 |
| | 13 | 第一制动风机组正面 | 1. 制动风速继电器511KF外罩良好。<br>2. 风速继电器连接插座安装牢固，接线良好 |
| 主变压器室内左侧 | 14 | 变压器室门和门联锁 | 1. 门无变形、开闭良好。<br>2. 门联锁阀安装牢固，接线无松脱，风管接头无漏泄。<br>3. 风缸安装牢固，接头无松漏 |
| | 15 | 主断路器下部 | 1. 合闸线圈4QFN，分闸线圈4QFF接线无松脱，各部无漏风。<br>2. 插座安装牢固，接线良好。储风缸不漏风。<br>3. 辅助联锁接线无松脱，插座牢固。<br>4. 调压阀、储风缸排水阀内无积水且关闭良好。<br>5. 各管路接头无漏风，塞门位置正确 |
| | 16 | 主变压器上盖 | 1. 插座安装牢固，接线良好无破损。<br>2. 各瓷瓶清洁无破损、无漏油。<br>3. 各扁线无烧损。<br>4. 变压器上部无异物 |

续表

| 顺序 | 步骤 | 检查部位 | 检查内容及要求 |
|---|---|---|---|
| 主变压器室内左侧 | 17 | 储油柜及附属装置 | 1. 吸湿器安装牢固无破损，硅胶颜色正常。<br>2. 油表完好，标记齐全清晰。<br>3. 储油柜无溢漏。加油堵、检查孔螺栓齐全牢固，排气堵无松漏 |
| | 18 | 电度表及单极自动开关 | 1. 电度表安装牢固，铅封完好，接线无松脱。<br>2. 单极自动开关 102QA，安装牢固接线无松脱，在闭合位 |
| | 19 | 高压电流互感器及穿墙瓷瓶 | 1. 电流互感器二次侧接线无松脱。<br>2. 穿墙瓷瓶上座密封良好，瓷瓶清洁无破损，无放电痕迹。<br>3. 导电杆连接良好，无变形，软连接及弹簧状态良好。<br>4. 主变压器上 A 瓷瓶无破损，清洁无漏油及放电痕迹 |
| | 20 | 次边保护电流互感器 | 次边保护电流互感器 186TA、187TA 安装牢固，接线无松脱，无放电痕迹 |
| | 21 | 变压器潜油泵 | 安装牢固，各管路接头无松漏，各蝶阀位置正确，电机接线无松脱 |
| | 22 | 功率补偿装置（正、背面） | 1. 各电压传感器（137SV、136SV、147SV、146SV）安装牢固，接线无松脱。<br>2. 电容 93C、电阻 94R 接线无松脱，无击穿、过热现象。<br>3. 各高压继电器（116KM、126KM、156KM、166KM）状态良好，接线无松脱。<br>4. 各真空接触器（114KM、124KM、154KM、164KM）状态良好，接线无松脱。<br>5. 各阻容保护的电阻、电容无击穿、过热现象，接线无松脱。<br>6. 各电流互感器安装牢固，接线无松脱，无灼痕。<br>7. 各隔离闸刀（119QS、129QS、159QS、169QS）状态良好，在运行位。<br>8. 各插座安装牢固，接线无松脱 |
| | 23 | 油流继电器及变压器散热器 | 1. 油流继电器 518KF 安装牢固，接线无松动。<br>2. 端子排接线无松脱，安装牢固。<br>3. 变压器散热器各螺栓紧固，无漏泄 |
| 左侧走廊2号高压电器柜 | 24 | 2号高压柜正面 | 1. 门作用良好，各插座安装牢固，接线无松脱。<br>2. 磁场削弱接触器各部状态良好，接线无松脱。<br>3. 磁场削弱电空阀安装牢固，接触器接线无松脱。<br>4. 线路接触器，励磁接触器灭弧罩无裂纹，卡子良好；主触头及灭弧角无破损，开距 19～23 mm，接线无松动。电空阀线圈无烧损，接线无松脱，风路无漏泄，低压联锁接线无松脱。<br>5. 牵引电机故障隔离闸刀状态良好，在运行位。<br>6. 电压传感器接线良好，无松动。<br>7. 主电路库用转换闸刀及微动开关状态良好，在运行位。<br>8. 试验开关状态良好，在运行位。<br>9. 两位置转换开关手把牢固，各 T 形片无烧损，电空阀作用良好，无烧损。<br>10. 主接地故障隔离开关在运行位。<br>11. 主接地继电器状态良好，接线无松脱。<br>12. 接地电阻、限流电阻接线无松动，无烧损。端子排安装牢固，接线无松脱 |

续表

| 顺序 | 步骤 | 检查部位 | 检查内容及要求 |
|---|---|---|---|
| Ⅱ端高压室 | 25 | 2号高压柜上部 | 1. 142塞门在开放位。<br>2. 固定分路电阻及磁场削弱电阻无烧损，接线无松脱，无异物，各瓷瓶清洁无破损 |
| 左侧走廊Ⅱ端高压室 | 26 | 2号高压柜背面 | 1. 电流传感器安装牢固，接线无松脱。<br>2. 各扁铜线、连接螺丝紧固无松脱现象 |
| | 27 | 2号制动电阻柜背面 | 1. 各瓷瓶清洁无破损，引出母线连接牢固，无过热现象。<br>2. 过渡风道无变形，上下焊接部无开焊。<br>3. 制动风机外罩无损坏，底架无裂损。<br>4. 制动风机接线盒牢固，接线无松脱 |
| | 28 | 2号低压柜上部 | 1. 各插座安装牢固，接线无松脱。<br>2. 劈相机起动电阻263R无烧损，接线无松脱 |
| | 29 | 2号低压柜背面 | 1. 辅机保护装置插座安装牢固，接线无松脱。<br>2. 移相电容安装牢固，无鼓胀漏液、放电及烧损 |
| | 30 | 2号硅整流柜背面 | 1. 支架无裂损。电阻电容无烧损变形，接线无松脱。<br>2. 连接扁线无断裂，连接螺栓无放电痕迹。<br>3. 熔断器安装牢固、无烧损。指示器无跳出。<br>4. 晶闸管各触发板、脉冲变压器安装牢固，各触发元件无烧损 |
| | 31 | 2号硅整流柜正面 | 与其背面相同 |
| 电源电子柜 | 32 | 电源柜 | 1. 电源柜A/B切换开关在A位。<br>2. 各"电源"插件，"稳压触发"插件安装到位，固定螺丝紧固。<br>3. 各单极自动开关在闭合位。<br>4. "蓄电池"闸刀667QS，负载闸刀666QS，刀夹有力，无放电灼痕、裂纹，把柄无松动。"重联"闸刀在正常位（上合），钮子开关675SB在"运行"位。<br>5. 接线端子接线无松脱、无放电灼痕 |
| | 33 | 电子柜 | 1. 电子柜A/B切换开关在A位。<br>2. 各插座接线牢固，无松脱，固定螺丝紧固。<br>3. 各故障开关在运行位 |
| 空气制动柜 | 34 | 空气制动柜正面 | 1. 各插座紧固。<br>2. 空-电联合选择开关在正常位。<br>3. 各压力传感器，各压力开关（208、209及压力继电器516KF）外观完好，安装牢固，接线无松脱，风管接头无松漏。<br>4. 辅助压缩机控制按钮作用良好。<br>5. 控制风缸及辅助风缸压力表外观完整，指示正确，检验不过期。<br>6. 各调压器（51、52、55）调整压力符合规定要求，检验不过期。<br>7. 压力调节器安装牢固，各部不漏风。接线无松脱。<br>8. 中继阀各部不漏风。<br>9. 紧急阀及电动放风阀安装牢固，各部不漏风，接线无松脱。<br>10. 分配阀安装牢固，各部及管接头无漏风。<br>11. 重联转换阀位置正确，各部不漏风。<br>12. 各塞门在正常工作位。<br>13. 各制动电空阀及保护电空阀（287YV）接线良好，动作可靠。<br>14. DKL各指示灯显示正常 |

续表

| 顺序 | 步骤 | 检查部位 | 检查内容及要求 |
|---|---|---|---|
| 机车后部横走廊 | 35 | 2号端子柜 | 1. 各插座安装牢固，接线无松脱，固定螺丝紧固。<br>2. 柜门无变形。<br>3. 各端子排接线无松脱，无放电痕迹 |
| | 36 | 走廊门、渡板 | 同司机室走廊门、渡板连接良好 |
| | 37 | "三机"柜上部 | 1. 轮缘喷油器及电制动记录仪控制盒、箱体安装牢固。<br>2. 指示灯及标牌完整清晰。<br>3. 背面插座及接线无松脱 |
| 空气制动柜 | 38 | 空气干燥器 | 1. 滤清筒及干燥筒安装牢固，各管接头无漏泄。硅胶颜色正常。<br>2. 温控器开关在正常位工作，指示灯显示正常。<br>3. 排泄电磁阀的电空阀安装牢固，接线无松脱，排泄阀作用良好，无漏泄。<br>4. 干燥器旁通塞门位置正确。<br>5. 各电空阀安装牢固，风接头无松漏，塞门在开放位 |
| | 39 | 空气制动柜上部 | 1. 辅助压缩机安装牢固，空气滤清器完好无堵塞。<br>2. 联轴器转动灵活无松动。<br>3. 电机安装牢固，接线盒完好，接线无松脱。<br>4. 储风缸排水阀安装牢固作用良好，各风路接头无松漏，加油堵齐全无漏油。<br>5. 各插座安装牢固，接线无松脱 |
| | 40 | 空气制动柜背面 | 1. 均衡风缸、过充风缸安装牢固，管接头无漏风。<br>2. 各塞门在正常位 |
| | 41 | 电子柜上部 | 各插座安装牢固，接线无松脱 |
| | 42 | 起动电容 | 1. 安装牢固，接线无松脱。<br>2. 电容箱体无鼓胀、无漏泄、无放电烧损 |
| | 43 | 劈相机 | 1. 安装螺栓齐全、紧固。接线盒完整，接线无松脱。<br>2. 轴承不过热，注油堵无松动损坏 |
| | 44 | 压缩机组 | 1. 冷却器安装牢固，无裂损、漏油。<br>2. 机体无漏油，注油堵、放油堵齐全，油位表完好，无漏油，油位、油质正常。<br>3. 联轴器无松动，螺杆、胶圈齐全完好。<br>4. 压缩机电机安装螺栓无松动 |
| | 45 | 车顶门附近 | 1. 脚蹬牢固，车顶门挂钩锁闭良好，密封良好，门联锁行程开关（297QP）安装作用良好，接线无松脱。<br>2. 高压报警器固定良好，接线牢固，显示正确。<br>3. 高压隔离开关手轮转动灵活 |
| | 46 | 高压隔离网 | 无变形，无破损 |
| A节车右侧走廊 | 47 | 吸顶灯通风网 | 1. 灯罩安装良好，接线无松动。<br>2. 通风网无破损 |
| | 48 | 第二牵引通风机组 | 1. 门联锁杆完整无变形，门完好，网无破损。<br>2. 风筒无损坏，卡子齐全，作用良好。<br>3. 电机安装螺栓牢固，无过热烧损。<br>4. 电机接线盒牢固，拉线无松脱。轴承注油堵齐全无损坏 |

续表

| 顺序 | 步骤 | 检查部位 | 检查内容及要求 |
|---|---|---|---|
| A节车右侧走廊 | 49 | 2号低压室柜门 | 1. 柜门作用良好、无损坏。<br>2. 门正面各故障隔离开关均在正常位。<br>3. 门背面各故障隔离开关安装牢固，接线无松脱 |
| | 50 | 2号低压柜正面 | 1. 各时间继电器、中间继电器、电压继电器状态良好，接线无松脱。各接触器状态良好，接线无过热，低压联锁良好。<br>2. 各闸刀位置正确，接触良好无烧损。<br>3. 端子板接线无松脱，各插座紧固，接线无破损 |
| | 51 | 第二制动风机组正面 | 1. 制动风速继电器512KF外罩良好。<br>2. 风速继电器连接插座及接线良好 |
| | 52 | 变压器室门 | 1. 门无变形、开闭良好。<br>2. 门联锁安装牢固，接线无松脱，风管接头无漏泄。<br>3. 各接头无松漏 |
| | 53 | 变压器风机 | 风筒无变形，各螺丝无松动，接线盒良好，接线无过热 |
| | 54 | 油温表 | 安装牢固无破损，表针指示正确 |
| | 55 | 铜排线 | 无放电现象，固定装置良好，螺丝齐全无松动 |
| | 56 | 主断路器下部 | 1. 插座无松动，接线良好。<br>2. 各部管路接头无漏风，塞门位置正确。<br>3. 传动风缸不漏风 |
| | 57 | 1号高压柜正面 | 1. 作用良好，各插座安装牢固，接线无松脱。<br>2. 磁场削弱接触器各部状态良好，接线无松脱。<br>3. 磁场削弱电空阀安装牢固，接触器接线无松脱。<br>4. 线路接触器，励磁接触器灭弧罩无裂纹，卡子良好；主触头及灭弧角无破损，开距19～23 mm，接线无松动。电空阀线圈无烧损，接线无松脱，风路无漏泄，低压联锁接线无松脱。<br>5. 牵引电机故障隔离闸刀状态良好、在运行位。<br>6. 电压传感器接线良好、无松动。<br>7. 主电路库用转换闸刀及微动开关状态良好、在运行位。<br>8. 试验开关状态良好、在运行位。<br>9. 两位置转换开关手把牢固，各T形片无烧损，电空阀作用良好、无烧损。<br>10. 主接地故障隔离开关在运行位。<br>11. 主接地继电器状态良好，接线无松脱。<br>12. 接地电阻、限流电阻接线无松动，无烧损。端子排安装牢固，接线无松脱 |
| I端高压室内 | 58 | 1号高压柜上部 | 1. 141塞门在开放位。<br>2. 固定分路电阻及磁场削弱电阻无烧损，接线无松脱，各瓷瓶清洁无破损 |
| | 59 | 1号高压柜背面 | 1. 电流传感器安装牢固，接线无松脱。<br>2. 各扁铜线、连线螺丝紧固无过热现象 |
| | 60 | 1号制动电阻柜背面 | 1. 各瓷瓶清洁无破损，引出母线连接牢固，无过热现象。<br>2. 过渡风道无变形，上下焊接都无开焊。<br>3. 制动风机外罩无损坏，底架无裂损。<br>4. 制动风机接线盒牢固，接线无松脱 |

续表

| 顺序 | 步骤 | 检查部位 | 检查内容及要求 |
|---|---|---|---|
| I端高压室内右侧走廊 | 61 | 1号低压柜上部 | 1. 各插座安装牢固，接线无松脱。<br>2. 升弓电空阀良好，接线无松脱，压力继电器各部良好 |
| | 62 | 1号低压柜背面 | 1. 辅机保护装置插座安装牢固，接线无松脱。<br>2. 移相电容安装牢固，无鼓胀漏液、放电及烧损 |
| | 63 | 1号硅整流柜背面 | 1. 支架无裂损。各电阻、电容无烧损变形，接线无松脱。<br>2. 连接扁线无断裂，连接螺栓紧固。<br>3. 熔断器安装牢固，无烧损。指示器无跳出。<br>4. 晶闸管各触发板、脉冲变压器安装牢固，各触发元件无烧损 |
| | 64 | 1号硅整流柜正面 | 与其背面相同 |
| | 65 | 空调器主机、1号端子柜右侧、右走廊门 | 1. 空调器主机各插座接线良好。<br>2. 外接插座良好，固定螺丝紧固，接线无破损。<br>3. 走廊门良好 |

## 三、$SS_{4G}$ 型机车机车顶部检查作业（见表 8.4）

表 8.4  $SS_{4G}$ 型电力机车顶部检查作业程序（以 A 节车为例）

| 步骤 | 检查部位 | 检查内容及要求 |
|---|---|---|
| 1 | 车顶门 | 1. 密封良好，接地卡子良好。<br>2. 车顶绝缘检测装置无线固定良好，无缺损及灼伤 |
| 2 | 高压电压互感器 | 1. 瓷瓶无裂纹及放电灼伤，接线良好。瓷瓶灼伤缺损不大于 3 $cm^2$。<br>2. 无放电和渗油现象。<br>3. 油压表玻璃无破损，油位符合要求（稍高于相应室温刻度）。<br>4. 硅胶颜色正常 |
| 3 | Ⅱ制动电阻柜百叶窗 | 1. 百叶窗外观良好，通风口畅通无异物。<br>2. 制动电阻带良好无烧损 |
| 4 | 主变压器风机百叶窗 | 百叶窗外观良好，通风口畅通无异物 |
| 5 | 导电杆及瓷瓶 | 1. 导电杆安装牢固无变形，各连接螺丝及卡子无松动。<br>2. 各支撑瓷瓶安装牢固无裂损，各瓷瓶清洁，无放电灼痕。<br>3. 瓷瓶灼伤缺损不大于 3 $cm^2$ |
| 6 | 头灯、风笛 | 头灯卡子完好。左右风笛安装牢固无漏风 |
| 7 | 空调器 | 箱体外观良好，风叶良好无卡滞 |
| 8 | 避雷器 | 1. 接线无松脱，安装牢固。<br>2. 瓷瓶清洁，无裂纹，无破损，无放电灼痕。瓷瓶灼伤缺损不大于 3 $cm^2$ |
| 9 | 受电弓 | 1. 风管路无漏泄，传动装置作用良好。<br>2. 各瓷瓶清洁，无裂纹、破损，安装牢固无放电灼痕。瓷瓶灼伤缺损不大于 3 $cm^2$。<br>3. 框架各部无变形裂纹，连接软线无过热，螺丝齐全紧固。各软线无断裂破损现象。升降作用灵活不松旷。<br>4. 弓头无卡滞、变形，作用良好，滑板条不到限无缺损。诱导角良好无损伤，各部螺丝齐全紧固。<br>5. 滑板厚度大于 22 mm，接触滑板无破裂，接触片高度不小于 5 mm。<br>6. 测量受电弓接触压力应在（70±5）N 之间 |

续表

| 步骤 | 检查部位 | 检查内容及要求 |
|---|---|---|
| 10 | 主断路器上部 | 1. 连接软线无过热，螺丝齐全紧固。软线断股不大于1/10。<br>2. 各瓷瓶清洁，无裂纹、破损，安装牢固无放电灼痕。瓷瓶灼伤缺损不大于3 cm² |
| 11 | 高压隔离开关上部 | 1. 瓷瓶无裂纹。<br>2. 闸刀与刀夹接触良好。<br>3. 闸刀接触部分厚度≥9 mm |
| 12 | Ⅱ制动电阻柜百叶窗 | 1. 百叶窗外观良好，通风口畅通无异物。<br>2. 制动电阻带良好无烧损 |
| 13 | 高压电流互感器上部 | 1. 接线无松脱，安装牢固，密封完好。<br>2. 瓷瓶清洁无裂纹无放电痕迹。瓷瓶灼伤缺损不大于3 cm² |
| 14 | 导电杆及瓷瓶 | 1. 导电杆安装牢固无变形，各连接螺丝及卡子无松动。<br>2. 各支持瓷瓶安装牢固无裂损，各瓷瓶清洁无放电灼痕。瓷瓶灼伤缺损不大于3 cm² |
| 15 | 高压连接器 | 1. 连接器接触良好无偏移，各软连接线无过热，螺丝齐全无松动。<br>2. 导电杆及防尘罩无破损。<br>3. 支持瓷瓶安装牢固无裂损，瓷瓶清洁无放电灼痕。瓷瓶灼伤缺损不大于3 cm² |

## 任务四　HXD$_3$型电力机车检查及给油作业

### 一、一端司机室内检查项目和要求（见表8.5）

表8.5　一端司机室内检查项目和要求

| 部位 | 序号 | 部件名称 | 检查内容及要求 | 方法 | 标准 | 次数 | 扣分 |
|---|---|---|---|---|---|---|---|
| 司机室检查 | 1 | 多功能饮水设备 | 设备安装牢固，电源器件无损坏、无放电，开关接触良好 | 目视手动 | 5 | | |
| | 2 | 空调机控制箱 | 各旋钮位置正确 | 目视 | 5 | | |
| | 3 | 灭火器 | 放置牢靠，外观无损伤，安装带扣环，锁扣良好，铅封良好，喷嘴清洁无堵塞 | 目视手动 | 5 | | |
| | 4 | 座礅 | 安装牢固，坐垫、靠背无破损 | 目视手动 | 5 | | |
| | 5 | 紧急放风阀 | 阀体管路无裂漏，铅封良好 | 目视 | 5 | | |
| | 6 | 接线端子柜 | 安装良好，无破损、松脱 | 目视手动 | 5 | | |
| | 7 | 左前侧窗 | 玻璃无破损，安装牢固 | 目视手动 | 5 | | |
| | 8 | 左壁炉 | 安装牢固、外罩无变形、裂损、松动，接线良好 | 目视手动 | 5 | | |
| | 9 | 左前窗遮阳帘 | 窗帘布无破损，导轨槽牢固、平直，上下拉动时作用良好 | 目视手动 | 5 | | |
| | 10 | 机车信号装置 | 外罩玻璃齐全，锁闭作用良好，插座及接线良好 | 目视手动 | 5 | | |
| | 11 | 制动机显示屏 | 显示屏无破损、表面清洁、功能键无破损 | 目视手动 | 5 | | |

续表

| 部位 | 序号 | 部件名称 | 检查内容及要求 | 方法 | 标准 | 次数 | 扣分 |
|---|---|---|---|---|---|---|---|
| 司机室检查 | 12 | 监控显示屏 | 同 11 项 | 目视手动 | 5 | | |
| | 13 | 多功能组合模块 | 各表完整,表针显示正确,表验日期有效,紧急停车按钮在正常位、状态指示灯面板无破损 | 目视手动 | 5 | | |
| | 14 | 微机显示屏 | 同 10 项 | 目视 | 5 | | |
| | 15 | 无线调度装置 | 设备完好、清洁、各功能键无破损 | 目视手动 | 5 | | |
| | 16 | 压力仪表模块 | 各表完整,表针显示正确,表验日期有效 | 目视 | 5 | | |
| | 17 | 复位按钮、风笛按钮 | 按钮作用灵活。无卡滞现象 | 目视手动 | 5 | | |
| | 18 | 电控制动控制器 | 控制器手柄在各挡位之间动作灵活。无机械卡滞现象,各管路无漏风现象 | 目视手动 | 5 | | |
| | 19 | 司机扳键开关 | 扳键作用灵活,箱内接线良好,开关箱钥匙位置正确 | 目视手动 | 5 | | |
| | 20 | 司机控制器 | 外观良好,动作灵活。无机械卡滞现象,互锁功能正常,凸轮装置、各动静触头及接线均良好 | 目视手动 | 5 | | |
| | 21 | 定速控制、过分相按钮 | 按钮作用灵活。无卡滞现象 | 目视手动 | 5 | | |
| | 22 | 风笛按钮 | 同 21 项 | 目视手动 | 5 | | |
| | 23 | 冰箱柜及空气管路 | 门锁握柄作用正常,门开关灵活,冰箱门关闭严密,塞门位置正确 | 目视手动 | 5 | | |
| | 24 | 重联电话 | 设备完好、清洁、电话线无破损 | 目视手动 | 5 | | |
| | 25 | 电源插座 | 插座安装牢固,接线无松脱,无放电、烧损痕迹 | 目视手动 | 5 | | |
| | 26 | 壁炉 | 同 8 项 | 目视手动 | 5 | | |
| | 27 | 脚踏沙阀、速度控制装置、风笛 | 脚踏安装牢固、动作灵活、无卡滞现象 | 目视手动 | 5 | | |
| | 28 | 万能转换开关 | 开关安装牢固、动作灵活、位置正确 | 目视手动 | 5 | | |
| | 29 | 接线端子柜 | 安装良好,无破损,松脱 | 目视手动 | 5 | | |
| | 30 | 右前侧窗 | 玻璃无破损,安装牢固 | 目视手动 | 5 | | |
| | 31 | 司机座椅 | 安装牢固,坐垫、靠背无破损,升降、转动作用灵活 | 目视手动 | 5 | | |
| | 32 | 前照灯 | 室内护罩密封良好,检查门严密 | 目视手动 | 5 | | |
| | 33 | 空调、风扇 | 安装牢固,扇叶无变形,外罩无损伤,接线良好 | 目视手动 | 5 | | |
| | 34 | 顶板照明灯 | 灯罩无破损,安装牢固,照明良好,无脱落 | 目视 | 5 | | |

## 二、机械部检查项目和要求（见表 8.6）

表 8.6　机械部检查项目和要求

| 部位 | 序号 | 部件名称 | 检查内容及要求 | 方法 | 标准 | 次数 | 扣分 |
|---|---|---|---|---|---|---|---|
| 机械间检查 | 1 | 机械室门 | 门开关灵活，关闭严密 | 目视手动 | 5 | | |
| | 2 | 第一牵引风机 | 安装螺丝无松动，接线盒内部导线无烧损放电痕迹，接线良好 | 目视手动 | 10 | | |
| | 3 | 防滑电磁铁 | 电源线无烧损放电痕迹，接线良好。空气管路无泄漏 | 目视手动 | 5 | | |
| | 4 | 顶部照明灯 | 安装牢固，灯罩无变形，灯玻璃无破损。电线连接良好 | 目视手动 | 5 | | |
| | 5 | 衣柜 | 门开关灵活，关闭良好 | 目视手动 | 5 | | |
| | 6 | 卫生间 | 门开关灵活，内部清洁、干燥 | 目视手动 | 5 | | |
| | 7 | 通信设备及工具柜 | 设备安装牢固，铅封良好，工具摆放整齐，清洁、通风干燥。插座连接牢固无松动 | 目视手动 | 5 | | |
| | 8 | 蓄电池箱及滤波柜 | 接线无破损，无放电痕迹。蓄电池无漏液现象，安装螺丝无松动。须注意人身安全 | 目视手动 | 5 | | |
| | 9 | 第二牵引风机 | 安装螺丝无松动，接线盒内部导线无烧损放电痕迹，接线良好 | 目视手动 | 10 | | |
| | 10 | 防滑电磁铁 | 电源线无烧损放电痕迹，接线良好。空气管路无泄漏 | 目视手动 | 5 | | |
| | 11 | 第三牵引风机 | 安装螺丝无松动，接线盒内部导线无烧损放电痕迹，接线良好 | 目视手动 | 10 | | |
| | 12 | 防滑电磁铁 | 电源线无烧损放电痕迹，接线良好。空气管路无泄漏 | 目视手动 | 5 | | |
| | 13 | TAMS 柜及 ATP 装置 | 设备安装牢固，铅封良好、清洁、通风干燥，插座连接牢固无松动 | 目视手动 | 5 | | |
| | 14 | 电器控制箱 | 各自动开关、隔离开关在正常位，无卡滞现象，仪表玻璃无破损，表针显示正确，表验日期有效，电器接地闸刀，转换开关位置正确，无放电痕迹 | 目视手动 | 5 | | |
| | 15 | 左侧受电弓、主断功能模块 | 各塞门位置正确，标牌清晰、管路无漏风现象，电磁阀接线无松脱 | 目视手动 | 5 | | |
| | 16 | 自动过分相装置 | 钮子开关位置正确，接线无松脱 | 目视手动 | 5 | | |
| | 17 | TAMS 柜及 ATP 装置背部 | 接线卡子无松动，安装螺丝牢固 | 目视手动 | 5 | | |

续表

| 部位 | 序号 | 部件名称 | 检查内容及要求 | 方法 | 标准 | 次数 | 扣分 |
|---|---|---|---|---|---|---|---|
| 机械间检查 | 18 | 右侧复合冷却器通风机组 | 风机安装螺丝牢固，电机接线无烧损，接线无松脱，冷却管路安装螺丝牢固，无漏液现象 | 目视手动 | 5 | | |
| | 19 | 高压电流互感器 | 二次引线连接件无松动及表面无氧化接触不良现象，紧固夹件及安装接线盒牢固 | 目视 | | | |
| | 20 | 行灯插座 | 安装牢固，无烧损现象 | 目视 | 5 | | |
| | 21 | 防滑电磁铁 | 电源线无烧损放电痕迹，接线良好。空气管路无泄漏 | 目视手动 | 5 | | |
| | 22 | 左侧变流器柜 | 接线端子安装牢固，电线无变色，卡子无松动，管路法兰部无漏液，柜表面无变色变形 | 目视手动 | | | |
| | 23 | 右侧变流器柜 | 接线端子安装牢固，电线无变色，卡子无松动，管路法兰部无漏液，柜表面无变色变形 | 目视手动 | | | |
| | 24 | 左侧复合冷却器通风机组 | 风机安装螺丝牢固，电机接线无烧损，接线无松脱，冷却管路安装螺丝牢固，无漏液现象 | 目视手动 | 5 | | |
| | 25 | 右侧受电弓、主断功能模块 | 各塞门位置正确，标牌清晰、管路无漏风现象，电磁阀接线无松脱 | 目视手动 | 5 | | |
| | 26 | 复轨器、止轮器 | 安装牢固，螺丝紧固 | 目视手动 | 5 | | |
| | 27 | 第一压缩机 | 外观完好，无破损，安装座螺栓孔无裂纹，安装螺丝紧固，油位符合标准，各风管接头无裂漏，安全阀状态良好，电机接线盒接线无松脱，无破损，无烧损、放电痕迹 | 目视手动 | 10 | | |
| | 28 | 控制风缸及弹停风缸 | 风管无泄漏，塞门位置正确 | 目视手动 | 5 | | |
| | 29 | 第四牵引风机 | 安装螺丝无松动，接线盒内部导线无烧损放电痕迹，接线良好 | 目视手动 | 5 | | |
| | 30 | 防滑电磁铁 | 电源线无烧损放电痕迹，接线良好。空气管路无泄漏 | 目视手动 | 5 | | |
| | 31 | 第五牵引风机 | 安装螺丝无松动，接线盒内部导线无烧损放电痕迹，接线良好 | 目视手动 | 5 | | |
| | 32 | 防滑电磁铁 | 电源线无烧损放电痕迹，接线良好。空气管路无泄漏 | 目视手动 | 5 | | |
| | 33 | 空气干燥系统 | 空气干燥系统无泄漏，电线路无烧损，各塞门位置正确，高压安全阀动作灵活 | 目视手动 | 5 | | |
| | 34 | 总风缸 | 管路接头无漏风，排水阀位置正确 | 目视手动 | | | |
| | 35 | 复轨器、止轮器 | 安装牢固，螺丝紧固 | 目视手动 | 5 | | |

续表

| 部位 | 序号 | 部件名称 | 检查内容及要求 | 方法 | 标准 | 次数 | 扣分 |
|---|---|---|---|---|---|---|---|
| 机械间检查 | 36 | 防滑电磁铁 | 电源线无烧损放电痕迹,接线良好。空气管路无泄漏 | 目视 手动 | 5 | | |
| | 37 | 空气制动管路柜 | 管路柜各模块塞门位置正确,风表仪表玻璃无破损,表针显示正确,表验日期有效,电源接线无断线、烧损现象,管路接头无漏风,辅助压缩机油位正常 | 目视 手动 | | | |
| | 38 | 第六牵引风机 | 安装螺丝无松动,接线盒内部导线无烧损放电痕迹,接线良好 | 目视 手动 | 10 | | |
| | 39 | 机械室门 | 门开关灵活,关闭严密 | 目视 手动 | 5 | | |

### 三、机车Ⅱ端、Ⅰ端司机室外部的检查内容和要求（见表 8.7）

表 8.7　机车Ⅱ端、Ⅰ端司机室外部的检查内容和要求

| 部位 | 序号 | 部件名称 | 检查内容及要求 | 检查方法 | 标准 | 次数 | 扣分 |
|---|---|---|---|---|---|---|---|
| Ⅱ端司机室外侧正面 | 1 | 上部 | 大灯、前窗玻璃、雨刷、路徽等无破损、开焊、丢失、变形 | 目视 | 5 | | |
| | 2 | 中部 | 副灯、标志灯、玻璃完整,灯泡良好。扶手无开焊 | 目视 | 5 | | |
| | 3 | 重联插座 | 外观完好,插座及盖作用良好。插座清洁、牢固 | 手动 目视 | 5 | | |
| | 4 | 制动管软管、总风联管软管、制动平均管软管 | 各折角塞门手柄动作灵活,接头无泄漏,安装座"U"形卡子良好,螺丝紧固。 软管无硬化、老化、破裂和凸凹现象,水压试验不过期,软管安装卡子完好,螺丝紧固,软管连接器无开焊、裂纹,软管皮圈无断裂,软管角度正确,放风试验,风管畅通。 软管试压为 3 个月,软管安装角度为 45° | 目视 测量 手动 | 10 | | |
| | 5 | 车钩 | 提杆座牢固、无开焊,钩提杆无弯曲、变形,在防跳槽内不得旷动,钩尾扁销及钩身托板螺栓齐全紧固。均衡梁与吊杆不得有变形弯曲。钩头、钩舌锁铁、钩舌、钩耳、钩舌销孔、钩耳销孔不得有裂纹,尺寸符合要求。 钩舌销无断裂、弯曲,车钩"三态"作用良好,开锁闭锁作用灵活,符合限度。 钩头与冲击座间隙为 80 mm；车钩中心水平线与轨面高度为 815～890 mm；车钩开度：开钩 220～250 mm,合钩 110～130 mm | 目视 测量 手动 | 10 | | |

## 四、Ⅱ端走行部右侧的检查项目和要求（见表8.8）

表8.8　Ⅱ端走行部右侧的检查项目和要求

| 部位 | 序号 | 部件名称 | 检查内容及要求 | 方法 | 标准 | 次数 | 扣分 |
|---|---|---|---|---|---|---|---|
| 车体右侧 | 1 | 车体外观 | 车体侧面平整，无变形、损伤，车体吊装孔盖齐全，安装良好。后视镜安装牢固无破损 | 目视 | 5 | | |
| | 2 | 排障器内侧 | 机车自动信号装置及自动过分相装置，安装架螺丝紧固，接线无松脱。<br>排石器安装良好，符合标准，胶皮无破损。<br>排石器距轨面高70~80 mm，扫石胶皮距轨面10~15 mm | 目视测量 | 10 | | |
| | 3 | 司机室扶手、脚梯 | 扶手、脚梯安装牢固，无变形、开焊 | 目视手动 | 5 | | |
| | 4 | 右四砂箱 | 砂箱安装牢固，箱体无变形、开焊。<br>砂箱盖完整无损，扣锁良好，关闭严密。<br>箱内砂子干燥，无异物，颗粒均匀，砂箱加热装置外观良好，电线无断线，管路外观良好，无堵塞，不偏斜，距轨面高度符合标准。<br>撒砂胶皮管距轨面高不得低于25 mm | 目视手动 | 10 | | |
| | 5 | 右六动轮 | 轮盘式制动单元安装牢固，螺丝无松动，单元制动缸无泄漏，制动盘不得有明显的台阶沟槽、拉伤。制动盘热裂纹长度不超过65 mm，摩擦面磨伤深度不超过1 mm，凹面不超过2 mm。闸瓦与制动盘缓解间隙3 mm。<br>制动盘摩擦面的摩擦限度为每侧5 mm。注：检查时不得敲打制动盘的任何部位。<br>停放制动单元安装牢固，空气管路无泄漏。<br>踏面清扫制动装置，安装螺丝牢固，制动器外观良好，闸瓦无裂纹、偏磨、不到限，闸瓦穿销开闭销良好。<br>右六动轮踏面无剥离、擦伤，轮箍无裂纹、弛缓，轮辐、轮辋无裂纹。<br>轴箱状态良好，内外螺丝牢固，无漏油，无裂纹。<br>轴箱拉杆连体状态良好，橡胶关节无老化、无裂纹和挤出，前后弹簧装置无裂纹。<br>轴箱接地线无断股、松脱现象，断股不超过10%。<br>轴箱油压减振器无漏油，安装螺丝牢固。轴箱温度正常，不超过80℃。轴箱端盖安装螺栓齐全无松动。<br>轮缘滑条支架安装牢固，滑条压力均匀，无卡滞现象。<br>制动指示器、弹停指示器安装及管接头良好，显示正确 | 目视锤检耳听 | 5 | | |
| | 6 | 垂直油压减振器 | 套筒及座无裂纹、无漏油、安装螺丝齐全紧固 | 目视手动 | 5 | | |
| | 7 | 高圆弹簧及垫片 | 无裂纹、移动、脱落 | 目视锤检耳听 | 5 | | |

续表

| 部位 | 序号 | 部件名称 | 检查内容及要求 | 方法 | 标准 | 次数 | 扣分 |
|---|---|---|---|---|---|---|---|
| 车体右侧 | 8 | 右二侧向限制器 | 安装螺丝无松动，限制器座无开焊 | 目视 | 5 | | |
| | 9 | 右五动轮 | 参照前述检查内容及要求 | 目视 锤检 耳听 | 5 | | |
| | 10 | 第二转向架右侧侧梁上接线及管路、接地线 | 构架上接线无破损、松、断现象，接头无松动，管路无漏泄，卡子紧固。接地线无断股、松脱现象 | 目视 手动 | 5 | | |
| | 11 | 右四动轮 | 参照前述检查内容及要求 | 目视 锤检 耳听 | 5 | | |
| | 12 | 右三砂箱 | 参照前述检查内容及要求 | 目视 锤检 耳听 | 5 | | |
| | 13 | 主电路、控制电路插座 | 安装座无开焊，螺丝紧固，压盖严密，座芯洁净，无烧损。接线无破损、松脱 | 目视 手动 | 5 | | |
| | 14 | 变压器储油箱 | 箱体无开焊、变形、漏泄，管路安装螺丝紧固。油箱外部状态良好，管路、管接头无漏油，放油阀手轮铁丝无断开，油流继电器指针位置正确，盖无丢失 | 目视 锤检 | 5 | | |
| | 15 | 右二砂箱 | 参照前述检查内容及要求 | 目视 手动 | 5 | | |
| | 16 | 右三动轮 | 参照前述检查内容及要求 | 目视 锤检 耳听 | 5 | | |
| | 17 | 第二转向架右侧侧梁上接线及管路 | 构架上接线无破损、松、断现象，接头无松动，管路无漏泄，卡子紧固 | 目视 手动 | 5 | | |
| | 18 | 右二动轮 | 轮缘滑条支架安装牢固，滑条压力均匀，无卡滞现象 | 目视 锤击 耳听 | 5 | | |
| | 19 | 垂向油压减振器 | 参照前述检查内容及要求 | 目视 | 5 | | |
| | 20 | 右一侧向限制器 | 参照前述检查内容及要求 | 目视 | 5 | | |
| | 21 | 高圆弹簧及垫片 | 参照前述检查内容及要求 | 目视 锤检 耳听 | 5 | | |

续表

| 部位 | 序号 | 部件名称 | 检查内容及要求 | 方法 | 标准 | 次数 | 扣分 |
|---|---|---|---|---|---|---|---|
| 车体右侧 | 22 | 右一动轮 | 参照前述检查内容及要求 | 目视 锤检 耳听 | 5 | | |
| | 23 | 行灯插座 | 安装座无开焊，螺丝紧固，压盖严密，座芯洁净，无烧损。接线无破损、松脱 | 目视 手动 | 5 | | |
| | 24 | 右一砂箱 | 参照前述检查内容及要求 | 目视 手动 锤检 | 10 | | |

## 五、Ⅰ端走行部左侧的检查项目和要求（见表 8.9）

表 8.9 Ⅰ端走行部左侧的检查项目和要求

| 部位 | 序号 | 部件名称 | 检查内容及要求 | 方法 | 标准 | 次数 | 扣分 |
|---|---|---|---|---|---|---|---|
| 车体左侧 | 1 | 车体外观 | 参照前述检查内容及要求 | 目视 测量 | 10 | | |
| | 2 | 排障器内侧 | 机车自动信号装置及自动过分相装置，安装架螺丝紧固，接线无松脱。排石器安装良好，符合标准，胶皮无破损。排石器距轨面高 70～80 mm，扫石胶皮距轨面 10～15 mm | 目视 测量 | 10 | | |
| | 3 | 司机室门窗 | 门、窗完整无变形。扶手，脚梯安装牢固，无变形、开焊 | 目视 手动 | 5 | | |
| | 4 | 左一砂箱 | 参照前述检查内容及要求 | 目视 锤检 测量 | 10 | | |
| | 5 | 左一动轮 | 参照前述检查内容及要求 | 目视 锤检 耳听 测量 | 10 | | |
| | 6 | 垂向油压减振器 | 参照前述检查内容及要求 | 目视 手动 | 5 | | |
| | 7 | 高圆弹簧及垫片 | 参照前述检查内容及要求 | 目视 锤检 耳听 | 5 | | |
| | 8 | 左一侧向限制器 | 参照前述检查内容及要求 | 目视 | 5 | | |
| | 9 | 左二动轮 | 参照前述检查内容及要求 | 目视 锤检 耳听 | 5 | | |
| | 10 | 第一转向架右侧上部侧梁上接线及管路 | 构架上接线无破损、松、断，接头无松动，管路无漏泄，卡子紧固 | 目视 手动 | 5 | | |
| | 11 | 车体与转向架接地线 | 接地线无断股、松脱现象 | 目视 | 5 | | |

续表

| 部位 | 序号 | 部件名称 | 检查内容及要求 | 方法 | 标准 | 次数 | 扣分 |
|---|---|---|---|---|---|---|---|
| 车体左侧 | 12 | 左三动轮 | 参照前述检查内容及要求 | 目视锤检耳听 | | | |
| | 13 | 左二砂箱 | 参照前述检查内容及要求 | | | | |
| | 14 | 主、辅助电路库用插座 | 安装座无开焊，螺丝紧固，压盖严密，座芯洁净，无烧损。接线无破损、松脱 | 目视手动 | | | |
| | 15 | 变压器储油箱 | 箱体无开焊，无变形，无漏泄。管路安装螺丝紧固。油箱外部状态良好，管路、管接头无漏油，放油阀手轮铁丝无断开，油流继电器、油温表指针位置正确，盖无丢失 | 目视锤检 | 5 | | |
| | 16 | 左三砂箱 | 参照前述检查内容及要求 | 目视锤检 | 5 | | |
| | 17 | 左四动轮 | 参照前述检查内容及要求 | 目视手动 | 5 | | |
| | 18 | 第二转向架左侧上部侧梁上接线及管路 | 构架上接线无破损、松、断，接头无松动，管路无漏泄，卡子紧固 | 目视手动 | 5 | | |
| | 19 | 左五动轮 | 参照前述检查内容及要求 | 目视锤检 | 5 | | |
| | 20 | 高圆弹簧及垫片 | 参照前述检查内容及要求 | 目视锤检耳听 | 5 | | |
| | 21 | 垂直油压减振器 | 参照前述检查内容及要求 | 目视手动 | 5 | | |
| | 22 | 左二侧向限制器 | 参照前述检查内容及要求 | 目视手动 | 5 | | |
| | 23 | 行灯插座 | 参照前述检查内容及要求 | 目视 | | | |
| | 24 | 左六动轮 | 轮盘式制动单元安装牢固，螺丝无松动，单元制动缸无泄漏，缓解良好，活塞杆复位时，不得有卡滞现象，单元制动缸间隙调整器良好，制动盘不得有明显的台阶沟槽、拉伤。踏面清扫制动装置安装螺丝牢固，制动器外观良好，闸瓦无裂纹、偏磨、不到限，闸瓦穿销开闭销良好。制动盘摩擦面的摩擦限度为每侧5 mm。注：检查时不得敲打制动盘的任何部位动轮踏面无剥离、擦伤，轮箍无裂纹、弛缓，轮辐、轮辋无裂纹。轴箱状态良好，内外螺丝牢固，无漏油，无裂纹。轴箱拉杆连体状态良好，橡胶关节无老化，无裂纹和挤出，前后弹簧装置无裂纹。速度传感器大线无破损、松脱现象。油压减振器套筒及座无裂纹，无漏油，安装螺丝齐全紧固 | 目视锤检耳听 | 5 | | |

续表

| 部位 | 序号 | 部件名称 | 检查内容及要求 | 方法 | 标准 | 次数 | 扣分 |
|---|---|---|---|---|---|---|---|
| 车体左侧 | 25 | 左四砂箱 | 参照前述检查内容及要求 | 目视锤检 | 5 | | |
| | 26 | 司机室扶手、脚梯 | 扶手、脚梯安装牢固，无变形、开焊、缺损 | 目视手动 | 5 | | |
| | 27 | 主、控制电路插座 | 参照前述检查内容及要求 | 目视手动 | 5 | | |
| | 28 | 排障器内侧 | 参照前述检查内容及要求 | 目视手动 | 5 | | |

## 六、机车车底检查项目和内容（见表 8.10）

表 8.10 机车车底检查项目和内容

| 部位 | 序号 | 部件名称 | 检查内容及要求 | 方法 | 标准 | 次数 | 扣分 |
|---|---|---|---|---|---|---|---|
| 车底 | 1 | Ⅱ端车钩下部及缓冲装置 | 钩体托板及缓冲器托板螺栓是否紧固，弹簧箱冲击座、钩尾框有无裂纹，从板摩擦部分是否缺油和非正常磨损 | 目视锤触 | 5 | | |
| | 2 | 排障器 | 安装螺丝牢固，无开焊裂纹。排障器距轨面的高度为 110 mm | 锤检 | | | |
| | 3 | 车底照明灯 | 安装牢固，玻璃罩完好，灯泡良好 | 目视 | | | |
| | 4 | 车钩前部管路 | 总风管、列车管、平均管各管路接头无漏风、塞门位置正确，橡胶无老化、裂纹痕迹。安装牢固 | 目视锤触 | | | |
| | 5 | 横向油压减振器 | 套筒及座无裂纹，无漏油，安装螺丝齐全紧固。油压减振器坐焊缝无开焊 | 目视 | | | |
| | 6 | 牵引梁前部 | 检查各紧固件螺栓无松动、防缓线无位移。牵引销、橡胶关节及托板状态良好，"O"形圈没有磨损、不超限 | 目视 | 5 | | |
| | 7 | 自动信号接收线圈及自动过分相装置 | 各安装螺丝紧固，各部无破损，插座接线良好。 | 目视手动 | 5 | | |
| | 8 | 排石器 | 安装牢固，排石器支架无开焊，螺丝紧固，胶皮完整，高度符合标准。<br>扫石胶皮距轨面高 10~15 mm | 目视测量 | 10 | | |
| | 9 | 左右第四砂箱背部 | 箱体完整，无开焊，安装座牢固，螺丝不松动，撒砂阀良好，砂管支架安装牢固，砂管角度不偏斜 | 目视锤触 | 5 | | |
| | 10 | 第六动轮轮盘制动单元及弹停设置背部 | 制动器外部状态良好，安装螺丝紧固，来风管及接头无漏泄和裂纹。<br>轮盘式制动单元安装牢固，螺丝无松动，单元制动缸无泄漏，缓解良好，活塞杆复位时，不得有卡滞现象，制动盘不得有明显的台阶沟槽、拉伤。闸瓦吊杆、支架无开焊、裂纹。弹停拉钩灵活。<br>制动盘摩擦面的摩擦限度为每侧 5 mm。注：检查时不得敲打制动盘的任何部位 | 目视锤触 | 10 | | |

续表

| 部位 | 序号 | 部件名称 | 检查内容及要求 | 方法 | 标准 | 次数 | 扣分 |
|---|---|---|---|---|---|---|---|
| 车底 | 11 | 二转向架后部 | 构架无裂纹、变形、开焊，各风管及卡子无松动，无破损漏风 | 目视手动 | 10 | | |
| | 12 | 第六动轮轮对 | 轮辐无裂纹。<br>踏面擦伤深度不大于 0.7 mm，缺陷或剥离长度不超过 40 mm，深度不大于 1 mm，轮缘垂直磨耗锥形踏面向上 11.25 mm 处测量 33～23 mm。<br>轮箍无裂纹，轮缘符合标准且无碾堆，轮箍、轮心结合良好，无移位。<br>牵引电机大线无磨耗，定位紧固。<br>轮缘厚度 23～33 mm | 目视测量 | 5 | | |
| | 13 | 第六动轮齿轮箱 | 箱体安装螺丝无松动，箱体无开焊、裂纹、漏油、变形，油封无漏油，油位符合标准，油堵不漏油，安装紧固 | 目视手动锤触 | 5 | | |
| | 14 | 第六轮对踏面清扫装置 | 踏面清扫制动装置安装螺丝牢固，制动器外观良好，闸瓦无裂纹、偏磨、不到限，闸瓦穿销开闭销良好 | 目视手动 | 5 | | |
| | 15 | 第六牵引电机 | 电机风道干净，无油泥，电机内部检查有无转子杆的松动，短路环、保持环及定子、绝缘外皮有无损伤，各紧固螺栓有无松动。电机油堵无松动丢失 | 目视手动 | 5 | | |
| | 16 | 第六牵引电机悬挂装置 | 悬挂座无裂纹、开焊，连接杆、吊杆无裂纹，橡皮垫无裂纹，下部螺母开口销安装紧固、齐全，防落板无断裂、变形 | 目视锤触 | 5 | | |
| | 17 | 第二转向架牵引销座 | 同 6 项 | 目视锤触 | 5 | | |
| | 18 | 第五动轮轮盘制动单元背部 | 制动器外部状态良好，安装螺丝紧固，来风管及接头无漏泄和裂纹。<br>轮盘式制动单元安装牢固，螺丝无松动，单元制动缸无泄漏，缓解良好，活塞杆复位时，不得有卡滞现象，制动盘不得有明显的台阶沟槽、拉伤。闸瓦吊杆、支架无开焊、裂纹。制动盘摩擦面的摩擦限度为每侧 5 mm。注：检查时不得敲打制动盘的任何部位 | 目视锤触 | 5 | | |
| | 19 | 第五动轮轮对 | 同 12 项 | | 5 | | |
| | 20 | 第五动轮齿轮箱 | 同 13 项 | | 5 | | |
| | 21 | 第五轮对踏面清扫装置 | 同 14 项 | 目视锤触 | 5 | | |
| | 22 | 第五牵引电机 | 同 15 项 | | 5 | | |
| | 23 | 第五牵引电机悬挂装置 | 同 16 项 | | 5 | | |

续表

| 部位 | 序号 | 部件名称 | 检查内容及要求 | 方法 | 标准 | 次数 | 扣分 |
|---|---|---|---|---|---|---|---|
| 车底 | 24 | 第四动轮轮盘制动单元背部 | 同18项 | | | | |
| | 25 | 第四动轮轮对 | 同12项 | | 5 | | |
| | 26 | 第四动轮齿轮箱 | 同13项 | | 5 | | |
| | 27 | 第四牵引电机 | 同15项 | | 5 | | |
| | 28 | 第四牵引电机悬挂装置 | 同16项 | | 5 | | |
| | 29 | 二转向架前部 | 同11项 | 目视 手动 | 5 | | |
| | 30 | 横向油压减振器 | 同5项 | 目视 | | | |
| | 31 | 车底照明灯 | 同3项 | 目视 | | | |
| | 32 | 第四轮对踏面清扫装置 | 同14项 | | 5 | | |
| | 33 | 左右第三砂箱背部 | 同9项 | | 5 | | |
| | 34 | 监控装置支架 | 安装牢固，无开焊 | | | | |
| | 35 | 各风管、接头及电线路 | 各风管及接头无裂漏、卡子紧固，电线路无松脱、断裂和破损，安装牢固 | 目视 手动 | 5 | | |
| | 36 | 变压器油箱底部 | 箱体无开焊，无变形，无漏泄。管路安装螺丝紧固。油箱外部状态良好，管路、管接头无漏油，放油阀手轮铁丝无断开 | 目视 锤触 | 5 | | |
| | 37 | 横向油压减振器 | 同5项 | 目视 | | | |
| | 38 | 车底照明灯 | 同3项 | 目视 | | | |
| | 39 | 左右第二砂箱 | 同9项 | | 5 | | |
| | 40 | 左右第三轮对踏面清扫装置 | 同14项 | | 5 | | |
| | 41 | 第一转向架后部 | 同11项 | | 5 | | |
| | 42 | 第三牵引电机悬挂装置 | 同16项 | 目视 锤触 | 5 | | |

续表

| 部位 | 序号 | 部件名称 | 检查内容及要求 | 方法 | 标准 | 次数 | 扣分 |
|---|---|---|---|---|---|---|---|
| 车底 | 43 | 第三牵引电机 | 同15项 | | 5 | | |
| | 44 | 第三动轮轮对 | 同12项 | | 5 | | |
| | 45 | 第三动轮齿轮箱 | 同13项 | | 5 | | |
| | 46 | 第三动轮轮盘制动单元背部 | 同18项 | | | | |
| | 47 | 左右第二轮对踏面清扫装置 | 同14项 | | 5 | | |
| | 48 | 第二牵引电机悬挂装置 | 同16项 | | 5 | | |
| | 49 | 第二牵引电机 | 同15项 | | 5 | | |
| | 50 | 第二动轮轮对 | 同12项 | | 5 | | |
| | 51 | 第二动轮齿轮箱 | 同13项 | | 5 | | |
| | 52 | 第二动轮轮盘制动单元背部 | 同18项 | | | | |
| | 53 | 左右第一轮对踏面清扫装置 | 同14项 | 目视锤触 | 5 | | |
| | 54 | 第一转向架牵引销座 | 同6项 | 目视锤触 | 5 | | |
| | 55 | 第一牵引电机悬挂装置 | 同16项 | 目视锤触 | 5 | | |
| | 56 | 第一牵引电机 | 同15项 | 目视手动 | 5 | | |
| | 57 | 第一动轮轮对 | 同12项 | | 5 | | |
| | 58 | 第一动轮齿轮箱 | 同13项 | | 5 | | |
| | 59 | 第一转向架前部 | 同11项 | 目视锤触 | 5 | | |
| | 60 | 第一动轮轮盘制动单元背部 | 同10项 | 目视锤触 | 5 | | |

续表

| 部位 | 序号 | 部件名称 | 检查内容及要求 | 方法 | 标准 | 次数 | 扣分 |
|---|---|---|---|---|---|---|---|
| 车底 | 61 | 左右第一砂箱 | 同9项 | 目视锤触 | 5 | | |
| | 62 | 排石器 | 安装牢固，无开焊，螺丝紧固，胶皮完整，高度符合标准。扫石胶皮距轨面高10～15 mm | 目视锤触测量 | 10 | | |
| | 63 | 横向油压减振器 | 套筒及座无裂纹、无漏油，安装螺丝齐全紧固。油压减振器座焊缝无开焊 | 目视 | | | |
| | 64 | 车底照明灯 | 安装牢固，玻璃罩完好，灯泡良好 | 目视 | | | |
| | 65 | 排障器 | 安装螺丝牢固，无开焊裂纹。排障器距轨面的高度为110 mm | 锤检 | | | |
| | 66 | 自动信号接收线圈及自动过分相 | 各安装螺丝紧固，各部无破损，插座、接线良好 | 目视手动 | 5 | | |
| | 67 | Ⅱ端车钩下部及缓冲装置 | 钩体托板及缓冲器托板螺栓是否紧固，弹簧箱冲击座、钩尾框有无裂纹，从板摩擦部分是否缺油和非正常磨损 | 目视锤触 | | | |
| | 68 | 车钩前部管路 | 总风管、列车管、平均管各管路接头无漏风，塞门位置正确，橡胶无老化、裂纹痕迹。安装牢固 | 目视锤触 | | | |
| | 69 | 自动信号接收线圈及自动过分相装置 | 各安装螺丝紧固，各部无破损，插座、接线良好 | 目视手动 | | | |
| | 70 | Ⅰ车钩下部及缓冲装置 | 钩体托板及缓冲器托板螺栓是否紧固，弹簧箱冲击座、钩尾框有无裂纹，从板摩擦部分是否缺油和非正常磨损 | 目视锤触 | 5 | | |

## 七、机车车顶检查项目和内容（见表8.11）

表8.11　机车车顶检查项目和内容

| 部位 | 序号 | 部件名称 | 检查内容及要求 | 方法 | 标准 | 次数 | 扣分 |
|---|---|---|---|---|---|---|---|
| Ⅰ端车顶 | 1 | 脚梯 | 安装牢固，无开焊、断裂 | 目视手动 | 5 | | |
| | 2 | 车顶门 | 车顶门开合阻力要小，搭扣作用良好，门合页无开焊、断裂和变形 | 目视手动 | 5 | | |
| | 3 | Ⅰ端风笛前灯 | 安装牢固，无损伤，前灯罩无变形，灯玻璃无破损 | 目视手动 | 5 | | |
| | 4 | 百叶窗 | 窗结构无损伤、开焊，窗叶整齐、坚固 | | | | |
| | 5 | Ⅰ端受电弓 | 受电弓各铰链部分转动灵活，受电弓风箱和空气管路部分无泄漏现象，各紧固件紧固到位，各编织线不应有断裂破损现象，滑条板不得有严重缺损，安装牢固，接缝处应平整、密贴，滑板托及诱导角无裂纹、顶面平整，不得有锈蚀，导角与滑板条应平稳过渡，间隙不得超限，弹簧无裂损、锈蚀。瓷瓶光洁，无裂纹，安装牢固。软线安装牢固，无断股 | 目视手动 | 5 | | |

续表

| 部位 | 序号 | 部件名称 | 检查内容及要求 | 方法 | 标准 | 次数 | 扣分 |
|---|---|---|---|---|---|---|---|
| Ⅰ端车顶 | 6 | 瓷瓶及导电杆、软线 | 瓷瓶光洁，无裂纹，安装牢固，导电杆安装牢固。软线安装牢固，无断股 | 目视手动 | 5 | | |
| | 7 | 受电弓隔离开关 | 瓷瓶无裂纹，无放电痕迹，并清洁。瓷瓶转动灵活 | 目视手动 | | | |
| | 8 | 主断路器及支持瓷瓶 | 所有固定螺丝无松动，瓷瓶无裂纹，无放电痕迹，并清洁。各编织线不应有断裂破损现象 | 目视手动 | 5 | | |
| | 9 | 高压电压互感器 | 绝缘瓷瓶不得破损，表面清洁，安装螺丝牢固 | | | | |
| | 10 | 避雷器 | 同9项 | | | | |
| | 11 | 导电杆、瓷瓶、软线 | 安装牢固，位置适当，各编织线不应有断裂破损现象 | | 5 | | |
| Ⅱ端车顶 | 12 | 导电杆、瓷瓶、软线 | 同11项 | 目视手动 | 5 | | |
| | 13 | 受电弓隔离开关 | 同7项 | 目视手动 | 5 | | |
| | 14 | Ⅱ端受电弓 | 同5项 | 目视手动 | | | |
| | 15 | Ⅰ端风笛前灯 | 同3项 | | 5 | | |
| | 16 | 百叶窗 | 同4项 | | 5 | | |

## 任务五　机车乘务员自检自修

机车乘务员自检自修是做好修养并重，提高机车质量，减少机车机破、临修的重要内容，也是减少机车配件非正常破损，提高机车文明状态的重要内容。因此，机车乘务员除了要熟悉机车各部件的作用原理和结构外，还要不断学习和提高自检自修能力，提高应急处理水平。

### 一、机车乘务员自检自修范围

电力机车乘务员的一般自检自修作业范围包括：

（1）更换烧损灯泡（异状烧损报修）、更换熔断器（功补柜、整流柜上除外）、更换保险丝、调整头灯焦距。

（2）使用一般性工具及机车上配备的专用工具，紧固36 mm（包含36 mm）以下的螺母或螺栓（继电器、接触器、电子插件上的报修）。

（3）更换一般穿销、开口销、垫圈。

（4）更换不良闸瓦，调整闸瓦与轮对踏面间隙。

（5）排除机车各风缸积水。

（6）在段外更换车钩的钩舌和钩舌销。

（7）清理机车砂管通路，调整撒砂量。
（8）长期不回段在段外整备更换牵引电机碳刷。
（9）辅、小修时，擦拭探伤处所的油垢。
（10）运行中更换列车软管及均衡风缸管（在段外必要时），调整各调压阀整定值，检查 $SS_{4G}$ 机车抱轴瓦毛线卷状态。
（11）机车全面清扫。
（12）机车给油。

## 二、自检自修作业

### 1. 更换车钩钩舌

（1）工具：克丝钳、小撬棍、手锤。
（2）拆卸不良钩舌：将车钩置于锁闭位，用克丝钳将钩舌销下方开口销合并，然后用小撬棍及手锤将其打出，取出钩舌销，一手提钩，一手扶钩舌，使钩舌转出，将其取下。
（3）装新钩舌：装新钩舌之前应使钩锁铁位于钩体上，然后装上新钩舌，使钩舌上的孔与钩体耳销孔对正，然后将钩舌置于锁闭位，装上钩舌销及开口销。
（4）检查车钩开锁、闭锁状态，看其动作是否灵活，钩舌开度是否符合要求。

### 2. 更换机车闸瓦、调整闸瓦间隙

（1）使用工具：小撬棍、手锤。
（2）注意事项：操作前，首先确认机车受电弓降下，断开主断路器，然后将大闸小闸手柄置于运转位，并缓解机车，待机车缓解后，关闭相关转向架制动缸截断塞门，使非更换闸瓦的转向架施行制动或拧紧人力制动机。并在制动机手柄上挂好禁动牌，方可进行作业。
（3）操作程序：
① 拆不良闸瓦。一手推或拉脱钩杆，使棘钩脱离棘轮轮齿，然后旋转手轮（逆时针），使闸瓦间隙退至最大位置；取下闸瓦钎子下方的挡销及闸瓦钎子；用小撬棍撬下不良闸瓦，注意防止砸伤。
② 装新闸瓦。闸瓦有圆弧的一面贴靠轮缘一侧，穿上闸瓦钎子，注意上下两块均要穿好；装好侧瓦钎子下方挡销；调整闸瓦间隙至 3～9 mm。
③ 机车制动。检查新换闸瓦制动、缓解状态是否正常。

### 3. 更换机车制动软管

（1）使用工具：管钳子、胶带。
（2）操作程序：
① 拆旧软管。确认折角塞门关闭后，打开防尘堵，用扳手松下制动软管，检查折角塞门接口螺纹是否良好。
② 装新软管。确认新管水压试验日期及螺纹符合要求后，在螺纹上绕上胶带，将新管拧上，斜度为45°，接口向内应垂直，装好防尘堵，开放折角塞门，试验有无漏泄。
（3）注意事项：
① 装新管时，不得紧过劲再回扣。

② 不要用力过猛，防止拧崩。
③ 以不松、不漏、角度符合要求为宜。

### 4. 清扫撒砂通路
（1）使用工具：扳手、管钳、铁丝、手锤捧。
（2）操作程序：
① 清扫风路。司机协助踩撒砂器，如风量小，应调整风量；如无风，则卸下风路清扫堵，用铁丝疏通，使其风路畅通。
② 清扫砂管。先用手锤轻轻敲击砂管，然后用粗铁丝由喷嘴将砂管内部疏通，再轻轻敲击砂管，这样反复几次即可将堵塞的冰块、冻泥等物排出。
③ 清扫撒砂器。可先将大螺塞卸下，用粗铁丝分别疏通撒砂器进砂及出砂口，再将小螺塞卸下，用细铁丝疏通吹砂的通路，清扫后将大小螺塞分别装好。
④ 清扫砂箱。如较大的石块堵塞或砂子过分潮湿掂实结块，则应用扳手将放砂堵卸掉，待砂子滑完后，装好排砂堵，重新装入质量良好的砂子。

### 5. 更换排水阀
（1）使用工具：尺寸适宜的管钳或扳手。
（2）操作程序：
① 先将有关风路塞门关闭，放净余风及油水。
② 将损坏的排水阀卸下。
③ 将新排水阀螺丝扣上涂以铅油，并缠以麻丝后拧紧。
④ 开放塞门，进行排水试验，检查有无漏风。

### 6. 更换电空阀
（1）使用工具：8 mm、12 mm 扳手。
（2）操作程序：
① 关闭风路塞门。
② 断开电源开关。
③ 用 8 mm 扳手松下接线螺丝。
④ 用 12 mm 扳手松下安装座螺丝，取下电空阀。
⑤ 检查垫圈有无破损，若垫圈破损应更换新垫圈。
⑥ 将新电空阀装上，先紧固安装座螺丝，再将接线紧固。
⑦ 开放风路塞门，闭合电源开关，检查工作正常并无漏泄。

### 7. 更换机车上的连接软管
（1）使用工具：尺寸适宜的扳手或管钳。
（2）操作程序：
① 关闭相关截断塞门，排净各相连管路中的压缩空气。
② 拆软管，一般先拆软管与用风部件相连的一端，再拆与风源相连的一端。
③ 换上符合要求的软管，将连接螺母紧好。
④ 开放有关塞门，检查是否漏风。

### 8. 高压电器线路的连接和切断

在机车上进行高压线路的接线，因其电压高、电流大，一般均采用螺栓固定连接，并拧紧以防接触不良导致发热或放电。

切断时，一般只需拆掉螺栓。切断导线的端子要用绝缘材料绑扎在适当地点。如果该导线端子带电，则应用绝缘材料将接线端子包扎数层，以保证绝缘。同时，应注意使导线的接线端子与相邻导线或支架之间保持一个适当的安全距离。

### 9. 低压电器线路的接线和切断

在进行低压线路接线和切断时，应尽可能在接线端子上进行，或者用带绝缘胶套的克丝钳剪断，但应包扎绝缘。

如将两导线连接，可先用电工刀将导线的绝缘层剥掉，然后将裸体导线连接，并用绝缘包扎。

### 10. 更换牵引电机碳刷

（1）使用工具及材料：活扳手、开口扳手、专用扳手、螺丝刀、砂布、塞尺。

（2）操作程序：

① 打开电机检查孔盖，检查碳刷，碳刷高度应不超过规定限度，接触面不少于 80%，刷盒底面相对换向片的平行度不应大于 0.5 mm，刷盒底面与换向器表面距离应在 2～3 m 范围内。

② 用扳手或螺丝刀松开碳刷刷辫的紧固螺钉，取出碳刷，装上同牌号碳刷。新换上的碳刷用砂布紧贴换向器表面研磨，使之与换向器弧面配合，两者接触面不少于 80%。

③ 将新换碳刷在刷盒孔内上下移动几次，除去碳粉和其他杂物，以保持碳刷活动自如。用塞尺检查碳刷与刷盒孔的间隙在 0.05～0.2 mm 范围内，注意刷辫不要碰上换向器的升高片。

④ 用弹簧秤检查碳刷压力应在（30±3）N 范围内，同一刷盒内碳刷不应相差 3N。

⑤ 用专用扳手松动胀紧螺栓、锁紧螺母，用专用工具转动刷圈，更换其余各组碳刷。注意同一电机使用的碳刷其高度不应相差 5 mm，同一碳刷的二分裂碳刷其高度不应相差 0.5 mm。

⑥ 更换碳刷完毕，将刷架圈转回原中性位置，并胀紧。

## 任务六　HXD$_3$型电力机车主要部件的保养

机车经过一段时间的运用后，由于各种原因，往往会造成部件损坏，这将直接影响到牵引任务的完成和机车的使用寿命。因此，加强机车保养工作，对提高机车质量，减少或避免机车故障、破损和临修，加速机车周转，保证铁路运输秩序和安全生产具有十分重要的意义。因此，为了提高机车的运用效率和使用和寿命，机车乘务员也应该认真学习并掌握机车保养知识和技能，不断积累保养经验，提高机车质量，为铁路运输安全正点提供质量可靠的牵引动力。本节主要以 HXD$_3$ 型电力机车为例，介绍机车主要部件的保养工作。

## 一、机车保养工作的要求及注意事项

（1）认真做好机车交接班和运行中的检查，及时消除并处理机车的常见故障，防止机车带病运行。

（2）经常清扫机车，保持良好清洁状态。清洁机车最好使用棉布，以防因棉丝头乱掉，而引起电器部件接触不良或火灾。清扫的重点是各瓷瓶、高压电器及连接的绝缘部分及各油位表、轮箍及轮辐等。

（3）油润状态应重点检查日常给油处所及有油位表的定期给油处所。检查变压器、齿轮箱、抱轴承及压缩机，看其是否有漏油现象。

（4）禁止使用不合格的熔断器。

（5）机车的大部分电器工作在高电压、大电流情况下，对电器部件的触头系统，重点检查其开距、超程、接触压力、触头转态；对电器传动系统应重点检查其传动是否可靠、准确、有无卡滞现象；对电器连接系统应重点检查有无断股、过热变色及安装松动等现象。

（6）车顶作业，必须办妥停电手续，挂好接地线方可进行。上车顶作业时应站稳抓牢，防止跌落和摔伤，作业完毕必须确认车顶无异物、人员后，方可关车顶门。

（7）各部件检查保养处理完后，应及时复位。

（8）机车上除了司机室外，其他地方严禁抽烟。

（9）易燃物品应放在固定安全的地点，禁止在机车取暖设备上烤棉丝等物品。司机室无人时严禁开启取暖设备。

（10）机车上的灭火器具应配备齐全，定期检查，确保作用良好。

（11）寒冷地区，应根据气候特点，做好机车防寒措施，加强防寒检查，消灭机车空气管路及阀门冻结现象。

## 二、DSA200 型受电弓的保养

（1）区段往返后，受电弓支持绝缘子和拉杆表面必须进行维护保养，在车顶无电状态下，用沾有干净汽油或酒精的白布擦抹绝缘子表面。

（2）应使用弹簧秤经常性对正常工作高度下受电弓的接触压力做检测，如有异常，须及时修理、调整或更换滑板，并重新测定和调整接触压力使之符合要求。

（3）保持活动框架、转轴、铰链部分清洁，可用沾有汽油或酒精的白布擦抹，并定期用汽油清洗铰接部分，并用白布擦净并涂以适量润滑脂。

（4）运行中如发现受电弓有强大火花、不正常的上举和上下降情况时，必须进行调整。

（5）阀板上的滤清器应定期清洗，其周期由压缩空气供应装置的情况决定，特别是空气的污染程度。建议一开始1周检查1次，随着时间延长而延长检查周期。

（6）每1个月进行1次整个受电弓检查。若存在损坏的绝缘子、破损的软编织线、损坏的滑动轴承和变形的部件都应更换。若滑板磨损到限，也得更换。每6个月进行1次接触压力检测（包括整个受电弓功能检测）、软连线外观检测、弓头功能检测。每1年进行1次螺栓连接的检测：必须注意拧紧螺母和螺纹接头，特别注意滑板弹簧系统处的螺钉连接。

（7）更换软连线，维修周期为4年；更换轴承，维修周期为8年。

（8）当碳滑板残余碳高度为 5 mm、发生刻痕或剥落、由于电弧而出现变形或缺陷、滑板松动或渗水等情况时，必须更换碳滑板。如果只需更换 1 块滑板，要保证该滑板与另一滑板的高度差不超过 3 mm。如果需要更换两块滑板，拧开底部的 4 个 M8 螺母便可拆下滑板。

（9）受电弓不使用而需存放时，应对受电弓进行一次全面检查，若有零部件缺损、绝缘子裂纹、涂层脱落、水泥胶合剂脱落、紧固件松动等都应进行更换、修整。

## 三、BVAC.N99 真空主断路器保养

### 1. 外观检查

进行断路器的外观检查和绝缘子检查（A）（裂纹或瓷釉损害）以及 BTE 接地开关连接装置的检查（B），如图 8.6 所示。用软制品或布把断路器外部清理干净。绝缘子的外部可以用硅树脂油脂进行清洗。发现外观有裂纹或绝缘子的瓷釉和密封件的损坏、接地绝缘子的连接件损坏应及时更换。要特别注意的是禁止使用任何含有氟酸盐、氯酸盐或钠硅酸盐成分的溶液清洗部件。

### 2. 用力矩扳手检查拧紧力矩

用力矩扳手检查拧紧力矩如图 8.7 所示，A、B、C 3 个部件的扭力矩应满足表 8.12 要求。

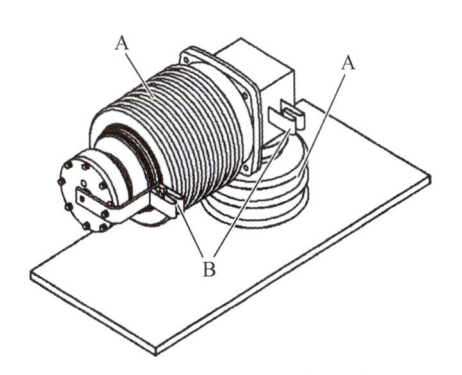

图 8.6　BVAC.N99 断路器的视图 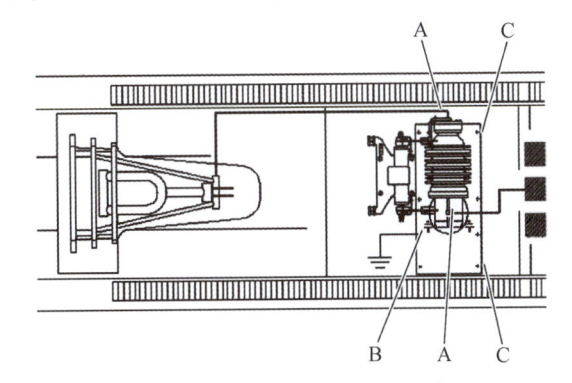　　图 8.7　装有 BVAC.N99 断路器的车顶视图

表 8.12　拧紧力矩参数表

| 部件 | 检查 | 拧紧力矩/（N·m） |
| --- | --- | --- |
| A | 高压连接部分 | 67 |
| B | 接地连接部分 | 50 |
| C | 断路器固定螺栓 | 67 |

### 3. 气路检查

为了保证气路元件的正常动作，必须对机车上管路中容易积水的调压阀、BVAC 储风缸等器件定期排除积水，必须检查连接断路器的主要管道的密封性，包括连接器的密封件、塞门密封件和软管。

### 四、BTE25040L1A2B02 型高压接地开关的保养

（1）安装法兰与车顶盖之间密封良好，不得漏雨。
（2）所有紧固件应紧固到位。
（3）接地电缆和铜编织线应安装良好，无断裂或破损现象。
（4）闸刀应能准确滑入主断路器的触头弹簧片内，传动机构动作灵活，锁组装联锁可靠。
（5）检查闸刀和触头弹簧片的外观、磨损和清洁度。闸刀受损或触头弹簧片变形或断裂，或磨耗较大，应及时更换。若发现闸刀和触头弹簧片之间有污物，必须及时彻底清理并涂少许美孚 SHC100 润滑脂。

### 五、主变压器的保养

（1）检查潜油泵、油配管、压力释放阀、油流继电器、通风机、接线端子等是否完好。
（2）观察储油柜油面，油位在规定范围内，温度计指示正常。
（3）检查所有蝶阀都应在开启状态。
（4）高压 25 kV 绕组在 1 V 端接地应良好。
（5）检查变压器是否漏油，油路系统各部件、接头无裂损及渗漏现象。
（6）发现主变压器外表有涂料剥落和金属表面生锈的现象时，应除去锈痕、污物和剥落涂料并补刷漆。

### 六、变流装置的保养

（1）外观检查有异常立即维修，不能维修应及时更换。
（2）绝缘电阻阻值不符合要求时，应检修或更换有故障的部件。电线出现老化或损坏等异常情况时，应立即更换。接线端子、端子排有变形应及时维修，有变色、裂纹应更换。
（3）配管部分出现泄漏冷却液的部分增加紧固。增加紧固也不能修好时就更换衬垫、密封带。
（4）逆变器、整流器单元外观有异常情况时，应进行修理，不能修理就更换。门极放大器出现老化或焊点开裂等异常情况时就须更换。

### 七、司机控制器的维护与保养

（1）司机控制器的铭牌及标识符号应齐全、完整、清晰、正确。
（2）司机控制器各部件应清扫干净，绝缘性能良好，对外连接插座连接正确，零部件齐全完整。
（3）各紧固件齐全、紧固状态良好。
（4）控制手柄在各个挡位之间应转动灵活、无机械卡阻、相邻两挡位之间不应出现停滞现象。
（5）换向手柄在各个挡位之间应转动灵活、无机械卡阻、相邻两挡位之间不应出现停滞现象。且手柄在"0"位时，应顺利卸下。

## 八、车钩保养要求

（1）检查车钩"三态"作用必须良好。
（2）车钩在锁闭后，钩舌尾部与锁铁垂直面的接触高度、钩舌与锁铁的间隙、钩锁铁垂直活动量，均须符合限度规定。钩体防跳凸台的作用面须垂直，钩舌与钩体的上下承力面接触良好。
（3）钩舌销与钩耳孔、钩舌销与钩舌孔之间的间隙、钩舌与上钩耳的间隙、车钩的开度、车钩的中心高度、钩尾销尺寸及钩尾销与钩尾销孔的间隙等符合限度规定。
（4）车钩复原装置作用良好，均衡梁与吊杆不得有裂纹。
（5）车钩各零部件不得有裂纹，下列情况禁止焊修，必须更换新的部件。
① 钩体上的横向裂纹，销孔向尾端发展的裂纹，钩耳销孔处超过断面40%的裂纹。
② 钩舌的裂纹；锁铁及钩舌锁铁有裂纹时；钩舌销的裂损。
（6）钩尾扁销及螺栓、钩身托板及螺栓等齐全紧固。

## 九、牵引缓冲装置保养要求

（1）前、后磨耗板有裂纹及变形时须整修。
（2）从板座缓冲器与从板座及尾框各工作面必须接触，其组装中心偏差、尾框厚度及尾框安装从板处的磨合量，均须符合限度规定。
（3）车钩尾框上的裂纹及销孔向前延伸的裂纹禁止焊修。
（4）各零件摩擦面必须涂润滑油。

## 十、空气制动机保养要求

（1）空气制动阀、IPM、RIM 及 EPCU 上各模块性能良好，并应进行制动试验。
（2）止回阀、调压阀、紧急放风阀、总风缸安全阀均须符合要求和限度。
（3）各止回阀动作可靠，不得泄漏。
（4）各截断塞门灵活，开闭位置正确、无泄漏，各管道固定良好，接头不得松脱。
（5）制动软管、联接器无裂损、变形，丝扣完好。制动软管定修时应进行风压、水压试验，应无泄漏、局部不得膨出、外径胀大量不得超过 10 mm。
（6）制动系统内部的各部件间的连接线良好、不得松动。
（7）定期检查风缸、管路清洁程度，不得有积水和锈蚀现象。

## 十一、主压缩机保养要求（SL22-47 或 TSA230-AVI）

（1）每 100 工作小时后，进行油面、真空指示器、油滤指示器检查。
（2）每 300~500 工作小时后，如空气过滤器的真空指示器显示红色时，清洁或更换空气过滤元件，或更换；检查油位，进行补油；如油滤指示器为红色时或满 500 小时应更换新滤芯；检查安全阀动作是否灵敏；检查温度开关动作是否灵敏；检查气、油路系统各接头有无松动、锈蚀。

（3）每1 000工作小时或1年后，需更换空气过滤器、清洗冷却器，如油过滤器上压差指示为红色时，应更换油过滤器滤筒，并化验润滑油。

（4）每1 500~2 000工作小时或2年后，应更换新油，更换油细分离器，检查温度开关、压力维持阀是否正常工作，检查压力开关、进气阀是否正常工作。

### 十二、砂箱及扫石器维护保养

（1）砂箱无破损，砂箱支座无裂纹，扫石器支架无裂纹，安装螺栓紧固可靠。

（2）砂箱盖及卡子齐全，作用良好，砂管畅通。

（3）砂管距轨面及踏面的距离应符合规定，排石器胶管距轨面的距离应符合规定。

## 任务七　机车故障应急处理

### 一、故障应急处理的意义

机车故障应急处理：指在机车运行中发生故障时，用最简便的办法，在最短的时间内，将故障排除或将故障部分切除，以防止故障扩大，维持故障运行。

故障运行：指在故障状态下，经应急处理后，维持到终点站或车站的运行。

### 二、正确进行故障应急处理的要求

正确进行故障应急处理，首先要弄清楚机车故障过程的全部现象及司机台信号灯及各仪表的显示，然后对故障现象进行正确的分析、判断，最后，采取相应的措施，妥善实施处理。

机车运行中发生电气故障，往往采用"手动"和"短接"两种方法，强迫某个故障电器动作（仅适用于控制电路或高压电器的低压部分）。使用"手动"方法，要熟悉故障电器所处的具体位置、功用、结构和电压等级，要合理、准确、迅速，否则误触电气高压部分将造成触电、其他部件受损或触点的焊接、拉弧等以致烧损电器。还应考虑强迫闭合时与司机手柄的配合操作。"短接"方法处理故障要慎重，应认清线号和端子，要可靠接好短接线，以免发生窜电现象扩大故障。

### 三、电力机车部分设备故障应急处理方法

#### 1. 受电弓部分故障的应急处理

（1）一台受电弓滑板或导弧角损坏或刮弓损坏后，若没接地，又不超限，则换弓维持运行；若超限或接地时，请求停电，在得到电调命令后挂好接地线，上车顶处理。

（2）一台受电弓降不下来，若属于受电弓本身故障，可暂不处理，维持回段处理。如遇临时降弓信号，应立即停车，问明情况，适当处理；万不得已时，应请求停电，挂好地线，上车顶处理后，换弓继续运行。

（3）受电弓升起，车顶有放电响声时，若只响一次，又不影响接触网供电，可维持运行；若连续响时，应请求停电，挂好接地线，上车顶检查处理后，继续运行。

2. 主断路器部分故障的应急处理

（1）主断路器不闭合时，确认是主断路器本身故障，可将调速手柄放"0"位，并确认受电弓降下后，拉回电钥匙，手按合闸电磁铁衔铁杆或用螺丝刀扳动转动瓷瓶下方转轴，强迫闭合。过绝缘分相段时不断开主断路器，降弓通过。

（2）如果是转动瓷瓶或转轴断裂，一般请求救援；特殊情况下，请求停电，挂好地线，上车顶强迫闭合。

（3）主断路器断不开时，如无其他故障，可不处理，过分相绝缘段时解除牵引力，关闭全部辅助机组，降弓过分相绝缘段；若有其他故障显示，应对应处理。

3. 劈相机部分故障的应急处理

（1）一台劈相机接地或烧损。当接触器无焊接时，将相应的故障隔离开关置故障位，用另一台劈相机维持运行；$SS_{4G}$型电力机车则用通风机组电动机电容分相启动，代替劈相机维持运行。若接触器焊接，则应断电后撬开触头，再切除故障劈相机。

（2）两台劈相机均烧损时，一般请求救援。

（3）劈相机起动电阻折断或烧损时，用起动电阻转换开关换至另一组电阻。

4. 压缩机部分故障的应急处理

（1）一台压缩机电机烧损或不启动，可用相应的故障隔离开关切除该电机，使用另一台压缩机维持运行。

（2）两台压缩机均烧损时，则请求救援。若是两个接触器故障不吸合，来不及处理时，检查主触头系统良好，可人为闭合接触器打风，维持回段。

5. 通风机组部分故障应急处理

（1）当牵引通风机故障时，断开相应的故障隔离开关切除故障风机，并切除故障通风机供风冷却的牵引电机，打开平波电抗器下面的小门，维持运行或要求减吨运行。

（2）制动风机或励磁风机损坏或制动电阻带烧损时，禁止使用电阻制动。

（3）潜油泵烧损或不启动时，可用油泵隔离开关切除维持运行，但必须监视变压器油温不得超过90°C，若超过90°C时，应在车站停车冷却后继续运行。

6. 两位置转换开关部分故障的应急处理

（1）前、后工况不转换时，电力机车要停车断电后方可处理或人工转换；人工转换后同时关闭相关塞门，维持运行。

（2）牵引、制动工况不转换时，可在运行中降弓断电的情况下，确认励磁接触器释放后，人工转换维持运行。

7. 固定分路电阻部分故障的应急处理

当某个固定分路电阻烧损或折断时，在牵引状态下，给定Ⅰ级磁场削弱维持运行；在制动状态下，控制住励磁电流维持运行。但需处理好故障处所，保证不放电、不接地。

8. 接触器部分故障的应急处理

（1）当接触器焊接时，断电后将其撬开，根据焊接情况进行打磨或整修处理。

（2）当接触器烧损时，断电后将各触头断开，停止使用，然后按相关电机故障应急处理办法处理维持运行。

（3）接触器线圈烧损时，又必须使用相关的电机电器时，可将其顶死维持运行，过分相绝缘段后，合闸前，需将顶死的接触器放开，待劈相机重新启动完成后，才可再次顶死维持运行，以免相关的电机单相烧损。

### 9. 主回路接地部分故障的应急处理

（1）运行中发生接地时，应立即进行检查，未发现异状时，可试合一次闸，若还跳闸，将主接地装置闸刀开关放故障位，加强走廊巡视，维持运行，停站时视情况处理。

（2）主回路发生接地后，一般停止使用电阻制动。

（3）主回路发生接地引起网侧过流继电器动作，检查无异状后可再闭合一次主断路器，若还动作，则请求救援。

### 10. 辅助回路接地部分故障的应急处理

进行检查，若发现故障机组时，按该机组故障运行办法处理；若未发现故障处所时，可将辅助电路接地开关断开，加强走廊巡视，维持运行。

## 四、$SS_{4G}$型电力机车常见故障及其处理

### 1. 运行中某节车控制电源故障（电压达不到110 V）的检查处理

现象：某节车控制电源电压表只显示蓄电池电压，达不到110 V。

处理方法：

（1）将该节车电源柜转换开关转至另一组，若恢复正常，可维持运行。

（2）检查自动开关600QA跳时，重新合上。

（3）以上处理无效时可将该节的668QS打重联位，同时断开666QS、667QS维持运行。

### 2. 断主断路器或主断路器跳闸时，受电弓自动落下的检查处理

现象：列车自然制动，显示屏全部熄灭，受电弓落下，控制电压表显示为零。

处理方法：

（1）检查自动开关601QA跳开时，重新合上。

（2）处理无效时可将该节的668QS打重联位，同时断开666QS、667QS，维持运行。

### 3. 运行中，受电弓自动落下的检查处理

现象：主断路器跳开，显示屏显示"零压"，受电弓落下。

处理方法：

（1）换弓运行。

（2）换弓无效时，检查两节车保护阀，仍不吸合，人工闭合保护阀BHF，维持运行。

### 4. 主断路器合不上的检查处理

现象：闭合主断路器扳钮全车无合闸声音，显示屏"主断"不灭，辅助电压表指示为零。

处理方法：

(1)检查调速手柄不在零位时,将其移回零位。

(2)处理后仍不能合闸时,可采用人工合主断路器,关辅机降弓过"分相"的方法,维持运行。

### 5. 闭合劈相机扳钮,主断路器即跳的检查处理

现象:闭合劈相机扳钮主断即跳,某节显示屏显示"零压",劈相机不启动。

处理方法:将故障节零压故障隔离开关 236QS 置"故障位"维持运行,此时全车零压保护仍起作用。

### 6. 闭合劈相机扳钮,无任何声音的检查处理

现象:闭合劈相机扳钮,两台劈相机均不启动,各辅机时间继电器均未吸合。

处理方法:

(1)检查操纵节自动开关 605QA 跳时,重新合上。

(2)将自启劈相机隔离开关 591QS 置"自动位",恢复正常,维持运行。

(3)若不行,可更换劈相机扳钮。

### 7. 闭合劈相机扳钮,某节劈相机无启动声音的检查处理

现象:闭合劈相机扳钮,某节显示劈相机灯未显示亮后灭,各辅机时间继电器吸合正常。

处理方法:

(1)检查劈相机起动电阻接触器 213KM 未吸合时,可人工闭合 213KM,待劈相机启动 3~5 s 后松开。

(2)将故障节劈相机开关 242QS 置"通风机位",296QS 置"电容位",改用一位牵引风机电容分相起动,在网压不低于 22 kV 时,即可投入其他辅机运行。

(3)$SS_{4B}$型机车,将故障节劈相机 1 隔离开关 242QS 置"2"位。

### 8. 闭合压缩机扳钮,两台压缩机均不启动的检查处理

现象:闭合压缩机扳钮,总风缸压力不低于 750 kPa,两台压缩机均不启动。

处理方法:

(1)闭合强泵风扳钮,若两台压缩机启动正常时,可维持运行。

(2)闭合强泵风扳钮后两台压缩机仍不能启动,且牵引风机等其他辅机也不能启动时,可短接劈相机时间继电器 533KT 常闭触头(561#~577#)。但应注意,只有劈相机启动正常后,才能闭合其他辅机扳钮,启动辅机。

(3)闭合强泵风扳钮后,两台压缩机仍不能启动,且牵引风机等其他辅机也不能正常启动时,$SS_{4B}$机车可短接劈相机 2 的时间继电器 534KT(576#~577#)常闭触头。但应注意,只有在劈相机启动正常后,才能闭合其他辅机。

### 9. 闭合牵引风机扳钮,某节牵引风机不启动的检查处理

现象:闭合牵引风机扳钮,某节两台牵引风机均不启动,其余各辅机启动正常。

处理方法:

(1)将故障节牵引风机故障隔离开关 575QS 置"故障位",若第二台牵引风机启动正常时,可维持运行。切除牵引风机时,应同时切除相应的牵引电机,并加强走廊巡视。

（2）575QS 置"故障位"后第二台牵引风机仍不能启动时，应将 575QS 恢复至"正常位"，短接劈相机起动中间继电器 566KA（578#～579#）常开触头，维持运行。

10. 操纵司机控制器换向手柄，一节车或两节车两位置转换开关"前""后""牵引""制动"均不转换

现象：

（1）两节车均不转换。

（2）一节车不转换。

处理方法：

（1）两节车均不转换，检查自动开关 604QA 跳时，重新合上。若未跳，短接电钥匙 570QS 联锁（465#～401#）维持运行。

（2）一节车不转换，可人为顶住零位中间继电器 588KA 进行转换。

上述故障均可人工转换，维持运行。

11. 两节车预备灯灭，一节车有流，另一节车无流的检查处理

现象：两节车预备灯灭，提手柄一节车牵引电机电流表有电流显示，另一节车牵引电机电流表指示为零。

处理方法：

（1）检查重联插座，松时插紧。

（2）若无效可将零位时间继电器 532KT 顶在得电位或短接 532KT（531#～503#）常开触头，但此时应特别注意：

① 将 532KT 顶在得电位或短接前，要先确认两位置开关转换到位后，方可进行。

② 此时即使调速手柄在零位，12KM、22KM、32KM、42KM 将仍处在吸合状态，因此，机车换向运行时（特别是非操纵机车），必须松开 533KT 或拆除短接线。

12. 两节车预备灯灭，但全车无流无压的检查处理

现象：两节车预备灯灭，提手柄两节车的电流电压表均指示为零。

处理方法：

（1）检查非操纵节电钥匙 570QS 在"1"位时，恢复正常运行。

（2）转换两节车电子柜转换开关，若正常，维持运行。

（3）用副台操纵正常，维持运行（此时级位只能达 4 级），有时间可将非操纵节主台司机控制器转换到操纵节，继续运行。

（4）短接操纵节预备中间继电器 566KA 常开触头（577#～558#）恢复正常，维持运行。

（5）短接操纵节 569KA 常闭触头（401#～419#），恢复正常，维持运行。

13. 操纵节故障失去牵引力，甩单节仍用该节车操纵机车的方法

**1）操纵节应具备的条件**

（1）具有控制电源。

（2）司机控制器作用正常。

（3）有关电子插件工作正常。

（4）制动机控制作用正常。
（5）两节车间重联装置正常。

**2）方　法**

（1）将操纵节进行如下操作：

① 零压隔离开关 236QS 置故障位。

② 劈相机开关 242QS 置中间试验位。

③ 确认主断已断开，将主断隔离开关 586QS 置故障位。

④ 若因故障引起保护性跳闸，还应对有关保护电器解锁，并用对应隔离开关切除该保护系统。

⑤ 人为闭合预备中间继电器 556KA。

⑥ 操纵节电子柜转换扳钮置中间位。

（2）将故障节控制电源重联闸刀 668QS 置重联位。

（3）甩单节时，应切除相应的线路接触器，以免在换向运行时发生逆电操作。

（4）牵引吨位多，单节无法维持时，请求救援。

**14. 运行中，主断路器跳闸，并显示"主电路接地"的检查处理**

现象：主断跳开，主显示器显示前或后"主接地"，副台显示屏显示相应节"主接地 1"或"主接地 2"。

处理方法：

（1）重合主断，若恢复正常，可继续运行。

（2）主断合不上，其显示屏仍显示原接地处所时，可根据显示屏显示处所采用将两台牵引电机故障隔离开关分别置于"中间位"的方法，找出并切除故障电机，维持运行。

电机故障隔离开关置"中间位"切除故障电机后，电阻制动将无法使用，此时长大下坡道可使用空气制动放坡，但应加强双机配合并严格执行空气制动放坡的有关规定。

**15. 运行中，主断路器跳闸，并显示"辅接地"的检查处理**

现象：主断跳开，主台显示屏显示前或后节"辅助回路"故障，副台显示屏显示相应节"辅接地"。

处理方法：

（1）重新闭合主断若恢复正常，可维持运行。

（2）主断合不上，显示屏仍显示该故障时，可断开所显示节的所有辅助设备（电炉、窗加热、壁炉等）的隔离开关及其自动开关，再合主断恢复正常时，可继续运行。

（3）重合主断，若某一台辅机一启动即跳开主断且显示"辅接地"时，可将该辅机的故障隔离开关置"故障位"，切除故障辅机，维持运行。

切除牵引风机时，应同时切除相应的牵引电动机，并加强走廊巡视。切除制动风机后，禁止使用电阻制动，注意事项同第 14 条。

**16. 运行中，某台牵引电机过流，主断跳开的检查处理**

现象：主断跳开，主台显示屏显示前或后节"牵引电机"故障，副台显示屏显示"牵引电机×"故障。

处理方法：

（1）重合主断并给流，若恢复正常，可继续运行。

（2）重合主断，给流后主断跳开并显示"牵引电机故障"时，应根据显示屏的显示，将相应的牵引电机的故障隔离开关置"中间位"，切除故障电机，维持运行。注意事项同第14条。

（3）若主断一合即跳，并显示"牵引电机故障"时，应根据显示屏的显示，检查相应的牵引电机直流电流传感器，将其相应连线拆除，并用绝缘胶布包扎固定好，维持运行。

17. 闭合劈相机扳钮，劈相机启动声音异常的检查处理

现象：劈相机启动声音异常。

处理方法：

（1）立即断开劈相机扳钮。

（2）检查确认起动电阻接触器213KM不能正常吸合时，可在启动劈相机3～5 s后人工闭合劈相机启动中间继电器566KA。

（3）检查确认劈相机起动电阻烧损时，可换接另一组。

（4）若不行，将劈相机开关242QS置"通风机位"，296QS置"电容位"改用一位牵引风机电容分相启动，在网压不低于22 V时，即可投入其他辅机运行。

18. "电空位"故障改用"空气位"操纵的转换方法及注意事项

（1）转换方法：

① 将操纵节空气制动阀上的"电-空"转换钮置"空气位"。

② 将操纵节空气制动屏上的"电-空"转换阀153置"空气位"，并断开自动开关615QA。

③ 将操纵节空气制动阀手柄移至"缓解位"。

④ 将操纵节空气制动阀的调压阀53调整至规定压力。

⑤ 如非操纵节转"空气位"或处于"电空位"无电空控制电源，应将非操纵节的中继阀座下方的制动管塞门115关闭。

（2）"空气位"操纵的注意事项：

① 需单独缓解机车制动时，应下压空气制动阀的手柄。

② 需要施行紧急制动时，可按下紧急制动按钮或迅速打开手动放风阀，并将空气制动阀的手柄推向"制动位"。

③ "空气位"操纵时，没有加速充气作用，应适当降低缓解速度。

④ "空气位"操纵时，制动管若有泄漏会得到"补风"而发生自然缓解，应密切注意速度变化及进行追加减压。

⑤ 单机运行动车前，必须确认均衡风缸及制动管已充风至规定压力。缓解时，应将单阀手把放在缓解位缓解机车制动。

19. 制动管过量供给的消除方法

现象：均衡风缸及制动管过量超过规定压力，甚至与总风缸压力一致。

处理方法：

（1）发现制动管过量供给时，应立即关闭157塞门并转"空气位"操纵（此时应将操纵节空气制动阀的调压阀调整至过量供给后的压力值）。

（2）利用途中调速或停站时机，按"减二充一"的方法消除过量供给。具体方法为：每次施行 200 kPa 的减压，将调压阀调整至大于均衡风缸减压后的压力值 100 kPa 后充风缓解，如此施行数次后，直到最后一次调压阀调至均衡风缸的规定压力为止。

20. 因中继阀总风遮断阀故障，制动管无法充风的检查处理

现象：均衡风缸充风正常，制动管无法充风且无大排风声音。

处理方法：

（1）确认中立电空阀 253 不释放时，可关闭 157 塞门，松开 253 电空阀的管接头，转"空气位"运行。

（2）确认 253 电空阀正常后，轻击总风遮断阀，使其复位。

## 五、HXD$_3$ 型电力机车常见故障及处理

### 1. 受电弓故障

现象：升不起弓或自动降弓。

处理方法：

（1）检查升弓气路风压是否高于 600 kPa。如低于此值应按压一下辅助压缩机按钮 SB95（在控制电器柜上），使用辅助压缩机泵风，当风压达到 735 kPa 时，辅助压缩机自动停止打风。

（2）检查控制电器柜上的各种电器开关位置，应置于正常位置。如有跳开现象，请检查确认后，重新闭合开关。

（3）换弓升弓试验。

（4）若机车运行中自动降弓，停车确认受电弓损坏程度，记录刮弓的地点。通过低压电器柜上的开关 SA96，控制隔离开关 QS1 或 QS2 隔离损坏的受电弓。可以换弓继续运行。

若刮弓导致受电弓破损严重，需要登车顶作业，应请求停电，并做好必要的安全防护。

（5）若故障在乘务员接乘时出现，检查管路柜内蓝色钥匙，应处于竖直位，即开放状态。

（6）故障在接乘时出现，可以使用正常的受电弓运行，也可以按照下面的步骤查找故障受电弓的问题。

① 检查升弓塞门 U98，应置于打开位置（顺位开通）。

② 主断控制器，将其上面的开关置于"停用"位置，如能升起弓，说明主断控制器故障。

### 2. 主断合不上

处理方法：

（1）检查气压正常，不低于于 650 kPa（保证风压继电器 KP58 闭合）。

（2）检查司控器主手柄处于"0"位。

（3）检查两端司机室操纵台上的紧急制动按钮，应该在弹起位。

（4）半自动过分相按钮在正常弹起位。

（5）过分相后合不上主断，关闭全自动过分相装置。

（6）若故障在接乘时发生，检查各相应的塞门开关。检查主断气路塞门 U94 置开启位（顺位开通）。检查 CI 试验开关 SA75 置"正常"位。

3. 提牵引主手柄，无牵引力

处理方法：

（1）确认各风机启动完毕（换向后，风机启动）。

（2）确认停车制动在缓解位，制动缸压力小于 150 kPa 时操纵台停车制动红色指示灯应熄灭。

（3）确认制动系统 CCB-II 显示幕不显示动力切除状态。

（4）监控未发出卸载信号。

（5）通过 TCMS 显示屏查看机车部件的状态，发现异常，到低压电器柜检查对应的自动开关是否处于闭合位。

4. 主变流器故障

现象：主断跳开，故障显示灯亮，微机显示主接地、牵引电机过流、主变压器牵引绕组过流、中间回路过电压、网压异常等信息。

处理方法：

（1）将司控器手柄回"0"位，按操纵台"复位"按钮，再合主断提手柄试验。此时注意 TCMS 提示的内容，包括故障信息和电机牵引力情况。

（2）如合不上主断，或提手柄后就跳主断，应根据提示隔离相应的主变流器，然后再合主断试验牵引。隔离操作需要在微机屏上手触进行。隔离切除后，机车损失部分动力。

注：当故障严重时，在司机室有可能听到机械间里有很大的"放炮"声音，并可能有冒烟现象，司机室微机屏显示相应的主变流器故障。

5. 辅助变流器故障

现象：跳主断，故障显示灯亮，微机显示辅助变流器输入过流、辅助回路过载、中间回路过电压、辅助回路接地等故障信息。

处理方法：

（1）辅助变流器有 2 组，当 1 组出现故障，微机会自动转换。此时通过微机显示屏查看信息，KM20 应闭合。

（2）若微机转换异常，可以手触显示屏"开放"故障的 1 组辅助变流器，让 TCMS 切除转换；也可以断合低压电器柜上的辅助变流器自动开关 QA47 进行复位转换。

（3）若还不能正常转换，需要停车降弓，断开蓄电池总电源 30 s 以上进行复位。

注：当切除 1 组辅助变流器后，牵引风机将全速运转，只有 1 台空压机投入工作。

6. 油泵故障

现象：机车降功率 1/2，微机显示信息，故障显示灯亮。

处理方法：

（1）当 2 个油泵有 1 个故障时，先断合几次故障油泵的空气自动开关（QA21、22），如能恢复则继续运行。

（2）如仍有故障，TCMS 检测到信号后会自动将相应的 3 组主变流器隔离，即切除 1 个转向架的动力。在可能的情况下，维持运行至前方站，再做处理。

## 7. 主变油温高故障

现象：主断跳开，继电器 KP52 动作，微机显示信息。

处理方法：

（1）在停车状态下，用手触摸油箱检查油温，观察机车右侧油温表是否异常，不能高于 90℃。若油温高，油温高继电器动作，不允许机车运行，否则影响变压器绝缘、氮气保有量等，需请求救援。

（2）闭合总电源复位，若故障消除继续运行；若无效，请求救援。

## 8. 牵引风机故障

现象：机车降功 1/6，故障显示灯亮，微机显示风机故障或风速故障。

处理方法：

（1）当 1 组风机故障时，可断合几次相应的空气自动开关（低压电器柜上）。

（2）若故障无法恢复，TCMS 会自动将相对应的 1 组 CI 切除，也可在微机屏手触切除，即主变流器 6 组中有 1 组不工作，机车保持 5/6 的牵引力，可维持运行。

## 9. 冷却塔风机故障处理

现象：故障显示灯亮，微机显示冷却塔风机或风速故障。

处理方法：

（1）当 1 组冷却塔风机故障时，可断合几次相应的空气自动开关（QA17、18）。

（2）如确实故障，只在 TCMS 显示器上报故障，机车仍能继续牵引。

注意：虽然能正常工作，但变压器油温会逐渐升高，最终会因为油温高而停止动力输出。司机可根据牵引吨位、行走路程，判断是否前方站停车，也可以征求技术人员的意见做出判断。

## 10. 空转故障

现象：空转故障显示灯亮，微机显示电机空转。

处理方法：

（1）按压"复位"按钮，适当降低牵引级位，人工撒砂。

（2）若某个电机持续空转，通过微机屏切除相应的主变流器。机车损失 1/6 动力。

## 11. 110 V 充电电源（PSU）故障

现象：微机显示 PSU 故障。

处理方法：

（1）PSU 有 2 组，当有 1 组出现故障，微机会自动转换。

（2）若微机没有转换，尽量在前方站停车，输入检修密码"000"，修改日期，例如，今天是 6 月 1 日，改成 6 月 2 日或 5 月 30 日等，以此类推，即改变日期的奇偶数，断合总电源复位，微机重启将 PSU 转换到另外一组工作。

## 12. 控制回路接地

现象：操纵台控制回路接地故障显示灯亮，控制回路接地开关 QA59 跳开。

处理方法：
（1）检查低压电器柜上的各开关，是否有跳开（除 QA59）。
（2）若有跳开，查看其对应的功能，尝试重新闭合。

### 13. 原边过流故障

现象：主断跳开，故障显示灯亮，微机显示信息。
处理方法：
（1）手柄回零，按"复位"按钮，重新闭合主断，试验牵引。
（2）若无效，请求救援。

### 14. 各种电气故障不能复位、不能解决的处理

本机车是微机控制机车，多数故障微机系统能自动进行转换处理，并提示相关的信息。若微机系统没有处理或转换异常，而现存故障又严重影响机车牵引时，需要停车降弓，断开蓄电池电源 30 s 以上（QA61），让微机系统重启复位。

特别注意：机车在断开蓄电池总电源后，列车管压力将以常用最大减压量减到 0。

### 15. 制动机系统故障产生的惩罚制动

现象：机车实施常用或紧急制动，制动显示屏显示惩罚制动、显示器识别错误等信息。
处理方法：
（1）通过变换制动机手柄位置，尝试恢复。
（2）停车降弓，断开蓄电池总电源 30 s 以上，再重新闭合。
（3）这种故障一般只在一个操纵端出现。乘务员换成后端操纵，2 人配合，1 人控制机车，1 人在前端瞭望，将列车维持进前方站后，请求救援。

### 16. 弹停风管破损

现象："停车制动"指示灯亮，TCMS 主画面显示全车功率输出为 0。
处理方法：
（1）将制动柜上的弹停塞门关闭。
（2）将检查发现裂漏的弹停风管拆下。
（3）将车体下第 1 或第 6 轴上方并排安装的 3 根同规格软管中，除最右边软管之外的另两根软管（撒砂与砂加热软管）之一拆下，替换拆下裂漏的弹停软管。
（4）弹停软管恢复后，重新打开弹停塞门，并做制动缓解试验，动作正常即可继续牵引列车。

### 17. 制动屏突然黑屏

现象：制动屏突然黑屏，列车管自动减压而停车。
处理方法：
（1）断电降弓，断开蓄电池开关 QA61，30 s 以上再复位，制动屏显示正常后恢复运行。
（2）以上断电复位仍无效时，将前后端显示屏倒换，操纵端显示正常后恢复运行。

### 18. 大闸运转位列车管不充风

现象：制动屏上有"动力切除"显示。

处理方法：

（1）大闸手把置抑制位或重联位，等待"动力切除"消失后，回运转位充风。

（2）大闸非常制动或列车分离、使用放风阀、使用紧急停车按钮后，列车管排为 0，大闸手把需在非常位停留 60 s 后，再回运转位充风。

（3）如动力切除不消失，应在 LCDM 上按 F3 键，查看制动机设置信息，并确认设置为操纵端和投入状态。

## 六、$DF_{8B}$ 型内燃机车常见故障及应急处理

### 1. 合 4K 不打燃油

（1）断 4K 甩车，判断 3K 到 4K 以前共用电路是否故障。

（2）RBC 不吸合时，处理 4ZJ 反 542#—544#之间，及 8ZJ 反 544#—556#间线路，人为闭合 RBC。

（3）RBC 吸合时，检查 RBC 主触头，检查 2、3DZ。

### 2. 闭 5K 不发电

（1）FLC 不吸合时、处理 QC 反 722#—660#、9ZJ 反 660#—723#、GFC 反 723#—553#间线路。

（2）FLC 吸合时，检查 1DZ，LDZ 正常时断 5K，切换辅机"A、B"组插件后闭 5K。

（3）FLK 由微机位转换至智能位。

（4）检查 1、2RD 保险烧损时应及时更换。

（5）闭合 5K、8K 使用固定发电。

### 3. 闭 6K 不打风

（1）1YC、2YC 不吸合时，6K 虚接使用另一端 6K；若按 2QA，1YC、2YC 吸合，为 3YJ 故障，不能修复时，用 2QA 打风，注意风压，1YC、2YC 不吸合时人为闭合。

（2）1YC、2YC 吸合时，检查确认辅助发电机发电是否正常。4RD、5RD 熔断，及时更换保险片。检查 1YC、2YC 主触头是否虚接，接线是否松脱。（检查时应断 5K）。

### 4. 不换向

（1）按电空阀人工换向。

（2）检查 1—6C 间反联锁，虚接时可短接。

（3）检查换向器是否到位，不到位时用专用工具人工换向。

### 5. LLC 不吸合

（1）检查排除保护电器动作。

（2）应急时人工闭合 LLC。

（3）短接 X11:21—LLC 线圈 534#。

### 6. 1-6C 不吸合

（1）短接处理 LLC520#—525#间正联锁。

（2）甩掉故障电机。

## 7. LC 不吸合

（1）甩 1—6C 不良联锁及检查 7ZJ 反 617#—618#间联锁。

（2）线圈故障时，人工闭合。

（3）短接 X11:21—X12:12 应急处理。

## 8. 卸载灯灭无压无流

（1）检查 11DZ。

（2）WZK 由励磁一转励磁二。

（3）使用励磁二时，检查 CF 皮带及 7ZJ 反 624#-681#间联锁及 2GLC 主触头。

（4）励磁一及励磁二均无压无流时，WZK 转励磁二，检查 LLC 主触头是否虚接，虚接时短接 LLC 主触头的 458#、459#，仍无压、无流时，断 11DZ，短接 X15:7 到备用电阻上端，备用电阻下端短接到 X10:16，X10:17 至 X16 任一根线，然后闭 5K，8K，起动列车时防止冲动，缓提手柄维持运行。如有 24 V 电源时（X15:9 或 X10；22）短接到 X10:16，X16:17 至 X16 任一根线。

## 9. 提手柄 1 位上载 2 位卸载

（1）检查处理 LLC528#—529#联锁。

（2）2ZJ 吸合 WJ 误动作时，短接 2ZJ 反 533#—534#间联锁。

## 10. 运行中接地红灯亮

（1）瞬间接地时恢复 DJ。

（2）DK 置负端位恢复 DJ。

（3）用 1—6GK 甩掉故障电机。

（4）确认为一点接地时，DK 置中立位，加强巡检、维持运行。

## 11. 运行中 LJ 动作

（1）瞬间过流时恢复 LJ 即可。

（2）用 1—6GK 甩掉故障电机维持运行。

（3）排除 1ZL 中过热变色二极管。

## 12. 跳 21DZ

（1）逐一闭合各控制开关，若跳 21DZ 即为该电路中电器线圈短路。

（2）拆除故障电器线圈正端线，人工闭合。

## 13. 跳 22DZ

（1）换向手柄置 0 位，闭合 2K，WZK 在励磁 22DZ 跳为 1GLC 线圈短路，WZK 转励磁二跳时为 2GLC 线圈短路。

（2）闭 2K，换向手柄"前，后"位跳时为 1-2HKG 线圈回路短路。

（3）人工闭合 DJ，主手柄提 1 位，如 22DZ 跳，为 HKF 线圈回路短路。

（4）主手柄回 0，恢复 DJ，人为闭合 LLC，如 22DZ 跳，为 1—6C 中某一个线圈短路。

（5）将任一 GK 置于中立位，手柄提一位，如 22DZ 跳，为 LLC 线圈回路短路。

（6）1—6GK 置故障位跳 22DZ 时，为 LC 线圈短路。

（7）主手柄提 2 位，手动 XKK 跳时为 XC 线圈短路，在确认某线圈短路时，拆除其正端线，人工闭合该电器。

## 14. 微机显示屏显示不正常

（1）检查 EXP 显示器开关位置是否正确。

（2）若机车一端微机显示正常而另一端不正常，则为该显示器不正常。

（3）可关闭故障显示屏关闭 23DZ。

（4）若 EXP 故障造成微机显示不正常或不显示时，可甩掉 EXP，WZK 转励磁二运行。

## 15. 运行中发生空转时

（1）利用微机显示屏检查 1—6D 电流分配是否均匀，若相差较大，则为机车发生空转，应降低机车功率。

（2）传感器故障或微机空转误动作时，将空转保护开关置断开位或改用励磁 II 维持运行。

## 16. "辅发过压"灯亮

（1）断开 5K，待"辅发过压"灯灭后重新闭合 5K 即可。

（2）无效时，可断开 5K，转换辅机插"A、B"组重新闭合 5K。

（3）闭合 8K，使用固定发电。

## 17. 甩缸的方法

（1）必须使柴油机在基本转速或停机时进行。

（2）拨出夹头销，旋转 90 度，使定位销落入横线槽，确认夹头销前部完全离开供油齿条拨叉座。将供油齿条拉向停油位并绑牢，松开刻度指针，挡在齿条端部并紧固，打开示功阀。

## 18. 水箱涨水

逐个甩缸判断，甩至某缸涨水消失时，停止该缸工作。

## 19. 运行中差示动作

（1）检查差示液喷出，防爆阀打出，加油口大量冒燃气时，严禁再启机。

（2）无上述现象，检查差示液面正常时，重新启机，注意运行。

## 20. 运行中 WJ 动作

（1）检查水箱水位正常时，可短接 2ZJ 线圈 533#-534# 反锁。

（2）水位正常，水温高时，检查水泵是否故障。

（3）检查静液压油箱油位；油少时应补油。

（4）检查静液压马达（大风扇）不转或转速低时，可顺时针调整温控阀故障螺钉。

## 21. 运行中柴油机转速飞升时

（1）柴油机有载时，禁止盲目回手柄断开 2K，条件许可应强迫加负荷，并立即断 2-3DZ（无载时断开 4K），打紧急停车按钮，开放燃油放气阀，并关闭燃油截止阀。如检查柴油机正常时，应重新启机。

（2）柴油机转速不升不降时。
① 如发生 QD 不发电时，应检查 1DZ 是否跳开。
② 闭合 7K，手柄 2 位，使用调速手轮，柴油机转速能上升或下降时，为 WTQ 故障。
③ 短接 RBC 的 526#—502#线，仍无效，为步进电机及其电路故障，应将手柄提至两位，手拧步进电机或使用故障调节螺钉人为调节柴油机转速。

### 22. 运行中突然冒黑烟

进排气系统，燃油系统故障，供油齿条卡滞，可用甩缸方法判断处理，并检查微机右屏增压器转子转速。

### 23. 运行中突然停机

若运行中柴油机突然停机，微机显示柴油机超速且故障信息屏显示微机报警，若此时柴油机工作正常，为 EXP 柴油机转速传感器 EXP 转速处理部分故障，此时应关闭 23DZ，拆除 8ZJ 线圈上 631#，重新启机，WZK 转励磁二维持运行。
（1）无燃油压力时，更换燃油泵，如微机误动作，将 1、2 室 23DZ 断开，使用磁励二。
（2）差示动作时，判断曲轴箱是否超压。
（3）调速器缺油时及时补油

### 24. 运行中油马达故障

此时应使用励磁一运行，若油马达一直处于减载极限位时可不做处理，回段保修。若此时油马达卡死在减载极限位，致使柴油机功率过高时，可拆除 X11:5、449#或 1506#任一根线，使 EXP 降低基准功率 20%维持运行回段保修。

### 25. 电阻制动不上

（1）检查 WZK 是否在励磁二。
（2）2D、5D 是否甩掉。
（3）检查保护电器是否动作。
（4）检查 1ZJ536#—537#联锁。

### 26. 运行中，监控装置动作后，经解锁不能恢复

（1）TJ1 卸载继电器不失电，带不上负荷，将 TJ1 线圈 621#—622#短接。
（2）监控装置常用制动后，自阀缓解位，均衡风缸排风不止，制动管不充风，应切除 9DF 和 10DF，切除方法为逆时针拧紧 9DF 阀座上的旋钮，顺时针拧紧 7DF 和 10DF 阀座上的旋钮 B3。
（3）监控装置紧急制动时，自停解锁后，自阀运转位制动管不充风。应将 7DF 和 10DF 阀座上的 8A 和 8P 拧向故障位。
（4）紧急排风阀排风不止，应将紧急放风塞门关闭。
（5）监控装置误动作后，自阀缓解位不充风，应将 8A、8P 全拧向故障位。
（6）8A、8P 在 7、10DF 上安装，10DF 装在同一阀座上，9DF 安装在操纵台内制动机下方，ZDF 在辅助间墙壁上或冷却间墙壁上。

## 七、HXN$_5$型内燃机车常见故障及应急处理

### 1."全部重置"操作方法

（1）进入智能显示器 2 级界面，依次按压"诊断功能""全部重置"，即可完成重置操作。

（2）若因柴油机曲轴箱超压。增压器故障，滑油压力低等故障引起柴油机停机，需输入解锁密码。操作方法如下：进入智能显示器 2 级界面，依次选择"诊断功能""全部重置"，输入解锁密码，按压"接受"。

### 2."小复位"操作方法

（1）主手柄回惰转位，同时实施常用制动停车。

（2）断开"蓄电池充电器及计算机"断路器。

（3）等待 3 台智能显示器完全关闭（左下角的绿灯熄灭）后依次断开"多重功能"、"本务机控制"，"电空制动"断路器。

（4）等待 1 min。

（5）先闭合"多重功能"断路器，然后依次闭合"本务机控制""蓄电池充电器及计算机"，待 3 台智能显示屏启动正常后再闭合"电空制动"断路器。

（6）等待显示器启动后，按智能显示器"操作信息"（F5）按钮观察提示信息。

（7）在"请等待……系统诊断正在运行"提示消除后，将自阀手柄移至"抑制"位，清除由于上电引起的惩罚制动。

（8）观察智能显示器完全启动后的故障提示信息。

### 3."大复位"操作方法

（1）主手机回惰转位，同时实施常用制动停车。

（2）断开"蓄电术充电器及计算机"断路器。

（3）等待 3 台智能显示器完会关闭（左下角的绿灯熄灭）后依次断开"多重功能""本务机控制""燃油箱监视器""燃油泵/电子控制单元""电空制动"断路器。

（4）断开蓄电池闸刀，等持 3 min（系统放电及冷却）后再闭合蓄电池闸刀。

（5）先闭合"多重功能"断路器，然后依次团合"燃油泵/电子控制单元""燃油箱监视器""本务机控制"断路器"蓄电池充电器及计算机"断路器，待 3 台智制显示屏启动正常后再闭合"电空制动"断路器。

（6）观察智能显示器完全启动后的故障提示信息，启动柴油机完成机车"大复位"。

### 4. 曲轴箱超压

（1）故障现象。柴油机突然停机，智能显示器显示"曲轴箱过压"。

（2）故障确认。

① 智能显示器左下角显示：请勿尝试重启柴油机；停机：曲轴箱过压。

② 查阅智能显示器事件日志显示："01-6063：曲轴箱空气压力太高，不能重启柴油机；01-6064：柴油机转速故障"。

（3）应急处置条件。

双机重联运行时出现单台机车柴油机停机，若单台机车可维持运行时，在检修故障"110"

指导下维持运行,若单台机车无法维持运行,则按照应急处置办法处理。

(4)应急处置办法。

① 检查柴油机各遥臂箱、曲轴盖有无破损、漏滑油现象。若有破损及大量滑油泄漏,请求救援。

② 打开任意一侧曲轴箱检查孔盖(可以间隔打开检查孔盖,但是两头检查孔盖必须打开),检查曲轴箱内柴油机可见部位有无破损、碾瓦、滑油乳化等,若有异常现象,请求救援。

③ 检查柴油机左右侧引射管接头,若接头断裂无法应急处理,请求救援。

④ 检查柴油机隐射管有无破损,若有则对破损处所有使用防水胶布进行包扎、固定。

⑤ 向检修故障"110"咨询解锁密码。进入智能显示器2级界面,依次选择"诊断功能""全部重置",输入解锁密码,重新启动柴油机。

备注:若机车停留在站内,时间允许时在检修故障"110"指导下进行自负荷试验,试验正常则维持运行,若曲轴箱超压再次动作,请求救援。

### 5. 滑油压力低

(1)故障现象。柴油机突然停机,智能显示器显示"不能启机,请勿尝试重启柴油机"。

(2)故障确认。

① 智能显示器左下角显示:请勿尝试重启柴油机

② 查阅智能显示器事件日志显示:

"01-6062:润滑油压力<起动压力(起动压力是柴油机转速的函数);01-6034:润滑油压力<开启压力(开启压力是柴油机转速的函数);01-0066;柴油机不运转"。

(3)应急处置条件。

双机重联运行时出现单台柴油机停机,若单台机车可维持运行时,在检修故障"110"指导下维持运行;若单台机车无法维持运行则按照应急处置办法处理。

(4)应急处置办法。

① 检查柴油机各摇臂箱、曲轴箱有无破损、漏滑油规象。若有破损及大量滑油泄漏,请求救援。

② 打开任意一侧曲轴箱检查孔盖(可以间隔打开检查孔盖,但是两头检查孔盖必须打开),检查轴箱内柴油机可见部位有无破损、碾瓦,滑油乳化等,若有异常现象,请求救援。

③ 检查滑油油位,应在上刻线附近。

④ 向检修故障"110"咨询解锁密码。进入智能显示器2级界面,依次选择"诊断功能""全部重置"。输入解锁密码,重新启动柴油机。

⑤ 若故障再次发生,请求救援。

### 6. 燃油泵/电子控制单元断路器跳开

(1)故障现象。柴油机突然停机,智能显示器显示"电阻制动或牵引无效,如果停机,柴油机将不能重新启机"。

(2)故障确认。

① 智能显示器左下角显示:电阻制动或牵引无效,如果停机,柴机机不能重新启机。

② 查阅智能显示器事件日志显示：

11-2603：FPB 关闭，运转时无 ECU 通信。

01-6085：柴油机控制器失去供电。

01-6083：柴油机控制器输入电压过低。

（3）应急处置条件。本务机车运行中发生柴油机突然停机，智能显示器左下角显示"电阻制动或牵引无效，如果停机，柴油机将不能重新启动"时，按照应急处置办法处理。

（4）应急处置办法。

① 闭合 EC 面板上"燃油泵/电子控制单元"自动开关。

② 进入二级界面，点击"诊断功能"，按压"全部重置"。

③ 检查智能显示器左下角应无故障提示，否则，再次执行本条②。

④ 启动本务机车柴油机，维持运行。

## 7. 燃油压力低

（1）故障现象。智能显示器显示：燃油压力低或主手柄 3 挡以上牵引力不上升。

（2）故障确认。

① 智能显示器左下角显示：燃油压力低。

② 进入智能显示器查看燃油压力应低于 400 kPa。

③ 查阅智能显示器事件日志显示："01-0069：燃油压力 200 kPa"。

（3）应急处理条件。双机重联运行时出现单台机车燃油压力低故障，若单台机车可维持运行时，在检修故障"110"指导下维持运行；若单台机车无法维持运行则按照应急处置办法处理。

（4）应急处置办法。

① 检查燃油管系是否有泄漏，若燃油管系泄漏则做相应处理。

② 燃油管系无泄漏时，执行以下操作。

a. 柴油机停机。

b. 手动断开 EC 面板上"燃油泵/电子控制单元"自动开关，4～5 s 后闭合。

c. 进入 2 级界面，点击"诊断功能"，按压"全部重置"。

d. 检查智能显示器左下角应无故障提示，否则，返回执行上一步骤。

③ 起动柴油机，维持运行。

## 8. 增压器故障

（1）故障现象。柴油机突然停机，智能显示器显示"不能启机，请勿尝试重启柴油机"。

（2）故障确认。

① 智能显示器左下角显示不能启机，请勿尝试重启柴油机。

② 查阅智能显示器事件日志显示：

01-0121，检测到增压器故障：右侧（或左侧）增压机转速低于下限。

（3）应物处置条件。

双机重联运行时出现单台机车柴油机停机，若单台机车可维持运行时，在检修故障"110"指导下维持运行，若单台机车无法维持运行，则按照应急处置办法处理。

（4）应急处置办法。

① 检查右侧或左侧（报故障的）增压器外观无破损，无油水泄漏。

② 向检修故障"110"咨询解锁密码，进入智能显示器2级界面。依次按压"诊断功器""全部重置"。输入解锁密码，重新启动柴油机。

③ 若故障再次发生，请求救援。

### 9. 柴油机无法启动

（1）故障现象。按压柴动机起动按钮，警铃不响，柴油机无法启动。

（2）故障确认。进入智能显示器"诊断功能"，查看"活动事件"有无故障提示信息，则按信息提示做相应处理，无故障提示信息时，按照应急处置办法处理。

（3）应急处置条件。双机重联运行时出现单台柴油机无法启动，若单台机车可维持运行时，在检修故障"110"指导下维持运行，若单台机车无法维持运行则按照应急处置办法处理。

（4）应急处置办法。

① 检查柴油机控制面板FC上的"燃油泵/电子控制单元""本务机控制""多重控制"，"蓄电池充电器及计算机"断路器应在闭合位，"柴油机控制开关"应在"启动"位，主副司机控制器换向手柄在"居中"位，以上开关若不在正常位置，做相应处置后再次启动柴油机。

② 以上检查均正常，柴油机依然无法启动，切除智能显示器（断开3#智能显示器自动开关），进行大复位后再次启动柴油机。

③ 柴油机启动过程中若曲轴已经转动，但爆发声音异常或柴油机有明显异音时必须立刻停机，严禁再次启机，请求支援。

### 10. 辅助不发电

（1）故障现象。柴油机转速不低于330 km/min，蓄电池电压低于69 V，蓄电池不充电，牵引通风机不启动，空气压缩机不打风。

（2）故障确认。

① 智能显示器左下角显示：蓄电池充电无效，机车牵引制动受损。

② 查阅智能显示器事件日志显示：04-5008 AAC源电压丢失；04-5011 AAC源电压低于下限；04-5014 AAC电压赫兹比超出范围；辅助发电机输出电流不平衡-负序电流。

（3）应急处置条件。双机重联运行时出现单台机车辅助不发电，若单台机车可维持运行时，在检修故障"110"指导下维持运行（辅助不发电的机车应择机让柴油机停机）；若单台机车无法维持运行则按照应急处置办法处理。

（4）应急处置办法。

① 断开排尘风机断路器（CA9控制区内左侧）。

② 在智能显示器上进入2级界面，依次按压"诊断功能""全部功能"键，查看故障是否消除。

③ 甩出空压机A和B（重联机车可一次甩除两个空压机，单台机车一次甩除一个空压机，故障不消除时再甩除另一个空压机），执行本条②步操作。

甩除空压机方法：拔掉空压机机头左侧端部的湿度传感器。

④ 断开"蓄电池充电器及计算机"电路断路器，处理卡滞、粘连的空压机接触器，并甩除该空压机，执行本条②步操作。

⑤ 按照以上方法处理后无效，进行"大复位"。

### 11. 机车无法加载（提手柄无牵引力）

（1）故障现象。智能显示器无故障信息显示，提手柄无牵引力。

（2）故障确认。智能显示器无故障信息提示。

（3）应急处置条件。双机重联运行时出现单台机车无牵引力，若单台机车可维特运行时，在检修故障"110"指导下维持运行；若单台机车无法维持运行，则按照应急处置办法处理。

（4）应急处置办法。

① 检查机车控制相应开关的位置："柴油机控制"开关 EC 置"运行"位，司控器换向手柄离开"中立"位，主操纵台的"主发电机磁场"断路器，"控制"断路器及"电阻制动"断路器置"闭合（ON）"位，副操纵台的"主发电机磁场"及"电阻制动"断路器在"断开（OFF）"位。

② 转换操作台进行试验。

③ 按照以上方法处理后无效，进行"大复位"。

### 12. 智能显示器出现黑屏、白屏、显示英文或"·"号

（1）故障现象。智能显示器出现黑屏、白屏、显示英文或"·"号。

（2）故障确认。确认是 1 个还是 3 个智能显示器出现黑屏、白屏、显示英文或"·"号。

（3）应急处置条件。双机重联运行时单台机车智能显示器出现和黑屏，白屏、显示英文或"·"号，若单台机车可维持运行，在检修故障"110"指导下维持运行；若单台机车无法维持运行则按照应急处置办法处理。

（4）应急处置办法。

① 一个显示器故障时，切除故障显示器（切除方法：逆时针拧动柴油机控制面板 EC 左侧两个固定螺丝，打开柜门，在柴油机控制面板 EC 背面有 4 个断路器，按照铭牌标识断开相应断路器即可），进行"小复位"，维持运行。

② 3 台显示器均故障时，进行"小复位"。

③ 按照以上方法处理后无效，进行"大复位"。

### 13. 机车锁轴

（1）故障现象。机车正常运行时，警铃报警，智能显示器显示"＊"轴锁轴。

（2）故障确认。

① 智能显示器左下角显示："＊"轴锁轴，牵引制动受限。

② 查阅能显示器事件日志显示："＊"轴锁轴。

（3）应急处置条件。

① 后部瞭望，观察走行部是否有异音、冒烟或冒火星等异常情况，无异常时，切除对应牵引电机速度传感器，维持运行至前方站停车检查处理。

② 后部瞭望，若有异常情况，施加常用制动停车，按应急处置办法处理。

（4）应急处置办法。

① 下车检查智能显示器提示报警的车轴状态，手触检查牵引电机轴承、轴箱轴承温度有无明显升高（可与相邻轴位的同一部位进行比较）、齿轮箱有无变色、严重甩油、冒烟等。

② 检查相应的车轴无异常后，在智能显示器 2 级界面下切除锁轴位牵引电机速度传感器及牵引电机，进行"全部重置"，消除锁轴报警不能运行的故障记录。

③ "全部重置"无法消除锁轴报警时，进行"小复位"。

④ 在保证行车安全的情况下缓慢移动机车（速度不超过 5 km/h），观察车轴转动是否正常。如车轴转动正常，切除报警牵引电机速度传感器及牵引电机，维持运行。

⑤ 若发现车轴转动异常，请求救援。

### 14."PCS 断开"无法消除

（1）故障现象。机车正常运行时，智能显示器显示"PCS 断开"无法消除，无牵引力输出。

（2）故障确认。

① 智能显示器显示："PCS 断开"。

② 查阅智能显示器事件日志显示：无异常故障信息。

（3）应急处置条件。注意机车（或列车）防溜，在检修故障"110"指导下进行处置。

（4）应急处置办法。

① 确认智能显示器左下角无故障显示信息提示。

② 确认均衡风缸、总风缸、制动缸、制动管压力显示正常。

③ 确认 LKJ 无常用制动或紧急制动。

④ 进行制动机简略实验，确认制动、缓解功能正常。

⑤ 闭合 CA1 区右上角"RIM 应急开关"（将扳钮开关置向上位）。

⑥ 确认智能显示器"PCS 断开"是否已消除，若消除，可维持运行。

⑦ 若未消除，则断开 CA1 区右上角"RIM 应急开关"（将扳钮开关置向下位），执行以下操作：

a. 断开主、副操作台主发电机励磁电路断路器。

b. 依次将主、副操作台司控器方向开关置向前或向后位，将主手柄置牵引、制动区，观察"PCS 断开"是否消除，若消除，则维持运行。

途中运行注意事项：

LKJ 常用、紧急制动，机车惩罚制动时，司机控制器主手柄必须回零位。

### 15. 柴油机敲缸

（1）故障现象。机车正常运行时，柴油机"*"缸敲缸。

（2）故障确认。

① 柴油机在怠速运行时"*"缸敲缸。

② 检查敲缸的动力组是否有漏烟、漏油或漏水现象。

（3）应急处置条件。双机重联运行时发现单台机车柴油机敲缸，若单台机车可维持运行，故障机车柴油机停机，在检修"110"指导下维持运行；若单台机车无法维持运行，则按照应急处置办法处理。

（4）应急处置办法。

① 检查该缸摇臂或曲轴箱检查孔盖，若发生破损、严重漏油等情况未查明故障原因时，严禁启动柴油机。

② 摇臂箱、曲轴箱检查孔盖外观无异常时，在检修故障"110"指导下，甩除该缸电喷接线，若该缸故障消除或明显减弱，维持运行，途中停车就检时加强巡逻检查；若机械撞击声持续且异音明显增强时，停机请求救援。

注意事项：在防寒期，柴油机不能起机时，需放掉柴油机冷却水。

### 16. 电子制动阀 EBV 故障

（1）故障现象。电子制动阀 EBV 运行中自动减压 50 kPa。

应急处理办法。当自动制动手柄置"运转位"自动减压时，将自动制动手柄离开"运转位"后重新快速拉回"运转位"（可反复试验），缓解正常后维持运行，加强观察列车管压力并及时反馈故障信息，无法缓解时，立即请求救援。

（2）观察故障现象。微机显示报故障代码 F-075。

应急处理办法。当自动制动手柄置"运转位"报空气制动装置故障，机车起紧急制动，故障代码 F-075，停车后进行大复位处理，故障消除，维持运行，不能消除立即请求救援。

（3）观察故障现象。制动显示屏报故障代码 F-076，F-077。

应急处置办法。机车未出现惩罚制动时，不做处理维持运行，机车制动减压不缓解时，停车后进行大复位处理，故障消除维持运行，故障不消除请求救援。

（4）观察故障现象。制动显示屏报故障代码 F-085。

应急处置办法。机车运行中产生惩罚制动，报故障代码 F-085 时，将自动制动阀迅速置"抑制位"1 s 后回运转位，缓解正常维持运行；不缓解时，停车后进行大复位操作，故障消除维持运行，不能恢复立即请求救援

（5）观察故障现象制动显示屏报故障代码 F-080。

应急处置办法。此时制动系统制动缓解功能正常，但小闸侧缓功能失效，维持运用，回段报修。

（6）观察故障现象。制动显示屏报故障代码 F-055。

应急处置办法。制动显示屏显示电空制动故障"F-055"时，关闭重联处平均管塞门，在故障机车对 20CP 进行单独自检，自检后进行大复位处理，故障消除维持运行，故障未复位，请求救援。

注：动车前检查重联处于平均管塞门，确保开放。

（7）观察故障现象。制动显示屏报故障代码 F-026。

应急处置办法。制动屏显示"电控制动"故障而"F-026"机车运行正常时，维持运用，此时单阀侧缓解功能失效，机车单阀制动不能缓解时，停车后进行大复位处理，故障消除维持运行，故障不消除请求救援。

### 17. 紧急制动

紧急制动复位必须先消除紧急制动源，可查询制动机"事件记录"提示，确认紧急制动的原因，即紧急制动源。

（1）观察故障现象。运行中 LKJ 发出紧急制动，制动屏"事件记录"提示"紧急制动：ATP"。

应急处理办法。检查机车紧急按钮是否人为误碰，如误碰恢复后缓解机车维持运行；机车正常时检查监控装置 LKJ 发出紧急制动指令原因，按故障规定操作处理；无法处理时联系电务人员进行指导。（注：LKJ 引起的惩罚、紧急制动，必须先解锁 LKJ，再缓解机车）。

（2）观察故障现象。制动屏"事件记录"提示"紧急制动：操作员"。

应急处置办法。检查机车主、副台自动制动手柄是否存在"紧急制动"位，若在紧急制动位，按照规定复位后试风良好维持运行；若检查机车均正常，分别将自阀推至"紧急制动"位，再将非操作端自阀移至重联位，操作端 60 s 计时结束后移至运转位，故障消除维持运行，仍无法缓解时请求救援。

（3）观察故障现象。制动屏"事件记录"提示"紧急制动：列车管线"。

应急处置办法。机车、车辆、列尾引起的紧急制动，将自动制动手柄置"紧急制动"位 50 s 后移至"运转位"缓解后恢复继续运行，若不缓解，关闭机车与车辆连接处列车管塞门，缓解机车恢复正常，说明故障出现在车辆端，检查车辆状态；缓解接车故障不恢复、说明故障出现在机车，检查 8# 紧急放风闸，车下风管路，对漏风处所进行处置。

（4）观察故障现象。制动屏"事件记录"提示"紧急制动：机车或其他红色代码事件"。

应急处置办法。若能正常缓解则继续正常运行；若不缓解，进行大复位操作，能正常缓解继续维持运行；运行途中若再次发生同样故障请求救援。

### 18. 主压缩机故障

（1）观察故障现象。$HXN_5$ 型机车运行中单台空气压缩机报故障。

故障确认。微机显示屏提示某一压缩机不可用或机械间某一压缩机喷雾、机头高温、高压。

应急处置方法。切除相应故障主空压缩机机头温度传感器，使用另一空压缩机维持运行。

（2）观察故障现象。$HXN_5$ 型机车运行中双台空气压缩机报故障。

故障确认。微机显示屏提示两台压缩机不可用湿度低于下限。

应急处置办法。进入智能显示器 2 级界面，依次按压"诊断功能"、"全部重复"，即可完成重置操作

## 项目小结

本项目主要介绍了电力机车乘务员应该掌握的基本知识和基本技能，包括电力机车检查基本知识、$SS_{4G}$ 型电力机车及 $HXD_3$ 型电力机车检查顺序及要求、$HXD_3$ 型电力机车主要部件的保养、机车故障处理基本知识、$SS_{4G}$ 型电力机车及 $HXD_3$ 型电力机车、$DF_{8B}$ 型和 $HXN_5$ 型内燃机车常见故障处理等。

机车乘务员要熟练掌握机车检查、给油、保养以及故障处理的基本知识和基本技能要点和规范。运行中机车如果发生故障，在不扩大事故后果的原则下，能够根据故障特征、机车线路特点、列车重量等，准确地判断和处理故障，从而维持列车运行。这就要求乘务员在实际工作中多学习理论，注意观察分析和总结，不断积累经验，确保在工作中得心应手地快速判断处理，保证列车安全正点运行。

**复习思考题**

1. 机车检查的目的是什么？
2. 机车检查的方法有哪些？
3. 机车检查的注意事项有哪些？
4. 电力机车检查是如何分工的？
5. 机车给油的方法和注意事项有哪些？
6. 总结 $SS_{4G}$ 型电力机车检查顺序及各部分检查要求。
7. 总结 $HXD_3$ 型电力机车检查顺序及各部分检查要求。
8. 受电弓的保养内容有哪些？
9. 主断路器的保养内容有哪些？
10. 主变压器的保养内容有哪些？
11. 避雷器的保养内容有哪些？
12. 主变流器的保养内容有哪些？
13. 高压接地开关的保养内容有哪些？
14. 司机控制器的保养内容有哪些？
15. 车钩缓冲装置的保养内容有哪些？
16. 空气制动机的保养内容有哪些？
17. 机车故障应急处理的意义和要求有哪些？
18. 课后查询资料，总结 $SS_{4G}$、$HXD_3$ 型电力机车、$DF_{8B}$ 型和 $HXN_5$ 型内燃机车常见故障的原因及其处理办法。
19. 在机车模拟、仿真装置上进行相应的故障设置和处理练习，掌握故障处理的流程和方法。

# 项目九

## 铁路安全生产

### 📋 项目描述：

铁路是国民经济的大动脉，安全是铁路运输企业永恒的生命线。铁路行车安全的好坏，是衡量铁路运输企业管理水平和各部门工作质量的重要指标之一。铁路企业认真贯彻"安全第一，预防为主，综合治理"的方针，是国民经济长期稳定发展的需要，也是广大铁路职工应承担的光荣职责。

安全生产是党和国家的一贯方针，在铁路运输工作中，更有其重要的意义。列车的运行安全，关乎旅客的生命财产安全，关乎货物的安全，是铁路运输中最重要、最核心的部分。铁路旅客运输安全和货物运输安全取决于列车运行安全（行车安全）。

保证铁路运输安全是铁路企业及职工应尽的职责。一旦发生行车事故，后果极其严重，不但会造成运输工作中断，会使许多企业生产不能正常进行，造成巨大的经济损失。有些事故甚至会危及人民的生命、财产，直接影响社会稳定。另外，事故发生产生的影响甚至会损害国家声誉，在国际上造成恶劣影响，影响国家的对外交往和开放。所以，铁路运输安全对整个社会生活具有非常重要的意义和重大的影响。

### 📋 目标引领：

（1）熟悉机车乘务员安全生产基本知识，掌握机车防火、救火的技能，熟悉常见灭火器的使用方法。

（2）了解中国铁路行车行车安全体系的组成及各部分的功能。

（3）掌握铁路行车事故的分类和内容。

（4）了解铁路行车事故通报、救援的基本知识，掌握铁路行车事故起复救援的要求、注意事项以及复轨器的使用方法。

（5）思政目标：提高学生安全生产意识，培养学生遵章守纪、履职尽责的工作态度，时刻把安全生产放在第一位，确保旅客生命财产安全。

### 📋 思政案例：

安全生产是党和国家的一贯方针，习近平总书记在党的十九大报告中指出，要树立安全发展理念，弘扬生命至上、安全第一的思想，不断完善安全生产责任制，坚决遏制重特大安全事故。铁路运输承载着国家的兴旺和繁荣，安全是铁路运输企业永恒的生命线。

案例经过：2013年2月7日，××机务段整备车间机车钳工李某（男，35岁，本岗位工龄15年），3时30分接夜班。5时10分左右，对停留在40道的$HXD_1$型6293号和$HXD_1$型479号两台电力机车整备完毕后，转入11道停留的SS4型0085号电力机车顶部作业，

5时50分整备结束,在下机车顶部的过程中,李某告诉同组作业人员时某,他再上已整备完毕的40道电力机车 $HXD_1$ 型6293号机车看一下,即从作业高台处走到40道 $HXD_1$ 型6293号机车顶部。因40道 $HXD_1$ 型6293号机车已整备完毕,防护信号已撤除,正准备利用整备内燃机车牵引至有电区待用。牵引内燃机车司机看到扳道员发出的信号后,启动机车向前行驶,在 $HXD_1$ 型6293号机车车顶上的李某看到机车推向有电区,便手抓机车顶部缘,坠挂在机车侧面后坠落地面。经医院诊断为:1. 右股骨骨折;2. 腰1椎压缩骨折;3. 面部皮肤裂伤;4. 全身多处软组织损伤。构成一般B2类事故。

案例分析:

1. 该作业人员违反电力机车整备作业劳动安全"电力机车进行整备时,必须办理隔离开关分闸手续,严格执行登记和监护制度,履行有关手续"的规定,在未办理登顶作业手续的情况下,盲目登顶作业。

2. 同组作业人员明知 $HXD_1$ 型6293号机车作业完毕已销号,在未重新办理登记手续的情况下,未对登顶作业进行制止。

3. 现场安全员对作业人员作业完毕办理销号签认监督不力,应由作业者本人办理销号的作业变为他人代签销号。

在铁路安全生产章节中融入思政教育,让学生了解"安全第一,预防为主"的工作方针。进一步提高学生安全生产意识,培养学生遵章守纪、履职尽责的工作态度,时刻把安全生产放在第一位,确保旅客生命财产安全。

## 任务一　解析机车乘务员安全生产

### 一、机车乘务员通用人身安全标准

(1) 按规定时间全员出勤,认真审阅运行揭示、安全注意事项,制订本趟车安全措施。

(2) 机车检查、给油时,要严格按程序作业,认真检查各部的安全防护装置。

(3) 动车前,必须确认车组人员到齐、车上车下无其他作业人员,先鸣笛,后动车。禁止边鸣笛,边动车(限鸣区段除外)。

(4) 运行中,必须关闭机车两侧车门,认真瞭望,按规定鸣笛。遇危及人身和行车安全时,应立即采取停车措施。

(5) 机车乘务员不准在机车、车辆运行中提车钩、摘风管或调整钩位;下车检查、处理故障时须穿防护服;摘挂机车或中间站停车检查机车时不得侵入邻线;邻线有列车通过时,不得在通过列车的一侧检查机车。

(6) 上、下机车须面向机车,站稳抓牢。下机车时,须看好车下地形,注意邻线状态,禁止盲目或背向机车下车及单手下滑。

(7) 机车出入库、上下转盘、库内转线或驶进擦车台时,严禁站在脚蹬、司机室梯子或走板处,不准探身车外。

(8) 在机车两侧作业时,须处在安全位置。

(9) 机车出入库、单机转线、双司机室机车必须在运行方向端操纵,不得简化换端程序。

（10）机车停留时，须做好防溜措施。

（11）调整机车头灯焦距时，必须关闭电源。

（12）各类机车，凡可攀登到车顶的梯子和通过走台板的前门、天窗等处，应涂刷或设置"有电危险，禁止攀登"等明显的警示标志，并加锁或安装自动报警装置。

（13）严禁私存、私配车顶门钥匙。

（14）机车必须配备安全防护用品，定置存放，加封管理。乘务员使用前必须检查确认状态良好。

（15）机车正常运行时，任何人不得非法切除机车任何保护装置。若出现不正常状态，应通知有关人员及时检查调整，严禁司机自行调节各保护环节的整定值或采用不合格的熔断器。

（16）在机车上作业时不得手扶门框，开关车门要防止挤伤。进入机械间巡视必须系紧衣扣、鞋带、站稳抓牢。

（17）按动两位置转换开关电空阀时，身体及头部要离开手柄转动部分，并不得接触转鼓及触指等部位。

（18）如接触网临时停电，在未办理停电接地前，须视为有电，严禁登上机车或车辆的顶部进行作业。

（19）按规定位置登顶，并在操纵端主手柄上挂好"禁动"牌，严禁从其他部位爬上车顶。

（20）在电化区段运行中，禁止雷雨天气将头手伸出车外。

## 二、电力机车乘务员安全注意事项

（1）电力机车主回路，辅助回路带有高电压，为避免发生伤亡和触电事故，凡从事保养、使用和登乘电力机车的人员，均应熟悉和遵守有关安全规则，并熟悉触电的防护措施和急救方法。

（2）电力机车乘务员应熟知机车导线通过的地方，在高电压下工作的电器设备、测量仪表和其他装置。

（3）禁止在带电的情况下，接触未绝缘的导线及各种电器设备的导电部分。

（4）凡是电力机车停在接触网下，未经电调准许和挂好接地线前，不论何种原因，禁止登上机车车顶。

（5）当机车受电弓升起时，禁止在车内、车顶、车下从事以下工作。

① 进入高压室和变压器室。

② 开启防护高压的防护板、外罩及牵引电机整流子孔盖。

③ 检查、修理车体的电器设备、机械装置和通风装置。

④ 检查、修理各种高压电器设备或器具。

⑤ 攀登车顶检修受电弓或清洗车帮、车顶、前侧玻璃。

（6）当乘务员需要进入高压室或变压器室时，必须确认受电弓已降下，主断路器已断开后才可进行。

（7）禁止持有和使用私有的操作手柄和司机台开关箱钥匙，禁止使用铁钩、铁片、改锥等代替开关箱钥匙。

（8）机车上必须保持绝缘手套、绝缘靴、绝缘棒、区间电话箱钥匙等备品状态良好，并存放在固定地方。

（9）机车升弓前，司机应告知乘务组人员以及登乘机车有关人员，同时须确认以下事项。
① 各机械孔盖已盖好。
② 高压室、变压器室、车顶、车底的工作人员已撤离。
③ 机车各部件、各塞门、开关、制动机复查状态良好。
（10）运行中，操作端司机室的门应关闭，不得加锁。非操作端的门应锁闭，并禁止在司机室、走廊放置无关的物品。
（11）机车乘务员应保持行车安全装备及用品状态良好，并将其存放在指定位置。
（12）禁止从车上向下抛掷工具和其他物品，禁止向车外抛撒物品和火种。
（13）在机车的顶板、走板边缘禁止放置工具和零部件，以免坠落。
（14）使用兆欧表测量机车电路、用电设备绝缘时，禁止接触电器部件，除机械部分和制动部分外，其他各项工作均应停止。
（15）本段与折返段在电力机车上工作的安全注意事项。
① 电力机车进出机务段、折返段时，必须在规定地点一度停车，鸣笛要道。待显示允许信号后方可动车。在段内动车时，须经值班员同意，按引导动车。
② 机车进入段内停车时，应降下受电弓，断开主断路器，保持制动状态。
③ 机车入库，使用入库机组拖动机车入库，应该降弓滑行。
④ 机车在入库检修当中，如果辅助回路接入高压电源，禁止在高压系统工作。
⑤ 机车检修完毕，司机应全面检查机车并确认所有装置良好，鸣示升弓信号后，方可升弓进行高压试验。
⑥ 电力机车整备线及检查线的接触网应设有分段隔离开关。电力机车进行整备作业或检查时，司机应该在隔离开关操作登记本上登记后，由值班员监督操作隔离开关并加锁，将钥匙交给值班员保管。司机挂好接地线后，方可登车顶进行检查和检修。严禁再次向该线路放入机车。
⑦ 机车车顶整备完毕，应确认车顶状态良好，并取得同时进行另一台机车工作的司机同意后，方可撤除接地线，在值班员监督下闭合隔离开关并加锁。
（16）在机车下部检查检修时的注意事项。
① 机车被另一台机车拖动时，速度不超过 3 km/h。
② 检查检修牵引电机时，使用带有绝缘手柄的打磨工具，并将检修的牵引电机隔离。
③ 更换闸瓦时，应关闭更换闸瓦所在转向架的机车制动缸塞门（禁止同时关闭所有转向架的机车制动缸塞门）。
（17）机车在本段、折返段外工作时的安全注意事项。
① 机车于本段外停留在接触网下，需对牵引电机、电器进行检查或检修时，应该注意做好以下各项：
a. 断开主断路器，降下受电弓。
b. 取下司机台开关钥匙。
c. 机车升弓前，司机应告知副司机及登乘机车其他人员，并确认机械室、高压室、变压器室等均无人且门已关好，没有其他无关用品，对检修过的设备进行复查并确认状态良好，人员均处在安全位置，鸣示升弓信号后方可升弓。
② 禁止在带电情况下，接触绝缘导线及机车各导电部分。

③ 为确保行车安全，只有经培训考试合格并取得机车驾驶证的司机方准独立驾驶机车。

④ 机车运行中，机车乘务员（组）应做到：

a. 确认呼唤（应答）必须执行"彻底瞭望、确认信号、手比眼看、准确呼唤"，并掌握"清晰短促、提示确认、全呼全比、手势正确"的作业要领。

b. 认真贯彻执行防止人身伤亡的相关规定，时刻牢记：人命重于泰山，瞭望不能间断，鸣笛呼唤规范，制动停车果断。

c. 防止列车发生颠覆、冲突等事故，安全警钟长鸣，牢固树立"安全第一，预防为主"的意识。

### 三、内燃机车乘务员安全注意事项

（1）柴油机启机前，司机应通知乘务组人员认真做好机器间及传动部件的检查，防止将盘车机具及其他物件留在柴油机飞轮、万向轴、液变箱等处，预防柴油机启动后将物件甩出伤人。

（2）柴油机启机前，司机应告知乘务组人员，并确认柴油机、冷却单节，车下传动装置等处无人作业时方可启机。

（3）柴油机空载试验及液力传动、机车换向、充油试验时，应将机车制动，以防溜走。充油试验时，控制手柄不要提得过高。

（4）机车乘务员在本段、折返段接车和中途站换班接车时，均应对机车各部件技术状态按规定项目进行检查，检查时，应注意机车油、水、风各系统是否漏泄，各零部件安装部位结构状态是否良好，电气部分各电源、触头接触表面是否良好，按自检自修范围进行给油作业，发现故障及不良处所应及时处理和报修，确认各部件作用良好后，方可启动机车，否则，不准擅自启动机车。

（5）柴油机启动时，油水温度不得低于规定温度，蓄电池电压不得低于规定电压，燃油压力不得低于规定压力，连续启动不得超过 3 次，每次间隔不得小于 1 min，防止蓄电池亏电不能启机。启机后，司机应作柴油机运转、故障励磁、故障发电等试验，并进行制动机试验检查，副司机应确认手制动机处于缓解状态，巡视机械间无异状、异响、异味，复查油水位，各油水管路无泄漏，检查各仪表显示的读数是否在规定的范围之内。

（6）在机械间或电气间工作时，一定要加强联系，采取必要的安全防护措施，并且在有关的部位挂上安全禁动牌。

（7）清扫、打磨及维修继电器、接触器等电气触头时应停机，并切断电源。

（8）手动换向应在停机后进行，将扳手套牢，扳动时注意安全，以防摔伤。

（9）在电化区段，机车无论在停止或运动状态，都禁止攀登机车车顶。使用各种工具时，不得越出司机室，以防触电。

（10）在司机室内吸烟，不得乱扔烟头，应放在烟灰盒内，更不准将烟头抛出窗外，杜绝火灾发生。机械间不准点火吸烟，堆放的棉丝必须放在铁桶内，不准放在机械间及电气设备上，更不准放在柴油机 V 型夹角处烘烤棉丝等物，严禁在司机室走板下及由气控制柜下堆放棉丝及易燃品

## 四、机车的防火与救火

（1）凡是必须临时断开的电气设备导线端头，应包上绝缘并捆绑好挂起，以防与其他电气设备或接地部分接触引发事故。

（2）机车上临时敷设电线时，应使用符合规格的电线或电缆并捆绑好，不得与车体摩擦或直接接触。

（3）严禁使用不合格或代用品替代机车电路中的熔断器。

（4）严禁在司机室壁炉、脚炉、取暖加热设备、空调出风口、空气压缩机上烘烤放置棉丝及其他物品，禁止在机车走廊、机械间吸烟。

（5）机车乘务员应熟练使用灭火器。灭火器应避光存放，不能敲打灭火器的筒体及其他部分，灭火器阀口和筒口应始终保持干燥状态。

（6）机车一旦发生火灾，机车乘务员应将牵引手柄放置零位，断开主断路器，降下受电弓，拉开蓄电池开关，尽可能将列车停在便于救火和疏散乘客的地点，但不得在木材建筑物附近，立即鸣示火灾报警信号。如果列车停在坡道上，应做好制动及防溜措施（拧紧手制动机，打好止轮器），然后按照要求组织和指挥救火。

（7）机车内用电设备着火时，只能使用四氯化碳或干砂灭火。非用电设备着火且确认与电气线路及电源无关时，才可用水或泡沫灭火器灭火。

（8）火灾后，机车乘务组应仔细检查机车设备受损情况，如果能继续维持运行，将损坏处处理好后维持运行回段或前方站；如果损失严重，不能继续运行，应立即请求救援。

## 五、发生火灾后灭火器的使用及注意事项

灭火器的种类很多，按其移动方式可分为手提式和推车式；按驱动灭火剂的动力来源可分为储气瓶式、储压式、化学反应式；按所充装的灭火剂则又可分为泡沫、干粉、卤代烷、二氧化碳、酸碱、清水等。

### 1. 干粉灭火器的使用方法

灭火时，可手提或肩扛灭火器快速奔赴火场，在距燃烧处 5 m 左右，放下灭火器，如在室外，应选择在上风方向喷射。操作时应一手紧握喷枪，另一手提起储气瓶上的开启提环。当干粉喷出后，迅速对准火焰的根部扫射。干粉灭火器若是内置式储气瓶的或是储压式的，操作者应先将开启把上的保险销拔下，然后握住喷射软管前端喷嘴根部，另一手将开启压把压下，打开灭火器进行喷射灭火。

干粉灭火器扑救可燃、易燃液体火灾时，应对准火焰根部扫射。如被扑救的液体火灾呈流淌燃烧时，应对准火焰根部由近而远并左右扫射，直至把火焰全部扑灭。

### 2. 二氧化碳灭火器的使用方法

二氧化碳灭火剂是一种具有一百多年历史的灭火剂，价格低廉，获取、制备容易，其主要靠窒息作用和部分冷却作用灭火。二氧化碳具有较高的密度，约为空气的 1.5 倍。在常压下，液态的二氧化碳会立即气化，一般 1 kg 的液态二氧化碳可产生约 0.5 $m^3$ 的气体。因而，灭火时，二氧化碳气体可以排除空气而包围在燃烧物体的表面或分布于较密闭的空间中，降

低可燃物周围或防护空间内的氧浓度，产生窒息作用而灭火。另外，二氧化碳从储存容器中喷出时，会由液体迅速气化成气体，从周围吸取部分热量，起到冷却的作用。二氧化碳不导电但空气湿度过大时，也会引起导电，故适用于扑救 600 V 以下的各种电气火灾。

用二氧化碳灭火器灭火时，将灭火器提到或扛到火场，在距燃烧处 5 m 左右，放下灭火器，拔出保险销，一手握住喇叭筒根部的手柄，另一只手紧握启闭阀的压把。对没有喷射软管的二氧化碳灭火器应把喇叭筒往上扳 70°~90°。喷嘴应选择上风方向从侧面由火源上方往下喷射，使二氧化碳迅速覆盖火源。在室内窄小空间使用的，灭火后操作者应迅速离开，以防窒息。灭火时使用时，不能直接用手抓住喇叭筒外壁或金属连接管，防止手被冻伤。使用时，灭火器应始终保持倒置状态，否则会中断喷射。

**3. 四氯化碳灭火器使用方法**

四氯化碳灭火器是将一定数量的药液以 80 kPa 的压力储藏于灭火器筒内，绝缘性能达到 1 kV，故特别适用于扑灭高压电气火灾。当发生火灾时，一手持器筒，把射口对准燃烧的地方，另一只手再旋动开关，药液即可喷出。这种灭火器药液蒸气有毒，严禁射入眼内，应在 3 m 以外地方使用，同样不可逆风使用，灭火后应及时通风。

**4. 触电后的急救**

触电急救的要点是动作迅速，救护得法。发现有人触电，首先要使触电者尽快脱离电源，然后根据具体情况进行相应的救治。

**1）脱离电源的方法**

（1）如开关箱在附近，可立即拉下闸刀或拔掉插头，断开电源。

（2）如距离闸刀较远，应迅速用绝缘良好的电工钳或有干燥木柄的利器（刀、斧、锹等）砍断电线，或用干燥的木棒、竹竿、硬塑料管等物迅速将电线拨离触电者。

（3）若现场无任何合适的绝缘物可利用，救护人员亦可用几层干燥的衣服将手包裹好，站在干燥的木板上，拉触电者的衣服，使其脱离电源。

（4）对高压触电，应立即通知有关部门停电，或迅速拉下开关，或由有经验的人采取特殊措施切断电源。

**2）对症救治**

对于触电者，可按以下 3 种情况分别处理：

（1）对触电后神志清醒者，要有专人照顾、观察，情况稳定后，方可正常活动；对轻度昏迷或呼吸微弱者，可针刺或掐人中、十宣、涌泉等穴位，并送医院救治。

（2）对触电后无呼吸但心脏有跳动者，应立即采用口对口人工呼吸；对有呼吸但心脏停止跳动者，则应立刻进行胸外心脏按压法进行抢救。

（3）如触电者心跳和呼吸都已停止，则须同时采取人工呼吸和俯卧压背法、仰卧压胸法、心脏按压法等措施交替进行抢救。

**3）应急施救的常用方法**

（1）口对口（鼻）人工呼吸法。人工呼吸是行之有效的现场急救方法。施行人工呼吸时，首先要解开被救者的领口和胸部衣服。如果口腔内有烂泥、血块、痰液等，应立即取出；如果舌头后缩而阻碍呼吸，应拉出并用绷带固定于口腔外面，以保证呼吸道畅通。做人工呼吸时用力不要过猛，以防把肋骨压断。速度应保持每分钟 15～19 次，不要过快或过慢。

解开被救者衣服，取出其口中黏液及其他东西，使其平卧，头向后仰，鼻孔朝天。救护者跪卧在其左侧或右侧，用一只手捏紧被救者的鼻孔，另一只手扒开其嘴巴。如果扒不开嘴巴，可用口对鼻吹气。救护者深吸一口气后，紧贴被救者的嘴吹气，使其胸部微微膨胀，吹气时间约 2 s。吹气完毕，立即离开被救者的嘴，放松其鼻孔，让其自行呼气，时间约 3 s。上述步骤反复操作。

（2）俯卧压背法。被救者俯卧，头偏向一侧，一臂弯曲垫于头下。救护者两腿分开，跪跨于病人大腿两侧，两臂伸直，两手掌心放在病人背部。拇指靠近脊柱，四指向外紧贴肋骨，以身体重量压迫病人背部，然后身体向后，两手放松，使病人胸部自然扩张，空气进入肺部。按照上述方法重复操作，每分钟 16～20 次。

（3）仰卧压胸法。被救者仰卧，背后放上一个枕垫，使胸部突出，两手伸直，头侧向一边。救护者两腿分开，跪跨在病人大腿上部两侧，面对病人头部，两手掌心压放在病人的胸部，大拇指向上，四指伸开，自然压迫病人胸部，肺中的空气被压出。然后把手放松，病人胸部依其弹性自然扩张，空气进入肺内。这样反复进行，每分钟 16～20 次。

（4）胸外心脏按压法。触电者心跳停止时，必须立即用胸外心脏按压法进行抢救，具体方法如下：

将触电者衣服解开，使其仰卧在地板上，头向后仰，姿势与口对口人工呼吸法相同。救护者跪跨在触电者的腰部两侧，两手相叠，手掌根部放在触电者心口窝上方，胸骨下 1/3 处。掌根用力垂直向下，向脊背方向挤压，对成人应压陷 3～4 cm，每秒钟挤压 1 次，每分钟挤压 60 次为宜。挤压后，掌根迅速全部放松，让触电者胸部自动复原，每次放松时掌根不必完全离开胸部。

## 任务二　认知中国铁路行车安全体系

随着我国铁路运输高速重载的迅速发展，有速度 200 km/h、300 km/h 的高速列车，也有速度 100 km/h 以下的普速旅客和货物列车，不同速度等级列车的交会、引进的国外列车运行控制系统对我国客货列车混跑的适应等，对行车安全保障体系提出了新的要求。

行车安全保障体系应当是一个以行车系统人员为核心、管理为中枢、行车设备为基础、环境为条件的，实时监控和开放的"人-机-环境"动态控制系统。该体系主要由行车人员安全保障体系、设施设备安全保障体系、环境安全报警保障体系和行车安全应急救援体系组成。

### 一、行车人员安全保障体系

铁路行车人员主要指车、机、工、电、辆各部门的作业人员，由于人和设备都是行车安全保障体系的基本要素，人通过操纵、控制、监督各项设备，完成行车作业过程，并与环境系统进行信息交流，对各种情况进行判断并做出决策。因此，行车人员的安全意识是行车安全保障体系发挥作用的前提和基础。

考虑到铁路行车安全具有动态性、反复性、严重性等特点，所以必须加强对行车人员的安全教育和岗位技能培训。通过人身安全教育、事故案例和预防分析，以及对导致事故的各种原因和相互联系的深入分析，使行车人员牢固树立"安全第一"的思想。同时，岗位技能水平、作业标准的执行也直接影响行车安全，因此，必须加强行车人员的岗位技能培训。

考虑到山区坡度大、曲线多、半径小等自然环境的特性，要加强机车乘务员的适应性研究，包括出勤适应性检测、驾驶感知疲劳、驾驶失衡疲劳、驾驶可靠性、职业适应性等方面。

## 二、设施设备安全保障体系

设施设备安全保障体系是以铁路行车安全畅通为目标，以设备保安全为指导思路，通过先进的检测控制技术，及时准确地收集各种铁路行车信息，以铁路行车安全的各因素进行全方位监控，并将收集到的监控信息，通过安全可靠性模型处理，进行及时分析反馈，使铁路行车安全真正做到有序可控。在设备自检、互检形成安全监控网络的基础上，建立"机控为主，人控优先"的人机联控安全系统。

按照各监测设备的方位进行设施设备技术群的系统整合，建立包括"地对车、车对地、地对地、车对车"4个相互匹配环节的闭路循环监测子系统，也可以按传统的车、机、工、辆等部门进行系统整合。

### 1．"地对车"监测子系统

"地对车"监测子系统包括货物列车超限超偏载监测、红外线轴温监测、车轮踏面擦伤监测等。

### 2．"车对地"监测子系统

"车对地"监测子系统包括轨道动态监测单元（晃车仪）、机车信号记录仪、综合检测车等。

### 3．"地对地"监测子系统

"地对地"监测子系统包括车站微机联锁监测、道岔状态监测、轨道电路监测、牵引供电监测、道口监测、桥梁和隧道监测等。

### 4．"车对车"监测子系统

"车对车"监测子系统包括列车尾部安全监测、列车运行记录装置监测、机车轴温监测、机车故障检测、列车运行品质动态监测、旅客列车车载安全检测等。

对整个行车保障体系的信息源点，要按照均衡性、经济性、针对性、便利性、选择性等原则统筹安排，综合考虑检测布点方案。

## 三、环境安全报警保障体系

环境安全报警保障体系主要是针对自然环境对行车安全的影响采取必要措施。铁路技术设备运行在全天候的自然环境中，地震、大风、洪水、雪灾、雷电、塌方、滑坡等都会对行车安全造成危害。我国铁路目前还没有形成完善的自然灾害检测报警系统，对自然灾害的抵御能力较差。因此，要安装环境检测报警设备，以达到在环境变化达到临界状态前报警的目的。该体系包括地质信息、气候信息、水文信息等子系统。

1. 地质信息子系统

地质信息子系统针对铁路沿线的地质情况，有针对性的监测地震、泥石流、山体滑坡等地质灾害，及时发布紧急报警信息。

2. 气候信息子系统

气候信息子系统主要针对沿线特殊路段的风速和雪害进行监测，当超过行车安全范围时发布紧急报警信息。

3. 水文信息子系统

水文信息子系统重点监测汛期易发生特大洪水和暴雨的路段，以便及时发现危及行车安全的汛情。据不完全统计，全国铁路沿线分布有泥石流沟 11 386 条，大中型滑坡点 1 000 多处，崩塌近万处。20 多条铁路干线、60 多个车站曾受到地质灾害的威胁，这些灾害主要出现在山区。因此，应重点完善山区铁路的环境监测报警系统。可以借鉴国内外先进的环境报警技术，针对山区铁路隧道、桥梁、山体滑坡、落石、泥石流、水害等集中进行监测，确保铁路行车安全。

## 四、行车安全应急救援体系

行车安全应急救援体系以尽快消除事故影响、迅速恢复线路畅通、最大限度减少事故损失为目的。该系统通过 DMIS（调度管理信息系统）、卫星云图、动态图像传输系统和 RGIS（铁路地理信息系统）等，及时掌握事故和灾害情况以及现场的地形、地貌和设备状况，实施快速救援，减少损失，尽快恢复列车运行。该体系包括行车事故数据库、设备地理信息、事故救援决策支持及行车救援等子系统。

1. 行车事故数据库

事故数据库应存储有近 10 年来的行车事故信息，包括事故类型、概况、时间、地点、直接作业人员、主要和次要责任者、事故原因、直接经济损失、事故后设备状况、事故后跟踪管理等信息。可以提供事故查询和分析报告，包括事故原因、性质和后果、处理意见、防治措施及应吸取的教训等。

2. 设备地理信息子系统

该子系统通过地图与信息结合，全面直观、准确反映铁路设备的分布及技术特征，为行车事故救援工作提供有效技术手段。子系统可包括铁路局概况图、桥隧概况图、救援列车设备概况图、车站和枢纽示意图等，可用空间导航、地址匹配等定位方式，为用户快速定位显示，为行车事故救援提供决策依据。

3. 事故救援决策支持子系统

该子系统将事故现场信息与专家救援经验知识库链接，能根据事故地点机车车辆脱轨或颠覆状况、线路损坏或救援设备等条件，快速制定出符合现场实际的救援方案，从而克服经验决策的局限性，必要时还能对方案进行解释。此系统内的知识库主要存放事故救援专门知识、线路详情及救援力量分布等，通过将输入的原始事故信息与知识库中所存的救援方案前提条件进行匹配得出结论，这也是该子系统建立的关键。

#### 4. 行车救援子系统

该子系统包括消防、医疗救护、公安、救援列车、其他救援设备和综合维修基地等信息。其中综合维修基地信息由大型机械化养路段、动车拖车维修、供电接触网维修、工务维修、通信信号维修等部分组成。行车救援子系统还可以充分利用非铁路系统的信息，开展综合性行车救援工作。

## 任务三　认知铁路行车事故

铁路机车车辆在运行过程中发生冲突、脱轨、火灾、爆炸等影响铁路正常行车的事故，包括影响铁路正常行车的相关作业过程中发生的事故；或者铁路机车车辆在运行过程中与行人、机动车、非机动车、牲畜及其他障碍物相撞的事故，称为铁路交通事故。

按照事故的性质、损失以及对行车造成的影响，行车事故分为特别重大事故、重大事故、较大事故和一般事故 4 个等级。

### 一、特别重大事故

有下列情形之一的，为特别重大事故：
（1）造成 30 人以上死亡。
（2）造成 100 人以上重伤。（包括急性工业中毒，下同）。
（3）造成 1 亿元以上直接经济损失。
（4）繁忙干线客运列车脱轨 18 辆以上并中断铁路行车 48 h 以上。
（5）繁忙干线货运列车脱轨 60 辆以上并中断铁路行车 48 h 以上。

### 二、重大事故

有下列情形之一的，为重大事故：
（1）造成 10 以上 30 人以下死亡。
（2）造成 50 人以上 100 人以下重伤。
（3）造成 5 000 万元以上 1 亿元以下直接经济损失。
（4）客运列车脱轨 18 辆以上。
（5）货运列车脱轨 60 辆以上。
（6）客运列车脱轨 2 辆以上 18 辆以下，并中断繁忙干线铁路行车 24 h 以上或者中断其他线路铁路行车 48 h 以上。
（7）货运列车脱轨 6 辆以上 60 辆以下，并中断繁忙干线铁路行车 24 h 以上或者中断其他线路铁路行车 48 h 以上。

## 三、较大事故

有下列情形之一的,为较大事故:
(1)造成 3 人以上 10 人以下死亡。
(2)造成 10 人以上 50 人以下重伤。
(3)造成 1 000 万元以上 5 000 万元以下直接经济损失。
(4)客运列车脱轨 2 辆以上 18 辆以下。
(5)货运列车脱轨 6 辆以上 60 辆以下。
(6)中断繁忙干线铁路行车 6 h 以上。
(7)中断其他线路铁路行车 10 h 以上。

## 四、一般事故

一般事故分为:一般 A 类事故、一般 B 类事故、一般 C 类事故、一般 D 类事故。

### 1. 一般 A 类事故

A1. 造成 2 人死亡。
A2. 造成 5 人以上 10 人以下重伤。
A3. 造成 500 万元以上 1 000 万元以下直接经济损失。
A4. 列车及调车作业中发生冲突、脱轨、火灾、爆炸、相撞,造成下列后果之一的:
　A4.1 繁忙干线双线之一线或单线行车中断 3 h 以上 6 h 以下,双线行车中断 2 h 以上 6 h 以下。
　A4.2 其他线路双线之一线或单线行车中断 6 h 以上 10 h 以下,双线行车中断 3 h 以上 10 h 以下。
　A4.3 客运列车耽误本列 4 h 以上。
　A4.4 客运列车脱轨 1 辆。
　A4.5 客运列车中途摘车 2 辆以上。
　A4.6 客车报废 1 辆或大破 2 辆以上。
　A4.7 机车大破 1 台以上。
　A4.8 动车组中破 1 辆以上。
　A4.9 货运列车脱轨 4 辆以上 6 辆以下。

### 2. 一般 B 类事故

B1. 造成 1 人死亡。
B2. 造成 5 人以下重伤。
B3. 造成 100 万元以上 500 万元以下直接经济损失。
B4. 列车及调车作业中发生冲突、脱轨、火灾、爆炸、相撞,造成下列后果之一的:
　B4.1 繁忙干线行车中断 1 h 以上。
　B4.2 其他线路行车中断 2 h 以上。
　B4.3 客运列车耽误本列 1 h 以上。
　B4.4 客运列车中途摘车 1 辆。

B4.5 客车大破 1 辆。

B4.6 机车中破 1 台。

B4.7 货运列车脱轨 2 辆以上 4 辆以下。

### 3. 一般 C 类事故

C1. 列车冲突。

C2. 货运列车脱轨。

C3. 列车火灾。

C4. 列车爆炸。

C5. 列车相撞。

C6. 向占用区间发出列车。

C7. 向占用线接入列车。

C8. 未准备好进路接、发列车。

C9. 未办或错办闭塞发出列车。

C10. 列车冒进信号或越过警冲标。

C11. 机车车辆溜入区间或站内。

C12. 列车中机车车辆断轴，车轮崩裂，制动梁、下拉杆、交叉杆等部件脱落。

C13. 列车运行中碰撞轻型车辆、小车、施工机械、机具、防护栅栏等设备设施或路料、坍体、落石。

C14. 接触网接触线断线、倒杆或塌网。

C15. 关闭折角塞门发出列车或运行中关闭折角塞门。

C16. 列车运行中刮坏行车设备设施。

C17. 列车运行中设备设施、装载货物（包括行包、邮件）、装载加固材料（或装置）超限（含按超限货物办理超过电报批准尺寸的）或坠落。

C18. 装载超限货物的车辆按装载普通货物的车辆编入列车。

C19. 电力机车、动车组带电进入停电区。

C20. 错误向停电区段的接触网供电。

C21. 电化区段攀爬车顶耽误列车。

C22. 客运列车分离。

C23. 发生冲突、脱轨的机车车辆未按规定检查鉴定编入列车。

C24. 无调度命令施工，超范围施工，超范围维修作业。

C25. 漏发、错发、漏传、错传调度命令导致列车超速运行。

### 4. 一般 D 类事故

D1. 调车冲突。

D2. 调车脱轨。

D3. 挤道岔。

D4. 调车相撞。

D5. 错办或未及时办理信号致使列车停车。

D6. 错办行车凭证发车或耽误列车。

D7. 调车作业碰轧脱轨器、防护信号，或未撤防护信号动车。

D8. 货运列车分离。

D9. 施工、检修、清扫设备耽误列车。

D10. 作业人员违反劳动纪律、作业纪律耽误列车。

D11. 滥用紧急制动阀耽误列车。

D12. 擅自发车、开车、停车、错办通过或在区间乘降所错误通过。

D13. 列车拉铁鞋开车。

D14. 漏发、错发、漏传、错传调度命令耽误列车。

D15. 错误操纵、使用行车设备耽误列车。

D16. 使用轻型车辆、小车及施工机械耽误列车。

D17. 应安装列尾装置而未安装发出列车。

D18. 行包、邮件装卸作业耽误列车。

D19. 电力机车、动车组错误进入无接触网线路。

D20. 列车上工作人员往外抛掷物体造成人员伤害或设备损坏。

D21. 行车设备故障耽误本列客运列车 1 h 以上，或耽误本列货运列车 2 h 以上；固定设备故障延时影响正常行车 2 h 以上（仅指正线）。

## 任务四　铁路行车事故的通报与救援

### 一、行车事故的通报

#### 1. 行车事故的报告

事故发生后，事故现场的铁路运输企业工作人员或其他人员应立即向邻近铁路车站、列车调度员、公安机关或相关单位负责人报告。有关单位和人员接到报告后，应立即将事故情况向企业负责人和事故发生地安全监督办公室安全监察值班人员报告，安全监督办公室安全监察值班人员按规定向安全监督办公室负责人报告。

在区间发生事故时，由机车（列车）司机立即报告列车调度员，或报告就近车站值班员转报列车调度员。在站内或段管线内发生事故时，由站、段长直接报告铁路局调度员。

铁路运输企业列车调度员要认真填写"铁路交通事故（设备故障）概况表"，并分别向事故发生地安全监督办公室安全监察值班人员、国铁集团列车调度员报告。

国铁集团列车调度员接到事故报告后，应及时收取或填写"铁路交通事故（设备故障）概况表"，并立即向值班处长和安全监察司值班人员报告；值班处长和安全监察司值班人员按规定向本部门负责人、国铁集团办公厅领导报告，由负责人向总公司领导报告，事故涉及其他按部门时，由办公厅通知相关部门负责人。

发生特别重大事故、重大事故、较大事故或者有人员伤亡的一般事故，安全监督办应向事故发生地县级以上地方人民政府及其安全生产监督管理部门通报。

发生特别重大事故、重大事故，由国铁集团办公厅负责向国务院办公厅报告，并通报国家安全生产监督管理总局等有关部门。

### 2. 行车事故报告的内容

事故报告的主要内容应包括以下信息：

（1）事故发生的时间、地点、区间（线路、公里数、米）、线路条件、事故相关单位和人员。

（2）发生事故的列车种类、车次、机车型号、部位、牵引辆数、重量、计长及运行速度。

（3）旅客人数、伤亡人数、性别、年龄以及救助情况，是否涉及境外人员伤亡。

（4）货物品名、装载情况，易燃、易爆等危险物品情况。

（5）机车车辆脱轨辆数、线路设备损坏程度等情况。

（6）对铁路行车的影响情况。

（7）事故原因的初步判断，事故发生后采取的措施及事故控制情况。

（8）应立即报告的其他情况。

事故报告后，人员伤亡、脱轨辆数、设备损坏等情况发生变化时，应及时补报。

## 二、行车事故救援与起复

铁路发生行车事故后，应首先进行应急处理。确定需要救援时，再及时派出救援列车赶往事故现场进行救援工作，采取积极措施。迅速起复机车、车辆，清除线路上的障碍，尽快开通线路，确保迅速恢复通车，把事故的损失减少到最低限度。救援工作如组织指挥得当，可迅速恢复行车，降低事故等级。因此，事故救援在铁路运输中有着非常重要的作用。

### 1. 事故救援工作的管理

**1）树立抢通意识，加强救援起复组织**

各铁路局、各站段要建立健全事故救援领导负责制，制定和完善事故救援工作程序。一旦发生事故需要救援，各级有关领导必须立即赶赴现场，由一名主要领导负责，实行单一指挥。根据事故具体情况，迅速制定切实可行的抢通方案，抓好组织实施，以最短的时间，迅速修复开通线路。各单位要听从指挥，通力合作，从人员、物资、车辆、生活等方面予以保证。事故救援起复结束后，路局要及时召开救援总结会，讲评救援情况，做到优奖劣惩。

**2）依靠科技进步，加速救援手段现代化**

各铁路局要积极采用新技术、新设备，提高应急、快速救援能力，以适应事故救援工作的要求。如要加快救援列车专用车辆更换客车改造；救援列车大型吊具全部更新为新型带状吊具；轨道车配备轻型合金钢复轨器。同时，加快救援设备和机具的研制开发，依靠科技进步向小型化、便捷化发展等。在设备研制开发中，有关部门要密切配合、大力支持，用较快的速度开发出实用、高效的新产品，提高救援能力；要尽快研制配备快速救援机具；要加强救援设备日常的修、管、用，保证设备处于良好状态。

**3) 强化救援队伍培训，全面提高队伍素质**

各单位要认真抓好救援专业队伍的日常培训，要建立培训基地，定期组织培训、教育，提高救援队伍的整体水平，做到"养兵千日，用兵一时"和"招之即来，来之能战，战之能胜"。

**4) 加强对救援队的领导**

按照有关规定，事故救援工作要做到制度落实、组织落实、工具备品落实。对"三落实"的情况要定期进行检查，发现问题要立即整改。

## 2. 事故救援组织及设备

为及时处理行车事故，起复机车车辆、清除线路故障、保证迅速恢复行车，根据运输生产需求，铁路局应在无救援列车的编组站、区段站和二等站以上车站成立事故救援队，配备简单起复设备和工具。机车、重型轨道车、自轮运转设备上均应备有复轨器和铁鞋。动车组应配备止轮器（铁鞋）、紧急用渡板、应急梯、过渡车钩和专用风管。大型养路机械需配备专门的起复装备和铁鞋。国铁集团、铁路局应急救援指挥中心应建设应急平台，配备相应的应急指挥设施和通信设备，确保事故现场的图像、语音及数据在规定的时限内传送至应急救援指挥中心。

《技规》23条规定："在国铁集团指定地点设事故救援列车、电线路修复车、接触网抢修车，并经常处于整备待发状态，其他工具备品应保护齐全整洁，作用良好。"

事故救援列车是专为处理机车、车辆颠覆、脱轨事故而设的，一般都配有轨道起重机、千斤顶、复轨器等工具以及钢轨、枕木、鱼尾板、道钉等器材，以便及时起复救援机车车辆，清除线路上的障碍，并修复开通线路，保证迅速恢复行车。为保证事故救援列车能够迅速出动，其固定停放的线路，必须两端均可开入区间。

电线路修复车是为修复受自然灾害或其他原因造成损坏的信号、通信线路而设的。

接触网检修车是在电气化铁路上因各种原因发生接触网断线、电杆及铁路塔倒伏、瓷瓶破损等不正常情况下，用以进行检修而专门设置的。

为保证尽快恢复设备的使用和列车正常运行，上述3种救援设备在接到救援（出动）命令后，要求30 min以内出动。为此，这些救援设备均应设置在指定地点，并经常处于整备待发状态。其工具、器材均应保持齐全整洁、作用良好，除执行任务使用外，日常不准随意动用，执行任务后短缺的工具器材应及时补齐。

## 3. 事故救援工作流程

**1) 区间的封锁**

列车调度员在接到车站值班员、列车司机的救援请求后，在派出救援列车前应向事故区间两端车站发布命令封锁区间。由于区间内发生事故，区间已封锁，不能按照正常闭塞手续办理行车，应以列车调度员的调度命令作为进入封锁区间的凭证。列车调度员发布的救援列车运行命令，应指明救援列车进入封锁区间往返的车次、停车地点及其他注意事项等。当列车调度员电话不通时，应由接到救援请求的车站值班员根据救援请求办理。此时，救援列车可凭车站值班员的命令，作为进入封锁区间的许可。

**2）救援起复工作的安排**

救援列车到达现场后，应由救援列车的主任统一组织指挥事故救援起复工作。救援列车主任应首先安装电话，与列车调度员和相邻两端车站保持通话联系，指派人员协助随行医护人员救护伤员，并设法将负伤人员送往附近医院；同时，会同现场有关人员彻底了解事故周围地形及机车、车辆、线路损坏程度，决定起复方案并在 15 min 内开始组织起复工作。

**3）事故救援方法**

救援的目的在于迅速开通线路，恢复通车，尤其是铁路干线、正线和运输繁忙区段，必须以最快的速度、最短的时间，把事故机车、车辆以及破损的快速抢修好，并清理好线路，为恢复通车创造条件。事故现场的救援指挥人员应利用事故现场的地形、地物、设备等有利条件，组织多种方法平行作业，争分夺秒，恢复通车。我国铁路职工在长期实践中，创造了许多救援方法，目前仍在普遍采用的有以下几种：

（1）原线复轨开通法。这是在列车运行或调车作业中发生事故，脱轨的机车车辆堵塞正线时，利用复轨器、千斤顶、轨道起重机，采用拉、吊、顶等方式，使脱轨的机车车辆重新复轨，开通线路，迅速恢复通车的一种办法。常用的复轨器有海参形和人字形两种，海参形复轨器体小轻便，适用于脱线车辆距钢轨较近的起复工作；人字形复轨器适合于脱线车辆距钢轨较远的起复工作。

（2）便线开通法。这是发生严重的列车颠覆事故时使用的方法。此方法利用事故现场两侧的其他铁路线路和较好的地形，把阻碍行车部分的线路或道岔截断，用拨道或铺设一端短线与其他临近线路相接，开通线路，恢复通车。

（3）拉翻法。此方法用于将事故中障碍行车的破损机车、车辆利用机车、起重机、拖拉机、大型拖车等机械拉倒或翻滚，使其离开堵塞正线，开通运行线路，迅速恢复通车。

（4）移车法。移车法具有吊移和拉移两种。吊移是利用起重机，将车辆吊起离开线路临时放置。拉移是利用人力或拖拉机，利用滑杆作用使机车车辆移动离开线路，迅速恢复通车。

## 三、复轨器的种类及使用方法

### 1. 海参形复轨器使用方法（见图 9.1）

海参形复轨器分为内、外侧两种，其顶部比内侧稍高，要注意选择使用。

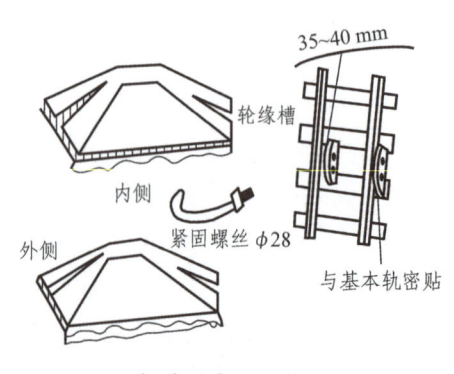

部件组成及安装方法　　　　　安装后

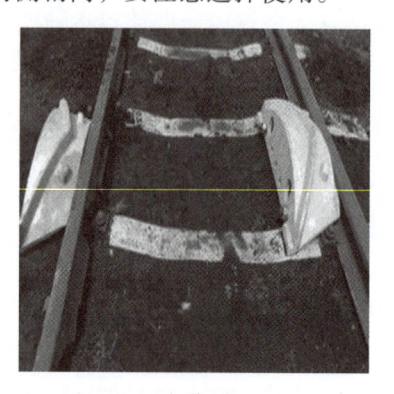

图 9.1　海参形复轨器使用方法

（1）使用外侧复轨器应安装在钢轨外侧，与基本轨密贴。内侧复轨器安装在钢轨内侧与基本轨保持 35～40 mm 的间隙，留出轮缘槽以便轮缘通过。安装复轨器时，要安装在两轨同侧面贴的两根轨枕（避开钢轨接头、鱼尾板、轨撑等部位）。两复轨器要对称安装。如遇水泥枕时，可在水泥枕间串木枕使用。

（2）复轨器安装后，必须装好螺栓卡子，用道钉固定好，防止使用时滑动，复轨器顶部需涂油，由脱轨车轮到复轨器之间应用石砟或铁板垫好，以减轻阻力和防止压坏轨枕。

（3）海参形复轨器的复轨距离只有 150 mm，如果脱轨车轮距钢轨超过此距离需使用逼轨或钢丝绳拉轴箱办法，等车轮靠近基本轨后再进行起复。

（4）海参形复轨器只能起复脱轨在线路一侧的车轮，如车轮脱轨在线路两侧，起复一侧后更动复轨器再进行起复。

（5）海参形复轨器是利用复轨器顶部斜面，使车轮下滑复轨的，当事故车轮经过复轨器时一定要缓慢，防止越过复轨器后滑落在路基上。

**2. 人字形复轨器使用方法（见图 9.2）**

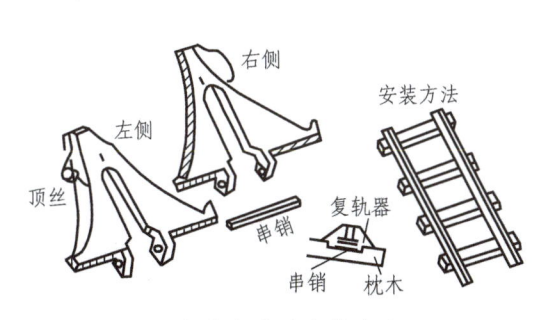

图 9.2 人字形复轨器使用方法

（1）人字形复轨器分为左右侧两个形状，它的引导棱是外股长、内股短，形成"左人右入"形状。使用时将长引导棱安装在钢轨外侧，短引导棱安装在钢轨内侧。

（2）使用时，必须安装在拉车的前进方向，左右分开摆放（应避开鱼尾板、轨撑、轨距杆等影响复轨器安放地点，有轨撑的要拆除），将安装复轨器尾部的石砟挖出，装好穿销拧紧顶丝固定好，复轨器下部的空处用石砟、铁板等垫硬，复轨器头部与钢轨顶部接触处应垫防滑木片、棉丝、破布等物，防止使用时复轨器前后窜动。

（3）使用时要注意脱轨车轮距离基本轨不得超过 240 mm，如果超过，则需用"拉"和"逼"的方法使车轮靠近基本轨，然后进行起复工作。

（4）在起复过程中救援人员应远离复轨器周围，防止车轮滑落将石砟挤压崩出伤人。

（5）车轮将要到达复轨器顶端时要尽量降低速度，利用校正筋逼迫车轮进行转向，防止因速度过快车轮翻越钢轨脱于另一侧。

### 3. 逼轨器的使用方法（见图 9.3）

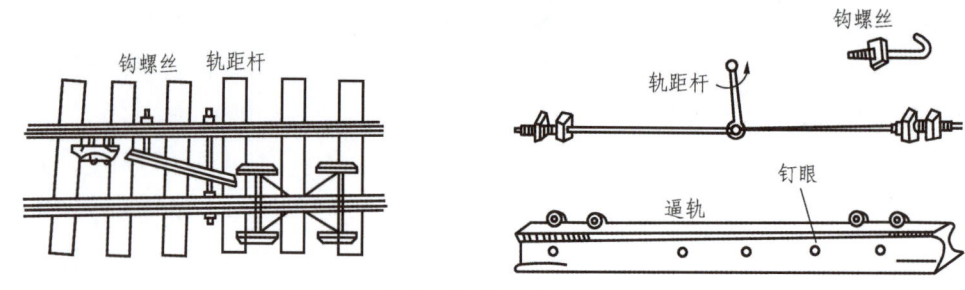

图 9.3　海参形复轨器使用方法

逼轨器是一种短钢轨，用来迫使机车、车辆靠近钢轨，安装于线路中心斜向位置，一端伸到车轮的内侧，另一端置于复轨器引导棱内侧（复轨器应距基本轨有 150 mm 的间隙），用道钉钉在枕木上或用卡子与基本轨相连，长度为 2~4 m。如果钢轨和水泥枕无法固定时，就在两轨枕间加上枕木，以便使逼轨器固定。

机车、车辆脱轨后倾斜度较大时，需用逼轨器把车轮逼向基本轨后才能用复轨器起复。在水泥枕或钢轨上使用时，一端用钩螺丝把逼轮钢轨与基本轨固定在一起，另一端用轨距杆与基本轨固定在一起，如图 9.3 所示。如果在枕木上使用，则用钉按眼把逼轨钢轨钉在枕木上。

## 项目小结

安全是铁路运输的关键，一旦发生铁路行车事故将造成巨大的社会影响和直接经济损失。

通过学习行车安全知识，认识行车安全的重要性和意义，掌握机车乘务员安全生产必知的内容，牢固树立"安全第一，预防为主，综合治理的"观念。

我国铁路行车安全保障体系主要由行车人员安全保障体系、设施设备安全保障体系、环境安全报警保障体系和行车安全应急救援体系等部分组成。

本项目的重点是行车事故的分类、行车事故的通报、行车事故的救援与起复等内容。要熟练掌握相关程序，一旦发生行车事故后，能够快速进行通报，按照救援工作流程开展救援，尽最大可能减小影响和损失。

### 复习思考题

1. 机车乘务员通用安全规定有哪些？
2. 电力机车乘务员安全注意事项有哪些？
3. 内燃机车乘务员安全注意事项有哪些？

4. 机车防火与救火的要求有哪些?
5. 说明不同灭火器的性能及使用注意事项。
6. 简述我国铁路行车安全体系的构成。
7. 铁路行车事故分为哪几个等级? 如何规定?
8. 行车事故报告的内容有哪些?
9. 铁路配备的主要救援设备有哪3种? 各自有什么作用?
10. 发生行车事故后应如何进行区间封锁?
11. 铁路事故救援普遍采用的方法有哪些?
12. 常用复轨器的种类有哪些?
13. 说明常用复轨器各自的使用方法和注意事项。
14. 说明救援列车的性质和基本任务。

# 附 录

附录1 运行揭示（格式及范例）

附录2 DF$_{8B}$型内燃机车检查项目

附录3 HXN$_5$型内燃机车检查项目

附录4 SS$_4$型电力机车高、低压试验程序

附录5 HXD$_3$型电力机车高、低压试验程序

附录6 DF$_{8B}$型内燃机车电气全面检查程序

附录7 HXN$_5$型内燃机车智能显示器检测操作程序

附录8 JZ-7制动机"五步闸"检查方法

附录9 法维莱制动机"五步闸"检查方法

附录10 重联机车制动机手柄位置处理表

附录11 添乘指导簿

附录12 司机报单及其填写

# 参考文献

[1] 中国铁路总公司. 铁路技术管理规程（普速铁路部分）[M]. 北京：中国铁道出版社，2014.

[2] 中国铁路总公司. 铁路机车运用管理规则[M]. 北京：中国铁道出版社，2015.

[3] 中国铁路总公司. 铁路机车技术管理规则[M]. 北京：中国铁道出版社，2017.

[4] 中国铁路总公司. 机务行车安全管理规则[M]. 北京：中国铁道出版社，2014.

[5] 中华人民共和国铁道部. 铁路机车操作规则[M]. 北京：中国铁道出版社，2013.

[6] 中国国家铁路集团有限公司. 铁路机车统计规则[M]. 北京：中国铁道出版社，2020.

[7] 中华人民共和国铁道部. 铁路行车事故处理规则[M]. 北京：中国铁道出版社，2009.

[8] 中华人民共和国铁道部. 铁路行车安全装备管理规则[M]. 北京：中国铁道出版社，2006.

[9] 吴严. 电力机车运用与规章[M]. 北京：中国铁道出版社，2002.

[10] 毛红军. 电力机车运用与规章[M]. 北京：中国铁道出版社，2008.

[11] 李建龙，张红涛. 电力机车运用与规章[M]. 成都：西南交通大学出版社，2014.

[12] 闫永革. 机车乘务员通用知识[M]. 北京：中国铁道出版社，2001.

[13] 张有松，朱龙驹. $SS_4$型电力机车[M]（上下册）. 北京：中国铁道出版社，2001.

[14] 杨兆昆. $SS_{4G}$型电力机车乘务员[M]. 北京：中国铁道出版社，2001.

[15] 张曙光. $HXD_3$型电力机车[M]. 北京：中国铁道出版社，2009.

[16] 戚墅堰机车车辆厂. DF8B型内燃机车[M]. 中国铁道出版社，1999.

[17] 铁道部运输局机务部. $HXN_5$型内燃机车[M]. 中国铁道出版社，2012.

[18] 胡德臣等. 技规导读[M]. 北京：中国铁道出版社，2014.

[19] 中华人民共和国铁道部. $SS_4$型电力机车段修技术规程[M]. 北京：中国铁道出版社，1999.

[20] 王大军，宋捷，左楠. 机车乘务员一次乘务作业和呼唤应答标准作业指导书[M]. 北京：中国铁道出版社，2009.

[21] 潘京涛,韩向东. 电力机车整备作业[M]. 成都:西南交通大学出版社,2013.

[22] 付娟. 电力机车控制[M]. 成都:西南交通大学出版社,2014.

[23] 王金平. 机车乘务员非正常行车处理程序[M]. 北京:中国铁道出版社,2009.

[24] 包学志. 电力机车专业知识[M]. 成都:西南交通大学出版社,2009.